城乡社区治理创新观察报告

王杰秀 主编

中国社会科学出版社

图书在版编目（CIP）数据

城乡社区治理创新观察报告 / 王杰秀主编 . —北京：中国社会科学出版社，2021.7

ISBN 978 – 7 – 5203 – 8709 – 5

Ⅰ.①城… Ⅱ.①王… Ⅲ.①城市—社区管理—研究—中国 Ⅳ.①D669.3

中国版本图书馆 CIP 数据核字（2021）第 136693 号

出 版 人	赵剑英
责任编辑	王莎莎
责任校对	张爱华
责任印制	张雪娇

出　　版	中国社会科学出版社
社　　址	北京鼓楼西大街甲 158 号
邮　　编	100720
网　　址	http://www.csspw.cn
发 行 部	010 – 84083685
门 市 部	010 – 84029450
经　　销	新华书店及其他书店

印刷装订	北京市十月印刷有限公司
版　　次	2021 年 7 月第 1 版
印　　次	2021 年 7 月第 1 次印刷

开　　本	710×1000　1/16
印　　张	22.25
插　　页	2
字　　数	319 千字
定　　价	138.00 元

凡购买中国社会科学出版社图书，如有质量问题请与本社营销中心联系调换
电话：010 – 84083683
版权所有　侵权必究

编 委 会

主　　编：王杰秀

副 主 编：付长良　许亚敏

成　　员：（按姓氏拼音排序）

夏传玲　唐忠新　毛　丹　赵　曼　虞烈东

樊红敏　黄晓春　陈　达　焦若水　赵聚军

向　荣　陈建胜　王　萍　陈云凡　谈小燕

邓湘树　刘丽娟　张乃仁　方闻达

前　言

为不断促进社区治理创新发展，2019年民政部社会福利与社会进步研究所"社会治理动态监测平台及深度观察点网络建设"项目继续在全国范围内设立了50个"社区治理创新深度观察点"，每个观察点邀请一位专家学者作为观察员进行为期一年的深入追踪调研。观察点建设旨在搭建政策、理论、实践三方对话桥梁，推动社区治理体系和治理能力现代化相关政策、理论、实践协同创新。

2019年，观察点建设所在地区覆盖：北京市、天津市、河北省、山西省、辽宁省、吉林省、黑龙江省、上海市、江苏省、浙江省、安徽省、福建省、江西省、山东省、河南省、湖北省、湖南省、广东省、广西壮族自治区、重庆市、四川省、贵州省、云南省、陕西省、甘肃省25个省（区、市）。观察员来自观察点所在地区科研院所从事社区治理研究的资深专家学者和政府中的实务工作者。在调研过程中，由专家学者组成的观察团队定期进入观察点进行动态跟踪调研，通过问卷调查、参与式观察、深度访谈等不同研究方法，总结社区治理创新工作中存在的问题及原因，为观察点的社区治理创新提供智力支持，总结提炼出在全国具有引领意义的社区治理创新模式。

2019年度共形成观察点报告50篇，内容涉及党建引领机制建设、居民协商议事、社会工作与社会组织参与、物业管理、贫困治理等多个主题。我们从中选取了16篇较为典型的案例观察报告结集出版。希望本书的读者，无论是社区工作者、专家学者、民政工作者等，都能从书中案例得到启发与收获。

目　　录

北京市海淀区学院路街道"党建引领、四区联动"观察 ………（1）

北京市朝阳区劲松街道劲松北社区老旧小区物业改造

　　升级观察 ……………………………………………………（20）

天津市河北区社区物业管理服务运行观察 ……………………（39）

天津市河西区桃园街社会整合视域下的社区党建创新观察 ……（66）

上海市浦东新区塘桥街道构建多层次党建引领体系观察 ………（83）

浙江省杭州市余杭区径山镇农村基层民主协商效能提升

　　路径观察 …………………………………………………（107）

浙江省宁波市海曙区月湖街道居民参与社区治理观察 ………（127）

浙江省嘉兴市秀洲区新塍镇社区公共空间治理观察 …………（154）

江西省南昌市青云谱区社会组织参与社区治理创新观察 ………（173）

河南省郑州市高新区梧桐街道春藤社区物业管理纠纷

　　化解观察 …………………………………………………（193）

湖北省武汉市江岸区球场街道社会组织参与社区治理观察 ……（211）

湖南省郴州市宜章县莽山瑶族乡贫困治理创新观察 …………（235）

四川省成都市温江区柳城街道小区院落治理模式观察 …………（256）

・1・

贵州省遵义市绥阳县蒲场镇基层社会治理观察 …………… （280）
云南省昆明市西山区普吉街道流动人口包容性社区建设
　　观察 ………………………………………………………… （308）
甘肃省兰州市白银路街道社会工作引领新型社区志愿服务
　　观察报告 …………………………………………………… （329）

北京市海淀区学院路街道
"党建引领、四区联动"观察

近年来,北京开展了党建引领基层治理体制机制改革,陆续出台了一系列法律法规政策文本,如《北京市街道办事处条例》《关于加强新时代街道工作的意见》《关于深化党建引领"街乡吹哨、部门报到"改革的实施意见》《关于推进"街乡吹哨、部门报到"改革向社区治理深化的实施方案》等。改革的总体方向是做实做强基层,强调赋权、下沉、增效,即赋予街道更多权,资源下沉、力量下沉,提升治理效能。在此制度背景下,学院路街道结合实际情况,大胆创新,以党建为引领,突破机制壁垒,拓宽发展格局,重塑关系网络,探索创新基层治理体系,形成了"党建引领、四区联动"的学院路经验。

一 大院壁垒 诉求多样:学院路街道基层治理的挑战

位于海淀区东部的学院路街道,高校云集、资源丰富、人才荟萃,被誉为"科教圣地"。8.49平方公里的区域内云集了10所高等院校,11个科研院所,11所中小学,另外还有8837家各类企事业单位,上市公司37家,29个社区,常住人口数23万。学府气息、科技氛围、国际特色,大量优质科教文化资源令人神往。然而随着快速城镇化和首都发展的转型升级,学院路地区仍然存在"不充分、不平衡、不匹配、不协调"的问题,信息不畅、共享不足、活力不够、创新乏力、诉求多样。主要表现为以下几个方面。

一是形成大院孤岛,信息不畅通,联动不协调。由于学院路街道大院大所权属不同上级单位，存在专业和领域界限，形成了多年难以打破的围墙壁垒，难以形成有效的组织、统筹和协调，导致信息不对称，各自为政，原子化、碎片化发展，难以形成良性互动和街道整体发展态势。

二是资源整合利用不够，发展水平不平衡。街道有丰厚的科教资源、人才资源、文化资源、空间资源，但缺乏整合创新机制，导致资源闲置和浪费，单位间创新要素不流动，跨领域综合利用不足。边角空间、灰色空间、地下空间资源尚未得到充分挖掘和利用，不能及时将资源转化为满足需求的服务供给，存在"舍近求远""墙内开花墙外香"等现象，没有形成整体竞争优势。

三是缺乏有效参与渠道，介入地区事务不充分。辖区单位、社区居民、社会组织等治理主体缺乏有效的参与机制，参与街道治理和公共事务渠道和平台不足，导致整体缺乏活力。甚至形成"政府出力，居民不在场，政府买单，居民不买账"的局面，满意度很难提升。无法形成共建共治共享。

四是文化融合不够，与区域发展需求不匹配。单位间以及单位与社区之间有文化壁垒和交往鸿沟，欠缺联系的渠道和理由，多年的"浅交往"和"弱关系"导致组织松散，缺乏协作议事的推动力。有时候主体责任和社会责任履行不主动，没有地区共有价值观念，缺乏地区发展目标愿景，难以达成共识，之间也鲜有合作项目，社会组织不活跃，自治能力差，没有形成健康的区域发展生态。

五是居民诉求多样复杂，物业等服务问题依然是难点。从2019年1—10月"接诉即办"的情况来看，街道整体受理群众诉求问题分类包括：物业管理类1317件，市容环境类658件，社会综治类627件，施工管理类475件，街面秩序类309件，民生保障类241件，停车管理类207件，老旧小区改造类100件，突发事件类84件，投诉建议类81件，咨询类17件。其中，问题高发类前五位分别为：物业管理类中小区配套问题553件，施工管理类中施工扰民问题375件，市容环境类中违法建设问题317件、社会综治类中噪声扰民问题243

件、市容环境类中市容环卫问题233件(见图1)。

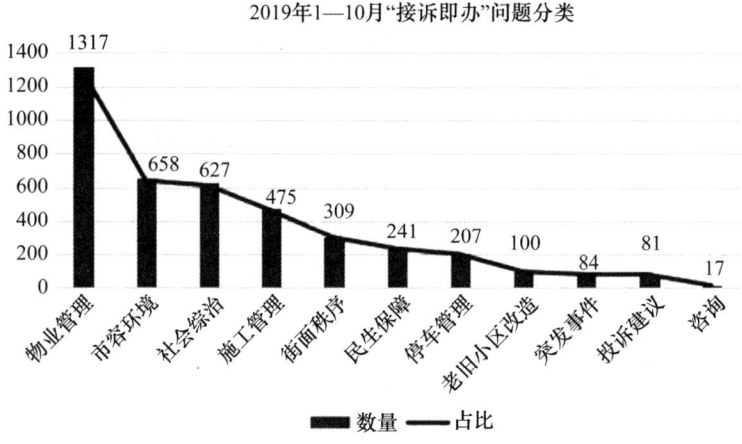

图1 学院路街道"接诉即办"情况图

以上挑战带来了诸多发展难题,成为学院路街道基层治理面临的难点和痛点。特别是"后大院"时代,使城市功能短板更加凸显,便民服务设施布局不均衡,基础设施有待升级,文化与科技融合度不高,整体空间环境和社会环境需要提升。其深层次的原因是存在治理体制机制障碍,基层治理体系亟须完善,组织动员、统筹协调能力亟须提高,治理目标、治理主体、治理结构、治理方式、治理路径亟须调整和优化。如何以党建为引领,促进地区共建共治共享,提升基层治理的现代化水平,成为学院路街道重点关注并着力解决的关键问题。

习近平总书记谋划京津冀街道协同发展时指出:"区域发展要打破自家'一亩三分地'的思维定式,由过去的都要求对方为自己做什么,变成大家抱成团朝着顶层设计的目标一起做。"这一论述为具有大院大所典型特点的学院路街道治理指明了方向。

二 党建引领、四区联动:学院路街道基层治理的机制创新

要想实现基层治理创新,就要提升街道的跨界行动能力,跨部门

整合能力和跨领域协调联动能力，改变过去的单向思维到系统思维，运动思维到生态思维。为了解决单位缺乏深度连接机制、议事结果难以落地、社会居民参与不足等问题，学院路街道以党建为引领，抓住"吹哨报到"改革的契机，充分发挥基层党组织的战斗堡垒作用，"找到最大公约数，画好最大同心圆，打造党建共同体"，调动各方面的积极性和主动性，成立了"两层级多平台"的地区党建工作协调委员会，突破地区单位间体制壁垒，打破传统组织边界，有机联结辖区各领域党组织，通过"一库三清单"资源共享平台盘活辖区资源，完善"上下贯通、左右协调、前后衔接、多方联动"的工作机制，形成"一体双向三维多平台"的柔性关系网络，倡导单位间建立新型合作伙伴关系。

（一）成立地区党建协调委员会，打造区域党建共同体

1. "两层级多平台"做高党建协调委员会。学院路街道党工委充分发挥总揽全局、协调各方的作用。2017年，学院路街道在海淀区率先成立党建协调委员会，由海淀区区长任党建协调委员会主任。随后，29个社区分别成立社区层面的党建协调委员会，确立协同规范、扩大深度连接，打造多个党建平台。建立了"两层级"议事规则、"两表"议题征集制度、联络员制度（两办主任日常沟通协调）、突发事项应急响应制度等配套制度，逐步完善了"两层级多平台"的区域化党建模式。在两年时间里，通过两层级党建协调委员会统筹推动辖区发展，把基层党建优势、组织优势转化为基层治理优势，重点协商解决辖区基层党建、城市管理、公共服务、社区建设中具有地区性、社会性、群众性、公益性的重大事项，实现共商地区发展、共抓基层党建、共育先进文化、共同服务群众、共建美好家园的社会治理目标。这种纵横联动体系提高了街道党建工作的穿透力，促进了社区治理横向协作与纵向联动的有机结合。

2. "一体双向三维多平台"做精党建协调委员会。"一体"是指党建共同体，也是治理共同体、责任共同体、利益共同体和发展共同体，淡化体制、隶属、级别观念，改变原来"见面式""慰问式"

"寒暄式"的走访，开展深度互动合作，推动把单位间的"弱关系"变成"强关系"；"双向"指的不仅是初级层面的单向服务，还有基于互利共赢的深度互动合作，追求诉求共商、责任共担、空间共建、成果共享；"三维"是指在党的建设、环境治理、街区规划、园区建设、空间利用、人才服务等全方位合作共建，不仅是街道与单位的合作，也包含单位间的合作；"多平台"是指构建各项协商参与平台，提高合作靶向性、精准性，解决效率的问题，包括项目发布对接、"城事设计节""校地警"和"学地警"联盟、名家大讲堂、学院路论坛等参与平台。初步形成了区域统筹、部门协同、上下联动、共建共享的党建工作新格局。

3. "一库三清单"做实党建协调委员会。本着"不求所有、但求所用"原则，打破行政隶属壁垒，以开放包容的心态整合辖区资源，互通有无、取长补短，打造"一库三清单"。先来看"三清单"，"资源清单"是挖掘地区单位各自优势，按照可开放、可集约、可共享的标准，将辖区内场所阵地、活动设施、文体基地、硬件软件等各类资源汇总共享；"需求清单"是坚持问题导向，通过会议、座谈、走访等形式，围绕社区治理、环境整治、教育医疗、产业发展、扶贫帮困、文化交往等内容，征集地区单位意见建议，全面了解掌握群众需求，梳理汇总形成近百项动态清单；"项目清单"是街道和地区单位，围绕双方或多方需求，通过会议洽谈等方式进行有效对接，通过项目化运作方式，推进项目实施，实现优势互补、互利共赢。再看"一库"，"一库"是指"学院路发展智库"。根据学院路地区高校、科研院所集中，文化底蕴深厚和人文气息浓郁的特点，倡导"经验共享、问题共解、整体联动、互促共进"，凝聚高校院所、非公企业等各领域人才对地区建设发展的热点和难点问题进行研讨交流、参谋建议，力求集思广益、群策群力、就近就便，利用家门口的资源解决好家门口的事。智库专家成为支持地区发展的思想库、智囊团。

（二）创新协同联动机制，构建区域治理共同体

学院路街道着力构建领导有力、责任明确、要求具体、措施得力

的工作机制，推动党建协调工作上下联动、齐抓共管。通过项目化、清单制等互动平台和机制，重建街道党组织和单位党组织之间的利益关联。通过与地区单位的合作生产，让资源在区域共建网络系统内部高效流动和有效配置，形成共治合力。在党建协调委员会建设层面，完善党建工作协调委员会定期会议制度和联络员制度，以议事机制、领导机制、责任机制、督导机制和考核评价机制；在签订共建协议的基础上，推动干部交叉任职，人才结对培养，尝试推动地区单位党组织负责人兼任街道、社区党组织"兼职委员"；完善党组织活动共联机制，推动地区各级党组织共同开展党员教育，共享信息、共享阵地、共享文化、共享服务；探索党员的双向述职评议，双向考核激励，双向评价干部机制，赋予党建工作协调委员会对单位党员干部一定的考核权限，完善激励和约束机制（见图2）。

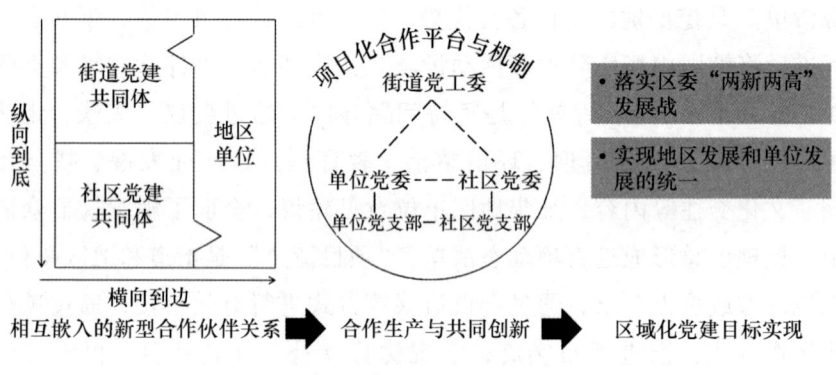

图2 学院路区域化党建运行图

1. 调整治理单元，形成街区联动机制。北京全市街道工作会重点强调"推行以街区为单元的城市更新模式"，这与学院路街道的探索大院大所治理模式不谋而合。根据学院路城市特征和肌理，按照可达性、便利性、安全性，统筹整合辖区内公共服务资源、空间资源以及其他资源，把29个社区划分为7个边界清晰的街区，推行街区更新治理模式。以公安"两队一室"改革下沉为契机，做实街区工作站，建立实体化"吹哨报到"平台，做居民身边的"12345"，对居民各类需求、问题和矛盾采取"一口受理、颜色分拣"分级分类响应处置。其目的是激活基层治理"神经末梢"，打通服务群众抓落实的"最后100米"，促进服务管理关口前移，做到"小事不出小区、大事不出街区"，实现从静态管理到动态管理，从被动受理到主动治理。

2. 打破系统界限，优化资源整合机制。为实现资源共享，提高协同效率，突破体制机制限制，在地区推动由自上而下的行政动员机制转变为上下联动左右协调的统筹机制，大力发现挖掘、整合利用资源。如北科大马克思主义学院就承担了地区"党建规划师"的任务，深入开展党建调研，建立了地区党建引领模型；把地区所有单位的党建资源、红色空间和网络平台都作为党校培训和实践基地，实现了"一校多址"；除了整合利用本地资源外，还通过驻区单位引进周边外部资源，把清华大学城市品牌实验室的专家纳入智库，开展地区城市品牌和文化发展规划，助推国际人才社区建设。

3. 拓宽沟通渠道，建立诉求响应机制。畅通诉求反应渠道，提高联动运行效率，靠机制破体制。拓宽治理主体反映意见和建议的渠道，着力推进民主制度化、规范化、程序化，探索身边诉、清单诉、会议诉和活动诉"四诉"机制，做到"接诉即办"。参考这些诉求，为街道更有效顶层设计、科学规划、系统治理打下坚实基础。"街道吹哨、部门报到"是具有首都特点的城市基层治理改革实践，破解行政条块分割的封闭性，打通垂直管理的局限性，解决问题的精准性，提升上下互动的有效性，激发基层治理的能动性，街道通过启动"吹哨报到"机制解决了大量疑难问题，使得地区满意度大幅提升。

4. 搭建协商平台，完善多元参与机制。党的十九大提出"发挥社会主义协商民主重要作用，推动协商民主广泛、多层、制度化发展"的重要命题。在协商民主的各种形式中，社区协商民主具有基础性地位。学院路街道本着"有事好商量、众人的事情由众人商量"的原则，通过搭建多层次、多形式重点事项社区协商平台，让各治理主体以协商、共治的方式处理复杂的社会问题和公共事务，构建新型社会关系或社区关系。一是多层次探索楼栋、小区、社区、街区多级协商机制。如健翔园社区成立"4+N"社区议事协商委员会；推进社区议事"制度化"，制定"健翔十二条"议事规则；推进社区议事"常态化"，定期或适时召开社区议事协商服务活动与议事协商工作例会，打造常规、简化、应急、专项议事四类议事协商模式；推进社区议事"规范化"，通过线上线下议题征集建立议题台账，议事协商"五步循环法"；推进社区议事"有效化"，切实响应居民需求，解决社区问题，在街区层面推行例会和联席会议制度。二是多形式。通过党建协调委员会，两办主任联席会、地区民主管理和监督委员会、各项联盟、文体协会、学区委员会、街道商会、街道青年共建委员会、物业联席会等建立学院路工作体系和工作机制。三是重点事项协商机制。对涉及街道基层治理的重大事项、重点工作、重要问题进行重点讨论，建立共商机制。

5. 探索协作模式，健全共建共享机制。鸣笛出力，多维互动，责任共担，成果共享，街道探索共建机制和共享机制。一是共建机制。以问题为导向，以联合共治为抓手，解决长期以来的责任划分不清、居民参与积极性低等问题，使得服务群众工作做得更加精准化。例如，街道通过与北京科技大学合作校园探头项目，双方各出资150万元，实现校园探头的更换和覆盖；与中国农业大学合作门禁项目，双方各出资200多万元。在"为民办实事"项目中，党建工作协调委员会主要商讨解决与街道单位、居民群众生活密切相关的诸多议题。二是共享机制。通过联合互动，实现信息共享、资源共享和成果共享。**信息共享**。学院路街道通过将北京林业大学、中国矿业大学、北京语言大学、北京科技大学、中国地质大学、中国农业大学，以及学院路街道和东升派出所联合起来，建立"校地警"联盟，在安全保障方面强化信息共享、力量联动，从而打破各院校在治安管理工作上单打独斗的局面，也提升了高校与街道之间联系的紧密性。**资源共享**。驻区单位也充分利用自身的优势资源，在条件允许的情况下开放部分党建文化空间、会议空间、活动场地、文化体育场地等，为居民生活提供了更多便利服务场所，强化了居民与驻区单位之间的联结。**成果共享**。高校、科研院所和非公企业及社区之间形成了良性关系后，便能在街道的统筹之下形成更好的合作关系，解决长期存在的一些问题。

（三）构建新型合作伙伴关系，形成区域发展共同体

为了有效调动辖区内各方资源，学院路街道通过签订《"鸣笛出力"战略合作意向书》构建新型合作伙伴关系，取得了较好的成效。目前，辖区内的中国农业大学、中国矿业大学、中国地质大学、中关村学院、人大继续教育学院等高校多次共享场地资源，支持地区举办各类活动。北京语言大学与街道共同举办国际文化节，为建设国际人才社区贡献力量；北京科技大学和中国矿业大学，积极承担地区适老化电梯建设、老年餐桌工作任务，切实提高了群众生活的便利性。在这一过程中，学院路街道严格遵循区域协作网络发展的生命周期规律，从建立、扩大、互动到统筹，持续深耕，提高关系网络的有效性。不仅注重建立街道与各单位之间的关系，而且持续性培育互动的组织网络。通过需求清单合作方式，促进网络内组织之间的互动，建立了街道、社区与街道单位相互之间的新型合作伙伴关系和柔性关系网络，实现政府治理、社会协同居民自治良性互动。

三 聚力更新 协同共生：学院路街道基层治理的实践做法

（一）以街区规划为依托，提升街道品质

街道聘请专业规划团队——"清华同衡"持续开展街区更新，落实街区规划，查找"不平衡不充分、不协调不匹配"的问题，进行系统的"空间整理"，确定街道空间规划、人文资源梳理、规划策略与"双织补"计划，特别是在规划中引入了人文、社会等跨界元素（如认知体系、城市表情、城市温度等），整体提升街道品质，得到了地区单位和居民的认可。

一是街道画像，全方位、精细化、深入立体地展现一个街区的全貌，从人口、空间、文化等多维度对街区进行画像。人口画像包括全面摸底街区人口的情况，重点区域的人口信息精度可以延伸到社区、

小区甚至楼栋深度，内容包括人口、职业、年龄、流动人口、老龄化等。空间画像包括盘点街区空间资源，重点区域的建筑使用情况需要深入楼层，内容包括土地权属、使用功能、使用情况等信息，重点挖掘可利用、可更新的存量资源，发现城市的低效利用空间和消极空间，为城市更新精细化提供空间底数。文化画像包括发掘街道文化基因及内涵。

二是街道评估，调查分析街区发展的问题和短板，判断与上位目标的差距，了解不同群体诉求，通过深入体检和客观评估寻找街区更新方向。通过大数据研判、实地调研、访谈、调查问卷等多元评估手段，从人与空间的关系、矛盾、需求、差异等方面进行体检评估，找差距，明诉求，判问题，分析病因和病根。

三是街区更新规划，对整个街道在一段时间内更新工作的顶层设计和统筹安排，通过制定长期发展目标、针对性更新策略和实施项目库，帮助街道更新工作在整体统筹下有的放矢。制定街区更新发展目标是构建街道更新的愿景，体现了一段时间内街道更新的工作重点、理念和价值观，是在上位发展目标的基础上，结合多元主体诉求补充细化的街区更新发展目标。根据街区特质和多元主体诉求，制定有针对性的更新模式和策略，提供实现街区更新目标的有效路径。统筹考虑中长期发展战略，根据时间、资源、条件等要素拆分项目，形成实施项目库；同时积极与各管理部门对接，保障项目的可实施性。规划实施，引导相关各方参与街区更新的全过程，促使存量空间资源与需求升级在功能与品质上的匹配，让空间真正与人发生关系，增加城市的温度，提升城市更新的可持续性。

四是实施落地。调动多方力量，通过公众参与、社区营造、市场运营等方式，充分调动、发挥社会资本的作用。盘活存量空间资源，通过对城市资产的精准运营，引入多元资本，对现有存量空间资源进行功能提升、环境改善、业态升级，重新注入和激发城市街区活力。与此同时，改善空间品质，通过微更新、地块更新、系统更新、整体更新等方法改善空间品质。

（二）以校区参与为平台，凝聚创新人才

人民城市为人民，人民城市人民建。学院路街道辖区内高校众多、资源丰富，以各校区人才智力资源为依托凝聚创新人才开展社区建设，取得了理想的效果。其中，以"我的城市我的事"为行动理念，通过"城事设计节"将街区、校区、社区和园区联动起来，共同参与街区更新是一个典型案例。"城事设计节"始于2018年，这一年以"发现学院路"为主题，来自高校和社会87组、240人报名参加设计节，年龄从20岁到40岁，内容涉及城市家具、手绘地图、环境改造、城市心情等。到2019年，城市设计节的主题更新为"共想学院路"，北京林业大学、北京语言大学、北京科技大学、石油附小、中关村学院、方塘智库、北京知乎科技有限责任公司、社区等更多单位加入，得到了各方的高度肯定。

（三）以园区转型为契机，激活存量空间

在园区建设方面，学院路街道从腾退、设计、招商层面就开始全面介入，提供陪伴式服务，全力优化营商环境，提升园区品质，推动融合共生。学院路街道着眼盘活空间资源，针对闲置空间、灰色空间、城市边角地等存量资源长期得不到利用的难题，开展点位"针灸"，织补城市功能短板，同时在提升上下功夫，把腾退空间和城市功能短板做匹配，激活"灰色空间"、城市边角地等存量资源。

例如，逸成东苑小区西侧空地多年来因拆迁甩项遗留问题、责任主体管理不到位等原因而长期闲置，存在私搭乱建、无照经营、黄土裸露、环境脏乱等问题，不仅严重影响城市环境面貌，也带来了较大的安全隐患，街道居民多次反映，人大代表也高度关注。在前期环境整治中，共取缔无照经营10家，拆除违法建设10处总计2200平方米，封堵开墙打洞11处，清理垃圾渣土300吨，为体育公园建设腾出了空间。这一公园以"体育运动"为主题，占地面积约1.2万平方米，建设网球场2块、篮球场1块、7人制足球场1块和占地约500平方米的社区文化广场，并安装10台乒乓球桌、铺设1条健康步道；还融入了科技元素，把智能体育引进场地，安装智能健身景观路径、

心率柱、太阳能智能运动站等适合大众健身的产品。此外，街道还将派出所、工商、交通、食药、卫生、房管等职能部门纳入联动执法体系，帮助园区开展拆违、环境整治、化解矛盾等工作，会同电子第十五研究所共同对十五所社区北侧的10个集装箱进行清理整治，并将清理整治后贯通的背街小巷进行整体环境提升，种植花草绿植、布设健身器材、增设停车设施，不断提升百姓幸福感和学院路地区的整体环境秩序。

（四）以社区营造为路径，打造生态体系

社区是基层治理的关键抓手，学院路街道以二里庄社区为试点，引进社会组织，成立"二里庄社区营造工作坊"，构建社区新生态。以专业社会组织作为中间引擎，在尊重社区原有生态现状基础上，提高柔性化治理、精细化服务水平，形成"148N"社会治理创新模式，即构建"一个"社区文化生态体系，以精治、法治、共治、礼治的"四治"为手段，实现共驻、共融、共谋、共议、共商、共建、共治、共享的"八共"生态，打造"N项"品牌，建构合作社群、共享空间、协作生活、连接生态、规范自治的共享美好生活社区。一方面是完善治理架构。从一元到多元，建立社区党委、社区居委会、社区服务站、辖区单位、物业服务企业、跨界专家、社会组织等多元参与治理体系。另一方面是通过社区体检、社区发现、需求清单、资源整合、社区再组织的治理路径，形成社区治理三年行动计划，分阶段分步骤激发社区活力，实现精治和共治。经过一年多的实践，孵化培育社区社会组织30多个，以趣缘为纽带对居民进行再组织。搭建协商议事平台，定期召开多方联席会，举办工作坊等多形式多层次参与平台，内容涉及斜街空间更新、空间改造、社区菜园等，以需求为导向，促进治理主体合力社区公共事务参与。

除了二里庄社区外，学院路还着眼石油共生大院治理工作。石油石勘院、中石化石科院、中国石油大学、中化化工研究总院、石科院社区、石油大院社区聚集在一起，天然形成了优势资源，但由于围墙壁垒，各单位之间多年来不相往来，存在停车、交通等多种矛盾。为了解决这些矛盾与问题，学院路街道牵头统筹，召开石油大院街区"吹哨报到"恳谈会，走访石油大学，建立驻石油大院单位信息沟通机制，签订《石油大院共建共享公约》，促进大院内各单位互相开放部分特色党建文化空间、会议及活动场地资源、文化体育设施，整合利用闲置空间，盘活公共文化资源，为大院居民提供便捷服务场所，实现资源共享、互利共赢。各单位全力配合拆除院内违建550平方米，低偿提供近2000平方米作为居民的公共空间，打造新老建筑共生、职工居民共生、文化共生的"共生大院"。

四 优化"空间"协同发展：学院路街道基层治理的主要经验

由一元治理到多元合作，由单一受益到多向共赢，由自上而下到自上而下与自下而上、横向联动相结合，由单纯依靠"硬"举措到同时兼顾"软"办法。从经验性意义上，学院路街道探索构建街道治理共同体，形成了较为稳定较为完备的治理实践，这一实践实际上是围绕"四个空间"展开——以党建引领黏合"组织空间"、以网络重塑整合"关系空间"、以机制优化耦合"制度空间"、以城市更新融合"生活空间"。

（一）以党建引领黏合"组织空间"

经典社会学理论指出，一个社会的秩序、整合与团结不会无缘无故地发生。在传统社会，整合可以透过血缘、亲缘、地缘等先赋性因素实现；在现代社会，原子化程度越来越高，要想实现社会团结，更多的是依赖于组织的力量。在学院路街道，将治理主体凝聚起来的组织是多样化的——首先是教育组织系统。学院路街道聚集了一大批高等院校，数以万计的大学生在这里求学生活，大学通过学院、系、班级等形式将大学生整合起来，形成一个学习生活共同体。其次是企事业单位组织系统。学生群体是通过教育组织整合的，而在职人员则需要通过各种企事业单位整合，学院路大院大所林立，体制内的单位较多，内部整合力很强，此外也有一些企业单位。最后是社区组织系统。对于退休或赋闲在家的社会成员来说，社区成为仅有的动员组织力量。但是在各类组织系统之间，壁垒还是比较坚固的，各组织既没有能力，也没有动力来改变现状，在这种情况下，党组织在组织整合方面的关键性优势作用就凸显了出来。

（二）以网络重塑整合"关系空间"

中国正在经历着大规模的城镇化，改革开放40余年来，我国又经历了社区治理体制的巨大变迁，在这种双重变迁的背景下，关系割裂、交往孤岛日益凸显。社会学强调路径依赖，即一种行为定式会对后来的行为或关系有极大的影响。具有中国特色的多元合作治理需要"型塑"新型社会关系或街区关系，探索街道治理共同体的规律。在滕尼斯那里，"共同体"指由"本质（自然）意志"（表现为本能、习惯和记忆）推动的，以统一和团结为特征的社会联系和组织方式，它以血缘（家庭）、地缘（村庄）和精神共同体（友谊或信仰团体）为基本形式。不同于滕尼斯的共同体概念，街道治理共同体是地区治理主体关系的融合共同体，是共建的过程共同体，是结果的共享共同体。从主体上看，学院路街道通过固根基、扬优势、补短板、强弱项，通过制度化实践，不仅优化党群关系，政社关系，条块关系，街区关系，还优化各主体与空间环境关系，扩大各方参与，构筑地区团结，激发内在活力。从过程来看，学院路街道遵循网络发展的生命周期，从建立、扩大、互动到统筹，持续深耕，提高关系网络的有效性。通过学院路党建工作协调委员会的建立，去单位壁垒关系边界，建立街道、社区、街道与各单位之间的关系，逐步构成党建网络的基本要素；通过建机制、建平台，不断统领各种组织和资源的聚集而扩大网络，网络扩张既包含网络内组织数量、服务和合作能力的扩大，也包括网络内各个组织的能力提升、进步、管理能力的提高等质的提升。从结果来看，通过需求清单方式，通过参与式治理，打造熟人社会，促进网络内组织之间的互动，使街道、社区、高校、科研院所和非公企业等多主体之间合作共治，使网络逐渐进入一个结构合理、供给与需求平衡、服务稳定、良性互动、合作共赢的阶段，进入一个有机生态、区域治理共同体的理想状态。

（三）以机制优化耦合"制度空间"

着力提高基层治理效能和效率，降低治理成本，加强系统治理、依法治理、综合治理、源头治理，着力固根基、扬优势、补短板、强弱项，需要构建系统完备、科学规范、运行有效的制度体系，以机制优化，能力提升，耦合"制度空间"。机制优化方面，学院路街道坚持党的集中统一领导，统筹协调，以战略思维、历史思维、辩证思维、创新思维、法治思维、底线思维、合作思维、系统思维为准绳，做实做精区域化大党建和党建协调委员制度，以"党建"带"社建"，把方向，谋大局，提升地区党的组织力，保证始终沿着党的社会主义方向前进；坚持以人民为中心的发展思想，不断保障和改善地区民生、增进地区居民和企事业单位福祉，走共同富裕道路；创新协同联动机制，调整治理单元，形成街区联动机制、打破系统界限，优化资源整合机制、搭建协商平台、完善多元参与机制、探索协作模式，健全共建共享机制；构建新型合作伙伴关系，形成区域发展共同体。能力提升方面，改革调整街道科室设置，提高街道运行能力；优化社区治理结构，在社区党委领导下，厘清社区居委会、物业服务企业、居民、辖区单位职责，引进专业社会组织，系统培训社区居委会工作者，提升社区治理专业化能力；聚力更新，以街区规划为依托，以校区参与平台，以园区转型为契机，以社区营造为路径，以"看得见摸得着"的生动实践为动力和制衡，强化街道组织动员能力，提升互动博弈能力、预警纠偏能力、平衡整合能力。

（四）以城市更新融合"生活空间"

组织空间、关系空间和制度空间的重构，归根结底要落实到人们的生活之中，落实到人民群众对美好生活向往的生活空间和生活场域之中。生活空间和生活场域既是客观环境空间，也是主观感受空间，是人际交往空间和互动空间，是生活品质提升、生活情趣绽放的空间。以城市更新融合生活空间，让老百姓过上好日子，不断提升老百姓生活品质，是基层治理创新的落脚点和出发点。一方面，学院路街道力求提供更精准的公共服务，满足地区人民群众多样化高质量需求；另一方面，作为重要的治理主体之一，还要发挥人民群众和其他治理主体的主观能动性，促进居民和其他相关治理主体的参与，最大限度激发基层活力。那么如何以城市更新融合"生活空间"？一是以人为本的顶层设计。街道是一个复杂的治理单元，城市更新是空间更新，是社会的更新，更是为人和与人的更新。那么谁来更新、更新什么、谁来做决策、谁来执行、效果如何评估、如何真正满足人民群众的实际需要，其背后顶层设计是有治理价值目标的，而治理价值目标最核心最根本的是人，是人民群众的生活。二是注重调查研究。调查研究是谋事之基、成事之道。学院路街道注重全面调研体检，看看街道究竟有哪些问题，有哪些人力资源、空间资源甚至资金资源等，以保证城市更新的有效性和针对性。三是注重居民和其他治理主体全过程参与。习近平总书记强调："城市是人民的，城市建设要坚持以人民为中心的发展理念，让群众过得更幸福。金杯银杯不如百姓口碑，老百姓说好才是真的好。"学院路街道治理体系注重充分调动老百姓的积极性和主动性，通过机制让老百姓有机会全过程参与，表达他们的诉求、倾听他们的声音、发挥他们的才智、惠及更多人的获得和幸福。四是注重可持续性。学院路街道治理体系注重通过城市双修，构建新型城市形态，既是面向今天的更新，更是明天的更新，不仅是面向这一代的更新，也是面向下一代的更新。

五 进一步深化"党建引领、四区联动"的思考

通过对空间和关系营造，学院路街道将原本碎片化、割裂化的社会重新整合起来，形成了一套实现基层多元共治的有效机制。但是也还有进一步完善的方面，主要有四个方面。

一是进一步明确街道角色定位，做好基层治理的掌舵人。要实现以社会的多元治理、整合治理、有序治理，关键在党和政府作用的充分发挥。在街道治理的工作中，只有通过街道党委、办事处统筹规划、协调安排，才能将多方力量，尤其是驻区单位的力量纳入治理工作当中去。因此在一定区域范围内，可以说基层管理者是治理工作的

"掌舵人"。做好掌舵工作，首先要进一步加强顶层设计。学院路地区以"一体双向三维多平台"为抓手，涵盖了治理工作的主要方面，未来可以与驻区单位深度沟通，探索通过区域化大党建，将驻区单位中的校区微更新、园区微更新等工作有机嵌入街区规划之中，形成区域空间"一盘棋"的总体格局，通过空间互联互动，实现人和资源的互联互动，从而更好地指导具体实践。另外，要进一步发挥引导功能，逐步从"由我组织"转变为"我要组织"。目前学院路街道各方力量对社区事务、街区更新的参与主要还是在街道党委、办事处的组织下展开的，这在当前是必要的，但仅仅政府一方的力量是有限的，未来要进一步激发社区内部、街区内部、地区内部的内生动力，让驻区单位、社会组织和普通市民也能成为社会治理与街区整理的发起者、组织者而不仅仅是参与者。

二是进一步优化项目设计的供需匹配度，更加精准地服务地区居民。学院路街道在链接驻区单位资源、设计各类服务项目时非常注重对公众需求的收集和了解，形成了"一库三清单"的有效工作机制。在该工作的进一步推动发展中，要充分考虑社会公众需求的复杂性、变化性，仅仅是通过政府或第三方收集需求可能并不能及时地反映地区居民最即时性的意愿要求。为了进一步提升项目设计的匹配度，将"好钢用在刀刃上"，通过全面诊断和大数据，首先要形成一套分级分类的需求调查机制，对不同类型的街区、不同群体、不同单位的服务意愿做比较系统的了解，从而在展开具体工作时做到"心中有数"。其次要充分利用好"吹哨、鸣笛"的体制机制优势，在涉及驻区单位或居民具体问题上形成"谁提出、谁负责"的原则，同时予以支持和指导，充分调动各方力量的积极性，也让基层政府免于在细枝末节上花费过多时间。最后要利用众筹、投票或购买服务等方法手段，让项目供给方直接与需求链接。可由驻区单位团队、智库团队、责任规划师团队等将项目方案公开展示，公众从自身需求角度出发，通过各种方式（如众筹或投票）对其方案发表意见，并直接与利益相关群体进行对接，政府则需做好监督、后续支持和服务保障等工作。

三是进一步整合地区智力资源，实现从指导空间规划向全方位的社会治理转变。学院路地区作为人才智力资源高度密集的地区，在社会治理中将这些资源整合好、利用好显得非常重要。从实践来看，学院路街道通过建设智库、设置责任规划师、打造各种平台，比较好地将地区的人才优势用了起来，特别是在街区更新方面，充分调动了各方积极性，取得了非常好的效果。当然，对智力资源的运用和发挥并不仅仅局限于空间更新领域，正如清华大学李强教授指出的，社会治理的关键是人心治理，空间/街区的更新与治理是更大意义上的社会治理的一个方面，是促成社会成员整合团结、满足群众对美好生活向往的重要抓手。在群众诉求和驻区单位需求不断多元化的条件下，要进一步优化智库资源的配置，更好地面向整个社会层面的治理。首先要加强专家学者与社区联系的紧密性，让他们从街道"下沉"到社区。在学院路工作的专家学者大多居住在本地，他们既是智力资源的供给者，又是服务的需求方，特别是对他们自己长期生活的社区有着更加深刻的把握，通过让智库专家下沉到社区，在社区研究、解决真问题，有助于提升最基层治理的有效性。其次是在智库职位设置上凸显社会治理特征，适当降低空间规划特征。目前设置的街区责任规划师等具有很强的空间规划色彩，但在整个社会生活中，能完全被规划的东西并不很多，因此智库服务的重点要从规划转到引导、从设计转向服务，促成治理模式的转变。最后是探索高校社团有序进社区机制，根据社区实际需求和高校社团优势，形成互补增能。

四是进一步强化单位与社区网络的紧密性，更好地实现资源整合协调。学院路街道在推动驻区单位与街道、驻区单位之间的协调整合方面做了大量工作，目前已经有所成效，在驻区单位与社区之间的关联上，虽然也有一些具体做法，但不如前两者多，也没有形成比较系统的长效机制。在进一步的发展完善中，应适当地将视域从街道层面"下沉"到社区层面，重点研究实现社区与驻区单位联动的体制机制，更好地发挥"街区、校区、园区、社区"的四位一体力量，实现居民更加美好的生活。深化社区治理体系，探索"楼栋—小区—社区"三级治理体系，实现有诉自办、有诉共办。

总之，学院路街道为我们提供了一个考察基层多元主体参与的经典案例，尤其是如何实现驻区企事业单位参与基层治理、社会治理、城市建设的重要范本。当前中国城市社会的治理机制正在完成从单位制向街居制的转变，但各类企事业单位仍然发挥着重要作用，在我们治理框架的设计中，不可能将他们排除在外，这就要求我们超越既有的理论范式，在实践的基础上实现治理理论创新，逐步形成具有新时代中国特色的单位—街居联动治理机制。

北京市朝阳区劲松街道劲松北社区老旧小区物业改造升级观察

一 引言

2015年中央城市工作会议指出，城市是我国各类要素资源和经济社会活动最集中的地方，全面建成小康社会、加快实现现代化，必须抓好城市这个"火车头"。社区是城市的细胞，是最小的组织单位。建设好城市既需要顶层设计、宏观把握，也需要每个社区都不断提升治理水平，切实服务好居民群众。

老旧小区的服务管理是社区治理中的热点和难点，牵动着从中央到地方各级党委政府的心。习近平总书记指出，城市管理和服务同居民生活密切相关。老百姓每天的吃用住行，一刻都离不开城市管理和服务。要加快老旧小区改造；不断完善城市管理和服务，彻底改变粗放型管理方式，让人民群众在城市生活得更方便、更舒心、更美好。李克强总理在2019年《政府工作报告》中对城镇老旧小区改造工作做出部署，顺应群众期盼改善居住条件。

如何在老旧小区物业改造升级中，坚持党建引领，切实发挥社会治理的作用，持续地汇聚各方面资源，更好、更长效地提供均等化的基本公共服务，更好地满足居民群众对美好生活的向往，是基层社区治理的重要问题。北京市朝阳区劲松街道在前期居民自治实现准物业管理、居民自治与物业企业专业管理相结合等社区治理实践的基础上，针对传统物业企业经营困难，不断向政府转嫁服务成本，居民利益诉求多元且普遍存在"福利依赖"，管理服务成本不堪重负，基层政权在新形势下如何巩固提高等问题,主动探索尝试,率先运用PPP模式,引入社会资本参与老旧小区物业改造升级,破解老旧小区可持续发展难题。

经过一年多的实践,基层党委政府搭台,坚持以党建为引领,严格依法行政,动员整合市场和社会各方面力量参与,突出人民当家作主的党群议事协商,使政府"有形之手"、市场"无形之手"、市民"勤劳之手"同向发力,较好地完成了老旧小区物业改造升级的任务,初步实现了城市社区的共治共管、共建共享。本报告通过对北京市朝阳区劲松街道劲松北社区的个案研究,用基层一线第一手鲜活而琐细的实践,试图对老旧小区物业改造升级的启动和控制机制、资源整合机制、长效运行机制进行梳理,为基层老旧小区物业改造升级提供借鉴。

二 物业改造升级的实践创新——以劲松街道为例

(一)劲松北社区基本情况

劲松北社区地处北京市主城区东南,辖区面积26万平方米,始建于1979年。共有居民楼43栋,143个楼门,其中高层楼7栋、多层楼36栋,商品房1栋、企事业单位产权房8栋、房管所产权房34栋,分为两个小区。常住人口4199户,1.1万余人,流动人口2000余人,60岁以上老人3397人,占常住人口31%,社区低保人员113人,持证残疾人303人。本届居民代表82人。社区党委下设10个居民党支部,现有党员649名。居民主要是国有氧气瓶、金属厂和电力电容器厂等企业离退休职工,还有少部分部委离退休人员。社区内有幼儿园、小学、中学、医院、公交场站等社会单位90余家。社区现有绿地面积约2万平方米,停车位530余个,电梯20部。

劲松北社区属于典型的老旧居民居住区,居民老龄化程度高,收入总体偏低,但对社区归属感强,参与社区活动和议事协商的意识强,对社区环境、治安、停车等十分关注,对共享美好生活的意愿十分强烈。

（二）改造升级前存在的困难和问题

1. 物业管理严重缺失。社区楼房多属于单位产权房和房管所管理房，由于企业破产等原因，占地区现有房屋80%的房改房不缴纳物业费，每年仅缴纳36元卫生费和14元楼道照明电费，仅有10%居民缴纳物业费，标准为1.43元/平方米/月。居民缺乏为服务付费的习惯，所收取的物业费等无法维持原有物业企业的正常运转。门禁系统基本损坏，流动人口管理不足，存在群租现象，入室盗窃偶有发生，小区内消防通道堵塞、楼道堆物堆料频发，小区的绿地斑秃、环境卫生差。

2. 机动车位严重不足。劲松北社区建于20世纪70年代末，当时城市机动车很少，小区规划并未设置车位。随着社会经济的发展，群众生活改善，以机动车为代表的新家庭用品，在原有小区里缺少大量合适的存放空间。目前社区居民到社区登记申请车位的数量超过800辆。经过多方努力，社区仅有共享车位530余个，停车位缺口严重。

3. 房屋设施老化严重。社区建成已经40余年，水电气暖等管线设施严重老化，楼房上下水管道锈蚀，经常出现渗漏或堵塞现象，部分道路破损，少数楼房已出现裂痕等明显安全隐患。部分楼房内没有设置消防设施，有消防设施的楼房消防设计标准低，已严重老化。1980年代的房屋普遍没有上缴房屋公共维修资金，缺少设施维护资金。

4. 便民设施严重缺乏。传统小区建设对公共便民设施、商业配套设施和无障碍设施缺乏设计安排，缺乏社区养老、日间照料等机构。普通多层楼均无电梯，行动不便的老年居民长年无法下楼，社会交往和参与社区活动的需求得不到满足，甚至看病就诊也受到影响。居民生活需要的买菜、理发、养老、维修等服务数量少、服务质量差，不能满足居民需求，居民文体队伍缺少室内外活动空间。

5. 社区资源利用不足。小区内楼房多建设有地下室和人防层，曾经存在群租现象，街道牵头进行了清理，由于产权单位多等原因，一直闲置得不到有效利用。原产权单位和街道为方便居民生活，曾经在小区内空地临时建设了砖混结构的自行车棚、粮店、菜站、理发店、早点铺等，这些便民设施在一定程度上解决了群众需求，但是缺乏统一规划，房屋质量较差，多由个体经营，利用率低，服务种类单一，存在电线私拉乱接、燃气瓶设置不规范、屋顶材质不防火等安全隐患。

（三）改造升级的过程

1. 启动调研阶段（2018年9月至2018年12月）。2018年9月19日，朝阳区政府相关委办局在劲松街道启动老旧小区提升改造试点工作会，成立改造工作组，探索社会资本参与老旧小区提升改造，劲松街道与V集团签订战略合作协议。劲松北社区党委、居委会运用社工包楼院制度，深入居民家中，了解居民需求和改造意愿；发挥党支部战斗堡垒作用，组织召开楼院党群议事会，为改造奠定了坚实的群众基础。

2. 规划设计阶段（2019年1月至2019年3月）。劲松街道协调，由劲松北社区党委牵头组织房管所党支部、10个居民党支部、V集团党支部和居民代表等共40余人组成党群议事会，议事会成员中党员占80%。党群议事会围绕小屋物业改造升级，先后召开10余次会议，分别就群众关心的停车管理、交通循环、人车分流、消防安全、环境提升、加装电梯、管线改造等问题深度沟通，形成物业改造升级26类设计意见和建议，提供给专业设计团队进行设计。社区党群议事会还定期听取V集团的设计方案，提出修改意见。

3. 物业确权阶段（2019年4月至2019年5月）。由于劲松北社区房屋产权属性多样，没有选举产生业主委员会，根据《物业管理条例》等法律法规的规定，劲松北社区居委会在劲松街道办事处的指导和监督下，代行业主委员会的职责。由于居民户数众多，没有适合开会场地等原因，居委会采用书面征求意见的形式举行业主大会会议，会前公示了业主大会议题内容等事项。需确权业主户数2764户，物业管理区域建筑物总面积165483平方米，经过入户投票，同意的业主有1548户，占比56.03%；同意的物业面积85492.05平方米，占比51.66%。表决结果符合法定双过半要求，改造升级方案和物业服务合同获得批准。

4. 工程实施阶段（2019年6月至2019年8月）。改造升级方案获批后，V集团组织实施工程一期改造升级，C物业公司进场服务，并为居民提供理发、义诊、配钥匙、修补衣服等便民服务。党群议事会成员全程监督改造升级，随时收集反馈居民意见建议。针对工程夜间清运渣土和进料扰民等情况，社工深入居民家中解释说明，争取居民理解，老旧小区改造工作有序完成。

5. 物业管理阶段（2019年9月开始至今）。C物业公司承担起物业管理职责，以较低的物业收费标准，实现标准化的物业管理。

（四）改造升级的主要成效

1. 基础设施大幅改观。经过改造，小区上空原有密密麻麻的架空线全部梳理贴墙或入地，小区道路重新规划，建成停车管理系统，规范机动车车位，设立自动化智能自行车棚，打通交通微循环，消防通道畅通，安防设备到位。改造小区公园，实现绿化美化和健身休闲一体的公共空间，无障碍设施不断完善，启动老旧居民楼加装电梯。

2. 便民服务丰富贴心。物业公司根据居民需求引入了品牌便民业态，譬如，老字号"百年义利"，新业态"匠心工坊""阿凡骑"等，还帮助原有的社区姐妹理发店升级，使居民的日常便民服务都得到了满足和升级。此外，老年食堂还针对老年群体多样化的用餐需求，提供多种套餐组合由居民自由选择，可以堂食和配送上门。

3. 文化活动精彩纷呈。社区公园、楼下花园和居民会客厅等活动场所的升级投入使用，让居民有了更多的活动空间。原有的居民诗书画、舞蹈、合唱、民乐、太极拳健身等队伍更加活跃，"炫彩家园"系列文化展演、消夏晚会、金秋艺术节等吸引更多居民参与。密切的接触促进了邻里之间居民感情的融洽，社区更加和谐。

4. 物业管理规范有序。市场和社会的力量逐渐壮大，原来有社区居委会代劳的许多事情，归位交由物业承担。许多安全隐患消除了，社区党委、居委会可以集中精力做好联系居民群众、巩固基层政权、开展社区治理、提供政务服务等工作。

5. 社区资源效率更高。改造后的便民服务用房宽敞明亮、安全耐用，新引入的便民业态守法经营，在市场竞争中为居民提供更多、更好的服务。以小区自行车棚为例，原来的车棚四处漏风，杂物堆积，是消防检查的重点；改造后的车棚有24小时监控，智能门禁和取车安全快捷，曾经存放在楼道里的电动车都送进了智能车棚，楼道安全隐患显著降低。市场化经营实现了经济效益和社会效益的双提升。

三 党建引领在物业改造升级中的实践和经验思考

（一）物业改造升级成功的主要经验是坚持党建引领

老旧小区产权关系复杂，居民需求多样，改造升级成本高，涉及面广。近年来，全国各地都做了许多探索，准物业管理只是治标不治本；政府全面改造投资巨大，难以推广，不可持续。这些问题的破解，必须跳出原有的条条框框看问题，新时代的区域化党建为我们打开了思路，开辟了可行的道路。

1. 党建引领能够有效聚拢各方面资源。老旧小区物业改造升级涉及住房建设、规划、财政、发展改革、商务、应急管理等多个部门，涉及局级、处级、科级等多个层级。面对行政管理体系条块分割，层级分明，相互独立，要想实现一个小区的改造升级，沟通成本非常高。习近平总书记在十八届中央政治局第十五次集体学习时指出，党的坚强有力领导是政府发挥作用的根本保证，这是我们的政治优势。通过党建引领能够调动各方面的积极性，指引各方面单位聚焦中心任务，打破上级部门和地方政府之间的条块分割，形成强大合力。

2. 党建引领能够有效促进多主体参与。习近平总书记在2015年中央党的群团工作会议上指出，党的群众工作对象众多、层次多样，党通过建立旨在广泛联系各方面群众的群团组织来帮助党做群众工作。北京现有老旧小区的楼房产权人来源多元、构成复杂。笔者调研时，社区里的一栋10层楼房有住户78户，是20世纪80年代多家产权单位联合建设而成，分属31家产权单位。这些房屋的产权人有国家部委、有破产企业、有拆迁上楼新市民，还有通过市场购买商品房的业主。正是我们党具有广泛联系群众的独特优势，使得老旧小区的不同产权主体能够形成快速、有效、持续的沟通，共同参与改造工作。

3. 党建引领能够有效推进项目实施。老旧小区物业改造升级有居民住户、工程建设、物业管理和便民服务等多个主体的参与，参与方的行政级别高低各不相同，专门设定一个行政协调机构，费时费力，效果不佳。这就需要打破条条框框，以扁平化方式建立指挥协调机构；对于涉及广大居民民生需求的项目，同样需要加强党的领导，两方面汇集到一点，就需要发挥党建引领作用，才能拧成一股绳搞建设。

4. 党建引领能有效覆盖治理新领域。PPP模式运用于老旧小区物业改造升级是一项全新的工作，在前期启动、过程管理、后期持续发展等方面会有很多新问题出现，网络社区等新阵地出现，会有很多新型组织加入，譬如，社会组织、社会企业、社区基金会等。"管好人、管好事"需要有一个坚强的领导核心，需要有一个主心骨。基层街道乡镇党委和社区党委就是这个主心骨。不管什么性质的机构或是团体，不管什么样的领域，都可以纳入区域化党建格局中来。

（二）党建引领在物业改造升级中的具体做法

1. 政治引领。政治引领的要义就是坚持党的领导，发挥党总揽全局、协调各方的领导核心作用。北京市推进"街乡吹哨、部门报到"工作机制，就是坚持党建引领，发挥党建跨领域跨部门统筹协调作用，坚持问题导向，聚焦基层，建立自下而上的协调机制。作为老旧小区物业改造升级的属地街道，我们深入群众，调查汇总治理问题，通过"吹哨"，邀请职能部门"报到"，条块结合，协同推进问题破解。在工程实施过程中，坚持党的领导，就是"把党支部建在连上"，把涉及老旧小区物业改造升级项目的街道、工程投资方、工程建筑方、物业、便民服务和社区居民等方面负责人员聚拢起来，组成项目联合党支部，把握方向、统筹协调、推进实施。

2. 思想引领。朝阳区积极搭建"一轴四网"区域化党建工作格局，突出以党建为轴，在区级、街道、社区和小区楼院织就四张党建网络，发挥社区党委的网结作用，织密小区党支部联系群众的网底，并以党建贯通各个层级，形成双向沟通的有效链接。在楼院建立了居民聊天会、楼门骨干微信群等互联分享机制，老旧小区改造的上级精神和方针政策，能够及时传递到居民，帮助居民掌握情况，凝聚共识；改造过程中遇到突发的舆情事件，也能及时发布官宣，以正视听。居民发现改造出现偏差，可以第一时间上报预警，发挥"朝阳群众"的作用。

3. 群众引领。习近平总书记指出，我们党的最大政治优势是密切联系群众。朝阳区首创的党政群共商共治工程，就是践行党的群众路线的生动实践。首先在小区楼院广泛开展老年聊天会、居民会客厅、流动议事厅等居民议事活动，不断收集居民意见建议，并在社区、街道继续问需、问计、问效，通过"集、议、决、督、评"五步完整的党政群共商共治工作机制，把群众关心的热点难点问题集中起来，根据问题的性质、范围、对象等分层级形成共商共治办实事项目，聚焦突出问题，分清轻重缓急，由政府和社区、居民协同完成。

4. 社会引领。习近平总书记指出，一个党员就是群众中的"一面旗"，千百万共产党员的先进形象就是我们党的光辉形象。北京市开展党政企事业单位党组织和党员回居住地"双报到"活动，就是通过区域化党建搭建平台，充分发挥党员的先锋模范作用，团结带领居民群众共同建设社区。劲松北社区党委坚持以党建引领，把回社区报到的党员和党组织请进来，开展了"小手拉大手""与困难家庭结对子""养老驿站陪聊天""今天我值日"等活动，吸引更多的人关注困难群体，关心一老一小，维护环境卫生，共建共享社区发展成果。同时，组织住户代表走出去，一家一家走访产权单位党委，说明老旧小区物业改造升级情况，促进物业确权工作的有序推进。

（三）党建引领在物业改造升级中需要注意的问题

1. 党委政府不能为企业的经营兜底。在改造升级中，党建引领发挥了搭建平台、整合资源、推动实施等重要作用。但工程建设和物业服务等具体事项应交由企业实施，党组织需要带领人民群众监督好企业运行。如果党委政府始终和企业捆绑在一起，企业就会打着党委政府的旗号，甚至透支党委政府的信用。一旦出现风险，企业就可能转嫁风险成本，党委政府的信誉和国有资产将蒙受巨大损失。

2. 党委政府不应作为市场经营主体。在市场经济条件下，政府更多的是充当制度提供者和宏观调控者。企业则是最好的微观经济主体，能够根据市场价格信号，及时调整经营状态，创造更多价值。政府和市场把各自擅长的事情做好，才能促进社会经济良性发展。

3. 党委政府不能大包大揽造成"福利依赖"。党委政府在服务和保障民生工作中，要"把好钢用在刀刃上"，提高服务的针对性和精细化，实施精准帮扶。许多老旧小区的绿化、环境卫生、公共设施维护等服务长期由政府买单，造成许多居民不仅没有缴纳物业费的习惯，还坚持认为物业服务就应该政府管，形成了"福利依赖"。

4. 党委政府不能当甩手掌柜丢掉阵地。为人民服务是我们党的宗旨，服务和保障民生是基层党组织联系和团结群众、巩固基层政权的重要举措。党组织的服务与物业服务既有区别又有联系，不能简单地用物业服务代替党组织的服务，更不能什么都交由物业公司去做，当"甩手掌柜"，犯官僚主义错误，丧失党的基层群众基础。

（四）在物业改造升级中强化党建引领的思考和建议

1. 发挥党建优势，为党委政府与企业行为标出合理边界。党建引领在基层社会治理中发挥了重要作用，这些优势应当继续保持。在与企业合作过程中，党委政府应当通过制度划分双方的权责界限，该支持企业的要大力支持，但企业的市场行为应该由企业自己承担后果，做到权责明确。无论是有形的国有资产，还是无形的党委政府信用都要倍加珍惜，这样才能更好地监督企业行为，让老旧小区物业改造升级成果为居民群众享有。

2. 严格依法办事，让市场在资源配置中发挥决定性作用。凡是市场能做好的事，就让更多的企业在市场中大显身手，通过竞争为居民群众提供更多、更好的产品和服务。要克制政府直接充当微观经营主体的冲动，退出便民商业服务领域，更多地充当监督者、"守夜人"角色。

3. 加强宣传教育，在共商共治共建共享中凝聚居民共识。"社区是我家，建设靠大家。"党委政府不能再背负沉重的治理成本，而要引入更多的企业和社会组织，通过赋能赋权，在政府和居民群众之间形成一个缓冲地带，让企业和社会组织参与社区治理，帮助居民群众适应市场经济，转变"等""靠""要"思想，用自己的勤劳双手创造幸福生活。

4. 践行群众路线，聚焦民生兜底把温暖送给最需要群体。物业和便民商业、企业通过市场为居民群众提供了大量优质服务，但是党委政府免费提供的社区便民服务用房等资源，实际上是对上述企业的补贴。正是有了这些补贴，居民才能以更低的成本享受更优质的服务。对这些企业的服务，仍然需要加强党建引领。此外，对于市场照顾不到的群体，特别是低收入、高龄、特困、伤残等群体，党委政府必须深入践行群众路线，摸清底数，继续发挥好兜底保障的作用。

四 PPP模式在物业改造升级中的实践和经验

（一）物业改造升级成功的主要困难是钱从哪里来

2015年中央城市工作会议指出，鼓励企业和市民通过各种方式参与城市建设、管理，真正实现城市共治共管、共建共享。老旧小区物业改造升级是一项重大工程，前期改造需要大量的资金投入，后续管理也需要持续资金的保障。如何形成稳定的资金来源，确保可持续发展是物业改造升级取得成功的关键。

1. PPP模式有利于获得大额启动资金。随着社会经济的发展，大量民营企业在市场中站稳脚跟，获得长足发展，也积累了较多资本和经营管理经验。政府通过"放管服"改革，使得老旧小区物业改造升级有利可图，社会资本乐意进入。金融机构也在不断寻找新的投资领域，对有潜力的民生项目十分关注，有明显投资意向。传统主要由地方政府投资的老旧小区改造模式投入巨大，政府不堪重负。鉴于财政资金有限，依靠财政投入改造老旧小区做试点可以，推广复制难。

2. PPP模式有利于盘活社区存量资源。由于历史原因，老旧小区现有的便民服务设施、地下室、车棚等公共空间多由政府主导，社区居委会统筹管理，实际使用人员多为经济困难居民。由于缺乏经营管理经营，公共空间的利用效率低下，产出很少。譬如，自行车棚的停车费勉强维持看车人的基本生活，看车人无力也无意愿改善自行车棚条件和服务。在保持产权归属不变的前提下，经营的事情交给市场中的企业去做，更能提高利用效率，增加单位产出，丰富居民生活。

3. PPP模式有利于分担物业管理成本。老旧小区物业改造升级需要大量投入，政府固然可以补贴部分，仍然有很大的资金缺口，而老旧小区的居民收入有限，缴纳的物业费也很低，在缺乏公共维修资金的情况下，难以承担巨额改造成本和持续管理服务费用。通过PPP模式，社会资本进入，盘活现有社区公共资源，所得收入一方面可以归还贷款融资；另一方面也可以弥补由于居民缴费少而产生的资金缺口。

4. PPP模式有利于培育居民消费习惯。老旧小区居民一方面习惯于政府兜底提供服务的模式，没有为物业、便民等服务缴费的习惯，甚至产生"福利依赖"。另一方面，由于服务是免费的，许多居民对环境卫生、公共设施并不珍惜，存在不当使用，甚至人为破坏的情况。PPP模式的运用，从物业费、卫生费的收取开始，逐渐培养居民为服务付费的习惯，尊重别人的劳动，珍惜公共服务设施。

（二）PPP模式在物业改造升级中的具体做法

1. 成立投资公司。区级搭建平台，遴选优质社会资本，于2018年9月，劲松街道与V集团签订为期十年的战略合作协议。V集团是L集团全资的资产管理公司，主要从事物业资产管理、社区设施和服务的租赁运营、老旧小区更新提升和社区股权投资等。对于老旧小区物业改造升级所涉及的设计、建筑、物业、电梯、供暖等业务企业，V集团通过股权投资方式取得控股，整合为老旧小区物业改造升级的全产业链，共同实施老旧小区更新。符合政府支持、财政补贴的项目，资金拨付给 V 集团，不足资金则由 V 集团通过商业银行进行融资。经 V 集团与商业银行共同测算，全部改造成本和运维费用将在 9 年内全部收回，实现盈亏平衡。如果考虑示范效应和经验积累，未来连片改造升级的盈亏平衡周期将进一步缩短，理想状态为 5 年收回投资。

2. 改造社区资源。在党建引领下，汇聚了居民需求，明确了改造升级目标，成为设计和施工的依据。设计方案经居民代表会议、业主大会通过，并报上级部门批准后，由 V 集团通过设立事业部和项目组方式统筹下属子公司进行改造。劲松街道和劲松北社区居民代表将全程监督改造工程的实施，确保居民满意。改造提升了公园绿地面积，增加了便民服务业态，改善了物业管理，开展了"养老餐桌"等特色服务。

3. 优选服务企业。在实施改造的同时，V 集团组织对居民需求量大的菜站、早餐、理发、维修、智能车棚、老年餐桌等便民业态进行招商，遴选有完整资质的优质企业入驻，同时保留在居民中口碑好、服务品质高的个体从业者，打通便民服务的"最后一公里"。V 集团和劲松北社区定期召开议事会，民主评议各类便民服务的质量，作为入驻企业续签协议的依据。对于开展公益便民的企业进行租金减免，并帮助申请政府专项补贴，切实降低运营成本。

4. 股份明确权益。土地虽然是国有，但老旧小区中的各类空间有着明确的权属关系，在尊重现有产权关系的同时，将可利用的公共空间，打包交给企业去改造经营，这就需要根据产权大小通过股份方式明确各方权益。由街道代为管理的国有资产，可以免费把使用权、经营权交给企业，股权所获收益用于偿还贷款和补贴物业管理运维。协议期满时，政府有权收回免费提供的公共空间使用权和经营权。其他产权单位按照股权比例分享部分收益，这些收益中还要拿出一部分用于产权单位职工宿舍的物业维护保养。

（三）PPP 模式在物业改造升级中需要注意的问题

1. 防止国有资产流失。老旧小区物业改造升级是长期的工作，与企业签订合同的周期也长。老旧小区现有的便民服务设施大部分属于历史性临时建筑，原有规划中没有，新规划中也没有产权证明，只有开发商提供的临时建筑移交手续。地下室等公共空间的产权多样，既有属于国家管理的地下人防空间，也有各产权单位自行管理的地下室等，有的产权单位已经破产重组，具体管理经办人调整，档案不规范遗失等，这些都造成了公共空间权属不清晰，没有相关产权证明。如果不事前明确权属关系，办理权证，长期交给负责改造升级的企业管理，将来就会变成一笔糊涂账，造成国有资产流失。

2. 调动产权单位积极性。由于历史原因，老旧小区多产权的状态较为普遍，他们对经营老旧小区中的资产没想法、没人力，长期处于闲置状态，有的分属于央产、市属产权、区属产权和私有产权，区属产权较为容易协调，其他资源的整合，体制内协调的时间成本高。还需要运用市场化手段调动各类产权单位的积极性，减少阻力。

3. 防范"黑天鹅事件"。尽管产权单位缺乏精力或经验，无法有效盘活老旧小区中的资产。如果有企业进驻能够盘活资产，获得较大收益，部分产权单位特别是破产重组企业的留守管理人员免不了会眼红心热，想要分一杯羹，甚至会漫天要价。部分居民原来在房前屋后圈占公共用地种花停车，老旧小区物业改造升级后，公共空间统一规划、为小区全体居民共享，势必会触动少数人的利益。这些少数的产权单位和居民会通过信访、集体抗议等方式制造影响，引起社会关注，给政府和企业施压，从而形成事实上的少数人否决现象。

4. 制度对新探索的制约。对于老旧小区历史性临时建筑缺乏相关的制度安排，北京市发改委、商务委等部门虽然从改善营商环境等角度出台了一些政策制度，但在基层社区治理方面正处于调整时期，特别是街道和社区管理体制的调整仍在酝酿。依照财政等部门现行的制度，对于社区内的国有资产的使用方向、内容和期限都没有相关的制度保障，基层政府部门都无权与企业签订超过三年的长期合作协议，特别是签订由政府无偿提供公共空间的合作协议。

（四）在物业改造升级中用好PPP模式的思考和建议

1. 土地国有，清产核资。推进PPP模式首先应该确保清晰的产权，特别是老旧小区历史余留问题多、产权不清晰，将会为改造和经营管理留下不确定风险。应当在PPP合作之前，由政府牵头，各方参与监督，开展第三方专业评价机构实施的清产核资工作。对于同一上级部门管理的资产应当进行合并，明确权属好监管责任，具体交由属地街道、乡镇用于民生服务。

2. 产权入股，补贴服务。在产权清晰的基础上，合理设置老旧小区物业改造升级的股份数额及比例构成，特别是由政府代行国有出资人的部分股份，可以与改造升级实施企业通过协议方式，明确利润的归属和时限。把补贴放在明处，便于纪检、审计和财政等部门监管，同时也应当定期公示，一方面，有助于居民了解老旧小区所获得的优质低价服务一直得益于政府的补贴；另一方面，由居民会议或业主大会定期考核评价物业服务，把利润作为奖惩激励的手段。

3. 依法管理，分类分步。老旧小区物业改造升级涉及许多方面，难免会有"黑天鹅事件"的出现，针对遇到的情况，要具体问题具体分析。对于老旧小区存在的共性问题，要举一反三，统筹解决；对于每一户居民的合理诉求应当重视，根据轻重缓急，分类分步加以解决。所有遇到的情况都必须坚持依法办事，以小区绝大多数居民的利益为指向，政府资金重点是兜底保障特殊困难家庭等对象、应急帮扶突发事件波及居民和实现基本公共服务均等化，对于超出这些方面的要求，应当培育良好风气，鼓励居民通过市场化的方式自行解决。

4. 完善制度，容错纠错。对老旧小区物业的改造升级是一项系统工程，需要多方面政策法规的支持和保障。北京市商务委员会在2018年先后推出了《关于进一步促进便利店发展的若干措施》《利用地下空间补充完善便民商业服务设施的指导意见》等一系列促进便民服务业态发展的规范性文件，为社区便民服务工商注册和执业等松绑。各职能主管部门都应当积极跟进，应当从推进国家治理体系和治理能力现代化的高度，充分考虑基层发展需要，从建筑改造、资源使用、管理服务、民主协商、居民自治等多角度考量，加大"放管服"力度，加强政策法规制定部门的横向沟通，进一步增强制度兼容性，留出制度执行的弹性，逐步建立完善的社区治理制度体系。对于行政执行过程中的弹性空间，可以通过全方位的政务公开、居务公开等对行政自由裁量权进行监督。

五　民主协商在物业改造升级中的实践和经验

（一）物业改造升级的主要期待是保持持续高质量发展

2019年2月1日，习近平总书记在北京看望慰问基层干部群众时指出，设立"小院议事厅""居民的事居民议，居民的事居民定"，有利于增强社区居民的归属感和主人翁意识，提高社区治理和服务的精准化、精细化水平。在老旧小区物业改造升级中，我们深切感到基层民主协商在征集意见建议、引领方向、凝聚共识、全程监督等方面的重要作用，在未来的物业运行中，议事协商还将发挥重要作用。

1. 议事协商有助于汇聚民智凝聚共识。一对一协商和组织不同范围的群众开会协商都是社区治理的重要方法，对于深入了解居民诉求、宣传党和政府的方针政策有着不可替代的作用。特别是涉及老旧小区物业改造升级这样的大事，更需要大范围、多形式地进行议事协商。通过协商让居民群众更加了解物业改造升级的必要性，也能够把群众的需求和建议收集上来，作为改造的设计参考，还能发现社区里乐意服务居民和文化活动的能人骨干，动员他们参与到物业改造升级中来，为业主大会和居民代表会议决策做好前期准备。

2. 议事协商有助于不断改进提升服务。随着社会经济的持续发展，社区居民会感到发展带来的变化，也想分享发展的好处，会不断提出新需求新想法。如果在基层社区没有人听，网络舆情可能就会比较严重。在居民身边需要一个倾诉的平台，而议事协商就是很好的平台。社区和物业也可以通过议事协商，双向沟通想法，动态把握居民需求，如此才能不断改进服务。

3. 议事协商有助于建立预警化解民怨。议事协商不局限于开会，也是有效的社会动员方式。社区的楼门长、积极分子是"朝阳群众"的主要成分，他们既是侦查员，能够发现危险苗头；也是和事佬，在街头巷尾聊天中就能化解邻里间许多矛盾。定期把楼门长组织起来，开一开"神仙会"，才能铸就"世界第五大情报组织"——朝阳群众。

4. 议事协商有助于监督保持服务质量。由于老旧小区物业改造升级的周期长，社区与物业企业实际上是签订了类似包干制的服务协议，物业企业如果做不好，也不容易更换。从历史经验看，包干制下的企业缺乏服务积极性和创新主动性。俗话说，"金杯银杯不如老百姓的口碑"，如果口碑不能转变为实实在在的压力，也难以刺激物业企业持续提供优质服务。业主大会的召开间隔周期长，决策的弹性小，也不利于物业企业日常的服务提升。社区的议事协商形式和时间灵活多样，正好发挥动态监督作用，时刻盯着物业改善服务。

（二）民主协商在物业改造升级中的具体做法

1. 问政于民，保障人民当家作主。劲松街道坚持走动式工作法，社区工作者不是坐办公室的，而是要经常走到居民群众中间，通过一对一的沟通交流，及时发现和化解社区中的问题。劲松街道还建立完善了社区党群议事会、小区楼院居民议事会等组织，坚持问题导向，根据居民的需要，邀请"两代表一委员"、街道工作人员和物业企业等参加，让居民把想说的难事烦心事都讲出来，大家一起协商解决。

2. 问需于民，动态把握服务需求。劲松北社区的居民会客厅就设在小区主路边上，居民买菜、上下班经过时，可以进来跟社区说说意见建议。社区整理这些诉求，本着"接诉即办"的原则，及时反馈给物业或街道部门，能抓紧解决的就尽早办，能需要解释说明的就当面说。问题抓早抓小就好解决，居民对社区和物业的服务就更加满意。

3. 问计于民，调动居民参与积极性。2015年中央城市工作会议指出，要坚持协调协同，尽最大可能推动政府、社会、市民同心同向行动，使政府有形之手、市场无形之手、市民勤劳之手同向发力。社区居民不仅仅只会提需求，他们中间卧虎藏龙，有许多领域的高手能人，他们愿意为自己的家园做点事情。我们的社区工作者工作本上都有几个能人的名字，平时，社区工作者不仅会深入困难群众家中询问

"有什么困难",还会经常联系这些能人请教"怎么办"。许多街道和社区都有棘手的难题,在居民的帮助下都可以被顺利解决。

4. 问效于民,定期考核服务质量。劲松街道每年都会组织楼院、社区和街道层面的共商共治会议,回顾过去一年工作,沟通居民需求,谋划来年任务。随着老旧小区物业管理越来越被居民群众所关注,物业管理议题已经成为议事协商的必议题目。为了保障改造升级后的物业管理不减量、不降低标准,小区楼院和社区党群议事会充分听取居民意见建议,并形成对物业的考核意见,作为政府代管部分股份收益使用的依据。如果物业服务良好,可以将股份收益全部补贴物业服务;如果物业服务存在不足或不作为,则减少部分或者全部股份收益的补贴,并建议城市建设部门约谈物业企业整改,形成正向激励。

(三)民主协商在物业改造升级中需要注意的问题

1. 基层党委不能放弃议题设置主导权。近年来,有部分小区业主大会被部分业主和所谓的法律顾问把持。在劲松北社区推进老旧小区改造升级中,也有个别"热心"的律师来围观,少数业主希望保留自己房前屋后的临建或者多占用车位等,也想找点事情,折腾一下。这就考验基层街道和社区党委掌控大局的能力了。

2. 议事机构不能用协商代替投票表决。居民议事协商对时间、场地和人数的要求不高,社区工作者经过长期实践,也具备了一定的组织议事协商能力。但是涉及居民小区物业权利实施的,由业主大会决策;涉及社区居民民主权力实施的,由居民会议决定,都必须严格依法按程序办。有部分社区工作者存在认识的偏差,认为组织业主大会或居民会议周期长、手续烦琐,认为居民议事协商也是代表民意。物业企业也想被尽可能少的人监督提意见,就可能偷懒走捷径。

3. 议事成员不能只提需求不承担任务。在居民议事协商过程中,还有部分居民对街道、社区抱有自私思想,认为我有困难了就要找社区,社区帮我解决就可以了,其他不要来找我。在一些议事协商会上,部分居民代表在征集需求方面踊跃发言,等到商量办法的环节,就变得默不作声，甚至认为议事会就不应该研究解决问题的办法和承接任务。部分社区工作者在组织居民议事会时，也不知道怎么样引导居民一起出主意、想办法，把议事会开成问需会，漏掉了问计。

4. 议事成果不能停留纸面而不了了之。在老旧小区物业改造升级过程中，各个层级的议事会是经常开，遇事就商量。在平常工作中，社区楼门长骨干也经常碰头。形成了大量的成果。有的成果汇聚到社区、街道大的议事协商成果里，有的则停留在小区层面。无论议事成果大小，都是居民期盼。应当认真对待，不能冷了居民群众的心。

（四）在物业改造升级中用好民主协商的思考和建议

1. 党委研究定方向，居委会主持控进度。根据北京市委、市政府联合印发的《关于加强城乡社区协商的实施意见》以及北京市民政局印发的《北京市社区议事厅工作指导规程（试行）》等文件精神，强调社区议事厅应坚持党的领导，社区居委会应履行六项职责，围绕十项内容、按照五项程序和五项议事会流程广泛展开议事协商，并做好议事协商成果的运用落实。我们都应当理直气壮地强化社区党委的领导核心作用，确保社区党委"抬头看天"，掌握上级党组织和政府的方针政策，确保在社区党委领导下，居委会低头领路，团结带领区域内的居民群众、物业企业、便民服务商等共商共治共建共享。

2. 民主协商与业主物权两促进、不越位。民主协商是民主决策的酝酿准备和实践先导，是"十月怀胎"；业主大会和居民会议的决策是民主协商的完成和实现，是"一朝分娩"。两者各有特点、各司其职，都是基层民主政治建设的重要方式。而社区党委、居委会则是这两种方式的交汇点和关键所在。社区党建引领大有可为，完全可以将民需、民智、民力有效地汇聚起来，通过法律规定的程序和方式，把居民需求、智慧转化为基层社区治理的共识、公约，引导广大居民群众广泛参与到所居住小区的建设、维护和发展中来。

3. 机构助推议好事，鼓励出主意、领任务。近年来，首都基层社区治理工作备受各方关注，居民参与的深度和广度有了很大提升，但是居民的议事协商能力、视野还有待进一步提升。各类社会组织蓬勃发展也是首都基层社会治理的一大特色。应该以更加开放的姿态，通过政府赋能赋权等方式，培育一大批扎根社区治理一线的社会组织，让他们去帮助居民学习议事协商、规范议事协商，用好议事协商，协助社区党委更加广泛地联系和团结居民群众，同心同向用力，知民情、聚民智、汇民力、解民忧，占领协商阵地，巩固基层政权。

4. 对接物业考核评价，党建引领促落实。2019年，北京市民政局印发了《北京市居（村）委会下属委员会工作指导规范》，文件明确组建"物业管理委员会"作为社区居委会下属六大委员会之一；北京市住房与城乡建设委员会印发了《关于做好住宅小区物业项目负责人到社区报到相关工作的通知》，明确要求物业项目负责人应每月一次定期向社区进行汇报，遇到物业项目接撤管等重大矛盾纠纷时应随时向社区进行报告，接受属地社区的指导，确保小区和谐稳定。这就为小区居民议事协商成果开辟了出路，在业主大会和业主委员会作用不明显或缺失的小区，在社区居委会下属物业管理委员会的带领下，居民群众可以对物业企业的服务形成动态而有效的监督。

六 结语

劲松街道劲松北社区物业改造升级已正式投入运行，企业运行有序，群众反响良好，得到了国务院参事室、住建部、北京市等各级领导的调研指导。这是劲松北社区在全国率先引入社会资本改造升级老旧小区物业，推进PPP模式在基层社区治理中的探索实践，有成功的经验，也有很多不足，还有大量工作需要继续深化和提升。在推进过程中，我们认为老旧小区物业改造升级不只是住建部门的事情，需要多部门协同配合，其中有大量社区治理的工作要做，需要运用社会治理的理念、思路和方式方法等。基层社区治理一样需要市场和社会的力量的参与，PPP模式不是大型工程项目的专用方法，在社区治理中尝试PPP模式本身就是对社会治理内涵的丰富和生动实践。

天津市河北区社区物业管理服务运行观察

一 研究背景、研究视角和观察点的基本情况

(一) 研究背景

我国（中国大陆）城市社区物业管理服务抑或住宅小区物业管理服务发端于20世纪80年代初期的深圳，到90年代初期拓展到了广州等东部沿海城市。1994年，国家建设部发布《城市新建住宅小区管理办法》，要求住宅小区"逐步推行社会化、专业化的管理模式，由物业管理公司统一实施专业化管理"，标志着社区物业管理新体制开始确立。此后经过20多年发展，我国城市社区物业管理服务已经覆盖多种类型的大部分住宅小区。据民政部政策研究中心于2019年进行的社区物业服务企业（机构）负责人问卷调查统计结果显示，如果从住宅小区的档次角度划分，被调查的4.9%的物业服务企业（机构）管理服务着高档小区，16.3%的物业服务企业（机构）管理服务着中等偏上小区，34.0%的物业服务企业（机构）管理服务着中档小区，24.4%的物业服务企业（机构）管理服务着中等偏下小区，16.5%的物业服务企业（机构）管理服务着低档小区。这些数据表明，物业管理服务已经拓展到了各种档次的住宅小区。

不仅如此，民政部政策研究中心的上述问卷调查统计结果还显示，当问及物业服务企业（机构）正在管理的住宅小区属于哪种产权类型时（可根据实际情况做出多项选择），被调查的64.2%的负责人填答管理服务着个人产权的商品房小区，15.9%的负责人填答管理服务着单位产权或单位职工住宅小区，19.8%的负责人填答管理服务着房改房等老旧小区，19.6%的负责人填答管理服务着多种产权相混合的小区，7.1%的负责人填答管理服务着政府保障房小区，5.3%的负责人填答管理服务着小产权房小区，还有11.0%的负责人填答管理服务着其他类型的住宅小区。这些数据表明，物业管理服务已经拓展到了各种产权类型的住宅小区，已经成为涉及广大居民切身利益的民生事项。

但是，许多实地调查发现，在社区物业管理服务运行过程中还存在一系列突出问题。例如，物业服务不到位，业主（居民）满意度不高。根据中国消费者协会于2019年对全国36个城市的148个住宅小区的实地调查结果，存在卫生清洁不到位问题的占比69.6%，存在车辆乱停乱放问题的占比61.1%，存在照明灯不能正常使用问题的占比33.8%，存在门禁失于管理问题的占比33.1%，存在绿化养护类问题的占比28.4%，存在乱堆杂物问题的占比21.6%。与此相一致，该项目通过对4320位业主（居民）的满意度调查统计，保洁服务得分为57.34分，秩序管理得分为59.35分，客户服务管理得分为54.5分，均处于不及格水平。[①]

又如，许多城市社区的业主组织发展滞后，积极作用明显欠缺。中国消费者协会的上述调查发现，在被调查的4320位居民（业主）中，明确回答其所在小区成立了业委会的只占比25.5%。[②] 另据有关资料显示，目前，在北京市已经实施专业化物业管理的4772个小区中，成立业委会的小区为1216个，占比25.5%。[③] 依据这些数据判断，就全国范围而言，多数住宅小区尚未依法依规建立健全的业主委员会。即使已经建立了业主委员会，也有相当一部分业主委员会或者

---

① 参看中国消费者协会《国内部分住宅小区物业服务调查体验报告》，中国质量新闻网，2019年11月5日。
② 参看中国消费者协会《国内部分住宅小区物业服务调查体验报告》，中国质量新闻网，2019年11月5日。
③ 参见贺勇《物业"老大难"治理需指南》，《人民日报》2020年3月10日。

难以团结凝聚多数业主，或者难以和物业服务企业良性互动，甚至少数业委会成员侵占业主公共利益，以权谋私。

再如，基层政府组织和社区"两委"存在缺位、越位、错位问题。基层政府组织负有指导监督社区物业管理服务的法定职责，但某些基层行政主管部门和街道（乡镇）没有充分、正确履行自身职能，不作为、乱作为问题时有发生。本应积极指导推动建立健全的业主委员会，但却拖着不办，致使业主委员会启动难、筹备难、备案难、换届难；本应依法依规认真地管理监督物业服务运行过程，但却"睁一只眼闭一只眼"，致使服务不达标、业主私自拆改、私搭乱建等违法违规行为长期得不到解决；本应各部门互相配合，但却互相推诿扯皮，严重影响着社区物业管理服务良性运行。另外，现行法律法规政策尽管赋予了社区"两委"对业主组织和物业服务企业的一系列指导监督职责，但却没有赋予相应的手段、权力，致使相当一部分社区两委"知难而退"，指导监督很不到位，甚至与业主委员会或物业服务企业关系紧张，相互拆台。

还如，许多业主（居民）不正常履行责任义务乃至过度维权，严重危害着社区物业管理服务正常运行。本应按时足额缴纳物业服务费，但却长期欠缴，导致欠费越多，服务水平越低；服务水平越低，欠费越多的恶性循环。甚至还过度维权，赶跑物业服务企业，导致一部分住宅小区先后成为"弃管小区"，等等。

上述问题表明，我国相当多的住宅小区物业管理服务尚未步入良性运行轨道，严重影响新时代广大业主（居民）对美好居住生活的追求和社区治理现代化进程，亟待学术理论界将这一涉及广大群众的民生问题纳入重点研究领域，从理论与实践相结合的角度分析成功经验及其突出问题，寻求发展思路和对策措施，推动社区物业管理服务规避恶性运行，改善中性运行，实现良性运行。以此为出发点，本项目对天津市河北区的20个住宅小区进行了较为系统的观察调研，在此基础上形成了本研究报告。

（二）研究视角：良性运行

在改革开放以来的中国社会学界，社会学家郑杭生提出了"社会运行论"。这一理论从社会有机体始终处于发展变化这一客观事实出发，将社会运行的状态大致划分为良性、中性、恶性三种类型。其中，社会良性运行是指特定社会的经济、政治和思想文化三大系统之间以及各系统内不同部分、不同层次之间的相互促进，而社会障碍、失调等因素被控制在最小的限度和最小的范围之内。社会良性运行是社会运行的理想状态，但不会自动地、自然而然地到来，需要人们努力争取才能实现。社会中性运行是指社会运行有障碍，包含较多较明显的不协调因素，但还未破坏社会的常态运行，因此可称之为"有障碍的常态运行"。而社会恶性运行则是指社会运行发生严重障碍、离轨、失控，是人们应该努力规避的社会状态。[1]尽管郑杭生提出的上述理论主要偏重于认识分析宏观社会有机体，而且有待于后人进一步深化和系统化，但其基本思想观点对于调查研究社区物业管理服务具有借鉴意义。因为社区物业管理服务是一种具体的社会运行系统，其运行状态在客观上存在着好、中、差之分，也同样可分为良性、中性、恶性运行等不同状态，而调查研究社区物业管理服务的主要目的就在于促进其良性运行，改善中性运行，规避恶性运行。如此一来，良性运行的思考逻辑就自然可成为本项目的研究视角。

本项目从良性运行视角调查研究社区物业管理服务，主要强调以下几个思考维度：其一，把相互促进、协调发展作为良性运行的重要标志。这是因为社区物业管理服务是依据一定的制度规则，由社区业主及其组织、物业服务人（企业、机构等）、社区"两委"、基层政府等多方面主体和房屋及其设施设备等多种要素共同构成的行动系统，这一行动系统内部的不同主体和不同要素功能互补、相互作用，只有各类主体、各种要素协调配合、相互促进，而不是相互拆台与掣肘才能良性运行。这就要求本项目在实地调查社区物业管理服务具体

---

[1] 参看郑杭生主编《社会学概论新修》第1—3章，中国人民大学出版社1994年版。

案例的过程中，注重发现各类主体、各种要素协调配合、相互促进的成功实践，并且进行概括分析，以期找出良性运行的发展逻辑。其二，把补短板、强弱项作为实现良性运行，改进中性运行，避免恶性运行的调研重点，像"木桶原理"所揭示的那样，社区物业管理服务行动系统的总体水平在很大程度上取决于其短板、弱项的实际水平，只有补齐短板、做强弱项才能有效提升其总体运行水平。这就要求本项目通过实地调查找出社区物业管理服务行动系统中的短板弱项问题，并且提出对策思路，以期促进问题的解决。其三，把优化政策、健全机制作为促进良性运行的重要手段。这一方面是因为本项目作为政策研究类课题理应对优化政策有所裨益；另一方面是因为优化政策、健全机制对于推进社区物业管理服务良性运行具有重要意义。这就要求本项目通过实地调查和个案分析提出具有普遍性的政策建议，以期促进社区物业管理服务的运行机制更加健全完善。

（三）观察点的基本情况

本项目选取天津市河北区的 20 个住宅小区作为实地观察点。河北区位于天津市中心城区的东北部，因地处海河以北而得名，是天津市 6 个中心城区之一，也是天津市的发祥地和开发建设较早的老城区之一。全区辖区面积 29.62 平方公里，常住人口 80 余万人，下辖 10 个街道办事处，117 个社区居民委员会。该区既有一大批中高档商品房住宅小区，又有为数众多的老旧住宅小区。在现有的 500 多个住宅小区中，近年来，新建以及房龄不到 20 年的商品房小区达 110 多个，占全区住宅小区总数的 20%，占全区住宅建筑总面积的 30%，全部实施了市场化、专业化的物业管理服务；其他住宅小区抑或老旧小区 390 多个，占全区住宅小区总数的 70%，占全区住宅建筑总面积的 60%，基本都实施了"旧楼区长效管理"亦即兼具市场经济和公共服务双重属性的物业管理服务机制，当地人也称之为"准物业管理服务"。由此可见，把河北区作为实地观察点，可以观察到不同类型的住宅小区物业管理服务的运行状况及其存在的突出问题。

特别值得一提的是，2018 年，河北区以"建立健全党建引领、多方联动的社区物业服务管理体系和长效机制"为实验主题，申报"全国社区治理和服务创新实验区"，并于2019年年初得到民政部确认。自此开始有序推进为期两年的实验区创建工作。2019年，该区从每个街道选取了2个社区，又从被选取的社区中各选取1个小区，共计20个住宅小区作为实验区创建的首批试点小区。它们中既有实行市场化、专业化物业管理服务的新建或次新建的中高档商品房小区，又有实行"旧楼区长效管理"，也就是兼具市场经济和公共服务双重属性的物业管理服务模式的老旧小区。而且在老旧小区中，既有选聘物业服务企业进行"长效管理"的小区，又有"业主自管"的小区；既有房龄20年以上的老旧商品房小区，又有部分居民按照房改政策购买了产权，另一部分居民尚未购买产权，租住的房屋依然属于政府公产房或单位（企业）公产房的多元产权的老旧小区（见表1），这为探索和探讨"社区物业管理服务体系和长效机制"提供了较为全面的实验样本。于是，笔者将这20个小区作为本项目的实地观察点，通过实地观察、座谈访问、互动交流等方式较为系统地收集、掌握了这些小区的物业管理服务情况，为形成本报告奠定了坚实基础。同时，作为受聘"专家"参与河北区的实验区创建工作，将研究成果和政策建议融入创建实践，在一定程度上实现了理论与实践的紧密结合。

表1　　　　　　　　20个小区的基本情况

小区代号	小区户数	小区类型	物业管理模式
A	610	多元产权的老旧小区	旧楼区长效管理
B	648	多元产权的老旧小区	旧楼区长效管理
C	756	多元产权的老旧小区	旧楼区长效管理
D	1003	多元产权的老旧小区	旧楼区长效管理
E	710	2002年建成的商品房小区	市场化物业管理
F	1400	2000年建成的商品房小区	市场化物业管理
G	724	多元产权的老旧小区	旧楼区长效管理
H	326	2004年建成的商品房小区	业主自我管理

续表

小区代号	小区户数	小区类型	物业管理模式
I	801	经济适用房小区	旧楼区长效管理
J	540	2000年建成的商品房小区	市场化物业管理
K	500	军产老旧小区	旧楼区长效管理
L	2100	高档商品房小区	市场化前期物业管理
M	640	商品房老旧小区	旧楼区长效管理
N	1650	中高档商品房小区	市场化前期物业管理
O	401	商品房老旧小区	旧楼区长效管理
P	1598	中高档商住混合型小区	市场化前期物业管理
Q	840	多元产权的老旧小区	旧楼区长效管理
R	2400	多元产权的老旧小区	旧楼区长效管理
S	700	商品房老旧小区	旧楼区长效管理
T	710	商品房老旧小区	旧楼区长效管理

二 良性运行的典型案例及短板问题

（一）L小区：一个新建高档商品房小区的前期物业管理运行案例

L小区坐落在河北区鸿顺里街道辖区内，东至元纬路，南至五马路，西至海河东路，北至新开河，子牙河、新开河交汇于此，地理位置极其优越。整个小区的西侧和北侧被子牙河和新开河所包围，距离附近的公园步行仅3分钟，距离"天津之眼"这一旅游景点也仅5分钟路程。周边有市、区级重点中小学和市、区级医院，小区配建有幼儿园、游泳馆等。该小区由国际知名房地产企业——新加坡仁恒置地集团有限公司开发建设，包括2012年建成入住的第一期住宅和2016年建成入住的第二期住宅在内，现有住户2100多户，总建筑面积30余万平方米。该小区房价在每平方米5万元左右，明显高于河北区的绝大多数住宅小区，属于该区范围内的高档商品房住宅小区。小区内的地下停车位配比为1:1，绿化率为36%，容积率为2.65。

目前，L小区尚未建立业主大会和业主委员会，由开发商旗下的天津仁恒物业服务有限公司实施前期物业管理，物业费标准为每月每平方米3.8元，属于河北区范围内物业费较高的小区之一，但收缴率却高达99%。该小区对于已经售出的地下停车位每月收取管理费100元，若是租赁停车位，则每车每月收取租金800元。该小区物业服务公司秉承"恒心服务，一生呵护"的宗旨，致力于为业主提供舒适优雅的居住生活环境，拥有一支素质优良的专业化管理服务队伍，不仅高质量提供常规性物业服务项目，而且实行"管家式"物业管理服务，"物业管家"经常主动了解业主们的生活需要和意见建议，及时解决业主反映的物业管理服务问题；每位业主也可以通过24小时值班热线电话、互联网或者直接找"物业管家"来表达意见和想法，寻求生活帮助，享受便捷优质的个性化物业服务。该小区运用智能化手段提升物业管理服务水平，包括使用了电子门禁系统、电子停车系统、刷卡使用电梯等。该小区每年开展两次业主满意度调查，业主满意率达90%以上。

上述情况表明，L小区的物业管理服务处在良性运行状态。这与以下两方面原因直接相关。一方面，该小区具备良好的基础设施设备条件。由国际知名房地产企业开发建设，小区住宅质量较高且处在较新阶段，基本上没有房屋维修麻烦和矛盾纠纷；按照1∶1配建的地下停车位满足了广大业主的停车需要，避免了车位不足可能产生的矛盾冲突等。另一方面，该小区业主的高品质服务需要与物业服务公司的高质量服务供给相对比较协调。L小区的业主都属于中高收入群体，他们普遍追求有品质的居住生活，愿意花钱购买优质的物业管理服务，与此相一致，开发商旗下的仁恒物业服务公司属于业内品牌公司，具有提供优质服务的实力、能力，双方遵循等价交换的原则实现了供需对接，互利双赢。只是这样的住宅小区为数不多，其运行机制难以在中低档居民小区，特别是老旧小区推广普及。

（二）H小区：一个商品房老旧小区的业主自管成功案例

H小区建成于2004年的商品房小区，容积率为1.5，绿化率为

28%，拥有楼门21个，居民326户。小区建成之初，由开发商引进的物业服务公司实施市场化物业管理，但由于小区规模过小，物业管理运行成本相对过高，获利不易，2009年年初，物业服务公司撤出了H小区。此后，社区"两委"积极指导小区业委会选聘新的物业服务公司，但都因为物业服务公司觉得"无利可图"而不愿承接这一项目，致使H小区一度出现"弃管"现象，小区环境脏、乱、差，甚至发生了入室盗窃等安全问题。面对这种情况，社区党委和居民委员会主动发挥指导监督小区物业管理服务的职责，通过依法依规召开业主大会，选举成立了以党员为主体的业主委员会，开始实施业主自治管理。近十年来，该小区的"业主自管"一直处于良性运行状态，业主的物业费缴纳率近100%，多次在市、区、街道物业管理检查中名列前茅，被河北区评为"优秀小区"。他们的成功经验至少包括以下几个方面。

其一，充分发挥党建引领作用。社区党委积极推动H小区业委会成立了党支部，在业委会党支部的具体领导下，将"主动接受党的领导"写入小区业委会章程。充分发挥小区党支部的战斗堡垒作用和广大党员的先锋模范作用，许多党员带头按时缴纳物业管理费，带头参加小区物业管理方面的志愿服务活动，带头支持和监督小区业主自治管理工作，带头摒弃乱摆乱放、乱抛乱丢、私搭乱建、私装地锁、违规养犬遛犬等不文明行为，发挥了明显的示范效应。

其二，乐于奉献的业委会团队认真履行组织管理职责。他们不谋私利，全心全意为业主（居民）服务。各类资金收支都建立了台账，定期张榜公布，做到公开透明，接受居民监督。他们不以营利为目的，千方百计做到少收费、多服务，取之于民，用之于民。H小区的物业费标准为高层电梯房0.6元/平方米/月，砖楼0.3元/平方米/月，车位费60元/辆/月，都明显低于实行市场化物业管理的周边小区的收费标准。他们为了更好地解决少数住户临时在楼道、院落堆放杂物影响小区环境整洁的问题，发动居民献计献策，在此基础上，将一个废弃的治安岗亭改造成了杂物中转站，把居民群众暂时不能清理的杂物先临时存放于此再作集中处理，保证了小区环境整洁。

其三，开源节流，精打细算。他们与广告公司合作，利用物业共用部位、共用设施设备投放广告收取费用，充实小区物业管理服务资金。他们腾出部分物业管理用房出租获取收入，增加小区维修资金。他们将存车棚管理事项外包给小区保洁员，由保洁员按照业主大会确定的标准收取电动车充电费、非机动车存放费，既负责小区保洁，又看管存车棚，从而降低了存车棚看管和小区保洁两项物业服务支出。他们还通过减少管理服务人员来节省开支。例如，H小区业主自管初期，业委会外聘了管理人员、保洁人员、保安人员、车辆管理员等数名服务管理人员。过了一段时间后发现人员报酬支出较多，成本较高，而且由于管理人员不住在H小区，不可能做到24小时在岗，遇到突发问题很难及时处理。于是，他们通过召开业主会议讨论表决辞退了外聘的管理人员，改为从业委会成员中推选出两位能力强、有担当的成员负责小区物业整体管理工作，享受低酬补贴。这就不仅节约了开支，而且也可以更好地及时处理小区的物业管理问题。与此同时，他们为了提高物业服务费收缴率，除了注重服务品质、增强与业主沟通、开展人性化亲情化服务以外，还建立了奖励机制，对一次性缴纳一年物业费的业主予以"打折"，或者赠送纸巾、洗衣液等生活用品，收到了良好效果。

其四，组织居民参与物业服务。H小区业委会视广大业主和居民群众为小区自管的主体力量，努力打造人人有责、人人尽责、人人享有的小区自管共同体。他们除了雇用少量保洁员、保安员承担物业管理日常事项以外，还组织居民群众群策群力清整维护小区环境卫生，绿化美化家园。例如，一位画家业主主动捐资，并且链接资源，协助业委会提升小区绿化水平，在此过程中，居民群众积极参与绿地设计、绿植选苗、施工改造等志愿服务活动，显示了居民群众的主人翁责任感。不仅如此，在社区"两委"的指导帮助下，H小区党支部、业委会还组织动员居民群众打造"和谐楼门""幸福楼门"，有些居民主动提供字画装饰楼门，有些楼门拍摄制作了本楼门的"全家福"

悬挂于楼道内，营造了共同家园的温馨氛围。

其五，政府积极支持。例如，为了改善 H 小区的基础设施状况，区政府将其列入"美丽社区三年提升改造工程"，对其进行了基础设施改善。又如，为了及时解决 H 小区居民普遍关注的楼道墙面年久失修、墙皮严重脱落问题，经社区"两委"申请，街道党工委和办事处迅速审批，运用政府为民服务"双十万"经费和物业管理补贴款项，对 H 小区楼道进行了粉刷，对小区花园进行了翻修，有效提升了小区人居环境质量。

H 小区的上述经验表明，"业主自管"不失为部分小区物业管理服务良性运行的实现途径，这一途径具有非营利性、自治性的鲜明特征和发展优势。推广这种模式需要一个居民威信高、奉献精神强、组织能力优的业委会群体作为前提条件，需要业委会群体不仅具备乐于奉献的高尚精神，而且具备组织管理整个小区物业服务事项的时间、精力和领导能力；需要将少量专职人员管理服务与广大居民群众有序参与紧密结合，功能互补；需要基层政府、社区"两委"给予支持帮助。

（三）J 小区：一个老旧商品房小区的物业管理演变案例

"J 小区"是建成于 2000 年的商品房小区，容积率为 1.75，绿化率为 20%，共有 7 栋 7 层到顶的砖混结构住宅楼，36 个楼门（单元），总建筑面积 5.22 万平方米，现有居民 549 户。J 小区建成使用后的最初几年，整体环境比较整洁，有配套建成的小区花园和健身设施，有开发商选聘的物业服务企业进行前期物业管理服务，并且建立了业主委员会。那时，由于房屋和公共设施设备较新，业主遇到的这方面麻烦不多，物业服务企业的维修保养任务不大，彼此之间的关系比较融洽；由于当时购买汽车的业主不多，小区停车难问题尚未凸显，业主和业主之间、业主和物业服务企业之间很少因为停车问题发生矛盾纠纷，彼此之间尚可维持正常的合作关系，小区物业管理服务基本处在良性运行的状态。

但是，随着时间推移，一是由于房屋和公共设施设备逐渐陈旧老化，给业主的正常生活带来的问题越来越多，影响着他们的居住生活品质，进而影响着他们对物业管理服务的认同度。二是伴随房屋和公共设施设备的陈旧老化，物业服务企业面临越来越大的维修压力和越来越多的维修支出，加之他们不愿意做"亏本生意"，于是，维修不及时、不到位等问题频发，引发了业主（居民）对物业服务企业的不断抱怨，越来越多的业主拒缴物业费，以表示不满。三是伴随有车业主的大量增加，停车难问题日益凸显，由此引发了业主和物业服务企业之间的一系列矛盾纠纷。四是业主委员会未能认真履职尽责，对广大业主的合法权益没有尽到维护责任，对物业服务企业的指导监督很不到位，对小区物业管理领域发生的矛盾纠纷没有发挥调解作用，基本上是名存实亡。这些因素的综合作用导致J小区的物业管理服务从以往的良性运行下降为中性运行，进而陷入了恶性运行状态。业主们越是不缴纳物业费，物业管理服务水平就越低；物业管理服务水平越低，业主们就更是不缴纳物业费，这就进一步加剧了业主（居民）与物业服务企业之间的不合作状态。及至2015年，物业服务企业不得不撤出J小区，使这个小区最终变成了一个"弃管小区"。

在无物业管理的"弃管"状态下，尽管也有街道保洁队清运垃圾，但楼道扫保、污水管道清掏疏通、小区路灯不亮、基础设施设备失修、存车棚被私人占用等问题难以得到有效解决，严重影响了业主（居民）们的正常生活。于是，社区"两委"（党组织、居委会）开始动员、指导J小区业主重新组织起来选举产生业主委员会，选聘新的物业服务企业。经过一番努力，2017年年底依法依规选举产生了J小区新一届业主委员会，当选的5名委员中有4名党员，被群众称为"红色业委会"。其中，业委会主任"王老师"是一位政治素质好、工作水平高、奉献精神强的高校退休教师。在王老师等业委会成员的积极努力和街道、社区的指导帮助下，J小区于2018年选聘了"天津市康居顺达物业管理有限公司"接管J小区的物业管理服务事项，开始通过共建共治解决历史遗留问题，提升小区物业管理服务水平。

其一，业主委员会和物业服务公司合作共治。现实生活中，某些小区的业委会和物业服务公司或者互不信任、矛盾重重，或者串通一气，共同侵占业主利益，都会给社区物业管理服务和居民共同生活造成负面影响。而在今天的J小区，业主委员会和物业服务公司形成的是良性合作关系。在社区党委的领导下，小区业委会主任兼党支部书记王老师兼任了J小区物业服务公司的党建指导员，把党建工作延伸到了物业服务工作领域。通过业委会党支部与物业服务公司经常性开展党建联合活动，包括共同慰问老党员、低保户，增进了为民服务共识与合作共治意识。在业委会引导监督下，物业服务公司每季度都要向业主（居民）公开物业收支情况，以及应急维修资金等使用情况，收到了"给业主一个明白，还物业公司一个清白"的良好效果，提升了居民群众对物业服务公司的认可度，进而提高了物业费收缴率。遇有业主和物业服务公司发生矛盾纠纷时，业主委员会也总是利用自身优势积极发挥调解作用，既维护业主的正当权益，又真诚地帮助物业公司排忧解难。他们还积极组织社区志愿者和居民积极分子协助物业服务公司开展治安巡逻、清整小区绿地、捡拾白色垃圾等。

其二，着力解决小区物业突出问题。例如，针对小区内的路灯及其灯杆年久失修，影响居民出行和人身安全这一突出问题，物业服务公司垫资加固了18根路灯杆，把18盏灯泡全部更换成了LED光源，居民们高兴地说，"咱们小区终于亮起来了，进进出出再也不用手电筒了"。又如，针对小区内的一侧围墙已成危墙，存在安全隐患，物业服务公司主动组织施工队伍进行了加固，消除了安全隐患；针对小区内的一段土路晴天扬尘，雨天泥泞，影响居民出行的突出问题，物业服务公司进行了硬化，改善了居民出行条件和小区环境。再如，针对小区停车乱、停车难问题，物业服务公司和业主委员会不仅画出了200个停车位，民主确定了每车每月80元的收费标准，而且组织有车业主摇号分配车位，规范了小区内的停车秩序，同时也在积极沟通相关部门，进一步解决居民"停车难"的问题。

其三，收回小区存车棚，使居民共享低偿存车便利。J小区有一个自行车存车棚，但长期被私人占用，侵害了居民群众的共同利益。许多居民期盼业委会和物业服务公司能够收回存车棚让大家低偿使用。针对这一问题，J小区业委会和物业服务公司经过多次商讨，统一了认识，找出了解决办法。然后，在业委会的全力支持帮助下，物业服务公司依据相关法律法规与私占存车棚的人进行了多次沟通，并多次以书面形式告知其行为违规违法。与此同时，业委会则发挥自身优势，发动广大业主联名签字要求私占人归还属于全体业主的存车棚。经过业委会和物业服务公司以及广大业主的共同努力，私占存车棚的人最终移出了私人物品。物业公司根据业委会的意见和建议，对存车棚进行了提升改造，安装了摄像头和电动车充电装置，然后以每月每辆车10元的价格供有需要的居民存放电动车等。不仅使居民群众得到了实惠，而且也在很大程度上消除了居民在家给电动车充电所存在的消防安全隐患。

J小区物业管理服务的上述演变历程具有一定的代表性。几乎所有商品房小区最初都有市场化的物业管理服务，但是，后来由于多种原因致使其中的许多小区物业管理服务陷入恶性运行，乃至运行中断，成为无物业管理的"弃管小区"。当然，也有许多小区通过更换物业服务企业重新步入良性运行轨道。J小区的经验使我们认识到，在促使住宅小区物业管理服务重新步入良性运行轨道的过程中，业主委员会与物业服务企业的合作共治至关重要。这就需要精心做好业委会组建和换届选举、培育发展工作，指导帮助业主大会及其业委会聘好物业服务企业，在此基础上构建完善业委会与物业服务企业之间的良性合作关系。

（四）Q小区：一个天津特色的"旧楼区长效管理"样本案例

Q小区坐落在河北区王串场街道水明里社区范围内，东至茵春里，西至王串场一号路，南至幸福道市场，北至富强道，是20世纪90年代前期由天津铁路分局房地产开发公司建造的铁路系统职工住宅小区，现有居民840户，建筑总面积5.7万平方米，容积率为1.6。该小区原为铁路系统的福利房小区，后来通过房改政策，一部分住户购买了产权，变成了私产房；另一部分房屋依然属于住户租赁的"单位产权"房。由此可见，这是一个公私产权混合型的老旧小区。小区建成初期，由产权单位进行物业管理服务，后来铁路企业后勤服务体制改革剥离了这一职能，导致Q小区变成了一个无物业管理的"弃管小区"，出现了私搭乱建、车辆乱停、垃圾乱堆、环境脏乱差、公共设施设备失能等突出问题，影响着居民居住生活质量的提升。为了有效解决这些问题，为居民群众创造良好的居住生活环境，河北区政府从2012年开始对Q小区进行旧楼区综合整修和长效管理，主要做法包括以下几个方面。

其一，主要由政府出资对Q小区进行综合整修。2012年进行了基础设施设备改造提升，2015年进行了绿荫泊车改造，2018年进行了精品小区改造。主要内容包括铺设小区道路、甬路，拆除违章建筑，改造自来水管、燃气管、排水管，更换楼内上下水管道，安装楼栋门和小区大门，更换单元门对讲设备，整理各种管线，粉刷楼内外墙壁，安装体育健身设施，修建非机动车停放设施，整修楼道照明及相关设施，修复垃圾设施等，使该小区的基础设施、市政配套设施设备和居民生活环境得到明显改善，为推进物业管理服务创造了良好条件。

其二，建立形成多方共担的物业服务筹资机制。在改造提升基础上实施长效管理亦即物业管理服务，关键是解决物业服务费来源问题。河北区按照天津市政府的相关规定，在被纳入"旧楼区长效管理"范围的Q小区建立了居民交费与市、区财政适当补助相结合的筹资机制。首先是居民（住户）缴纳低廉物业服务费。具体标准经社区"两委"组织业主（居民）代表与物业服务企业在政府相关要求范围内协商确定为每户每月10元（包括垃圾清运费5元/月和楼内外清扫费5元/月）。其次是小区停车位收费等公共收入用于物业管理服务。Q小区共画出240多个停车位（尚缺30多个车位），每车每月收取100元停车费。最后是市、区两级财政给予适当补助。市、区两级财政补助标准分别为每月每平方米0.25元和0.15元，合计为0.4元，但要依据物业管理服务考评结果酌情发放。由于近几年Q小区的物业管理服务考评结果基本上都在优、良水平,其所得到的这部分市、区两级财政补助一直是物业管理服务资金的重要来源。

其三,通过"街道主导、居民参与"选聘物业服务企业进行管理服务。天津市相关文件规定,被纳入"旧楼区长效管理"范围的老旧小区可以"实行社会化服务公司管理、产权单位自行管理、居民自治管理三种方式。具体管理方式由区政府根据实际情况和小区特点,因地制宜确定"[①]。目前,河北区以社会化服务公司管理为主体模式,Q小区也是如此。2013年,在小区改造基础上,经过街道办事处组织社区居委会和居民(业主)代表共同参与,择优选聘了"腾洲物业服务公司"承担Q小区的"长效管理",也就是基本物业管理服务事项。考核标准要求:首先是在小区显著位置公布服务内容、服务标准以及收费标准;其次是楼道内再无乱贴乱画,楼内外卫生清扫及时,垃圾日产日清,小区环境干净整洁;再次是在小区出入口24小时值勤,定时对小区内公共区域进行巡逻,车辆停放有序,公共秩序良好;最后是公示房屋及其附属设施设备维修养护责任单位,发现路面损坏、污水外溢等问题,及时向有关责任单位报告等。

其四,强化基层政府组织和社区"两委"的指导、帮助、监督、考核职责。河北区按照天津市相关要求,把Q小区这样的"旧楼区长效管理"工作纳入了社区治理服务工作体系。明确民政部门主管旧楼区长效管理工作,履行组织推动、指导协调、考核评价、兑现补助等项职能;增强街道办事处的属地管理职权,包括牵头选聘、解聘旧楼区物业服务企业等;要求社区党组织领导物业服务工作,强化社区居委会对物业服务企业的指导监督和日常考核。于是,对Q小区的物业管理服务情况,社区工作者几乎天天巡查,社区居民(业主)可以随时举报,街道办事处和民政部门每隔一两周就会暗访检查,一旦发现

---

① 天津市委办公厅、市政府办公厅印发《天津市社区物业管理办法》(津党办发〔2019〕9号)。

问题就会督促整改。每月都会以社区、街道和民政部门三方考核结果为依据进行综合打分，每季度按照得分情况兑现市、区两级财政补助，这在很大程度上保证了Q小区的"长效管理"能够良性运行。

Q小区的上述情况是河北区乃至天津市"旧楼区长效管理"机制的缩影。这种机制不同于一般意义上的市场化物业管理，而是兼具市场经济特点和政府公共服务双重属性的一种特殊的物业管理服务模式。业主（居民）缴纳低廉物业费、停车费，按照成本效益原则选聘物业服务企业，体现了物业管理服务的市场经济属性，但市、区两级财政补助以及街道主导物业服务企业的选聘解聘等，又使其具有了政府公共服务属性。这种双重属性的"长效管理"模式应该作为老旧小区物业管理服务的一种良性运行模式加以借鉴推广。对此，本报告将在最后一部分予以阐述。

（五）良性运行的弱项短板问题

上述案例表明，河北区在构建社区物业管理服务良性运行机制方面已经取得成功经验，具有借鉴推广意义，但同时也存在弱项短板。根据笔者对20个小区的实地观察调研，影响和制约社区物业管理服务良性运行的突出问题主要表现在以下几点。

1. 住宅小区房屋共用部位和共用设施设备维修问题。这一问题在新建住宅小区主要与房屋建筑质量有关，若是在保修期内则属于建设单位应尽的责任。但有的建设单位维修不及时、不到位引发业主对物业服务不满，进而影响社区物业管理服务良性运行。特别是老旧小区，房屋共用部位和共用设施设备普遍陈旧老化，安全隐患乃至功能障碍问题常有发生。有些小区的居民住宅屋面和外墙渗漏、外檐抹灰起鼓乃至脱落、阳台栏板松脱、楼顶装饰物破损、上下水管道严重老化等等，有些小区的老旧楼房电梯、供水、消防、供电等设施设备老化，安全隐患突出，亟待维修更换，但却面临公共维修资金筹措不易、业主（居民）难以达成共识和不愿配合等实际问题。有的商品房小区公共维修资金所剩无几又难以续缴，或者多数业主不同意使用，这些都会阻碍维修保养的正常进行。尤其是大多数老旧小区原本就没有公共维修资金，房屋共用部位和共用设施设备的维修保养更加困难，严重影响着社区物业管理服务的良性持续运行。

2. 老旧小区停车难问题。老旧小区停车难是全国性普遍问题，这在河北区也比较突出。一是停车位严重不足。主要因为规划建设先天不足，老旧小区停车位严重供不应求。例如，J 小区居民的 280 多辆小汽车需要停放，但是该小区停车位只能容纳 200 辆左右，尚缺 80 多个停车位，缺口为 30% 左右。M 小区居民的 220 多辆小汽车需要停放，但是该小区停车位只能容纳 170 辆左右，尚缺 50 多个停车位，缺口为 25% 左右。S 小区居民实际需求停车位约 300 个，但小区内只能容纳 200 辆左右，缺口为 30% 左右。二是相当一部分老旧小区停车收费难。由于许多业主（居民）错误地认为小区内的停车位属于业主所有，业主（居民）停车不该交费，收取停车费是物业服务企业想赚"黑心钱"、发"不义之财"，加之相当一部分业主（居民）具有占便宜的不良心态，导致相当一部分老旧小区停车收费相当不易。在笔者实地调查的 15 个老旧小区中，尚有 6 个小区（占 40%）有待解决这一问题。其中有的小区曾因停车收费引发了业主与物业服务企业之间的矛盾冲突，甚至赶跑了原物业服务企业，一度导致物业管理服务运行中断。老旧小区停车位不足和停车不交费问题导致乱停乱放、占据消防通道、抢占车位等现象屡禁不止，侵占了本可以充实物业服务费用的公共收益，困扰着业主（居民）的正常生活和安全出行，严重影响着小区环境整洁有序，引发了一系列矛盾纠纷，这是影响社区物业管理服务良性运行的突出问题之一，亟待着力统筹解决。

3. 物业服务费收缴难问题。此是全国性普遍问题，河北区也不例外，特别是在老旧小区，这一问题表现得更加突出。笔者对该区 15 个老旧小区的实地调查发现，尽管也有物业费收缴率较高的老旧小区，例如上述 H 小区近 100%，J 小区和 Q 小区在 80% 以上，但其他老旧小区大都在 50% 至 60% 之间。按理说，河北区各老旧小区的物业费标准已经很低，基本上都在每户每月 10 元至 20 元之间，这对于居民家庭算不上负担，那为什么还有一半左右的业主（居民）不愿意缴纳呢？究其主要原因，一是相当多的老旧小区业主（居民）缺乏花钱购买物业服务的价值理念，普遍具有"搭便车"的不良心态。由于物业服务具有社会性，服务对象是广大业主（居民）而非某个单体，因此，不是万不得已，物业不会中断物业管理服务，更何况市、区两级财政补助能够维持最基本的低档次运营。在这种情况下，许多业主（居民）错误地认为不缴费也能享受物业服务，于是便出现了贪图小利，躲避、逃避缴纳物业费的普遍现象。二是物业服务企业催收不到位。既然许多业主（居民）尚不具备缴费的自觉性，那么就不得不依靠物业服务企业千方百计地催收来提高缴费率了，正像笔者实地调查时所听到的那样，需要"软磨硬泡"。但从实际情况来看，多数物业服务企业还没做到这一步，致使物业服务费收缴率不高。三是一部分业主（居民）不缴费且未付出任何代价的客观事实，促使另一部分业主（居民）仿效这种行为，助推了欠费现象恶性循环。四是一部分业主（居民）因对住房维修、小区停车、门岗执勤、垃圾清扫等服务事项不满意而拒缴物业费。物业服务费收缴难问题导致了相当一部分物业服务企业主要依靠市、区两级财政补助维持老旧小区低水平管理服务运营，难以持续提升管理服务水平。因此，如何提高业主（居民）缴费率，增强老旧小区的"造血"功能，是现阶段天津市"旧楼区长效管理"良性运行需要解决的突出问题之一。

4. 物业服务质量问题。服务质量高低是衡量社区物业管理服务是否处在良性运行状态的重要标志。在这方面，笔者观察的一部分小区还程度不同地存在以下问题：一是物业服务企业的员工素质有待提升，年龄偏大、文化程度偏低的员工占相当大的比例，规范化服务的意识和能力欠缺。二是服务不到位、服务水平较低。许多物管小区，特别是老旧小区普遍存在卫生清洁不到位、车辆乱停乱放、杂物乱堆等不良现象。三是物业服务费收支公开不到位。有些社区物业服务企业尽管也通过公告栏等形式向业主公开物业服务费收支情况，但内容、数据过于简略或项目不全，使得业主们怀疑其真实性、有效性，进而影响着业主们的认可度和缴费积极性，成为社区物业管理服务良性运行的一个现实障碍因素。

三 关于促进社区物业管理服务良性运行的对策探讨

基于对天津市河北区20个小区物业管理服务经验及其运行状况的研究、思考，本报告就促进社区物业管理服务良性运行问题提出以下对策思路和政策建议。

（一）构建"2+2"社区物业管理服务机制

此处所谓"2+2"社区物业管理服务机制，主要是指把现阶段我国城市住宅小区划分为老旧小区和非老旧小区两大类型，在非老旧小区健全完善市场化物业管理服务机制；在老旧小区探索建立兼具市场经济和公共服务双重属性的物业管理服务机制。换句话说，也就是创新构建"两大类型、双重属性"的社区物业管理服务机制体系。这主要是因为，我国城市的老旧小区与近十几年建成的住宅小区具有明显差别。前者大都设计建造标准不高，基础设施设备陈旧老化，各类房屋混杂，产权性质多元，公共服务欠缺，环境脏、乱、差问题比较普遍。在这种情况下，简单照搬近些年建造的商品房小区的做法来实施市场化物业管理，不仅收效甚微，而且有失公平公正。因此应该遵循"分类推进、差别化运作"的基本思路，在非老旧小区健全完善市场化物业管理服务机制，遵循市场经济运行原则，通过业主（居民）购买服务实施小区物业管理；而在老旧小区则主要探索构建既有市场经济特点，又有政府公共服务属性，亦即具有"双重属性"的物业管理服务运行机制。

老旧小区的"双重属性"物业管理服务，不仅表现为业主或居民适当缴纳物业服务费、停车费或者通过支付小区物业公共收入来享受物业管理服务，而且表现为一定程度的公益性，政府组织直接或间接地承担一部分服务供给职责。这种做法的合理性在于：许多老旧小区由历史上的政府直管公产房小区或国有企事业单位产权的职工住宅小区演变而来，至今仍有一部分房屋属于公产房（包括政府产权、企业产权、单位产权），维护这部分公产房及其设备设施的正常使用，本来就属于产权所有人——政府或者国有企事业单位抑或法律意义上的"业主"必须履行的职责（有些国有企事业单位破产和改制后将这方面职责移交给了当地政府）。即使对于那些已全部通过"房改"政策实现了产权个人化的老旧小区和20世纪建造的商品房小区来说，由于当时设计建造标准低导致了基础设施和环境建设不到位，公共服务存在明显欠缺，如今改善基础设施和小区环境，弥补公共服务欠缺理应需要政府承担一部分责任。再者，考虑到老旧小区居民多为中低收入阶层成员，花钱购买物业服务的心理承受力和经济承担力都相对有限，政府通过适当补助使其享受到物业管理服务，也不失为新时代贯彻落实"以人民为中心"理念，积极推进适度普惠公共服务的具体行动。至于政府补助标准，一般不应高于业主（居民）缴费标准，一则体现业主（居民）的主体责任，避免助长"补助依赖"心态；二则不宜为政府增加沉重财政负担，以利于良性持续运行。总之，应该通过探索建立"双重属性"的运行机制促使老旧小区，尽快实现物业管理服务全覆盖，以不断满足居民群众对良好居住生活环境的美好追求。

（二）发展多元化管理服务模式，提升服务水平

与上述"两大类型、双重属性"的"2+2"机制体系相适应，我国城市社区物业管理服务应该发展多元化的管理服务模式。一是选聘物业服务企业进行管理服务。这种模式具有明显的专业化优势，应该成为最基本模式。但是，企业的营利本性不仅会增加业主（居民）的物业费用负担，而且很容易引发业主（居民）对物业服务企业的不满和矛盾纠纷，加之许多物业服务企业面对老旧小区感到"钱难赚、活难干"，不愿涉足这类服务项目，因此还应该发展其他管理服务模式。二是培育发展公益性社会服务机构承接物业管理服务项目。目前，我国的社会服务机构（民办非企业单位）蓬勃发展，其业务涵盖许多领域，但还需要进一步拓展到社区物业管理服务领域。民政等部门应当鼓励支持各类社会力量，包括住宅小区产权单位、居民委员会、业主委员会乃至公民个人依法依规注册成立具有民办非企业单位

（社会服务机构）法人资格的公益性社区物业服务机构，承接一部分住宅小区特别是老旧小区的物业管理服务项目，将公益理念和物业服务有机结合，享受政府购买服务、项目补助等政策优惠，按照收支相抵或微利运行原则开展社区物业管理服务，规避企业营利性带来的负面效应。三是鼓励居民（业主）自我管理。由居委会或业委会牵头组建专兼职相结合的管理服务队伍，通过居民自治、业主自治、志愿服务与物业管理服务有机结合，承担本小区的清扫保洁、绿化美化、秩序管理、基础设施设备维修保养等基本物业管理服务事项。但这种方式往往专业化不足，很难提升管理服务档次，应该努力创造条件向选聘社区物业服务企业或公益性服务机构转变。四是少数老旧小区，特别是单位职工聚居型小区，也可以暂时由单位进行物业管理服务，并且伴随改革深化转型，为业主（居民）选聘物业服务企业或者公益性服务机构进行物业管理服务。

不管是哪种方式的社区物业管理服务都应该着力提升管理服务水平。要帮助社区物业服务企业（机构）注重解决人员素质较低等突出问题，提升其整体素质和服务能力。要完善对社区物业服务企业（机构）的择优选聘、依法解聘机制，严格实施社区物业服务招投标采购，建立健全供需双方双向选择、公平竞争的社区物业服务企业（机构）进入和退出机制。要通过完善《物业服务合同》，将重大责任事故、挪用专项维修资金或小区公共收益、侵犯业主合法权益、引发群体性事件等作为解聘或辞退物业服务企业（机构）的重要依据，以促使其管理服务活动更加规范。特别是通过强化和完善全方位监督体系，促进社区物业服务企业（机构）按照合同约定保质保量提供清扫保洁、环境整治、秩序管理、房屋及其设备设施维护保养等项服务，不断提升服务水平和居民满意度。

（三）建立健全社区物业管理服务多渠道筹资机制

鉴于社区物业管理服务资金是其良性运行的前提条件和关键因素，因此，不管是老旧小区还是新建住宅小区，都需要建立健全物业管理服务资金多渠道筹资机制。

其一，多措并举提升业主（居民）缴费率。一是以服务提质促进业主（居民）缴费。基于服务不到位是引发业主（居民）不愿缴费的重要原因这一客观现实，社区物业服务企业（机构）应该把不断提升管理服务质量作为核心目标，以优质服务促进业主（居民）按时足额缴费。二是以收支公开取得业主（居民）信任，进而促进业主（居民）缴费。要通过及时完整准确醒目地公布业主（居民）缴纳的物业服务费、共有物业收益、物业专项维修资金等物业管理服务费收支情况，"给业主（居民）一个明白，还物业服务企业（机构）一个清白"，提升业主（居民）对物业服务企业（机构）的信任度，进而促使其按时足额履行缴费义务。三是以"三治融合"促进业主（居民）缴费。建立道德评议机制，强化道德教化作用，探索将业主（居民）缴纳物业服务费情况纳入社会信用体系，引导业主（居民）树立和践行诚信守诺、花钱买服务的价值理念，养成切实履行缴费义务的自觉性。发挥业主委员会、居民委员会的群众性自治作用，动员和督促业主（居民）按时足额缴纳物业服务费。对于那些严重违反物业服务合同约定，经多次督促仍然逾期不缴纳物业服务费用的业主（居民），物业服务企业（机构）可以通过向法院起诉要求其限期缴纳，通过司法途径解决"搭便车"现象对其他业主和物业服务企业（机构）合法权益的侵害。四是利用智能化手段探索构建缴费与服务联动机制。例如，对于逾期不缴纳物业费的业主（居民）不提供电梯、停车等物业服务项目，以促进业主（居民）按照合同约定缴费并享受服务。

其二，努力增加共有物业收益。共有物业是住宅小区业主的公共资源，包括小区内道路、绿地，建筑物的基础、承重结构、外墙、屋顶等基本结构部分，通道、楼梯、大堂等公共通行部分，消防、公共照明等附属设施设备，避难层、架空层、设备层或设备间等。物业服务企业（机构）应当在业主大会及其业主委员会的允许支持下，积极开发经营这些共有物业资源增加收入，例如通过停车位、电梯广告获取共有物业收益等。由于这些收益属于业主共有，理所当然地应该用于物业管理服务。

其三，适度调整物业服务费价格。应该承认，伴随人工成本、物资价格逐年上升，物业管理服务总体成本势必上升。若想保持乃至提高原有物业管理服务水平，就应该每隔几年适当提升一次物业服务收费标准。这既需要政府有关部门经过认真调查、科学测算、多方协商制定出台指导价格，又需要业主（居民）大会及其业主（居民）委员会民主决策，并与物业服务企业（机构）在政府指导价格范围内协商确定。

其四，积极获取多方资助和政府给予适当补助。例如，通过开展社区治理服务、创建文明小区、发展志愿服务项目等，积极争取有关部门、共建单位、社会机构等多方面资助。特别是对于老旧小区，政府应当给予物业管理服务适当补助，以促进社区物业管理服务尽快实现全覆盖并良性运行。

（四）探索解决住宅小区停车难和公共维修难问题

鉴于住宅小区特别是老旧小区停车难严重影响广大居民（业主）的正常生活和小区环境秩序，因此应该通过多种途径探索解决这个问题。一是有条件的小区可以引进社会力量建立立体停车库，缓解停车位严重不足矛盾。二是充分利用小区内的公共区域改建、增建停车位。例如推行"绿荫泊车"，也就是利用小区合适的空间植树插绿而非种植大片草坪，树下画出停车位，兼顾小区绿化和居民停车的双重需要。三是政府有关部门和街道办事处在住宅小区周边的一些次干道、支路、街坊路、胡同等不影响交通的区域开辟临时、夜间停车场，解决附近小区居民的停车需要。四是机关、企事业单位的停车位可在非工作时间向周边居民开放，促使居民车辆分流停放。五是建立健全和严格实行停车收费制度。居民（业主）占用本小区以外和机关单位的停车位肯定需要缴费，即使占用本小区内的公共停车位也理应缴费。这是因为，尽管老旧小区内的停车位一般属于业主（居民）共有而非物业服务企业所有，但当一部分业主（居民）无偿占用了这些公共物业时，也就客观上侵占了不在此停车的那一部分业主（居民）

的公共利益。在这种情况下，通过适当收费并将其用于公共事项能够增进业主（居民）公平，这也是解决住宅小区物业管理服务费用不足的重要途径。为此，地方政府有关部门应该根据实际情况统筹考量，制定出台停车收费指导价格，并且通过利益相关方协商达成共识，形成"服务合同"。物业服务企业（机构）应该依据合同规定严格执行收费制度，及时完整准确地公布停车费收支情况，接受业主（居民）监督，并将这部分公共收益用于增进小区业主（居民）公共利益，特别是优先用于补充专项维修资金。

关于解决住宅小区房屋共用部位和共用设施设备维修难问题，要基于"分类推进"物业管理服务的基本思路，对仍然处于保修期的住宅小区，要督促和监督建设单位及时、认真地履行维修保养职责；对其他商品房小区，要利用公共维修资金由物业服务企业（机构）实施维修保养，维修资金不足时应该组织业主续缴；对多元产权的老旧小区，要探索构建业主（居民）适当出资、政府适当补助、产权单位积极尽责的公共维修资金筹措机制，尤其是要利用老旧小区公共物业获取公共收益，并且将公共收益金额"优先用于补充专项维修资金"[①]。要引导业主（居民）自觉履行责任义务，形成维护公共利益的良好氛围。遇有涉及协调邻里的公共维修事项，要通过社区"两委"、物业服务企业（机构）、业主委员会、居民积极分子、利益相关者共同协商达成共识，促进共建共治共享，推动形成"人人有责、人人尽责、人人享有"的住宅小区物业管理服务共同体。

（五）强化基层政府组织和社区两委的管理监督职责

1. 加强和改进基层政府组织的管理监督职责。毋庸置疑，社区物业管理服务的良性运行需要以政府组织特别是基层政府组织切实履行管理监督职责为必要前提。但在这方面，就全国而言，不管是现行法规政策，还是基层实践都还存在明显差距和突出问题，政府的管理监

[①] 《北京市物业管理条例》，北京市第十五届人民代表大会常务委员会第二十次会议于2020年3月27日通过。

督职责缺位、错位、越位问题并存，主管部门的职责和街道（乡镇）职责扯皮，街道（乡镇）责大权小等，严重影响着社区物业管理服务体系良性运行。有鉴于此，一是应该重心下移，强化街道（乡镇）的管理监督职权。通过修改完善法规政策，结合推进基层综合行政执法改革，按照权责利相一致的原则，厘清基层房地产行政主管部门与街道（乡镇）的职责分工，制定出台街道（乡镇）权责清单。将点多面广、基层管理迫切需要且能有效承接的社区物业管理审批服务执法等职权赋予街道（乡镇），明确街道（乡镇）的执法主体地位，以街道（乡镇）名义开展执法工作，并且接受区（县）主管部门的业务指导和监督。区（县）房地产行政主管部门设在街道（乡镇）的机构（如房管所等）原则上实行属地管理。通过强化街道（乡镇）统筹协调、指导监督、行政处罚等职权，理顺条块关系，解决"看得见的管不了，管得了的看不见"等体制机制弊端。通过建立健全街道（乡镇）主导的社区物业管理服务联席会议机制有效解决社区物业管理服务突出问题。二是把管理监督社区物业管理服务纳入基层社会治理工作体系，作为基层党委政府特别是街道（乡镇）的重要工作之一，列入重要议事日程。将其纳入基层党政领导班子和领导干部政绩考核指标体系，区（县）、街道（乡镇）党（工）委书记抓基层党建述职评议考核体系，压实领导责任。三是政府组织及其工作人员都要认真贯彻落实《中华人民共和国物权法》《中华人民共和国物业管理条例》等相关法律法规政策要求，提高运用法治思维和法治方式履行管理监督职责的能力，严格依法行政，切实解决权大于法问题，力戒不作为、乱作为，提升管理监督水平。

2. 进一步发挥社区党组织的领导核心作用。深入推进社区物业管理服务领域的党建工作，在符合条件的业主委员会中建立党支部、党小组，符合条件的社区党组织成员通过法定程序兼任业主委员会成员。通过开展区域化党建加强社区物业服务企业（机构）的党建联建，延伸党的工作手臂。建立党建引领下的社区居民委员会、业主委员会、物业服务企业（机构）协调运行机制，形成整体合力。要把社区党组织领导、居民（业主）当家作主和依法办事相统一贯穿到社区物业管理服务的具体行动之中，既要充分发挥社区党组织的领导核心作用，又要依法依规推进业主大会、业主委员会和物业管理服务各项工作，切实保障居民（业主）合法权益。

3. 着力强化社区居委会的指导监督职能。一是强化社区居委会在选聘解聘物业服务企业（机构）过程中的指导监督作用。在实行市场化物业管理服务的商品房住宅小区，应该建立健全社区党组织领导、社区居委会指导监督、小区业委会召集、业主大会讨论决议选聘解聘社区物业服务企业（机构）的运作机制，发挥社区党组织和居民委员会全程跟踪、把关定向、及时纠偏的重要作用。在实行"双重属性"物业管理服务的老旧小区，探索建立由居委会召集居民（代表）会议或者居民代表与业主代表联席会议讨论表决选聘解聘社区物业服务企业（机构）的运作机制。二是优化社区居委会指导监督社区物业管理服务的有效途径。推行居委会成员依法依规兼任业委会成员，居民代表依法依规兼任业主代表，促进居民自治和业主自治协同化发展；通过民主程序建立健全由居委会成员、业委会成员、居民代表、社区工作者等共同组成的居委会下属环境和物业管理委员会，督促业主委员会和物业服务企业（机构）履行职责；建立和完善居民委员会指导监督业主大会、业主代表会、业主委员会工作的规章制度；建立健全社区居委会及其下属环境和物业管理委员会、社区工作者、居民（业主）代表、楼栋楼门长等组成的社区物业管理服务群众性监督网络，及时发现问题，及时提出整改建议，并将其作为基层政府组织管理监督社区物业服务企业（机构）的重要依据。三是在应建未建业主委员会或者业主委员会不能正常履行职责的住宅小区，由社区居委会代行业委会职责，并将其上升到国家和地方法规层面。四是鼓励和支持社区居委会依法依规注册成立"社区物业服务社"等社会服务机构（民办非企业单位），承接老旧小区物业管理服务项目。五是加强对社区居委会及其工作人员的教育培训，不断增强其指导监督社区物业管理服务的政策水平和工作能力。

天津市河西区桃园街社会整合视域下的社区党建创新观察

作为城市治理的末梢，社区是党建工作的基础地带。习近平总书记在党的十九大报告中明确指出要"加强社区治理体系建设，推动社会治理重心向基层下移"。2019年，中共中央办公厅印发的《关于加强和改进城市基层党的建设工作的意见》明确提出"充分发挥街道社区党组织领导作用……构建区域统筹、条块协同、上下联动、共建共享的城市基层党建工作新格局"。由此来看，党政两条线在社区治理中出现了明显的交集，基层党建成为破解社区治理难题的重要抓手。结合天津市河西区桃园街党建引领社区治理的实践，本报告试图回答以下问题：党建引领社区治理是基于何种逻辑？更进一步来看，社区党建的实现机制是什么？是否达到了预期目标？如何推进党建引领下社区治理创新的持续化与长效化？廓清这些问题，有助于深入理解中国特色的基层治理，推动新时代社区治理创新的持续推进。

一 新时代社区党建的发展脉络与行动逻辑

（一）从单位制到后单位制：社区党建的发展脉络

社会整合通常是指社会不同的因素、部分结合为一个统一、协调整体的过程及结果。[①] 社会整合的基本目标是调整和协调系统内部的

[①] 《中国大百科全书·社会学卷》，中国大百科全书出版社1991年版，第351页。

各套结构,防止任何严重的紧张关系和不一致对系统的瓦解。[①] 当代中国的城市基层治理与社会整合机制变迁与特定的时代背景有着密切的联系。中华人民共和国成立后,出于巩固新生政权的需要,以动员群众、改造社会为主要特征的政治运动成为理性的选择。在城市,为了巩固工人阶级基础,废除了旧的公司制度,建立起新的工厂管理委员会和员工代表,以实现工人阶级民主管理企业的需要。在这一过程中,单位逐渐发展成管理人民日常生活的重要终端,并实质上成为国家对社会成员进行资源分配的主要中介组织,形成了一套完整的新型社会整合与动员机制。[②] 具体来看,中国共产党将基层组织嵌入各种类型的单位,使得单位高度依附于各级党政机关。而单位则通过包揽成员几乎所有重要的社会和经济事务,在政治上推动社会整合、贯彻国家政策,经济上满足单位成员的生活与其他需求,体现出一种"国家控制单位、单位控制个人,个人依赖单位、单位依赖国家"[③] 的"控制依赖型"社会整合逻辑。

改革开放以来,在市场化和城市化的冲击下,单位制逐步解体,新经济组织和新社会组织大量涌现,体制内组织通道覆盖的人群大幅减少,大量城市居民和农村进城务工人员游离于组织之外,由高度整合走向分散,大量社会问题与公共事务直接涌向街道和居委会。[④] 同时,街道办事处被迫成为一级"准政府",普遍面临着职责繁多、负担过重的现实困境。

在后单位制时代,虽然城市基层迅速完成了街居制向社区制的转

---

① 安东尼·奥勒姆:《政治社会学导论》,葛云虎译,浙江人民出版社1989年版,第114页。

② Robert Benewick and Akio Takahara, "Eight grannies with nine teeth between them: Community construction in China", *Journal of Chinese Political Science*, Vol. 7, No. 1, 2002, pp. 1 – 18.

③ 吴晓林:《"后单位制"时代中国城市社区建设和社会整合的困境——一个框架性的分析》,载黄卫平等主编《当代中国政治研究报告》,社会科学文献出版社2013年版,第30页。

④ Li Youmei, "Experiential Logic in the Transformation of Contemporary China's Social Governance", *Social Sciences in China*, Vol. 40, No. 2, 2019, pp. 174 – 196.

变，然而在实践中，社区面临的一个重要难题在于：在国家逐渐退出基层①，由居委会作为社区治理中心，进行自我管理与自我服务的背景下，其制度性权力呈现出弱化的趋势。这在商品房社区体现得尤为明显，针对新兴中产阶层的利益诉求与集体行动，社区居委会和有关职能部门"不能管""不想管"抑或是"被寻租"都进一步激化了与居民间的矛盾与冲突②，而这些冲突最终又离不开基层政权的直接干预。最终导致社区组织异化为一级行政办事机构，缺乏权威性的社会整合能力，也不利于培育公民的认同感，不利于促进公共领域的生长。然而，这并不意味着社区发展的目标在于"去行政化"。当前，行政性早已成为社区组织属性的一部分，行政责任是社区工作中至关重要的组成部分。③

因此，如何更好地发挥执政党在社区建设中的社会整合作用，化解国家与社会间的矛盾与冲突，成为社区治理中不可回避的现实问题。在此背景下，社区党建成为城市基层党组织社会动员的实践探索模式之一。早期社区党建的重点是扩大基层党组织的覆盖面，建立健全工作机制，加强社会管理。党的十八大以来，社区党建工作重点逐渐转向整合各方资源，服务群众需求，全面提高基层党组织的凝聚力和战斗力。简言之，就是从内部建设转向全面领导。在地方实践中，社区党组织联合辖区内政府部门、事业单位、私营企业等组织主体，整合区域内所有资源的区域化党建，正在成为社区党建的最新形态。

（二）新时代社区党建的社会整合逻辑

联系前文的分析，面对改革开放以来社会结构重组、利益主体分

---

① "国家退出基层"指的是国家政权不再直接参与社区治理。然而，在中国特色的条块体制下，上级政府以及各职能部门依然能够间接主导社区事务，并往往将某些行政任务下放到社区，加剧了社区行政化。

② "不能管"指的是社区居委会缺乏相应的管理权力，缺乏治理权威，或是疲于应付，无暇顾及相关事务；"不想管"指的是社区居委会以及相关职能部门出于避责考虑，互相推诿、"踢皮球"；"被寻租"指的是社区居委会及相关职能部门与物业公司等市场主体结成同盟，共同打压居民自治组织。

③ Leslie Shieh and John Friedmann, "Restructuring urban governance", *City*, Vol. 12, No. 2, 2008, p. 192.

化和意识形态的冲击，城市基层社会逐渐由依赖走向自主，由单一走向多元，深刻改变了党与社会的基本关系。① 与此同时，伴随着党政分开导向的政治体制改革，各级党组织对党建工作的重视程度有所下降，这导致党在城市基层的社会动员和整合能力也随之降低。党的十八大以来，特别是随着党的十九大宣布"党领导一切"，贯穿于社会各领域的党建工作开始被空前重视，成为新时代各级党组织的核心工作之一。虽然中央对社区党建工作高度重视，但在传统的"组织内党建"模式下②，相比机关事业单位、国企等其他党建工作的重点领域，社区党组织对辖区内的党员缺乏约束力，也缺乏必要的资源调动能力。这就导致社区党建工作长期被轻视，党组织难以引领社区治理，也很难通过密切联系和服务群众等途径，增强党组织的社会整合能力。

社区党建工作不只是宣传执政党的路线、方针和政策，而是借助于党的权威进行社会整合和动员，通过对社会资源的理性管控，将社会摩擦降至最低。执政党扮演了秩序建构和服务群众的双重角色。该逻辑的实现主要通过以下两种路径：一是强化基层党组织的政治功能。通过对党政权力系统的重新整合，保障党组织对社区权力运作的全面主导，并重点发挥党员的模范作用。二是引导社会主体的多元参与。执政党深入基层成为社区治理的核心力量，以基层党建整合多方资源，凝聚社区内物业公司、社会组织和居民等多元力量，形成覆盖

---

① 林尚立：《领导与执政：党、国家与社会关系转型的政治学分析》，《毛泽东邓小平理论研究》2001年第6期。

② "组织内党建"亦称"单位制党建"，是中国共产党把"支部建在连上"的传统党建原则延续运用于"单位制社会"的特殊社会形态中而形成的基层党建模式。"组织内党建"的基本要义是强调以"条条为主"，主要在组织（单位）内部建立党组织和开展党的工作。在传统的"组织内党建"模式下，党员只能加入其所在工作单位的党组织。由于在事业单位和国企中，组织的领导者绝大多数为中共党员，这就使得党组织可以通过强化对党员的管理，在组织内部的资源分配中居于主导地位，具有了强大的整合动员能力。然而在社区，虽然很多居民也是中共党员，但由于他们的"组织关系"不在社区，社区党委对他们的约束力十分有限。而且，社区党组织的工作重心长期被定位于党务工作，也缺乏联系和服务居民的必要资源和动力。参见唐文玉《从单位制党建到区域化党建——区域化党建的生成逻辑与理论内涵》，《浙江社会科学》2014年第4期。

整个社区的党建新格局,激活社区多元共建的活力。"群众利益无小事",在维护社区居民根本利益的同时,执政党也形成了对社会精英的吸纳,扩大了社会基础。

在中国社区党建的过程中,中国共产党始终居于多元治理主体之上,发挥着统筹全局的领导核心作用,促成了横向和纵向多方力量的协同合作。从本质上看,社区党建就是执政党在社会治理与管理体制层面进行嵌入式整合,将党建工作与社会整合、体制建设紧密结合的过程。涉及执政党与政府、执政党与社会以及政府与社会的三重维度,最终落脚点在于增强社区的服务能力,更好地回应和解决群众的诉求,有效处理社会系统产生的各类问题,进而强化党的合法性基础。纵览党的十八大以来社区党建的新变化,实际上这就是社区党组织持续增权赋能并全面主导社区治理的过程。与之相适应,传统的国家—社会二元框架,逐步被重新塑造为党—国家—社会的三元框架。[①]

二 社区党建引领基层社会整合的具体行动机制

天津市河西区是全国社区党建示范区,桃园街道则是其中的典型代表。尤其是桃园街广顺园社区,因为在社区党建工作中的突出表现和积极探索,近年来曾受到中组部的表彰。有鉴于此,本文主要选取了广顺园社区作为案例社区,以社区党建标杆社区的实践来归纳近年来天津市社区党建工作的有益尝试和探索。需要指出的是,本文内容主要基于对广顺园社区党建实践的深度观察。所涉及的资料来自课题组2019年所做的实地调查,除访谈获得的第一手资料外,还向社区党委、社区居委会、天津市河西区相关职能部门索取了与案例有关的各种政策文件、新闻报道、总结材料等二手资料。

(一)组织整合:社区党建的前提基础

政党开展社会整合并非是对社会成员进行直接管控,而是借助政

[①] Shen Yongdong, Yu Jianxing and Zhou Jun, "The Administration's Retreat and the Party's Advance in the New Era of Xi Jinping: the Politics of the Ruling Party, the Government, and Associations in China", *Journal of Chinese Political Science*, Vol. 25, No. 1, 2020, pp. 71-88.

党组织和党员的影响力来整合社会。① 长期以来,一些地方基层党组织在社区呈现出悬浮化的特点,政党脱嵌于社区,缺乏开展社会整合的制度性权威。尤其在商品住房小区,社区成员高度离散化,虽然居民参与社区事务的意识普遍比较淡薄,却倾向于通过较为激进的集体行动来维护自己的权益,一些私营企业与个体商户与党建更是毫无联系。

天津市河西区桃园街广顺园社区位于桃园街南部,总占地面积10.06万平方米,服务于7个自然小区,均为商品房物业小区,社区总户数2785户,常住人口6936人。在常住人口中,60岁以上的有872人,残疾人235人,特困供养人员(三无老人、三无残疾人、三无未满16岁人口)0人,享受"低保"人数9人。在常住居民中,共有中共党员767人,其中隶属党员375人,在职党员387人。社区党委下设10个党支部,机关、企事业单位、个体商户137家。

与很多商品住房小区类似,居民—物业—居委会冲突构成了广顺园社区公共事务的聚焦点。2017年之前,由于物业不作为,居民拒交物业费、电费,同时物业合同到期又拒绝退出,社区处于弃管状态,电梯停运达一个月,垃圾无人清理。由于物业公司主要归区级房管部门管理,居委会在物业纠纷中无所作为,进一步引发了社区居民的不信任,进而衍生出信访等抗争性事件,负面新闻不断。在此情境下,两任社区书记先后辞职,基层社会整合遭遇了极大难题。

2017年新任社区书记的到任,为破解社区治理难题带来了转机。新任社区书记到任后的第一个重要工作就是打破传统的党建组织模式,重构社区权力运行体系,发挥党组织在社区治理中的领导作用。首先,借助社区党委与居委会的换届选举,实现了社区书记与居委会主任的"一肩挑",强化了社区党委的领导地位。正如广顺园社区书记所言:"我们借助社区党委与居委会的换届选举,实现了党委书记

---

① 袁方成、杨灿:《嵌入式整合:后"政党下乡"时代乡村治理的政党逻辑》,《学海》2019年第2期。

与社区主任的'一肩挑',强化了社区党组织的领导作用和轴心地位。"在这一过程中,基层党组织的领导地位得到了实质性强化,也提高了社区治理的绩效。具体来看,针对党组织覆盖面扩大的问题,该社区创新了社区大党委制度,要求社区各类组织成立党支部,并通过扩大党员在业委会中的比重,优先聘请设有党组织的物业公司等方式推动基层党组织的全覆盖,加强党组织的指导与监督。并要求物业公司、业委会以及社会组织定期向党委述职,最终扩大了基层党组织的发展空间。目前,广顺园社区下辖的7个小区业主委员会委员共计49人,其中党员33人,党员占比67%。广顺园社区的上述做法得到了上级的肯定——目前天津全市已经通过党政文件的形式要求改选或新成立的业委会中须有半数成员为中共党员。

党员是激活党组织的关键细胞。在广顺园社区,两委班子成员仅7人,党员数量更少,这就需要动员社区在职党员与离退休党员起到模范作用。社区采取了规范管理与双向激励的手段来进行党员力量的整合。早在几年前,地方政府便推行了社区党员"双报到"机制,但执行力度松散,"参与活动和学习全靠自觉,社区并没有志愿时长以及其他方面的要求,党员隶属单位的管理也不严格"。该社区首创了党员管理手册,并根据在职党员的行业特点发放任务,实现了优势资源对接。此外,根据民主制定的各项考核指标,汇总积分,实时公开,并提供了可供兑换的奖品,形成了精神和物质的双重激励。

伴随着上级政府对"双报到"机制的逐步重视,社区逐渐获得了对在职党员的考核权,尤其是在一些指标上取得了"一票否决"权。这种负向激励进一步实现了社区对党员的内部整合。在此基础上,社区将基层党组织延伸到楼栋和单元,要求党员积极分子担任楼栋长,并在单元门牌上直接标明党员身份,随时受理居民的意见和诉求,实现了"支部建在社区"向"支部建在楼上"的转变,最终激活了基层党组织的服务能力。

(二)非正式制度运作:党建引领下的社区自治

在积极推进社区党建制度化的同时,社区也面临着前物业公司弃管的难题。由于新物业公司在短时间内难以进入，社区两委托管成为被迫选择。在这一过程中，社区党委采取了策略化的动员方式，深入基层，密切联系群众，建构了一套基于感情、人情、互惠和信任的地方性互动网络。[1] 在托管期间，社区组织带领党员清理社区垃圾，并鼓励居民从社区内部选聘清洁与保卫人员。由居委会出资解决电梯停运和年检问题，保障居民的安全。面对几十万元的欠缴电费，社区采取了搁置的方式，优先保障居民正常用电。这些都提升了社区两委的群众威望，初步培养了居民信任。目前，社区居民自愿缴纳公共费用的比重达到了95%，为居委会引领社区自治奠定了基础。

成立业委会是选聘物业的前提条件。与其他商品住房小区类似，由于业委会事务繁忙，且容易遭受居民批评，广顺园社区也面临着无法组织业委会的尴尬困境。社区在广泛收集居民意见的基础上，借助专业的社会工作方法，发掘并培育了一批业务能力强、群众威望高的社区精英作为业委会的基础成员，通过各类破冰活动加强成员间的沟通交流，使"陌生人社区"变成了"熟人社区"。并通过小组讨论等民主协商的方式制定业主公约等各项规章制度，推动了社区自治的规范化。对社区人才培养和领导团队建设等基础环节的重视有效培育了社会资本，高度团结的业委会在选聘物业、维修改造等直接利益相关的领域发挥了自治作用，促成了社区各类公共事项的公开化、透明化，不仅培育了社会参与的土壤，也发挥了缓冲带的作用。

（三）正式制度运作：要素整合下的社会共治

治理的本质在于不单纯依赖政府的权力资源，而是市场、社会组织等多元主体的共同参与，最大限度地增进公共利益。[2] 作为地方治理的末梢，社区治理同样离不开合作网络体系的构建。然而在实践中，单纯盈利导向的物业公司等市场主体与业主具有天然的矛盾，社

---

[1] 刘威：《从"去单位化"到"去社区化"——城市基层社会再整合的"结"与"解"》，《学术论坛》2011年第6期。

[2] Gerry Stoker, "Governance as Theory: Five Propositions", *International Social Science Journal*, Vol. 50, No. 155, 1998, pp. 17–28.

区居委会作为自治组织也缺乏权威的协调能力，多元行动者难以形成协同力量。克服集体行动下"一盘散沙"、互不信任的难题，关键在于社区党委对社会力量的有效整合，搭建各类组织平台，领导开展各类集体行动。广顺园社区党委在厘清不同主体特点的基础上，愈发重视以社会关怀和利益协调为轴心的功能结构。①

社会动员既可以利用基于人情的地方性互动网络等非正式因素，也可以充分借用原有的行政组织网络，将辖区内的所有主体纳入社区建设中来。② 社区党建为此提供了强大的组织动员力量。广顺园社区在以下几个方面做出了努力。一是整合社区内的单位资源。社区与辖区内16家企事业单位建立了联系会商制度，签署了共建协议书，由社区提供需求清单，共建单位提供资源清单，实现了资源的有效对接。例如，一些社区缺少专业的体育设施，由有条件的政府机关开放内部的健身室和体育场所，真正实现了共建单位深入群众。二是整合社区内的市场资源。广顺园社区积极推行红色物业制度，优先聘请设有党组织的物业，并将"坚持党的领导"写入物业章程。在此基础上，社区将辖区7个小区的物业公司组建成互助联盟，相互交流，协作互助。此外，还将新经济组织纳入党建工作中来。一些商家主动提供了党建所需的物品、地点、服务等资源，也为自己带来了潜在的商机。三是整合社区内的社会资源。社区自发成立了各类社团，开展党课学习、志愿服务等多种形式的活动，动员广大社区群众积极参与。

党建引领社会共治不只是依赖制度推进，同样也形成了一套互惠互利的关系。多元主体通过互惠合作和资源交换，很容易在社区治理中取得利益共识。③ 在具体的治理过程中，社区搭建了专门的协商平台，实行重大事项两委会议讨论制，在党委与利益相关者商谈沟通的

---

① 林尚立：《从基层组织中开掘党建资源》，《探索与争鸣》2002年第7期。
② 刘威：《街区邻里政治的动员路径与二重维度——以社区居委会为中心的分析》，《浙江社会科学》2010年第4期。
③ 陈亮、李元：《去"悬浮化"与有效治理：新时期党建引领基层社会治理的创新逻辑与类型学分析》，《探索》2018年第6期。

基础上进行决策,将多元诉求整合为利益共识,实现了民主与集中的有效结合。

三 纵向资源整合:继续推进社区党建的重要抓手

(一)社区党建的成效与进一步深入发展的主要难题

从社会整合的视角来看,新型商品住房社区的治理关键在于合理界定业主委员会、社区党委、社区居委会以及物业公司等直接利益相关者的角色定位,寻找各方的"利益交汇点",构建起社会、政府与市场之间"平衡的三角关系"。[①] 社区党建为此提供了有利契机。可以看出,在广顺园社区,党委与居委会充当了资源整合者和供需对接者,提供了统合社区各类组织和服务的平台,广泛收集居民诉求,工作重心开始转向引导社会主体参与和规范市场主体行为,实现了社区内部各类要素资源的优化配置。作为社区治理的主体力量,居民依托业委会积极开展自我管理与自我服务,切实推进了社区自治的组织性与有效性,避免了集体行动中的"搭便车"现象。这种社会整合逻辑的基本特点在于以基层党建为引领,凝聚业主利益共识,充分发挥业主委员会的利益整合载体作用。在充分回应业主需求的基础上,社区党建将社区两委、私营企业、社区组织等主体间的边界打通,整合各方资源,形成一种由党组织引领的社区多元共治网络,实现了自治互助的整体性治理格局。

正如广顺园社区书记所言:"社区党建工作,一是要在城市中巩固党的执政根基;二是以人民为中心,与服务群众紧密结合。"在2018年,该社区收集问题反馈155条,成功解决155条,走访服务群众2490人次,调研服务单位447次,由一个负面典型转变为模范社区。可以看出,社区和谐稳定是服务群众的必然结果,社会整合与服务群众实现了有机统一。然而我们也发现,无论是动员党员,还是动

---

① 赵聚军、张雪莉:《城市基层治理中的居民参与与基层管理体制优化——基于四个异质性小区的调查》,《中国行政管理》2019年第3期。

员单位，依托的都是一种弱联系。直到上级政府赋予街道与社区考核权以后，块块部门才真正对条条部门产生了制约作用。这也说明，社会整合逻辑的实现离不开体制机制改革的配合。

（二）整合纵向资源，再造基层社会治理

长期以来，"条条统治"始终是支配城市行政机器运转的主导思维。在治理重心下移的背景下，条条部门将任务下放到街道，街道又将任务进一步转移到社区，影响了社区自治功能的发挥，陷入了功能行政化、地位悬浮化和能力薄弱化的困境。特别是随着属地管理原则的日益强化，社区治理大致基于"谁发现谁解决"的逻辑，社区承担了无限的责任，却缺乏相应的事权。在制度层面，对于社区无法解决的难题，可以通过正常渠道向上级政府打报告，请相关职能部门进行协调。但在政府运行过程中，条条部门却往往推卸责任，条块部门间难以形成良性互动。另外，过多的上报与请示也容易被上级政府打上"治理能力不足"的标签，使得社区不愿意上报，或是选择性上报，矛盾开始在基层累积。

以上局面意味着，社区党建必须跳出社区层面，朝条块整合的方向前进。在这一过程中，社区党委要发挥好轴心作用，对政府系统进行组织渗透和统筹协调，整合条块部门的治理资源，将解决社区民生问题作为核心。在实践中，伴随着天津市社区党建改革的深化，广顺园社区党委又开始尝试以"社区吹哨、科室报到"为抓手，进一步简化吹哨流程，使社区真正成为收集诉求和服务群众的基本单元，构建党建引领的高效基层治理新格局。

作为地方社区党建实践中探索出的"副产品"，将以党建推动"条块"整合"吹哨报到"机制作为一种全新的改革思路最早出现在北京市，其主要目的是缓解区级党政职能部门与街道之间的"条块"矛盾，提升街道的工作效能。其基本的做法是将街道辖区内的党政机关、企事业单位的党组织进行整合，构筑区域化党建网络，赋予街道针对各类"条条"部门的召集权、指挥权和考核权，突破部门封锁和条块分割，提高基层政府的服务能力。① 总体来看，"吹哨报到"机制通过党建引领和向下赋权，缓解了"条块矛盾"等体制弊病，提升了基层政府回应群众诉求的能力。沿着这一思路，针对"如何处理社区党委和驻社区单位关系"的难题，一些地方开始探索"社区吹哨、部门报到"机制。具体做法是以社区公共事务治理为导向，借助党的权威地位，社区党委通过"区域化党建"网络联合辖区内其他党政部门、国企和事业单位、私营企业等组织主体，整合多方资源，以更好地回应和解决居民的诉求。

从广顺园社区具体的实践来看，为了及时发现问题、解决问题，广顺园社区将16栋居民楼划分为9个网格，每个网格由一名党支部书记或委员担任网格长，一名社区工作者担任网格员，社区精英担任楼栋长，明确不同主体的工作责任，建立街道、社区两级联席会议机制。社工进行定期走访，将居民的需求第一时间反馈到组织，进行上报。社区内部无法解决的难题上报街道，由街道层面进行协调。由于街道办事处逐步取得了对职能部门的部分考核权，可以有效调度各执法部门，间接促成了执法力量的下沉。这一机制包括两个方面：一种是针对社区内部的突发紧急事件，社区建立了专门的联席会议机制，确保执法人员第一时间赶到现场；另一种则是针对日常的管理与服务，目前已形成了综合执法力量到社区"报到"、驻区党组织和在职党员"双报到"等多种形式，引导干部深入群众，体察民情。

总之，"吹哨报到"机制的出发点在于解决社区治理中的条块分割与权责失衡问题，由社区党委负责组织建设与社会动员，并对条块关系进行纵向整合，一些复杂的管理服务类职能复归街道，使得社区居委会的自治功能得以激活，专注于社区内部的民生问题，形成了社区与居民之间良好的互动关系。在这一过程中，基层党组织不再是悬浮于居民之上，而是植根于深厚的群众基础。总结来看，"社区吹哨、

---

① 孙柏瑛、张继颖：《解决问题驱动的基层政府治理改革逻辑：北京市"吹哨报到"机制观察》，《中国行政管理》2019年第4期。

部门报到"机制之所以能够在一定程度上缓解"条块"矛盾等体制性弊病，根本原因在于党领导一切的权威地位，也是我国的制度优势在基层治理中的显现。中国共产党不仅可以嵌入社会组织，同样可以实现对机关事业单位和经济组织的有效领导，党建的覆盖范围更加广泛，组织动员的效率更高。当然，需要警惕对"吹哨报到"机制的过度依赖，这种自上而下的治理模式容易忽视居民自治的内生动力。

四 总结与对策

社区党建最本质的特征在于坚持中国共产党的领导，以党的建设引领城市社区治理创新。这就要求强调党对自身资源与社会资源的组织与动员，整合社区内横向间主体力量，共同参与社区建设，保障社区居民的基本权利。此外，将来也需要更加强调党对纵向间基层政权的整合，借助体制机制变革，真正提升基层政权开展管理与服务的能力，处理好社区剩余事务。

回顾改革开放以来中国社区治理，尤其是社区党建的发展历程，不难发现，这一过程中的理论意义与实践经验都远远超出基于西方传统社会理论的基本想象和认知框架。在中国社会转型的背景下，探讨国家力量如何直面基层治理中的各种挑战，总结中国社区党建进行再整合的经验逻辑，对于构建中国社会治理理论的话语体系，乃至全人类的社区治理方案都具有极高的价值。在未来，伴随着社区治理环境的复杂化，执政党如何通过持续的自我革新，进一步发挥党建的引领作用，因地制宜构建不同场景城市的基层治理体制，处理好不同治理主体间的关系，并抓住信息化的机遇，将是十分关键的课题。以社区党建透视中国城市基层治理，本文试图提炼出这一过程中的内在特征与发展方向。

（一）从动员群体到动员个体：社区治理的发展脉络

我国城市基层治理经历了由动员群众到动员组织，再到动员党员的过程。相对于动员群众的不可控性，与动员组织的"搭便车"难题，对原子化的个体党员进行动员，有效激发了基层党组织建设的内生动力。总结各地的实践经验,动员党员主要存在以下几种模式:对直管党员进行管理式动员,发挥社区两委党员的引领作用;对退休党员进行情理式动员,在创新组织管理的同时,鼓励老党员积极参与社区治理;对在职党员进行协管式动员,强调责任意识与服务意识,突出发挥该群体的资源优势;[①] 对于流动党员以及一些缺乏组织管理的党员,则通过社区大党建的治理模式进行吸纳,有效实现党员力量的下沉。从治理资源的视角来看,社区动员从向外寻求资源转向向内寻求,实现了在不增加治理资源的情况下,通过完善社区治理的体制机制来提高绩效。未来应该关注的问题是,如何形成对高强度党员动员的持续性激励,从思想上增强党员的服务意识,引导党员积极主动参与社区工作。

(二)从国家优先到人民本位:社区治理的路径转换

国家职能一般分为政治职能与社会职能。中华人民共和国成立初期的基层治理服务于巩固新生政权的目标,城市居民处在单位制的严密管控下,社会稳定是实现人民利益的前提。在社区体制下,基层政府及其外延组织的根本目标依然是维护社会稳定,属地管理原则更加强化了工作策略上的维稳倾向。在区域化党建的背景下,社区党建不再是"空中楼阁",而是要回应居民对公共服务的多样化需求,着力办好群众家门口的事。在这一过程中,维护人民利益不仅是社会整合的结果,更成了必要条件。在治理过程中,也开始由一元主导转向多元协同转变。可以看出,社区正在经历从授权和控制职能到服务与救助功能的转变。[②] 由此,我们真正感到中国共产党一以贯之"以人民为中心"的思想。体现出中国共产党通过回归群众路线,从底层突破,平衡政治秩序与社会活力的独特智慧。"以人民为中心"具体落实到社区治理中,就是要改变过去以政府为中心的传统路径,将居民

---

① 祁程:《基层社会建设新视角:探索基层党员发挥作用的运行机制》,《哈尔滨市委党校学报》2011年第5期。

② Thomas Heberer and Christian Göbel, *The Politics of Community Building in Urban China*, London: Routledge, 2011, p. 113.

置于公共服务的核心位置，以满足居民需求作为核心标准，并鼓励多元主体的参与，最终实现社区公共服务的精准供给。

然而就像一些学者指出的，居委会正在朝着更广泛的政治参与和社区赋权发展，但需要有更加持续和明显的进步。① 未来，需要进一步处理好党建与社区居民和社会组织的关系，积极引领居民构建一套基于人情和利益的自治共同体，并重点发挥党组织维护组织员工权益的作用。② 这同样适用于经济组织。另外，也要防止部分居民产生依赖心理，导致无法协调资源有限性与民众需求无限性、非理性之间的紧张关系。③ 尤其是当前中国正处在转变政府职能的改革之中，对民众需求的无条件满足只会导致"无限的责任"，使得政府管理与居民自治的边界更加模糊。因此，训练公民素质需要提上政策议程，构建相互包容、相互理解的良性互动关系。

（三）从社区建设到街道变革：社区治理的现实困境

当前中国社区治理转型最重要的场域特征，在于其所处的"双向建构"过程：既是社会自治的主要组成部分，又是国家建设的重要组成部分。④ 然而，相对于社区建设，基层管理体制改革却始终呈现出滞后状态。长期以来，城市基层政府改革的重点在于强化属地管理体制，通过行政发包将责任层层延伸到社区，国家对基层社会的渗透与整合能力不断加强。但地方实践中涌现出的诸多模式，例如大部门体制改革、撤销街道层级、居委会与工作站职责分离等，绝大多数没能发展为长效机制，也没有在优化政府权责配置方面取得进一步突破。街道办事处的职能定位始终没能明确，街道与社区在运行层面的关系也较为随意，这些构成了基层治理难题的体制性因素。相对而言，社

---

① Benjamin L. Read, "The Politics of Community Building in Urban China by Heberer and Göbel", *The China Journal*, Vol. 70, pp. 222 – 223.
② 周庆智：《基层党建如何引领基层治理》，《人民论坛》2019 年第 10 期。
③ 郁建兴、黄飚：《超越政府中心主义治理逻辑如何可能——基于"最多跑一次"改革的经验》，《政治学研究》2019 年第 2 期。
④ 孙柏瑛、武俊伟：《"双向建构"中的城市政府基层社会治理转型——路径、困境与未来展望》，《公共管理与政策评论》2018 年第 1 期。

区党建引领下的"吹哨报到"机制借助党的权威,在党政权力重构、条块关系整合、规范治理流程等方面取得了突破,更好地理顺了街道与社区的角色,这是一种自下而上的、解决问题驱动的基层治理改革。

本质上,"吹哨报到"改革属于条块协同机制创新,没有触及更深层次的体制变革。一个不容忽视的问题在于,街道办事处职权的增加,与它派出机关的身份定位产生了偏离。此外,吹哨机制客观上也给职能部门带来了过多的负担,治理资源不足的问题并没有得到根本解决。这些问题的根源在于权责配置的体制障碍。在政府过程层面,街道与社区的权力与责任依然是模糊的,它们承接了过多上级政府与职能部门下派的职能,行政化的问题始终存在。从根本上需要明晰不同层级政府及其外延组织,以及各政府部门间的职能与责任配置,坚持权责一致的原则,明确治理过程的责权利归属。回归各自的职能本位,禁止私自将自己职责范围内的公共事务转嫁给街道及社区。在这一过程中,可以考虑将"公共服务供给者"替代"行政级别"作为权责配置依据,以"如何更好地提供公共服务"和"哪项公共服务更适宜由哪一级政府提供"为基本原则,将公共服务供给的责任、权力以及财力配置到位。[①]

另一个值得警惕的问题是,根据官僚行为理论,官僚对个人利益的追求是其自主性产生的内在动因。在中国当前的社区党建探索中,治理重心下沉给条条部门带来了沉重的负担;此外,不同地区的条条部门围绕基层治理展开了相互竞争的态势。作为理性的主体,条块部门间极有可能进行共谋,在社区治理中产生松懈,只是着眼于表面工作,社区治理创新更多地依靠"包装",却缺乏内涵,最终结果依然是社区治理的内卷化。由于信息不对称的存在,这一问题很难在政府层面得到解决。社区治理的成效与社区居民、社会组织等基层主体密

---

① 吕同舟:《府际关系视角下大城市政府职责体系构建——基于〈深化党和国家机构改革方案〉的解读》,《南开学报》2018 年第 6 期。

切相关，这就需要对非政府主体进行赋权，尤其是对社区组织的考核权应当是自下而上的，将公共服务使用者的满意度作为重要的测量标准，重视社会力量的培育与发展。

（四）从历史合法性到制度合法性：社区治理的发展方向

合法性指的是政治系统促使人们支持和拥护现存政治制度的能力。[①] 在革命年代，中国共产党领导人民群众进行了艰苦卓绝的斗争，社会成员高度拥护党的领导，历史合法性成为中国共产党进行社会整合的重要资源。改革开放以来，历史合法性随时间推移而逐步弱化。由于社区公共物品的提供与民众的利益密切相关，绩效合法性就成为社会整合的能力来源。但对于发展中国家，仅有绩效合法性是无法维持政权长久稳定的。[②] 特别是在改革开放以来的富裕社会中成长起来的部分城市青年，将今天的美好生活视为理所当然。一旦自身利益受到损害，就很容易产生不满。这里的核心问题是，如何将全体社会成员置身于相互联系的制度化网络之中进行利益协调，维护社会公正；其最终的落脚点依然在于扩大民主参与。在社区层面，就是要推动社区自治向深度和广度拓展，尤其要优化民主选举的程序和方式。而基层政权及其外延组织在社区治理的过程中，也应当做到规范自身行为，依法依规。

---

① Martin Lipset, Political Man: The Social Bases of Politics, London: Heinemann, 1960, pp. 64–69.

② 何显明：《绩效合法性的困境及其超越》，《浙江社会科学》2004 年第 5 期。

上海市浦东新区塘桥街道构建多层次党建引领体系观察

党的十九大强调"要以提升组织力为重点，突出政治功能，把企业、农村、机关、学校、科研院所、街道社区、社会组织等基层党组织建设成为宣传党的主张、贯彻党的决定、领导基层治理、团结动员群众、推动改革发展的坚强战斗堡垒"。这表明，如何以党建为引领更好地提升基层社区治理能力将是当前和未来一个阶段社会治理创新的核心问题。上海自2014年市委"创新社会治理、加强基层建设"一号课题以来就一直探索党建引领治理创新的新路子，基层更是因地制宜地在"引领"机制上做了许多新探索。本报告将以浦东新区塘桥街道为例，展现出基层努力构建多层次党建引领制度网络的创新探索。

塘桥街道属于典型的居住型社区，住宅面积达350万平方米。近年来塘桥街道秉承打造"舒适的现代生活区""温馨塘桥·宜居家园"的社区发展思路，高档居住社区的定位日渐凸显。街道建于1984年4月，所处地区原是城乡接合部，浦东开发、陆家嘴金融贸易区的建立、世博会等契机极大提升了街道的区位优势，南浦大桥以及两条地铁线路的开通更是让塘桥从城乡接合部摇身变为城市高价地段。现今，塘桥街道地处陆家嘴金融城南端，东起杨高南路，西至黄浦江，南以龙阳路为界，北靠张家浜。街道辖区面积3.86平方公里，街道辖区共有23个居委，69个自然居住小区。目前，街道共有户籍人口约6万人，实有人口约9万人。辖区内资源丰富，包括两个三级甲等医院在内的4家医院，商业设施齐全。辖区内有10所幼托场所、3所小学、1所初级中学、1所高级中学，另外还设有南浦、塘桥两大公园，社区绿化覆盖率达25.18%，40余条公交线路纵横交错[①]，居民生活休闲便利。

作为身处浦东新区乃至上海社会治理创新前沿的地区，近年来塘桥街道在发展和建设中开始日益面临以下深层问题：一是如何向辖区居民提供更优质的公共服务，尤其是在健全的基本公共服务体系基础上进一步提供需求导向、内涵更丰富的多层次公共服务，同时不断提升公共产品精准传递的水平；二是如何实施更加有序的公共管理，使社区中不同阶层和群体可以和谐有序地共处，以理性平和、积极向上的社会心态融入健康有序的社会生活共同体；三是如何满足公众更深入的治理参与需求，使人民群众的主体地位得到更深层次的体现，社会的自主性得以充分、有序发展，以社会机制塑造城市社会公平、正义的公共生活领域；四是如何塑造更丰富的社区文化和观念体系，形成更贴近居民群众生活的公共文化服务体系，为居民的全面发展提供更高的涵养，使人们在文化参与中形成社会认同感。

总体来看，塘桥街道正是为了有效应对以上治理挑战，逐步发展出多层次党建引领治理创新的制度体系，实现了更有效地整合地区资源以提升公共服务水平，更深度地引领自治共治以提升治理效能等治理转型目标。值得注意的是，塘桥街道近年来探索党建引领社会治理的新路子不仅注重在传统的社区治理体制层次着力，而且还与时俱进地发展出了许多适应新时期社会发展规律的新机制，对这些经验的进一步总结有助于我们不断深化理解新时期党建引领的复杂实现方式。

本报告的资料主要来自课题组从2019年5月开始在塘桥街道展开的系列深度访谈，我们不仅访谈了街道有关职能部门，还通过交叉访谈等技术访问了街道党建工作涉及的企业、单位和社会组织。此

---

① 上海市浦东新区人民政府网，发布日期2020年6月25日，http://www.pudong.gov.cn/shpd/childSite/016004/016004001/。

上海市浦东新区塘桥街道构建多层次党建引领体系观察

外,为了更好地了解街道党建工作的背景与成效,我们还访问了浦东新区区委组织部以及上海市委组织部等更高层次部门,以获得更为系统的研究资料。考虑到基层党建工作发展有一个复杂而漫长的变迁过程,我们还访问了不同时期推动此项工作的同志,以便对塘桥街道创新党建引领社会治理工作有更为深入的了解。

一 塘桥街道探索多层次党建引领的实践过程

据研究小组了解,塘桥街道历任领导班子都非常注重党建引领在基层治理中的作用。这部分与街道自 20 世纪 90 年代末以来就承担着繁重的社会治理任务有关,尤其是:街道辖区内有多所知名三甲医院,大量就医人口的快速流动迫切需要多部门密切协同以提供有效治理;街道辖区居民需求结构日趋分化,迫切需要形成政府、市场、社会多元协同的公共服务体系。而要实现这些目标,单靠行政部门的努力是不够的,只有通过党建机制才能更好地跨部门、跨体系推动多元治理主体的高效协同。因此,塘桥街道从 21 世纪初开始就逐步发展出了多种党建引领机制,试图编织出有效吸纳地区内不同部门共建共治共享的治理网络。随着社会主体自主性不断萌生,街道还与时俱进地探索了许多新型党建引领机制,在更为开放、流动的社会空间中发挥作用。概括来看,塘桥街道在浦东新区领导下探索多层次党建引领的实践过程主要包括以下方面。①

(一) 构建党建三级联动体系,实现高水平系统制度整合

根据上海市委相关文件要求,党建引领治理创新要形成多级联动、紧密协同的系统改革效应。在这一改革精神指引下,浦东新区积极构建区、街/镇、居民区三级联动的整体性党建治理网络,其中,区委是"一线指挥部",履行第一责任;街道党工委是"龙头",履行直接责任;居民区等基层党组织是"战斗堡垒",履行具体责任。

---

① 我们在呈现这一过程时,也会把区层次相应党建引领的制度予以介绍。因为近年来党建引领的相应制度设计总体上更注重多层次紧密衔接,如果没有区层次的制度构建,就很难单独理解街道层次的改革努力。

浦东党建治理网络将三级层次紧密贯通起来，以上带下、以下促上，保证基层党建有序推进、有效运转。

2017年，浦东新区制订了《关于构建浦东新区城市基层党建新格局的实施意见》，明确提出健全区域化党建组织网络，积极推动区域化党建向上拓展、向下延伸，优化新区区域化党建促进会和开发区片区委员会，完善居村、楼宇、园区党建联席会，形成多级联动、上下协同的区域化党建组织架构。同时，深化完善三级党建服务阵地，构建区、街/镇党建服务中心和居村、楼宇、园区党建服务工作站三级体系：在区层面，强化统筹协调功能，完善窗口服务功能，为基层党建工作提供专业化信息化支撑，指导推进基层中心建设，加强基层队伍专业能力建设；在街/镇层面，按照开放、集约、共享的要求，建设集社区党校、书记工作室、群团之家等为一体的枢纽型党建服务阵地，加强党组织和党员的日常管理、教育培训和综合服务；在居村、楼宇、园区层面，以党建服务工作站、金领驿站等为基础，打造端口服务型的党建"终端"，推进睦邻中心、邻里中心等区域性社区综合服务站建设，构建"家门口"的社区治理圈和多元服务圈。

课题组在塘桥街道的实地调研表明，浦东新区最近打造的党建引领三级网络与传统做法有较大差异。我们在检索近年来国内党建引领治理创新资料时发现，许多地区都强调组建"区—街/镇—居民区"三级联动的党建引领社会治理组织网络，也基本都形成了功能、定位有所差别但又分工协同的多层级党建组织架构。但总体来看，这种三级联动网络的系统整合水平仍相对不足，突出表现为：在三级联动党建网络中，自上而下的行政指导与指令发布体系运行顺畅，但党员和基层党组织自下而上的诉求表达、意见交流体系运行不畅；在区域化党建的整体网络中，不同类型组织之间的横向互动与资源整合水平较低，尤其是区域组织之间难以形成长期、稳定的合作治理模式。相比这些普遍情况，浦东新区近年来推动建设的党建三级联动组织体系的系统整合水平有比较明显的制度优势，这主要和以下两方面的创新做法有关。

上海市浦东新区塘桥街道构建多层次党建引领体系观察

一是浦东党建打造了功能丰富的信息平台，推动自下而上的信息传输。从而以信息化机制将区、街/镇、村居三级紧密连通起来。与一般的党建信息化系统不同，"浦东 i 党建"不仅能发挥自上而下的信息发布、管理、督办等传统功能，同时还设置了自下而上的问题提交、意见表达等功能。比如，塘桥街道党工委、下属居民区党组织可以通过"直通车""问题墙""回音壁"等巧妙的工具设置，可以更为便捷有效地向上反映问题。这样，浦东通过更富连通性的信息体系建设，有效解决了党建三级体系中自上而下与自下而上的双向连通问题，从而使党建三级体系可以更好地发挥引领治理的重要作用。

二是通过完善区域化党建促进会，进一步提升区域化党建参与单位之间的横向协同与互动水平。近年来，浦东不断完善区域化党建促进会的组织设置和内涵建设，建立了爱心帮扶等6个专门委员会，实施社区老人"爱心牛奶"、课后服务"爱心三点半"、滨江东岸志愿者服务等7个项目，从而使党建工作真正融入社会治理的过程中去。由于区域化党建面对的是实实在在的社会需求和公众需求，区域化党建参与单位有更清晰、明确的参与共治目标，其参与动力也就不断提升。这些单位在以具体项目和公共事务为着力点的地区治理过程中开始形成更为紧密的横向合作网络。

我们注意到，随着上述"上下联动""左右（横向）互动"党建运行模式的不断发展，浦东党建引领社会治理的组织体系得以不断提升系统整合能力。在这种背景下，塘桥街道区域化党建才能更好地发挥作用。在访谈中，一位领导就此提及："区域化党建如果就是我街道的事，那么街镇这个层次的党组织整合资源和开展社会动员的能力都比较有限，如果没有上级党组织的积极支持，那么很多工作都可能会遇到困难……比方说，我们现在对'双管单位'[①]的很多协调，如果没有区委发的很多文件作为支持、没有区委组织部落实街道党委的几项权力，那么就很难实现了……"（访谈资料：20190519）

---

① 笔者注：指的是公安等条上部门。

据课题组观察,在三级党建联动网络的支持下,塘桥街道以党建组织网络更好整合区域资源的工作在最近有了进一步发展。比如,辖区内的儿童医学中心、建平中学南校等驻区单位在"浦东新区区域化党建促进会塘桥分会"的组织框架下进一步探索了分会的"轮值"机制,在党建网络下更高效地建立了不同单位资源与需求间的对接机制,因而进一步提升了区域化党建参加单位的向心力与活跃度;永业商务楼党建服务站与塘桥街道南浦居民区党建服务站共同签订了《党建联建签约》,塘桥街道楼宇党建与社区党建联建共建迈上新的高度。由此可见,浦东新区构建的党建三级联动体系为街道区域化党建进一步做实(尤其是上下连通)提供了重要支持。

(二)深度整合党建引领社会治理的组织载体和工作平台,提升系统治理效能

在聚焦塘桥街道的这一经验之前,有必要先简要回顾上海街道党建的基本制度格局。

2015年以来,上海所有街镇根据市委要求都建立了"1+2"的党建领导体系。具体而言就是:各街镇普遍建立了以"1"党(工)委为领导核心的街镇区域化党建联席会议制度,制订了符合街镇实际的共建章程,搭建了共建活动的平台。通过建立党建联席会议制度、社区居民代表会议、社区委员会制度等,形成以街镇党(工)委为核心、以社区党组织为基础、辖区单位党组织和全体党员共同参与的区域化党建工作体系,在辖区范围内,统筹联建基层党组织,统一管理党员队伍,通盘使用党建阵地,以制度化形式保证街镇区域化党建引领社区共治新格局。同时,通过"2"(社区党委、行政党组)对社区党建、居民区党建及两新组织党建和行政派出机构党建的引领,进一步实现社区党委对区域化党建工作的统筹协调。

"1+2"的街道党建制度体系明确规定了街道党工委之下社区党委和行政党组各自对应相应领域开展工作的党建格局,也明确了党建引领自治共治的基本原则,为街道区域化党建有效展开奠定了重要的制度基础。但根据我们最近几年的观察,这项制度在运行过程中也产

生了以下两个棘手的问题：一是基层往往都积极探索党建引领社会治理的新型制度平台，但这些制度平台与原有的街道共治工作体系之间关系松散，由于缺乏梳理和精细化的功能设计，基层治理领域开始出现各类载体、平台"叠床架屋"的现象，这在一定程度上制约了社会治理体系的整体运行效能。举例来说，塘桥街道之前就设立了"社区委员会"这一街道层次的共治载体，近年来根据上级要求又设立了区域化党建促进会塘桥分会，可是在一段时间里，前者与后者之间的关系应如何处理？两者如何协同开展工作？——这些问题并不清楚。二是"1+2"制度体系中的"2"，即社区党委和行政党组如何有效开展工作？如何有针对性地设计这两个支撑性党建工作载体的运行机制？——这些问题也不太明朗，这在一些地区导致了社区党委与行政党组功能弱化。[①]

针对上述情况，塘桥街道在浦东新区要求下，不断探索"两进入、两做实、两联动"机制，推动了基层治理领域党建治理机制与其他工作平台、载体之间的有机融合，从而使城市基层党建系统引领各类治理活动的能力得到有效提升。

调研发现，"两进入"有助于将不同领域党建工作紧密整合起来，从而更好地形成互联互补效应。通过"机构和职能进入"，塘桥街道党建服务中心与社会组织服务中心、社会组织联合会之间形成了制度化的合作纽带，党建工作得以嵌入社会组织发展与管理过程之中；居民区党组织引领各类基层组织在"家门口"服务体系中发挥多主体合作治理功能。通过"工作进入"和"力量进入"，党建服务中心得以在更大的范围内整合资源、汇聚需求、对接项目，并推动区域化党建、"两新"党建、行业党建互联互补互动。

"两做实"则有利于党建引领共治的制度格局得到不断深化。其

[①] 据课题组调研，"行政党组"的有效运行尤其存在难点。在一些地区，街道办事处作为行政机构原本就设有"主任办公会"或"行政办公会"，这些会议都会邀请驻区条上职能部门负责人参与。基层一度难以区分"主任办公会"与"行政党组"会议之间的边界与区别。很多时候，人们发现行政党组的实际运行效率并不高。

中，以塘桥街道城运分中心为平台来加强城市精细化管理，并做实行政党组的运行机制——这一做法有效提升了行政党组促进条块协作、提升精细化治理水平的能力，而且使行政党组运行更有效率。具体来看，行政党组依托城运分中心吸纳、协调、整合辖区内不同行政"条线"部门的力量，提升协同治理的水平和能力，有效提升了塘桥地区街面治理水平。以街道社区党建服务中心为平台来运行社区代表会议制，并做实社区党委日常运行——这有利于深度实践区域化党建引领共治的改革目标。比如，塘桥街道社区党委依托党建服务中心推动社区代表会议制度更高效运行，有效提取社区内不同利益群体的意见，并在社区基金会的支持下更好地探索社区共建共治共享新格局。

"两联动"有利于增进互联网创新与传统党建网络之间的协同效应。近年来，塘桥党建注重基层党建传统优势与现代信息技术的深度融合，推动各类党建数据互联互通、各级党建平台整合贯通、各种党建资源开放共享，放大整体效应。这在有效提升基层党建网络信息汇聚、资源整合功能的同时，也不断提高党建机制回应公众诉求的敏锐度。

通过上述改革，塘桥街道不仅在党建组织框架下系统梳理了既有的社会治理工作载体与平台，而且逐步推动了社会治理不同工作领域的紧密融合与协调互动。一个显著的变化是：由于党建引领与社区共治紧密结合，尤其是"两进入"和"两做实"的制度安排，使得街道社区代表会议制度及社区委员运行得到党建服务中心的扎实支持，街道共治的深层活力与效能得到大幅度释放。一批诸如"潮汐式停车"（见案例 1）的社会创新项目得以有效运行，化解了基层治理中的许多深层难题。

案例 1　党建引领下的共治活力迸发：以潮汐式停车为例

对于中心城区而言，停车难问题是困扰居民区治理的一大难题，其实质是居民区停车配套设施难以跟上居民购车速度。在传统的治理模式下，解决这一问题的基本思路是增加停车设施和空间以缓解问题。在实际操作中，由于中心城区居民区空间有限，往往会涉及"毁

◈◈ 上海市浦东新区塘桥街道构建多层次党建引领体系观察 ◈◈

绿"等复杂做法。①

塘桥街道近年来也把解决停车难问题作为居民区治理的重点问题。但街道没有简单地以行政部门思路来处理问题,而是通过社区委员会和社区代表会议制度广泛听取社会各界的意见。在调研过程中,社区委员会综合各方的社会创新理念,提出了解决停车难问题的新思路,即利用居民区和商务楼宇停车高峰期错峰这一事实②,在居民区与商务楼之间建立起"互补错峰"的"潮汐式"停车模式。即白天当商务楼停车设施紧张时,在物业引导下帮助商务楼难以停放的车停入临近居民区;晚上当居民区停车设施紧张时,则在物业引导下帮助居民把车停到临近商务楼宇。这种做法既不用"毁绿",也不用额外投资兴建停车设施,能在很大程度上化解居民区"停车难"问题。

我们在调研中了解到,类似"潮汐式停车"的观念本身并不新鲜,但这一做法实际上要"落地"变成实际制度安排却远比创新观念要更复杂。因为这一做法在实际操作中,涉及在商务楼与居民区之间建立起一系列共建机制,并形成相应的停车结算与引导措施。因此可以想象,如果单纯地让社区委员会或社区代表会议这些共治平台来实现这些社会创新做法,会遇到人力、专业等方面的何种困难。但在"两进入"和"两做实"的制度安排支持下,共治的社区委员会等平台得到了社区党建服务中心等专业机构的"做实"与扶持,因而具备了处理复杂问题的能力。正如调研中社区委员会一位积极参与者所云:"以前的社区委员会由于是单纯的社区议事机构,常常议而不决……但现在的社区委员会有了党建服务中心等专业机构的实体化支撑,因而不仅能议而且还能推进具体的事……" (访谈资料:

---

① 据课题组的了解,这种做法相当于占用居民区已有的绿化空间来兴建停车场。但由于绿化等部门对小区绿化有硬性规定,因此"毁绿"之后还需要利用小区其他零碎空间把绿化面积"补回去",因而涉及一系列复杂操作。

② 塘桥街道社区委员会通过调研了解到:居民区和商务楼停车高峰正好具有"错峰"这一特征,即白天工作时段居民区的车辆都随居民上班而开出小区,因而停车设施呈现出"居民区较为空闲,但商务楼宇紧张"的状态;晚间情况则正好相反,居民区车辆由于居民下班而显得极为紧张,但商务楼宇停车场则因为白领下班而处于空闲状态。

20190612）在共治平台与实体化专业支持机构的共同合作下，塘桥街道的"潮汐式停车"项目最终从"议"转化为实际行为，事实上化解了许多居民和商务楼客户的"停车难"问题。

在该项目背后，党建引领的专业支持与社会多元参与的共治机制紧密结合，最终有效化解了基层治理难题。正是因为这一亮点，该项目不仅成为塘桥街道的亮点，而且也被上海市评选为社会治理经典事件。

（三）构建党建引领自治的居民区系统支持体系，提升自治深层活力

如果说，前两方面的党建引领举措主要是在完善街道体制层次上实施的，那么这一创新维度则突显了塘桥街道在居民区层次强化党建引领机制的改革尝试。

近年来，街道根据上海市委创新社会治理、加强基层建设"1+6"文件中关于构建以居民区党组织为领导核心，以居委会为主导，以居民为主体，业委会、物业公司、驻区单位、群众团体、社会组织、群众活动团队等共同参与的居民区治理架构的要求，深度探索了依托居民区党建激发自治活力的新做法。与传统的基层自治工作相比，塘桥街道最近的探索与创新不仅关注基层自治的标准化制度建设，更注重激发自治的深层活力。概括来看，主要表现在以下维度。

一是努力建设稳定的自治议题形成机制。现代社区的自治要有效运行，首先需要形成公众普遍关注的自治议题——而自治议题的形成又必须和公共资源、资金的配置以及公共服务优化等关键问题密切关联。以往的基层自治工作重心常放在自治制度建设上，却很少在自治议题的稳定形成机制上进行深入探索。近年来，塘桥街道一直在居民区层次探索党组织引领下的自治金、党员服务群众经费优化使用新方法，并以此为着力点，推动社区居民围绕公共资金的使用形成自治参与积极性。如街道形成《居民自治工作专项经费实施办法》（2.0版）及"实施细则"。街道"自治金"项目运作周期由一年调整为两年，

根据居民参与程度、项目可推广性，实施星级管理，并增加项目答辩，严格流程把关。这些做法都探索了稳定的自治议题形成机制。

二是贴近居民生活空间开展党建引领自治工作。自治要吸引居民参与，就不能抽象，必须紧密贴近居民生活空间。近年来，塘桥街道在距离居民生活空间最近的楼组中开展党建引领自治工作，取得了较大成效。一批楼组自治建设的亮点得以呈现，这在一定程度上也深度提升了居民参与自治的积极性。此外，街道还引入互联网工作思维，在距离居民生活最近的"网络空间"，以微信、BBS等方式构建党建引领自治平台，取得了较大的工作成效。

三是以居民区党建推动社区社会组织融入居民区自治体系。街道通过社会组织联合会、社会组织服务中心，鼓励各类具有活力的社会组织在居民区层次开展各类自治活动。随着越来越多专业的社会组织深耕社区，塘桥街道在居民区层次形成党组织引领、支持和保障的社区社会组织发展体系，并通过社会组织形成了发现（挖掘）社区需求、吸纳公众参与、培育社区骨干、增进社区认同的基层自治新路径。

通过上述做法，党建引领与居民区自治得到深度融合，后者在前者的支持和保障下得以规范、有序发展，居民区的自治活力和基层社会公共空间也得以不断呈现。案例2就呈现了在这一制度背景下，党建引领推动居民区公共性构建，进而提升居民区自治活力的精彩故事。

案例2　党建引领提升居民区公共性，激发自治内生动力

怡东花园小区建于2001年，占地面积10万平方米，建筑由高层、小高层、别墅构成，是高档商品房社区，现有居民878户，人口近2200人。社区居民文化层次较高，大专以上学历占居民总数的52.28%，有事业有成的上海人，有来自全国各地在沪经商的从业人员，有落叶归根来沪定居的港澳台同胞，也有来自世界18个国家和地区的"洋居民"。小区建成时绿树成荫，环境怡人，是名副其实的花园小区，小区绿化率高达42%。然而，随着时间的推移，小区绿化带围墙老旧生锈、植被退化断带、景观设施破损不堪等问题逐渐凸显，与"花园"社区名字渐行渐远，已无法满足居民对宜居环境的需求。近两年来，塘桥街道在开展党建引领自治活动中，了解到怡东居民区居民普遍有对环境改造的意愿，因而不断探索党建引领下公共性构建的新方法。

为营造良好的社区生活品质，怡东居民区以社区党建为引领，以居民区绿化美化为服务提升突破口，充分发挥党建引领和资源整合作用，由居民区党总支牵头，联合居委会、业委会共同发起志愿者招募活动，组建社区绿化志愿者队伍。怡东居民区绿化志愿者队伍共有36人，由小区内从事园林设计的专家、楼盘开发专业人员、绿化工程公司管理人员、绘画艺术人员以及爱好养花种草的居民志愿者组成，本着志愿服务精神，以自愿自主、团体协作的形式，对小区公共空间的绿化美化进行调研、讨论，发起相关社区公共议题并达成行动方案。

我们了解到，在此之前，针对小区绿化老化和衰败等问题，小区也开展过绿化提升活动，但小区公共活动基金捉襟见肘，无法支撑起大规模的小区绿化升级活动。在居民区党组织的支持下，绿化志愿者们开始了"居民众筹"尝试。2017年11月，绿化队志愿者们发起并组织分层召开"听证会、协调会、评议会"，向居民们宣告了"众筹打造玫瑰园"的公共议题。志愿者们向居民们说明了小区绿地改造设想，并大致测算了项目所需的围栏建设、土质改良、苗木购买、绿化养护等费用，预计至少需要1万元启动资金。

志愿者们将"三会"所形成的《怡东小区绿化自治和提升方案》汇报给居民区党总支，得到了各方的大力支持和帮助。在居民区党总支的广泛宣传和动员下，社区居民纷纷捐款，在短短2天内就筹资19000元，远超预期。众筹活动截止后，共计收到23位居民的众筹款，总计31400元。居民们的支持和信任，让社区绿化志愿者们倍感欣慰和鼓舞。

改造资金有了，但找谁来设计玫瑰园的实施方案呢？一名曾在法国留学、擅长艺术设计的居民挺身而出，利用周末时间考察并测绘社区绿地形状和面积，更是连夜手绘设计出了"社区玫瑰园"草图，并一路指导接下来的实施工作。在社区党组织的组织和支持下，志愿者们用滑石粉现场画出一个个形状各异的图形，规划在不同的图形内种植不同的玫瑰品种，使欧洲玫瑰与国产玫瑰交相辉映，让不同色调缤纷多彩而又协调有序。

玫瑰虽美，但打理照顾不易，"玫瑰园"建成后，后续照料、管理和维护还有数不清的事情需要居民持续参与。在居民区党组织的组织下，居民自愿报名组织8人"玫瑰园"护理队——2人负责浇水、2人负责修枝、2人负责管理土壤与植物的病虫害、2人负责开展堆肥试验。此外，还有1名拥有财务会计经验的居民承担了众筹款项的管理工作，定期公开款项收支情况。在社区志愿者与各方力量的精心打理下，目前"玫瑰园"已拥有30多个品种不一的花卉，优化了月季、玫瑰和蔷薇景观布局，每月都有不同品种的花卉竞相开放，真正实现了花开四季。

我们发现，以怡东"玫瑰园"建设为重点的社区绿化美化行动，不仅有效提升了社区环境品质，更重要的是重建了社区公共空间。随着这种关注居民区公共空间的机制得到不断强化，居民区党组织还开创了一批独具特色的绿色活动，打造出绿色引领的社区自治文化。随着绿化自治不断深入，众多居民参与到环境整治、修枝移栽等美丽家园的自治行动中，小区绿化自治参与群体不断增加。

在上述案例中，我们看到居民区党组织通过在贴近居民生活空间中构建公共空间，深度激发了自治活力，这实际上恰恰呈现出党建引领自治的深层内涵。

（四）推动党建"五联五建"模式，破解住宅小区治理难题

党建引领不仅要在街道、居民区运行的体制、机制维度发挥重要作用，还要在基层治理的顽症领域发挥突出效能。近年来，塘桥街道领导层日益意识到住宅小区物业管理是城市社会治理的基础单元和重要领域，也是最具民生价值、最能赢得民心的基层工作。街道将此作

为主题教育重点课题，经过深入调研了解到，对于社区内大量的物业管理难题和矛盾纠纷，单纯的个例解决不能从根本上改善物业管理现状，唯有创新物业管理组织体制和工作机制，以党建为引领，最大限度地调动政府行政部门、行业、社会和居民参与活力，才能最大限度地整合各方资源，凝聚各方力量，平衡多元主体之间的利益，最终破解住宅小区物业治理难题。

在这一背景下，街道党工委从以下维度深化党建工作机制：

联社区党建主体，建物业管理体制。将党建引领物业管理纳入街道党建工作总体布局，逐步形成物业领域党的组织和工作全覆盖格局。街道制定了《塘桥街道关于深化物业党建"五联五建"的实施意见》，成立了街道物业党建工作委员会，下设5个工作组，有序分工、全面推进物业党建各项工作。街道党工委与23个居民区签订了物业党建联建共建协议，推进居民区党总支成员、居委会主任、在职党员骨干等与业委会成员交叉任职，共26人在23家业委会内实现交叉任职，强化了居民区党总支的平台沟通作用。对业委会党组织能建尽建，在符合条件的业委会内实现业委会党支部、党的工作小组组建率100%，将党组织的触角延伸到物业管理的"神经末梢"。全方位发挥党建引领作用，整合辖区内外资源，解决物业管理难题。如永业商务楼与南浦居民区党总支党建联建，深化"潮汐式停车"项目，每年累计错时停放万余辆车次，进一步延伸了"楼宇—社区"党建新模式。又如，与市文明办、市建交委探索试点"公共服务进社区"，把居民日常生活最密切的燃气、供水、供电等7项公共服务内容解决在了家门口，打破了行业单位只服务社区围墙外的业务壁垒。

联政府部门主体，建难题破解机制。对于小区内大量的物业管理问题，依托城运分中心平台，街道建立健全"排查发现、派单处置、反馈评价、督查问责"的问题快速反应和高效处置渠道，2019年共解决热线收集到的物业类问题1314件。对于一些跨条块、跨部门、跨领域问题，由行政党组整合公安、城管、市场监管等行政资源，依托每月工作例会进行专业对接、统筹指导、协同推进和合力解决。针对一些久拖不决、反复投诉的"疑难杂症"和历史遗留问题，采取多部门联勤联动专项整治，先后开展了"群租"、共享单车、"僵尸车"、乱设摊、"居改非"、破墙开店等12个专项整治行动，居民反映的突出问题得到有效解决，城运平台上物业投诉量比2018年减少了30%。

联实施责任主体，建品质服务模式。建立居委会、物业、业委会"三驾马车"之间互联互促互助机制，强化对物业、业委会的指导、监督和扶持，有效发挥物业服务企业、业委会市场主体作用。支持物业服务企业品牌化、专业化、规模化发展，如辖区怡东物业同时服务于周边5个商品房小区，潍坊物业服务面覆盖14个老旧小区，引导物业服务企业做大做强的同时提质增效，扩大规模效应。针对物业费涨价难，街道坚持先提质后提价，逐步形成调价程序优化和服务品质提升的良性互动，实现15个小区通过主动提升服务促成物业费涨价的成功案例。

联社会组织主体，建多元协同体系。街道通过购买服务方式，引入社会组织专业力量，积极参与物业公司选聘、业委会规范化建设、民生矛盾协调化解、物业需求建议收集、物业服务督促落实等工作，促进业委会、物业服务的规范运作。如物业服务社年内组织开展物业经理联谊会、业委会主任沙龙、业务人员培训会等学习交流和专业培训20余场，成为物业管理专业的守护者。东方调解中心以人民调解、行政调解和司法调解联动模式，运用"1+3+X"物业调解工作法，2019年内有效化解物业矛盾纠纷152起，参与筹建业委会26家，提供法律咨询300余起，有效确保物业纠纷不出居委，疑难矛盾不出街道。通过寓专业于服务中，为社区提供300余次宣教活动、1500余人次筛查、1000余次非药物干预等，累计服务5000余人次，为认知障碍老人和家庭打造了"家门口的记忆守护神"。

联居民自治主体，建自我管理平台。以居民区党总支为核心，通过公益志愿服务、自治金项目、文体活动等方式，提升社区群众的归属感和荣誉感，自觉投身到"美丽家园"建设、环境综合整治、垃圾分类等工作中，营造了"社区是我家，人人共参与"的浓厚氛围。街道各级党组织深入挖掘形成117个自治楼组、59个综合睦邻点、116个自治组织和自治团队、89个自治领军人物、46个自治金项目，形成了怡东"玫瑰园"、蓝东"环保酵素"工坊、龙园王解珍文化睦邻点、南城依民自治工作室、微南"互助通"中转站等特色自治项目。

上述"五联五建"模式，重点面结合、机制创新，在党建引领下形成了一种破解物业管理难题的系统支持框架。塘桥街道的这一改革实践给予我们的启示是，物业管理难题的化解需形成一个环环相扣的生态系统，而党建则是这一生态系统建设中最重要的推动者和联动纽带。

（五）探索荣誉集结榜制度，构建党建引领的符号与意义系统

党建引领从本质上来说，不仅表现在显性的制度建设层次，更是一种观念和意义层次的引领——就此而言，党建引领表现为党组织通过构建和引导特定社区观念系统的发展，使社区居民潜移默化地参与到共建共治共享的社会治理活动中去。在这方面，我们可以发现传统的社区党建是比较注重社区宣传工作的。但随着近年来社会自主性的不断萌生和多元文化的影响，传统的简单"说教式"宣传和抽象的意义构建效能不断衰减。在这一背景下，我们发现塘桥街道在最近几年开始特别注重新形势下党建引领社区观念体系构建的新型工作方向。

街道党工委从2015年开始探索如何把传统的党建引领文化建设与新时期社会发展的态势有效融合起来。经过街道党工委的反复调研，领导层意识到：在新时期，简单运用体制内自上而下的宣传模式开展工作意义不大。要让社区居民接受党组织构建的观念和文化，就必须让他们深度参与到文化与意义构建的过程中来——居民只有在自身充分参与的基础上，才能感同身受地理解和支持这种文化构建过程。

在这一思路指引下，塘桥街道自2015年开始探索"荣誉集结榜"制度。街道党工委发动居民区党组织和楼宇党组织从"学习在塘桥、生活在塘桥、工作在塘桥、奉献在塘桥"的个人、集体中选出具有正

上海市浦东新区塘桥街道构建多层次党建引领体系观察

能量的事件，同时鼓励辖区居民通过塘桥热线门户网站、OA 平台、微信公众号和文明办公共邮箱等多渠道参与推荐、打分与评审活动。和以往的各类评选不同，"荣誉集结榜"评选特别注重广泛的社区参与社区评分，街道通过尽可能增加社会评选的环节，增加社会评选的比重，引导公众对社区荣誉展及其表现形式展开广泛、理性的讨论。在确定每年"荣誉集结榜"的获奖人选后，街道还引入专业社会组织以"路演"等方式增加获选人士在社区中与广大居民的接触，从而使荣誉集结榜的社区认同度得到不断提升。

这项制度从 2015 年开始，延续至今。每年 8 月开始进入宣传发动阶段，9 月开始进入广泛推荐阶段，街道通过宣传来自居民身边的普通人和感人事迹，逐步打开了党建引领下社区观念系统构建的新路子。我们在访问一位多年参与荣誉集结榜评审的普通居民时，发现这种广泛发动居民参与的荣誉集结榜制度更容易发挥价值引领功效，她提道：

> 以前街道也搞很多宣传，什么"社区是我家啦"……但我们觉得和我们的生活很遥远，结果它宣传它的，我们做我们的。现在这个"集结榜"制度蛮好的，他讲的都是你身边的人和身边的事，有些事他看起来也没有以前讲的那么高大上，但你就觉得他真实，就觉得确实有正能量……再加上，什么人、什么事能上荣誉榜，街道也比较开明，就只做宣传工作，最终决定的还是居民，居民可以实际上去投票、去选择，还能和候选人互动。大家觉得这个就蛮好，蛮有说服力的，慢慢地也就树立了一种价值和观念……（访谈资料：20190917）

实际上，我们发现塘桥街道探索的"荣誉集结榜"制度代表了新时期党组织引领社区观念发展的新做法。在这种新型观念构建过程中，基层党组织赋予传统的"被宣传者"——居民以更多的话语权和参与空间，因此这种社区观念的构造过程也就得到了更多参与者的支持与拥护。

二 改革实践的启发与进一步思考

在我们看来，塘桥街道的改革做法探索了新时期党建引领治理创新的多层次制度体系建设。上述举措不仅在街道层次推动党建与社会治理关键领域紧密融合，而且在居民区层次推动党建激发社会活力有序迸发；不仅在物业管理等社会治理焦点领域探索了系统引领的新思路，而且还在社区观念和意义系统构建层次走出了新路子。塘桥街道党建引领社区治理的改革实践在破解一系列基层治理难题的同时，还呈现出了未来党建引领在社会治理领域进一步发展的新趋势。

（一）拓展党建引领自治共治的多种形式，丰富政党引领的工作内涵

党建引领自治共治，关键在于如何实现有效的"引领"。尤其是在当前城市社会日趋多元、开放、分化，流动性水平与日俱增的新形态下，许多传统的政党引领工作机制都有待创新。我们在塘桥街道的调研发现：当前的做法在许多方面都拓展、丰富了党建引领工作机制，探索了一条与特大城市社会治理使命相配套的现代党建引领新路子。

注重价值引领，探索了文化和观念多元化背景下凝聚共识的新机制。党建引领自治和共治不仅要注重"硬"的制度建设和体制创新，更要注重"软"的思想机制引领。塘桥街道引入新媒体和互联网思维，打造强调奉献精神和公益理念的"社区荣誉集结榜"，吸引社区内不同群体为基层治理中的感动社区人物投票，营造了一种强调社区认同的价值取向。这种做法强化了普通公众的参与感，使其在评估先进典型的同时，自然而然地接受了基层党组织服务群众、凝聚力量的价值观念。

注重专业引领，探索了现代社会"嵌入式"引领的新方法。在现代背景下，自治与共治都日益体现出了专业化特征，因此不是单纯依赖积极性、参与热情和善意就能自然而然解决的问题。诸如小区"停

车难"、物业设施维修等问题都需要相当的专业知识才能有效解决。因此现代政党组织往往会通过扶持专业化支持机构的方式,在实施专业化支持的同时,实施"润物细无声"的有效引领。相比于传统的组织引领,这种方式更为有效,也更容易嵌入基层自治、共治的深层次运行机制中去。塘桥街道近年来在党建引领基层自治共治中探索了许多以专业化服务为切入点的引领机制。比如,街道通过组建"居民自治支持中心""物业服务社"等专业机构,探索了以专业化力量引导社区自治的新方法。从这个角度来看,塘桥街道近年来的探索与创新体现了以专业化思路推动党建引领基层自治共治的新思路,因而具有深远意义。

注重项目引导,塑造了党建引领的微观支持机制。我们发现,近年来塘桥街道在推动党建引领工作时,更注重围绕"党员服务群众经费"的合理使用,推出了大量旨在激发自治活力、推动政社合作的创新项目。许多项目由于涉及居民广为关注的焦点问题,且引入了专业化的工作方法和理念,因而收到了显著的党建引领效果。这表明,以项目为引导,更容易融通基层治理中的各类资源,也更容易形成党建引领的微观支持机制。

(二)构建社会治理多元主体间行动框架,重塑社会治理的公共责任体系

党的十九届四中全会明确提出要"完善党委领导、政府负责、民主协商、社会协同、公众参与、法治保障、科技支撑的社会治理体系"。其核心在于形成党领导下的多元共治框架,这就需要在多元主体间重塑和谐有序的行动框架。塘桥街道的改革探索生动表明,作为党建整体性建设的重要形式,以区域化党建为代表的大党建模式突破了传统单位制党建的封闭模式,强调自身生长和活动的主要空间从纵向封闭的"单位"转到网络开放的"区域",通过政党内部的属地化管理和区域化整合来重新组织和整合社会。一方面,塘桥街道在推动区域化党建的过程中,切实打破行政壁垒、拆除封闭藩篱,把区域内关系互不隶属、层级高低不同、领域多元多样的各类党组织连接起

来、统领起来，构建目标一致、协同运作、互利共赢的利益共同体，有效拓展党建资源，提升党在城市基层的执政能力。这种做法相当于在党建制度框架下，有效构建了社会治理多元主体间的行动框架。

另一方面，区域化党建突破了传统单位制党建的行为逻辑，强调通过沟通协商、社会关怀和利益协调等社会化方式使党的工作融入社会生活，以进一步获得社会的支持并产生强大的政治凝聚力，实现对社会的重要整合。实践中，塘桥街道围绕构建生活共同体和利益共同体，在区域化党建框架下建立自下而上的共治议题和项目形成机制，建立需求、资源、项目三张清单，实行"双向联系""双向服务""双向认领"，区、街两级实施区域化党建项目日益丰富，推动实现组织融合、感情契合、资源整合。街道通过设立街道党工委、社区党委"兼职委员"以及居民区党组织"大总支部"制，通过互派干部挂职锻炼，把不同隶属的党组织兼容联系起来，互相取长补短，推动干部人才服务地区治理——这些做法相当于在党建工作框架下，重塑了不同单位和多元主体的社会治理公共责任体系，因而有助于提升社会自我协调体系的内生活力。

（三）探索党建引领自治、共治的新机制，推动"活力"与"秩序"良性相依

从现代社会普遍的情况来看，自治与共治的有效运行始终面临着"活力"与"秩序"的深层张力问题：一方面，自治与共治都属于一种多元治理模式，其有效运行必然会涉及公共权力、资源向社会领域的赋权问题。如果没有这些层次的深层支持，自治与共治就很容易在形式层面"空转"，其活力也很难深度释放。另一方面，缺乏引导的活力释放，又很容易导致公共治理结构中多元主体之间的合作困境，进而引发深层次的秩序塑造问题。由于寻求这对张力的均衡点有较大困难，国内相当长时间内的基层自治与共治工作都处于活力与秩序"此消彼长"的较低水平运作状态。

塘桥街道近年来以党建引领自治共治的做法恰恰探求了一种以政党嵌入式工作机制，促进活力与秩序良性相依的新格局。一方面，党

◈ 上海市浦东新区塘桥街道构建多层次党建引领体系观察 ◈

建的多层次引领功能更注重"软"的价值引领、人才引领、专业引领和项目引领,从而实现了在活力迸发的同时嵌入式的柔性引领,有助于基层自治与共治的秩序得到有效维护;另一方面,更具开放性的党建工作网络、平台与机制又为自治与共治运行中的资源与诉求的对接提供了充分的保障,因而有助于公众参与活力的不断激发。这意味着进一步探索党建引领自治、共治的新路径,有助于形成具有中国特色的开放社会公共权力、资源"收放有度"的新型工作方法。

总体来看,塘桥街道党建引领治理创新的实践表明,一方面,基层党建不能"就党建而谈党建",要充分注意到党建治理机制在当代中国社会治理转型中的战略意义。另一方面,透过塘桥街道的改革实践,我们也能发现当前基层党建引领治理创新仍存在一些不足和薄弱之处需要引起重视,尤其表现为以下几方面。

一是党建引领社区自治共治亟须更高水平的系统制度设计作为保障。塘桥街道的实践表明,党建与社区自治、共治的结合,其实质是通过党领导下的公共性构建来吸纳多元参与和提升资源整合水平,最终提升公众对区域的认同感,实现区域内的高效治理。但在实践中,党建由组织部门来推进,而社区共治则由民政部门来主导。我们发现,在许多地区,这两个部门通常都从自身角度出发推动相应制度设计,这就容易出现党建引领自治、共治缺乏系统制度保障的现象。在我们观察的案例中,塘桥街道所在的浦东新区已从区委层次提出了"两进入""两做实"等制度要求,这为塘桥街道高水平的党建引领自治、共治提供了重要支持。但即便如此,如何进一步厘清组织部门与民政部门归口管理的基层党建平台与自治共治平台在多元治理中的功能及相互关系,仍然存在制度设计的盲区。这些制度保障的缺失会影响党建引领自治共治的实际效能,需要在未来改革中得到进一步优化。质言之,未来区域化党建的深化推进必须在总体上科学设置街道党工委领导下的社区党委、社区委员会、党建办、党建服务中心等机构之间的工作协同和职能边界。

二是既有党建引领工作仍未形成有效嵌入社区治理关键领域的运

行机制。当前在许多街道,党建引领常处于一种"悖论式"的发展状态,即从形式上来看,党建似乎已经覆盖了社区建设的方方面面,但从实质性运行过程来看,党建有效引领、整合、协调治理活动却缺乏有效的切入口。于是党建引领往往是"谈起来实,做起来虚"。突出表现为区域化党建与社区治理中许多关键性领域间缺乏实质性的嵌合机制,比如,区域化党建领导社区公共服务体系建设缺乏实际的抓手,前者实际上很难决定社区公共服务供给的领域、方式、规模和节奏,党建往往是在资源不足或跨部门协调时才发挥作用。又比如,区域化党建引领社会组织和社会力量缺乏有效的机制,由于街道购买社会组织服务的决策、资金、评估大多都外在于区域化党建工作,因此单纯依靠社会组织党建无法有效引导其发展。这意味着下一轮党建引领制度创新要超越单纯的"形式上"全覆盖,逐步发展、激活一些新型机制以推动社区治理的系统优化。如通过区域化党建引领社区共治,进而决定因地制宜型公共服务的总体布局、推进思路等。

三是强调开放化、社会化、网络化的区域化党建亟须形成更富社会活力的党建公共服务平台。在推进区域化党建新格局中,需要构建一个对社区党组织、驻区单位党组织和党员全方位开放,以社会化方式整合资源,以专业化方法引领共治的党建公共服务平台网络。调研发现,目前正在建设的社区党建服务中心尚难以完全发挥这一功能,一方面许多街道的党建服务中心力量配置不足,难以承担党建引领共治的事务;另一方面现有党建服务中心缺乏专业化的运营团队支持,专业化支持的"短板"导致党建引领基层自治、共治的"落地工作"遇到许多深层挑战。为此需要进一步探索:对党建服务中心的功能开发,强化党建服务中心对区域内党员志愿者组织的孵化、扶持和服务功能,使之成为支撑、保障区域化党建新格局的重要载体;创造性地开发党建服务中心策划社区公共事件、塑造社区公共空间的新型功能。

三 政策建议

基于前述案例观察与讨论,我们认为未来城市基层社区要构建多层次党建引领治理体系，不仅要在形式上构建制度网络的深入探索，更要不断推进这些多层次治理网络有效运行的相应支持机制建设，尤其是在以下方面推动系统制度创新。

（一）形成定位清晰、分工明确的区域化党建工作架构

建议上级有关部门从总体规划、系统布局的视角，对基层治理体系中设置的社区党建联席会议（及类似组织载体）和民政部门推动设立的社区共治机构（如社区委员会）进行职能和定位上的梳理，促进两者协同、联动。比如，将街镇层次的党建联席会议定位为区域内资源整合的主要平台以及共治决策平台，主要承担统筹领导和资源整合的功能；将居民自下而上形成的社区共治组织定位为代表社区多元利益，自下而上提取公共需求，开展议事协商的主要载体，承担社区公共性的构建功能。在工作流程上可以形成社区党委和社区共治机构提议、党建联席会议商议、街道党员代表会议审议、社区代表会议评议的分工明确共治模式。推动街镇党建推动部门、自治主管部门与上述平台形成分工、协同的对接机制。此外，在条件成熟的地区还可以推动社区基金（会）建设，并使其与前述平台形成有效对接，使共治的体制架构与治理的资源系统紧密衔接。

（二）以公共服务和社会组织发展为切入口形成区域化党建引领共治的闭环工作流程

在街镇承担的因地制宜公共服务领域探索，以区域化党建引领共治机制来构建自下而上需求导向型的公共服务供给模式；以党建联建机制拓展公共服务资源；以社区党组织引导下的社会评估机制持续优化公共服务效能，从而使党建引领和多元共治贯穿于公共服务实施的所有环节。在社区社会组织发展领域，逐步改变街镇部门投入、部门决策和部门评估的碎片化购买社会组织服务模式，探索由社区共治机构、党建联席会议从总体上共商共议购买服务总体框架，部门提供购买服务实施支持，社会多元力量参与评估的新模式，使社会组织发展紧密贴近社区公共诉求。

（三）推动枢纽型的区域化党建服务平台建设

建议将基层建设的党建服务中心等党建支持机构扩展为区域化党建的枢纽型服务平台，鼓励党建服务中心通过孵化党群专业服务机构、购买服务等方式，引入一批更具社会活力和专业化能力的社会组织，为区域化党建的深化拓展提供支持服务，尤其是在活动策划、人才支持、信息支持和平台支持方面为区域化党建"落地"提供支持。

（四）加强居民区层面区域化党建工作，增进党组织的领导、协调能力

一是完善居民区党组织的架构体系。健全居民区党组织体系，根据小区、楼组合理设立党支部、党小组；结合在职党员在社区报到的要求，在包括在职党员的部分楼组率先设立党小组，原则上2名党员即可设立；推动退休党员和在职党员联合设立党小组，共同参与楼组自治、居民自治工作。

二是统筹不同居民区的共建组织资源。针对居民区之间驻区单位资源不均衡的现状，在街镇层面加强统筹力度，积极牵线搭桥、促进结对共建，重点对资源欠缺、需求较大、问题较多的居民区给予支持，进一步调动居民区参与项目合作的主动性。

三是推动在职党员积极参与社区建设。进一步明确在职党员参加所在街镇与居民区党建活动、关注居住区域建设发展的义务。赋予在职党员代表所在单位党组织参加居民区党建联席会议的权利。

四是优化居民区工作联动机制。进一步强化党组织的领导核心地位，整合居委会、业委会、物业公司、人民团体、驻区单位、社区社会组织等各类组织主体，吸收不同特征人群的党员代表进入党建联席会议，把握社区整体利益大局，尊重个体、少数人意愿，坚持客观、公正的立场，协调不同个体、群体利益诉求，形成在党的领导下不同单位、不同群体协同共治的新局面。

浙江省杭州市余杭区径山镇农村基层民主协商效能提升路径观察

我国农村社区治理步入新时代面临新挑战，以习近平总书记为核心的党中央不断优化顶层设计，相继出台、修订《中共中央国务院关于加强和完善城乡社区治理的意见》《中共中央国务院关于实施乡村振兴战略的意见》《中国共产党农村工作条例》等多项政策，明确农村社区治理作为国家治理能力与治理体系现代化的基础构成，一方面必须坚持党对农村社区治理的领导，毫不动摇地坚持和加强党对农村工作的领导，始终保持党和政府在农村社区的领导力、影响力；另一方面必须按照产业兴旺、生态宜居、乡风文明、治理有效、生活富裕的乡村振兴总要求，加快形成党领导下的政府治理、社会调节与居民自治良性互动的格局，切实发挥农民在乡村振兴中的主体作用，不断提升农民的获得感、幸福感、安全感。在此背景下，农村基层民主协商作为农村社区治理能力与治理体系现代化的重要支撑，迫切需要在治理效能上与农村社区治理的新任务、新要求相适应。

一 观察的问题意识

当前，农村基层民主协商已基本完成系列制度设计，但是在实际效能发挥上尚存系列短板与挑战。首先，随着中央明确各领域、各方面、各环节上全面实现党的领导，并落实到具体制度上，农村工作需要更加明确有力地在制度上确立党对农村社区、群众自治组织、社会组织的全面领导，农村基层民主协商需要进一步优化相应的制度配置。其次，随着乡村振兴战略的推进，以基层民主协商为核心的农村社区治理作为乡村振兴战略中的重要环节，"治理有效"需要更为明确的体制机制，才能融入和有效支撑"产业兴旺、生态宜居、乡风文明、生活富裕"的战略目标，实现农村社区治理与乡村振兴战略的有效衔接。最后，随着党的十九届四中全会明确提出"党委领导、政府负责、民主协商、社会协同、居民参与、法治保障、技术支撑"的社会治理体系建设方针，民主协商需要在社会治理共同体建设中发挥更重要作用，农村社区作为生产与生活相结合的区域共同体，民主协商需更加日常化、常态化地深入融入农村经济发展、环境改善、服务优化、乡风建设等全过程，发挥治理效能。总的来说，新时代农村基层民主协商需要在建设路径与机制选择上做出新的探索，更好地实现将已有的制度优势转化为治理效能，使社区治理从"形式治理"走向有内容的"实质治理"，以适应新时代农村社区建设的新要求。

基于上述问题导向，同时结合民政部2019年社会治理动态监测平台及深度观察点网络建设项目相应主题要求，课题组继续以杭州市径山镇为观测点，并将"新时代农村基层民主协商的路径选择"作为本次观测的重点，采取参与式观察方式，自2018年11月至2019年10月，前后5次前往余杭区径山镇及其下辖小古城村、径山村等农村社区，对径山镇农村基层协商民主建设进行了观察研究。

二 径山镇民主协商的实践做法

（一）径山镇民主协商的实践基础与问题

径山镇位于余杭区西部，地处大径山国家乡村公园核心区域，是省级中心镇。全镇区域面积157.08平方公里，下辖13个村，2个社区，人口约3.9万人。近年来，径山镇曾先后获得国家级生态镇、国家3A级旅游景区，省级文明镇、旅游强镇、体育强镇和省美丽乡村示范乡镇等荣誉，其中2018年被评为省文化强镇、省卫生镇、省无邪教乡镇、省森林城镇、省书香城镇、省生态旅游区，入选"省级旅游风情小镇"培育名单，潘板集镇、长乐集镇分别获小城镇整治省级样板、市级样板。

◈◈ 浙江省杭州市余杭区径山镇农村基层民主协商效能提升路径观察 ◈◈

近年来，径山镇农村社区通过建设田园社区五大空间①，特别是在新治理空间上，在余杭区基层民主协商三级框架，即镇（街）专题协商议事机制——村（社）专题协商议事机制——网格专题协商议事机制的基础上，依托小古城村"议什么、谁来议、怎么议、议的效力""四议"工作法，进一步规范了村——网格——组三级民主协商办法，形成了小古城村"众人的事情由众人商量"、径山村"555"议事机制、四岭村"兰坪说事"等多样化的民主协商形式，2017年在省委的批示下，径山镇农村民主协商的建设工作进入纵深推进、横向拓展的全省推广阶段。可以说，径山镇民主协商具有多年累积起来的制度创新优势。

然而，在实地调研走访中，观察组发现，径山镇虽然完成了农村民主协商的平台化、制度化、程序化的建设，但是基层民主协商在实践中更多呈现出"制度空转"的特征，即基层民主协商制度在不产生相应实际效能的状况下运转，缺少将"制度优势"切实转化为"治理效能"所需的机制及相应资源配置。有鉴于此，课题组专家根据上一年度民政部社会治理观测研究报告的相关问题及建议②，结合农村

---

① 2016年，杭州市委市政府两办出台了《关于进一步推进农村社区建设的实施意见》，提出基于"逆城市化"发展趋势下乡村社会从"生产型"走向"后生产型"发展阶段以新经济空间、新治理空间、新服务空间、新环境空间、新文化空间之"五大空间"为主题的"田园社区"建设，即，着力发展农村新经济、新产业及其新经营组织方式，拓展新经济空间；以PVESM的"三美"为指向，指导农村社区环境营造分类标准，建设新环境空间；以组织领导机制改革深化为龙头，强化组织领导与部门协同的整体性治理，构建多元参与机制、协商民主的农村社区治理机制，建设新治理空间；以培育"社区公共性"为导向，通过新型社区教育、社会组织、社区文化吸引居民参与、关心社区，拓展社区服务社会化方向，建设新服务空间；以构建乡村文化共同体为目标，通过活化文化礼堂运行机制，推动文化参与和文化传统的现代性传承及其文化治理，建设新文化空间。

② 2018年年底，课题组根据径山镇农村基层民主协商的实践状况，完成了观测报告，观测报告认为径山镇农村基层民主协商的发展，是整体推进杭州市农村田园社区"五大空间"建设的有机组成部分。在推进农村田园社区建设的过程中，径山镇在新治理空间打造上，基本完成了基层民主协商的制度建设，因此在下一阶段，需要重点关注：一是重视培养村民基于日常生活、生产方式之上的民主协商意识，注意协商民主在农村居民日常生活中的分类实施；二是以民主协商为主要机制的农村社区治理，要与农村经济、环境、文化等方面的发展有机统一在一起，特别是要明确发展农村新经济、新产业及其新经营组织方式在农村社区建设以及基层民主协商发展过程中的重要作用，立足于农村新经济发展，进一步实现基层民主协商以及农村社区发展的提质增效；三是拓展人才输入渠道，积极努力送人才下乡，并构建一套合理的"引智计划"，为农村基层民主协商以及农村社区建设提供智力和技术支持。

社区治理以及村民民主协商面临的系列新形势、新任务，于2019年3月至5月，在余杭区及径山镇相关调研座谈会中，明确提出下一阶段径山镇构建"基层党组织领导下的民主协商体系"的思路，重点包括：（1）打造协商"组织环"。协商组织的建设是协商得以有效开展的核心，这一过程的重点在于通过协商组织的建设，充分体现基层党组织在民主协商中的领导作用，并以此为基础，有效实现行政力量（行政机构）、社区社会力量（社会组织）及居民内生力量等多重力量及主体的整合。（2）拓展协商"内容环"。民主协商在实践中兼具公共性及工具性双重的治理动机，既强调通过民主协商激发社区居民自治活力，又强调通过民主协商实现党和政府相关战略任务的有效落实，据此，需要通过丰富民主协商的目录，实现双重结合：一是将民主协商与乡村振兴等国家战略目标相结合；二是将民主协商与村民日常生产生活中的重大利益相结合。（3）优化协商"程序环"。民主协商作为一个有机系统，在程序上需要进一步优化和落实包括利益整合、平等对话、决策参与及合作执行等机制在内的"协商程序链条"，从而为协商赋能，实现民主协商程序的科学化、常态化运转。（4）创新协商"形式环"。基层民主协商需要在日常实践中有效嵌入村民的日常生活之中，因此在协商形式上必然需要根据居民的特质、习惯以及社区的传统文化等条件做出不同的调整，以更有利于村民在日常生活实践中感知、积累协商议事的能力。（5）落实协商"成果环"。积极构建以协商成果的采纳、落实和反馈机制为核心的协商成果运用闭环系统，实现协商成果的运用，有效落实民主协商的成效。

（二）实践模式：党组织领导下的"五环协商"

自2019年3月开始，余杭区径山镇根据课题组专家的相关建议，同时与课题组进行有效合作，通过课题组专家的参与交流与指导，径山镇继续在全域范围内深化农村基层民主协商，在"协商于民、协商为民"的工作理念下，通过构建党领导下的民主协商治理体系，进一步打造"五环协商"的模式，即在基层党组织领导下，探索实践协商"组织牵头—内容拓展—程序优化—形式创新—成果运用"的"五环"实践体系,积极把民主协商的制度优势转化为治理效能,切实实现以民主协商为核心的有效治理与乡村振兴"产业兴旺、生态宜居、乡风文明、生活富裕"等战略目标的有机结合,破解农村社区治理中看似平常、实则最难的瓶颈问题。

明确村级党组织在民主协商中的领导作用机制。径山镇全村域民主协商的开展,在保持和优化党支部、网格等作用的基础上,进一步发挥村党组织在民主协商中的核心领导作用,通过村社党组织牢牢把握主动权、掌控力,并强化下属支部主体作用发挥,在议前、议中、议后每个环节都把牢方向,实现协商不偏航向,同时,积极构建多方参与平台,有效提升农村基层民主协商的有序性及有效性。

一是在组织定位上,发挥党员干部主导作用。径山镇各农村社区的协商议事会由村社党组织书记作为主任,由村组织委员作为副主任,并在各村域范围内选取3名德高望重的党员或骨干等任议事会委员,由这5人担任协商议事会的组织管理成员,总体引导、把握村民主协商的形式、流程、内容等各方面,确保组织的政治引领。二是在议题选择上,强化政治把关定向。协商议事会要根据议题的可行性和合法性,结合议题公众关注度、群众诉求程度、短期内解决问题的可能性等因素,合理确定协商议题,并报村社党组织审定后开展协商或向网格协商小组、协商平台派单。三是在议事过程中,强化过程把控。各村民主协商相关议事项目在上会表决前,由两委班子成员初议,再扩大到老干部、老党员等层面再议,努力形成统一意见;特别是在网格协商中,通过协商小组初议,网格骨干力量再议的方式,进一步有效避免在组级会议上出现"场面乱哄哄"等不可控情况。四是在成果运用上,强化跟踪落实。在径山镇打造"3+X"协商结果监督小组的过程中,同样积极发挥党组织在成果运用过程中的作用,由村监会的党员干部等作为监督小组的主要成员,并在3名村监会成员的基础上,动态结合村民中的利益相关者或党员骨干积极分子,实现对协商结果的有效落实。

构建"1+X"多方主体参与议事平台,助推民主协商的有效运

行。作为禅茶文化的发源地，径山镇将协商载体与禅茶文化因子紧密相融，建立了党组织领导、不同层面参与的"1+X"议事平台。"1"就是以百姓议事会为主平台，"X"就是结合禅茶文化的"感恩、包容、分享、结缘"四大内涵所建立的议事平台。首先，通过"百姓议事会"汇集民声，积极拓展"固定代表+自由代表+特邀代表"的模式，邀请更多热心村民共同商议民生实事，为居民参与民主协商提供了平台支撑。另外，通过建立四个不同类型的议事平台，实现多方主体参与农村社会治理，初步打造农村治理的共治格局。一是建立"感恩智囊团"，热情邀请在外发展的大学生、企业主以及径山籍领导和专业人士，为当地发展出谋划策，推动创新创业。二是组织"包容和事佬"，化解居民邻里间的矛盾，充分发挥老干部、老党员、乡贤等具有较高威望人员的号召力以及获取资源的能力，促进邻里关系的和谐发展。三是成立"分享后援团"，以实现镇域范围内村经济发展的资源整合，统筹休闲旅游联盟、农家乐协会、茶产业协会、村级工会等经济社团组织，带领企业主、经营户共商产业发展模式，分享经营理念。四是举办"结缘禅话会"，邀请最美人物、统战人士、文化骨干等与村民恳谈交流，进而培育乡风文明，弘扬优秀文化。

构建"五环协商"，推进民主协商的有效运行。2015年径山镇在总结小古城村"四议"工作法经验基础上，建立村级和组级民主协商机制；2016年结合网格党建工作，出台"网格协商"办法；2018年全方位设定操作规范，制定民主协商地方标准《余杭区城乡社区民主协商工作规范》，构建"五环协商"的程序架构，进一步推进农村社区协商制度化、规范化和程序化。

1. 以专业化建设为目标，建立协商牵头机构，有效引导村民主协商的开展。径山镇积极推进在各村成立民主协商议事会，形成由村社党组织书记担任议事会主任，由组织委员任副主任，由3名德高望重的党员或骨干等任委员，同时根据不同协商事议，动态调整专业人士名单参与协商，比如对于更换公共道路灯泡等问题，就邀请村里在外做水电工程的、村里懂电力维修的人，同相关同志和村民代表一起协商。对于围绕村级规划、集体资金使用等议题村委不仅会召集涉利村民和热心村民作为自由代表发表意见主张,也会请专业人士和法律顾问等作为特邀代表参加等,在此基础上形成协商议事会议事成员"5+X"模式,并进一步规范任职条件、权利、义务、职责。

2. 以"三议三不议"为原则,丰富协商内容,在内容上实现民主协商与乡村振兴战略的有机结合。根据重大社会公共和管理事务、建设事项要议,违背法律政策、公平正义、公共利益的事项不议的原则,结合乡村振兴五大战略目标,设置围绕乡村振兴五类20条民主协商目录(见表1),通过这一方式,有效实现民主协商与乡村振兴战略发展的有机结合。在此基础上,各村可结合村域发展的实际问题,确定村小组一级具体的协商目录,进一步将协商的议题与事务拓展到村民生活、生产过程的日常事务中。

表1　　　　径山镇乡村振兴五类20条民主协商目录

项	目录
产业兴旺	(1) 生态农业要持续发展; (2) 农旅产业要协同发展; (3) 民食民宿要规范发展; (4) 农村电商要加速发展。
生态宜居	(1) 建房风格要规范样式; (2) 自然资源要注重保护; (3) 房前屋后要干净整洁; (4) 综合环境要整治维护。
乡风文明	(1) 家风家训要传承教育; (2) 文明新风要树立样板; (3) 民俗活动要统筹组织; (4) 邻里关系要和谐互助。
治理有效	(1) 村规民约要及时修订; (2) 发展规划要适时调整; (3) 公益事业要实时立项; (4) 重点工作要即时落实。

续表

项	目录
生活富裕	（1）集体收益要统一分配； （2）集体土地要规范流转； （3）集体资产要合法处置； （4）征迁款项要合理使用。

3. 以科学化流程为保证，设立六步协商程序，确保民主协商过程的合理、常态化运行。综合"五议两公开"①和"四议"工作法②，明确广泛收集意见、研究确定议题、制定协商方案、发布协商公告、开展议事协商、通报协商情况这6个实施步骤（见表2），用一条清晰的路径，确保协商科学化。

表2　　　　　　　　　径山镇六步协商程序流程

步骤	主要内容
第一步　广泛收集意见	灵活运用书记直通卡、民情恳谈会、走村不漏户、大联动App上报等方式征集村民意见，例如村两委与代表通过民情恳谈会谈出来，村民小组还可以通过民生实事申报提上来，联合村干部摸上来。
第二步　研究确定议题	各村党委围绕公众关注度高、群众诉求程度大的问题矛盾，对照议事目录，确定议事议题，再结合上级交下来的任务进行分类梳理，形成"协商菜单"。

---

① 五议：党员群众建议、村党组织提议、村务联席会议商议、党员大会审议、村民（代表）会议决议；两公开：表决结果公开、实施情况公开。

② 四议："议什么""谁来议""怎么议""议的效力"的"四议"工作法。其中，"议什么"，主要包括建立起六大类协商议事目录，将群众的想法汇总形成"协商菜单"，真正做到"干不干、干什么、怎么干"都让群众来议、大家来定。"谁来议"，主要是在镇街、村社、网格3个层面分类搭建对话渠道，针对问题层级不同和议题侧重，广泛吸收多方主体参与，凝聚共识，推动工作，提升参与的广泛性，寻求民意的最大公约数。"怎么议"也是关键一环。事前专题协商、事中民主参与、事后绩效评估，从完善协商方式方法入手，压紧压实协商每个环节，形成了一个规范有序的参与闭环，确保了议事过程的顺畅组织。"议的效力"则是指将协商落实的成效与全过程监督和绩效评估有效挂钩，确保把好事办好、把实事办实，真正让民主协商深入人心。

续表

步骤		主要内容
第三步	制定协商方案	协商菜单及议题确定后，村党委及时制定具体协商方案，明确参与协商的对象，落实协商地点等，协商方案的制定要根据具体的协商议题进行动态调整。
第四步	发布协商公告	落实协商方案后，村党委提前7天通过线上线下相结合的方式发布协商公告。
第五步	开展议事协商	根据议题提供相关议题资料，支持相关村民及代表、专业人士就协商内容开展协商讨论。
第六步	通报协商情况	协商结束后，根据意见，经审议签字、村民代表大会决议，通报结果，公示无异议后落实协商结果。

4. 以实用有效为主旨，丰富协商形式，实现民主协商形式与居民日常生活的有效嵌入。民主协商的形式必须因地制宜、因居民实际需要的不同而有所变化，同时，保持民主协商在处理具体问题时的"弹性"，因事因地制宜开展多层次、多样式的协商，是凸显民主协商能力的关键。因此，径山镇通过建立会议、咨询、对话、书面、网格等5种协商方法，引导不同层面的群众进行协商。搭建百姓议事会、乡贤商事会、调解和事佬、创业分享会、圆桌畅聊会这5大协商平台，各网格设立网格协商小组，根据不同的议题内容针对性开展协商。在此基础上形成了种类多样的民主协商形式，如小古城村"众人的事情由众人商量"服务"三农"工作；径山村"555"议事机制助力乡村振兴；四岭村"兰坪说事"，议民事、民作主；漕桥村村企联动齐步走，共谋合作促发展；前溪村走百步、入百户，"百步答疑"拓宽民主协商渠道；麻车头村线上融线下，车头带车尾，农户企业同命运、共发展；西山村"八仙荟"不拘形式议村务；绿景村"开放性议事会"听民声、达民愿；平山村"乡贤论坛"助力乡村治理新模式等。

5. 以分流分类办理为主旨，有效运用协商成果，在成果落地中实现村民对美好生活的需求。设立协商成果采纳、落实和反馈机制，按照不同的实施主体由组、网格、村社加以落实，需要联动实施的由镇党委政府加以落实。径山镇积极打造"3+X"型监督队伍,即"村监会3人+专家、利益相关村民和其他热心村民",对村务和工程项目进行监督,发现问题及时沟通解决或汇报;并通过公布监督电话、设立意见箱,接受村民来电来信,对已解决的问题进行回访,监督和评议结果全公开,形成民主协商工作闭环。

三 个案观察:以径山镇小古城村的民主协商为例

(一)小古城村概况

小古城村位于杭州市余杭区径山镇东北部,系2003年9月由吴山、钱家滩、俞家堰三村合并而成,因省级文物保护单位小古城遗址坐落本村而得村名。小古城村现有22个村民小组,农户997户,人口3429人,其中党员132人,村民代表69人。区域面积12平方公里。村庄中心建成区43户165人,总面积450亩,绿地300亩,庭院绿化率34%,休闲绿地18亩,荣获"全国民主法治示范村""国家级生态村""全国文明村""浙江省先进基层党组织""3A级景区村庄"等称号。

小古城村在村民主协商中已具有良好的实践基础:一方面,结合地方实践的需要和特色,坚持和发展农村基层民主协商,创造当地百姓能理解、记得住、做得了的协商模式,即基层民主协商的"四议六步模式",从而创造了"众人的事情由众人商量"的良好局面。并在实践中完善民主协商的平台建设,初步打造农村社区治理的共治格局,2015年,小古城村的民主协商建设获得习近平总书记的高度认可。另一方面,小古城村人文自然资源丰富[①],为该村特色生态农业发展奠定了扎实基础。同时,村特色工业、块状经济发展有活力,为小古城村的社区治理提供了较好的经济支撑。

[①] 小古城村历史文化跨度自马家浜文化至春秋战国时期的省文保单位小古城遗址;与五山十刹之首的径山寺密切相关的法华古寺;遗存的吴越文化、村落文化和现代的竹海漂流旅游文化,汇聚成丰富多彩的小古城文化。同时,小古城村林地(森林、竹林)面积14000余亩,森林覆盖率达80%。

2019年，为进一步提升村民主协商的有效性，小古城村根据《余杭区城乡社区民主协商工作规范》，结合课题组的相关建议，积极将"五环协商"模式及运行机制与小古城村实践相结合，并将这一民主协商形式有效嵌入村经济发展、环境改造等与村民日常生产、生活高度相关的事务中，切实提升村民民主协商能力，在民主协商中出经济发展、出环境治理，把有效治理嵌入到发展村集体经济、提升生活环境中去，推动农村社区治理与乡村振兴战略有机衔接。

(二) 构建村级党组织领导下的协商工作体系

1. 明确村级党组织在协商中的角色定位，拓展网格协商的目录与内涵。一是村党组织明确组织在民主协商各环节的领导作用。村级党组织是协商的组织者、领导者和推动者，是协商的重要主体，是协商意见采纳者并负责落实协商成果；二是小古城村根据地域、人口、党员等因素将22个村民小组合理划分成了7个网格，每个网格设立网格支部，并在每个网格支部里建立支部活动阵地。每个网格支部由老党员担任网格支部书记，由村班子成员担任网格长，由镇组团联村干部担任网格指导员，共同开展网格工作。三是以网格支部为核心，在原村级、组级事务民主协商基础上，对协商的目录、范围、程序进行优化、将涉及村民重大利益的事项纳入网格协商议事目录，提高村民对民主协商事务的关切程度以及参与积极性。

2. 立足村域实践，拓展"五环协商"的内涵。一是建立邻里议事协商中心。邻里议事协商中心理事长由社区（村）党组织书记或威望较高的党员乡贤担任，广泛吸收党员干部、群众代表、"两代表一委员"、业委会成员、社会组织负责人、社会工作者、志愿者、网格员、乡贤、非户籍居民代表等利益相关方作为协商主体，集各方民智和共识，参与城乡社区公共事务的协商、监督和评判。

二是立足"乡村振兴"五大目录，结合村民日常生活实际，拓展协商内容，明确"协商菜单"。关于协商的议题，小古城村不仅立足于径山镇的"乡村振兴"五大目录，而且根据村实际情况，进一步将协商的议题与事务拓展到村民生活、生产过程中的日常事务，比如涉及村集体经济分配、使用等涉及村民切身重大利益的事务，村道路、停车、公厕、旅游接待等配套问题以及如何规范经营农家乐等具体问题，在此基础上，拓展了协商议事目录，建立了 8 项村级协商议事目录、7 项组级协商议事目录，明确村组两级协商议事事项，并灵活运用书记直通卡、民情恳谈会、走村不漏户等方式征集村民意见，围绕公众关注度高、群众诉求程度大的问题矛盾，对照议事目录，确定议事议题，有效解决议什么的问题。

三是优化网格协商四步工作法和六级闭环机制。通过一提（党员提议、支部收集、村大会布置）、二议（党员代表初议、网格例会商议）、三决（互助会议表决）、四做（组或村组织实施）的四步工作法，并配合挂号与销号的六级闭环机制，即群众反映、分层收集（书记直通卡、支部恳谈会、党员联户）、上报挂号（大联动 App 上报、支部会上上报、党员日常汇报）、分类处置（上报村两委、党员认领、网格参与）、进度通报（支部组织生活会、支部公示、大会通报）、反馈销号（书面反馈、支部会上反馈、党员上门反馈），积极解决群众所关切的问题，这一过程使得村民对网格支部协商流程熟悉，强化了其相应的能力。

四是开展多样化的协商形式，给予协商更多的弹性空间，努力实现协商民主实践过程中的"量体裁衣"。一方面，针对不同议题、不同内容开展形式多样的协商议事活动，包括民主恳谈会、圆桌会、书面协商、听证协商、流动协商、专家咨询、网格协商等，其中，小古城村根据村民日常生活的行动规律，构建了"樟树下议事"的特色协商形式；另一方面，建立村、组两级协商议事代表队伍，坚持代表的广泛性、专业性、关联性，让不同社会阶层有序参与，建立由固定代表、自由代表和特邀代表组成的协商议事代表队伍，形成"1＋N"代表组成模式，找到村民意愿和要求的最大公约数，达成有序治理的共识，实现针对不同的协商事宜让不同的人来协商的目标。

五是有效激发监督活力，优化协商成果的落地。小古城村通过建立"3＋X"监督制，在原有村务监督的基础上，邀请其他党员、代表、专业人士等参与监督，督促改进。建立绩效评估制，协商事项办结后通过走访、电话或座谈的形式，对实施情况进行回访，由村民评估优劣。除此以外，小古城村还确定了每月28日为村级民主监督理财日，由3名村监会成员，以及党员、群众、懂业务的村民等若干代表参加，一张张凭证地翻，一张张发票地看，改变监督的疲性，从而有效激发监督的活力，进一步提升民主协商的治理成效。

（三）以协商治理促乡村振兴

小古城村在发展过程中积极依托民主协商流程，让村民有效参与村集体产业发展的重大决策，在民主协商中发展集体经济，切实提升村民收入，实现生活富裕。

壮大村级集体经济是所有小古城村村民的心声，也是村民讨论得最热烈的话题。2005年1月4日，时任浙江省委书记习近平同志到小古城村考察调研，提出了"以加强基层民主法治建设，服务好三农"的要求。十余年间，小古城村以此为基础，村级发展取得了翻天覆地的变化，先后获得了"全国民主法治示范村""国家级生态村""全国文明村""浙江省先进基层党组织""3A级景区村庄"等80余项荣誉，各地慕名而来的考察团络绎不绝。但是，每年数十万的考察者、游客无法转化成消费者，无法带动村集体经济收入增长，甚至出现村班子成员疲于接待，影响日常工作开展等情况。有鉴于此，小古城村村委于2019年年初召开协商会议，让全体村民参与到相关问题的讨论中来。

1. 以网格支部为核心，将这一事项纳入网格议事目录，调动村民公共参与意识，在培养村民协商能力的同时，集中民智。并依托邻里协商议事会，及相关协商流程，汇集协商意见。通过开展头脑风暴，小古城村查找到缺少专业营销人才、游客可参与的旅游设施、特色伴手礼、特色大型活动少等9个症结。并进一步召集党员、乡贤、民食民宿业主或意向从业人员等参加讨论，查找到村民想经营不敢经营、管理不够专业、单打独斗缺少抱团发展理念等6个问题。

2. 通过协商，确定"引专才＋广育才"的发展理念，引进专业团队谋划运营。村班子将前述问题汇总，并集中相关民智，集中归纳了发展了若干建议，通过协商流程，最终全村集体通过了立足"引专才+广育才"的发展理念，指导成立杭州小古城旅游发展有限公司，由小古城股份经济合作社全额控股，搭建景区村庄经营平台和统一营销渠道。组建策划运营团队，向全区公开招聘职业经理人1名，具体负责旅游活动策划推广、产品销售、项目运维等；从后备干部培养力度出发，在回村的大学生中公开招募、培养专兼职讲解员3名，让村班子成员从接待讲解中脱离出来，集中精力抓发展。加强本地人才培育，邀请浙江旅游职业技术学院对有经营意向的农户进行专业培训。鼓励村民自主创业，成立红曲酒、灰汤粽、小罐茶等农创客工作室。

3. 通过"精调研+深规划"，切实提升村民参与协商的能力，并鼓励村民积极参与村发展项目及重大事项，有效推动村的发展。为提升村民对于相关项目的认知及益处，小古城村村委组织村班子成员、旅游公司员工、相关职能科室以及村骨干积极分子到江苏茅山考察，组织村民到安吉、临安参观开阔眼界，邀请陕西袁家村党支部书记郭占武到村一线指导，谋划了村发展的多项规划，其中通过专业团队谋划，计划推出一条专题游览线路接待各类考察团，这是一项新的探索，而关于这一项目，大到费用怎么收、线路怎么排、讲解员怎么物色，小到宣传袋、宣传册的制作等一系列问题，村民们积极参与讨论，同时通过多次邀请有关部门、党员代表乡贤、村内旅游从业者、民事民宿业主等进行协商，最终确定了发展方案，即以"众人的事情众人商量"为主题，推出小古城村乡村振兴党政考察专线，以有偿运营方式向市场进行推广，与浙江大学、浙江省委党校等进行合作，使高校成为实践培训基地。

4. 村依托民主协商流程，同步提升村民民主协商能力，以民主协商治理社区环境，在民主协商中出环境治理，在实现美丽乡村的同时，助推美丽经济的发展。例如把围墙降低，是钱三组在美丽乡村建设中实施"打破高墙、敞园亮房"的重要内容之一，钱三组共31户，改造前，家家户户都是高墙大院，整体绿化景观单一，缺乏本土特色和文化气息。面对改造过程中所出现的村民多元复杂的利益诉求,通过民主协商的方式,小古城村仅用时一个月就拆除了31户农户家的高围墙,有6户还实施了辅房拆改。美丽乡村建设为钱三组营造了和谐宜人的乡村邻里空间,村容村貌焕然一新,也吸引了众多游客纷至沓来,从而带动当地了农旅经济的发展。2017年以来,小古城村投入了650万元开展全域基础环境整治,通过民主协商,拆除不雅建筑12000余平方米,并开展立面整治、实施农户建房带图审批、围墙实改通、建设公园、整修道路。2018年,小古城村接待游客约15万余人次,旅游经营收入1800余万元,集体收入由2003年的27.6万元增加到515万元。2019年5月至6月,全村农旅收入比上年同期每月增加收入5万多元。

总体来看,小古城村在美丽乡村建设过程中,同步发展美丽经济,通过镇村两级共同协商成立村属旅游开发公司,推出乡村振兴游线路,从线路的规划、制定、发布、接团、接餐等与专业策划团队、民食民宿业主等进行充分协商,这在径山镇尚属首次,同时将进一步向周边村进行拓展,这为壮大村级集体经济提供了一项重要的实践经验。

四 径山镇民主协商的实践成效

1. 以满足村民美好生活的需求为导向,民主协商更加日常化、常态化地融入农村经济发展、环境改善、服务优化等方面。径山镇全域推广民主协商,凝聚各方力量,实现了社区工作的新突破。一是在垃圾分类治理中,以协商探索形成"三十六计"。以提升垃圾分类工作的群众参与率、分类准确率和难题破解率为目标,集民智、聚民力、解民忧,协商形成垃圾分类"1+3"闭环计、"斤斤计较"计、收运定位计、笋壳巧用计等"三十六计",并在全域推广,让垃圾分类思想深入人心,实现垃圾分类群众知晓率100%、参与率100%、正确率95%的目标。二是在小城镇综合整治中,以协商破解疑难杂症。针对投入大、范围广、工期紧、矛盾多的小城镇综合整治项目,镇村两级深入一线办公，通过每日走访集镇农户，反复协商沟通，最终与百姓达成共识，拆迁、搬迁影响交通、消防和节点打造的房屋24户，拆除不雅建筑204处约2.1万平方米，项目全程推进顺利，打造成为省级样板。三是在产业融合发展中，以协商凝聚工作合力。通过多元化协商推动环境整治，制定四赛四比、五力提升、六大比拼等工作法①，培育产业发展温床；通过多部门协商强化行业治理，整治低散乱企业，规范民食民宿行业，鼓励农文旅产业融合发展；通过多层面协商引导产业培育，搭建乡贤智库，引入径山书院等乡创平台，激发乡贤能人投身家乡建设热情。四是在全域旅游推进中，以协商明晰发展定位。通过书记论坛、创业分享平台、百姓议事会等方式充分协商，找准问题，补齐文化、创意、运营等短板，广泛收集意见，逐步构建一核两带五景区②旅游格局，推动产业项目向大众旅游、休闲旅游和主题游转变。

2. 形成区域性民主协商的治理品牌，放大乘数效应，推动径山镇农村治理进一步创新化。在这一实践过程中，形成了多样化的治理品牌。径山村在产业发展过程中，搭建好平台，通过乡贤商事会，制定径山茶六统一标准，质量、产量和销量得到质的飞跃，该标准现已上升为区级标准；通过圆桌畅聊会，分享民食民宿开办经验，形成行业自律准则，现已成为径山镇星级民宿评比标准。前溪村通过"百步答疑"法，收集群众意见建议，充分协商，凝心聚力，把美丽乡村建设成镇标杆，百步网格通过协商形成多项长效管理机制，特别是在垃圾分类工作中，形成的1/4法、前溪大妈法、农村虎哥法等机制，被区

---

① 四赛四比：村（社区）"赛实绩比发展"、联村（社区）组团"赛工作比实干"、科办（中心）"赛任务比进度"、领导干部"赛项目比成效"；五力提升：中层干部提升中坚力、退职干部提升助推力、年轻干部提升行动力、村社干部提升战斗力、后备干部提升竞争力；六大比拼：项目推进比拼、垃圾治理比拼、平安建设比拼、庭院整治比拼、民主协商比拼、发展增收比拼。

② 一核：径山寺核心景区；两带：禅茶文化精品带、森林营地康养带；五景区：禅茶文化村落景区、乡村慢谷景区、陆羽禅茶文化街区景区、体育文化公园景区、田野牧歌农耕体验景区。

委书记张振丰点赞，真正实现"上级管理"向"自我治理"的转变。绿景村"开放性议事会"，在坡地村镇项目推进中，顺利搬迁50余个坟墓。西山村通过"八仙荟"收回千亩土地，解决历史遗留问题。漕桥村通过村企协商，解决了低小散差整治中失业人员的就业问题。麻车头村为电商和种养殖户搭建协商平台，解决农产品销售问题。桥头社区"民生惠议厅"致力于解决小区管理问题。总体而言，通过全域协商，解决了以往农村事难议、议难决、决难行等问题，并探索出一条自治、法治、德治"三治"融合的新途径。

3. 有效推进农村社区治理与乡村振兴战略有机结合，推动治理从"制度优势"迈向"治理效能"。径山镇积极将党领导下的"五环协商"治理体系作为农村社区治理的抓手，强调将民主协商的形式和内容嵌入并引领农村经济、服务、环境、文化中去，这极大推进了农村社区治理与乡村振兴战略有机衔接，一方面，让农村居民通过民主协商切实参与到了农村社区治理的过程，并体会到了治理的成效，即实实在在提升了村集体经济和农村居民收益，实实在在提升了宜居环境，使农村居民的获得感和幸福感大为增长。另一方面，这一模式有效实现了农村社区治理，特别是民主协商的制度优势，向治理效能的转化，在内容上赋予了农村基层民主协商以及农村社区治理更为深刻的治理内涵，即治理应满足人民对美好生活向往的需求上来，强化其发展经济和治理经济发展过程中的利益关系配置，强化其提供服务和创新服务机制，强化其人居环境改造与环境生产力，强化其文化共同体建设及文化治理上的能力，更好地把治理的制度优势转化为治理效能。

五　问题与下一步建设思路

径山镇全域在开展民主协商在实践过程中虽然积极将治理的制度优势转化为治理效能，但是在基层民主协商的运行过程中依然存在系列短板。

一是镇域范围内民主协商模式存在"形式创新"的特征。径山镇各社区在民主协商的表现形式上虽然呈现多样化特征，但是在协商的实质上并未有效将协商的形式与各社区的居民及社区实践相结合，有的社区仅是将其他社区的典型经验通过"改名"的方式，简单作为本社区的民主协商模式。因此全域范围内不同的农村社区应进一步结合自身实际动态调整村民主协商的模式，当前简单套用或借鉴已有较好农村社区的实践难以切实发挥民主协商真正的治理效能，要因地制宜，分类推进，进一步提炼径山镇全域民主协商的经验模式。

二是基层民主协商的运行机制有待进一步优化。首先，基层党组织领导的相关体制机制建设有待进一步加强，目前基层党组织对于民主协商的领导作用机制较为完善，但是对于协商过程中多方主体的参与，包括社会组织、企业、社会工作机构等需要更为明确的制度安排；其次，民主协商的参与机制，特别是多方参与基层民主协商的水平和能力有待进一步提升，当前农村社区社会组织及社会工作机构参与依旧较弱，村民自治能力的提升有待进一步探索，同时技术支撑在农村基层民主协商及社区治理中不够凸显；最后，协商的过程，特别是在落实协商结果等方面，整体存在村骨干人才、专业技术人才不足的问题，仅依靠干部队伍培训、引入个别大学生村官等方式，无法适应基层民主协商工作以及农村社区建设的需求，特别是对于协商问题的专业化处理，上述两类群体在能力上都存在明显不足，外来人口，包括专业人才等参与农村社区治理亟须破题。

因此，在下一阶段的实践中，径山镇应重点围绕上述问题，在实践中进一步拓展农村基层协商民主与治理的内涵，重点要：

1. 坚持四大导向，进一步推进径山镇农村基层民主协商，提升农村社区治理效能。一是坚持问题导向，全面梳理和补齐径山镇农村基层民主协商及治理过程中的短板，特别是有效实现治理、有效与乡村振兴有机衔接的各项机制建设。二是坚持突出重点，以民主协商促农村社区治理，在协商治理中促经济发展、环境治理、乡风文明、服务提升等，不断提升农村社区治理与服务创新的活力与后劲。三是坚持分类推进，按照因地制宜、凸显特色、注重实效的原则，以分类建设为主，对径山镇全域范围内农村民主协商创建工作实施分类指导、分类推进，打造一批各具特色的高品质协商品牌。四是坚持成果共享，及时总结提炼理论创新、实践创新和制度创新的示范成果，力求形成可复制、可推广的建设经验做法，为全省乃至全国农村社区治理提供径山元素。

2. 加强基层党组织领导基层民主协商的制度建设。一是加强和完善基层党组织的领导。强化党在农村的政治与组织上的"一元化"领导，研究制定出台村党组织书记通过法定程序担任村委会主任和村级集体经济组织、合作经济组织负责人的办法。二是强化村党组织的"纵横整合"功能。纵向整合主要体现在探索和强化"网格支部"或"红色网格"建设，推进党员队伍功能化建设，构建"村党组织——网格党支部（或功能性党小组）——党员"纵向一体化整合机制；横向整合应注重"大党委"建设，强化党组织和党员在其他组织的覆盖率，重点探索党组织对农村社区社会组织、社会工作机构等的领导路径与机制，实现基层党组织领导下社会多方力量有效参与农村民主协商和治理。

3. 加强社区社会组织及企业等社会力量协同力建设。推行社区社会组织参与农村社区治理与民主协商，重点突破发展型社会组织、社区基金会等社会组织新业态的培育；推动乡贤理事会、农村社区商会转型升级为乡村建设协会和社区营造协会，并引导其专业化建设及采用社会力量购买其他社区社会组织服务。在有条件的径山镇农村社区，如小古城村、径山村等可率先在全省构建发展型社会组织、发展性社会工作[①]嵌入农村社区治理机制，推动社会组织、社区社会工作机构参与党委政府在农村开展的中心工作。鼓励企业创设的"企业基

---

① 发展性社会工作是指，在社区层面的整体介入、关注社会服务的同时，注重社区经济活动与经济增长发展，如社区产业营造、生产型组织建设、乡村文旅产业营销等。目前，我国刚处于引进发展性社会工作理念阶段，部分地方刚刚试点，在省委省政府两办出台的社工文件中，部分植入了发展性社会工作。径山镇可在小古城村、径山村等发展较好的农村社区率先进行探索，并积极形成相关的模式和经验，为全市、全省乃至全国农村社区治理提供可借鉴的样板。

金会""企业冠名留本基金会",采用购买服务的方式参与径山镇农村社区治理。

4. 积极探索农村社区的"人口融合"与"人才流入"。一方面，积极强化本地居民与外来人员的参与。探索"两代表一委员"项目化服务机制，每年为本社区做1—2个实事项目。构建利益攸关者协商机制和专家咨询协商机制，拓宽居民参与渠道。积极推行径山镇农村社区"融合行动"，要以"来了就是本村人"的理念，从议事协商、特约村民代表、文体活动、新邻里交往、设置"邻里融合节"、荣誉村民等若干维度，推动本地住民与外地住民融合发展。另一方面，结合实际，在全镇范围内推进实施"人才计划"并配套相应制度。例如实施"社区工作青年培育计划"。择优挑选100名左右在村的优秀青年，进行重点培养，通过开展实岗锻炼、示范培训、结对帮扶等措施，搭台子、引路子、压担子，为社区治理储备了一批后备人才。与此同时，结合市区人才引进的相关政策和经验，启动探索特色人才柔性落户农村社区的公共政策。同时，可考虑创造条件，结合户籍制度、公共服务制度、财政投入制度、社会保障制度等方面的改革创制，为特色人才实质性落户农村社区提供条件。

浙江省宁波市海曙区月湖街道居民参与社区治理观察

居民作为社区的重要主体之一，其参与社会治理是政府、社区、社会组织及在建单位等多元主体互动共治的实践基础和重要方式。当前，各级政府和学界普遍认识到建构居民主体性意识和角色，激发居民参与的主动性和积极性，已成为影响和制约社区治理成效的关键性环节。无论是哪些组织开展或者参与活动，根本上都依赖于居民的参与，缺少居民参与环节，政府政策的落实、社区和社会组织的各项服务就难以"落地"。然而，居民参与社区治理的整体性发展态势却不容乐观，普遍存在着参与认知缺乏、参与态度冷漠、对参与意义的诉求缺乏理性认识等"弱参与"特征以及"参与难"等问题，故而居民参与成为社区治理研究中非常值得研究的命题。为此，宁波市海曙区月湖街道探索将开放空间、居民说事等议事技术嵌入社区治理中，试图推动居民参与，增强社区治理效能。本报告基于连续多年对宁波市海曙区月湖街道所开展的治理创新实践，分析开放空间、居民说事等协商议事方法作为治理技术在革新社区治理方式，在引导居民参与所带来的成效、实践运行中所凸显的问题，提出进一步的治理创新方向。

一 宁波月湖街道概况

（一）基本情况

宁波市海曙区月湖街道位于宁波市中心城区，面积仅2.07平方公里，常住人口3.8万人，户籍人口2.8万人，下辖梅园、县学、天一桂井、太阳、平桥、迎凤共6个社区，均属老旧社区，建立时间均在10年以上，其中县学社区建立时间最长，超过20年，各个社区平均老龄化比例为22.03%（如表1所示），各个社区户籍人口与常住人口呈现出1∶1的比例构成（如表2所示），处于较为均衡的状态。居民参与公共事务的途径主要是直接向社区党委和居委会反映情况、通过居民代表会议这些方式（如图1所示）。从数据可以看出，尽管大多数居民是月湖街道本地人，对社区地理及其人文环境具有强烈的认同感，但居民"参与难"与"弱参与"的问题仍在月湖街道各社区治理中凸显。

月湖街道在2015年6月被列为全国50个社区治理创新深度观察点单位以来，以民生项目为抓手，为居民参与奠定良好的基础，积极探索居民参与的议事技术，如运用开放空间技术，推动"居民说事"，将其嵌入社区治理中，进一步强化居民参与公共事务决策的技巧和能力。在2017年，街道印发了《月湖街道全面推广"居民说事"制度的实施方案》《关于民生项目推进基层社会治理工作方案》《民生项目运行办法》等制度性文件，及时将街道的实践经验转化为具有指导性的文件，推动居民参与向专业化、规范化发展，从而形成具有一定的可复制性的创新经验。

表1　　　　　　　　　　居民年龄结构

社区	18岁以下	18—60岁	60岁以上	65以上	老龄化比例
迎凤社区	710	2740	960	890	18.1%
梅园社区	653	2767	1296	867	23.2%
太阳社区	450	4235	925	640	14.8%
平桥社区	473	2610	1323	917	24.9%
天一桂井社区	480	2483	1963	1609	30.0%
县学社区	1227	3298	1426	782	21.2%

从表1的数据可以看出，月湖街道平均老龄化比例为22.03%，

是属于老龄化比较严重的老旧社区。

表2 社区常住人口

	迎凤	梅园	太阳	平桥	天一桂井	县学	总数
常住人口数量	4410	4716	5610	2982	286	6707	24711
户籍人口	3420	4716	2920	4408	2151	5713	23328
本地户籍人口	3420	0	2920	—	4991	4462	15793
外地户籍人口	990	0	2690	—	0	1251	4931
外国籍人口	9	0	5	—	0	0	14
港澳台人口	0	0	2	—	0	0	2

从表2的数据可以看出，该街道社区户籍人口和常住人口呈现出1∶1的比例构成，处于较为均衡的状态。而且，多数居民是月湖街道本地人，相较而言，居民具有较为强烈的认同感和归属感。

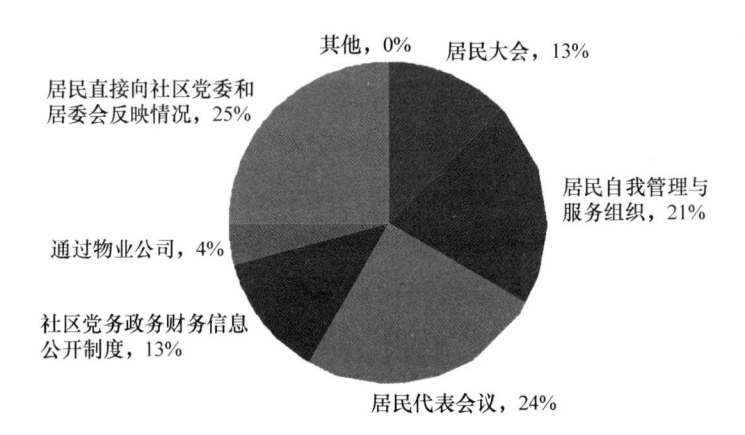

图1 居民参与社区事务的途径

从图1可以清楚地看出，50%左右的居民参与事务的途径是直接向社区党委和居委会反映情况，或者是通过居民代表会议来参与社区事务。

（二）资料来源

经过几年的治理创新实践，月湖街道依托于开放空间、居民议事等社会治理技术，拓展了居民参与社区治理的空间、机制及成效等。

为进一步了解月湖街道居民参与社区治理的具体情况，本报告采取参与式观察、深度访谈的方式，分别从街道层面、社区居委会、社区社会组织及居民等不同层面进行了深度调研，并搜集整理相关资料。与此同时，项目团队从2015年以来对月湖街道全面开展田野调查，在此过程中对各个社区所开展的活动进行跟踪调查，与街道工作人员、社区工作者进行交流，收集第一手资料，以此了解居民参与社区治理的能力、方式，以及议事技术在推动居民参与社区治理中所发挥的作用。

表3　　　　　　　　　　社区访谈者情况

社区	居民	年龄（岁）	特征	参与情况
太阳社区	某阿姨	77	党员；月湖人家，居住10多年	参与较少，带小孩；需要会参与的
	某叔叔	60	公务员，太阳人家；近20年	经常参加，参与活动类型较多
	陈叔叔	61	小区保洁员，5年	社区活动较多，想参与；忙于上班；
	张阿姨	65	事业单位，20余年	被动参与，社区邀请就参加，否则不参与
梅园社区	某大爷	78	2年	不怎么参与，参加公益服务活动
	林叔叔	85	国有企业退休；20余年	有时候参与，老婆是小组长很积极参与；年纪大参与不了；参与公益服务活动
	史阿姨	71	工厂退休；20余年	不参与，照顾父母；参与公益服务活动；有空参加社区活动没关系
	张阿姨	70	望湖市场；18年	不参与，帮忙做生意；参与公益服务活动；有空参与是可以的
平桥社区	项先生	65	东区，19年；群众，企业退休	不参与，参与社区活动是固定的人员，上班；对物业不满意
	陈叔叔	61	退休；20年；群众	不参与的；社区活动太少；
	卢阿姨	80	退休，30年；群众	参加但较少，忙炒股；社区较关心
	吴阿姨	80	党员，居住30年；单位退休，小组长	对物业特别不满意；社区活动很少；较少反映情况
	张阿姨	64	群众，市府做饭；20余年	不参与，对社区不信任；对物业特别不满

浙江省宁波市海曙区月湖街道居民参与社区治理观察

续表

社区	居民	年龄（岁）	特征	参与情况
县学社区	裘阿姨	74	—	社区巡逻队，经常参与社区活动
	林阿姨	58	党员，居住20余年	积极参与社区活动；知道开放空间，参与议事
	某阿姨	72	居住20余年	不参与，且不与社区沟通；参与都是群体的、固定的
	王叔叔	75	居住20余年	不参与；社区没有什么活动

从表3访谈者的资料可知，项目团队从太阳、梅园、平桥及县学社区分别抽取四位左右的居民进行访谈，男女比例基本为1∶1，居民年龄在60岁以上，详细了解居民参与社区治理及公共事务的情况。

表4　　　　　　　　　社区访谈情况

访谈对象	单位	职位	性别
谷××	Y街道民政科	科长	女
卢××	县学社区	副书记	女
施××	天一桂井社区	书记	女
张××	平桥社区	主任	女
康××	梅园社区	书记	女
包××	太阳社区	书记	女

与此同时，项目团队分别对6个社区的书记及主任进行访谈，对居民参与社区治理有更为详细的了解，进而揭示居民参与的成效、机制等。

表5　　　　　　　　社区社会组织访谈情况

访谈对象	单位	职位	性别
马××	县学社区云水谣艺术团	负责人	女
殷××	县学社区"心之桥"残联	负责人	女

续表

访谈对象	单位	职位	性别
刘××	平桥社区添衣吾缝团队	负责人	男
金××	平桥社区老年协会	负责人	男
孙××	迎凤社区凤翔文体团队	副团长	女
吴××	迎凤社区吴医生工作室	负责人	男
陈××	梅园社区安居助力团	副团长	女
金××	梅园社区梅之韵团队	副团长	女
郑××	天一桂井社区银手杖团队	团长	女
王××	天一桂井社区365团队	团长	男
葛××	太阳社区春晖并肩行团队	团长	女
张××	太阳社区浓浓爱心苑团队	团长	女

二 月湖治理实践：居民参与中的技术嵌入

专业治理技术的创新与运用作为基层社会治理的增量与增能要素，在促进居民参与，引导居民由原子化到组织化、由个体理性到集体理性，推进多元主体协同参与和多元共治的社区善治中发挥着重要的作用。为此，月湖街道将开放空间、居民说事等社会治理技术嵌入居民的日常行动中，激发居民参与动力，提升居民参与技巧及能力，影响和形塑着社区居民的集体认同，破解居民主体性角色缺失与社区参与行动缺位所造成的社区治理困境，逐步演化形成一套居民参与的技术体系，形成较为完善的增能机制，为打造共商共治共享的社区治理新格局奠定基础。

（一）具体做法

1. 夯实党建引领，激活居民参与动力。以党组织为引领重构社区治理体系，将党建元素嵌入社区各方面的治理建设中，优化组织资源，提高党组织的引领力，发挥党员在社区治理中的堡垒作用；为开放空间、"居民说事"等议事技术的嵌入创造条件，作为治理技术实施的根本保证。一是完善各社区网格支部议事机制。打造辖区内各小区"党员意见交换空间"，开展小事晨间议、快速议，大事集中议、深入议，开放式、即时性吸收社区居民声音、问题对策，听取各方面所发表的意见，充分激活居民参与的积极性，逐步带动社区居民参与社区公共事务中。二是试行社区党委会旁听制度。让党员参与到社区治理、公共事务的决策中，织密社区参与议事的运行体系，强化党组织在居民参与中的核心作用和责任意识，通过规则的闭合性、系统性、程序性进一步完善居民参与的制度，培养居民的参与意识。三是以党员为牵头，以"滚雪球"的方式挖掘、吸纳或转化社区内一些具有较高积极性的居民，组建锋领团队，打造协商议事的队伍，发挥党员在信息收集、宣传教育、矛盾化解和志愿服务等方面的优势，真正链接和激活社区内散落的资源。以党组织为引领构建组织之间的关系网络体系，发挥党组织在社区治理中强大的统领作用，为治理技术的嵌入提供强有力的支撑。

2. 运用治理技术，催生居民参与行动。居民缺乏参与公共事务的丰富经验、参与的能力不足将影响着居民参与行为，导致社区公共性发育不良。月湖街道在全面推广和深化"居民说事""开放空间"等议事制度和技术，试图营造居民自由畅谈的时间与空间以解决社区治理的问题，而在这一过程中将相关专业技术植入给居民，提升居民对相关专业技术的运用，提高居民参与能力、参与公共活动的效率。一是引入专业化服务机构。率先组织各社区的社区工作者参与到区民政局、月湖街道所开展的开放空间等治理技术的培训会中，由专业团队带领社工率先开展使用开放空间、居民说事等技术讨论会，使部分有经验的社区工作者掌握治理技术，采用"传、帮、带"的方式，由老社工培养新社工掌握学习此项技术，以用于解决居民参与社区公共事务。二是指导提升居民参与能力。为保证居民有效参与社区公共事务，避免由于"心有余而力不足""力有余而经验不足"等原因所导致的居民参与率低，社区工作者主动当起"教练员"，从技巧、方法、步骤、程序等各方面进行事先培训和预演，即时给予指导，帮助居民克服恐惧，传授方式方法，让居民的参与能力、自治意识得到提升。三是坚持分类指导。根据社区发展阶段不同、人员组成结构不同、主要矛盾问题不同及组织架构健全程度不同等情况,开展不同主题的开放空间讨论会,指导社区在说事重点上、议事方式上、办事载体上、评议举措上进行针对性设计,以充分发挥"开放空间"等协商议事技术的作用,邀请作为利益相关方的各类居民群体参与,对于推动落实中存在的共性问题、难点问题,重点予以指导帮助和协调解。

3. 规范化运行程序,筑牢居民参与根基。将治理活动建立在规则规范下,能消解传统弱规则治理下的人情化特征,完善开放空间、居民说事等治理技术运行的规范体系,将其确立为居民参与、协商议事的重要准则,作为实现社区善治的重要方式和有效载体。根据居民参与的实际,围绕参与过程中所涉及的"说、议、办、评"四个环节(具体如图2所示),进一步完善开放空间、居民说事等治理技术的嵌入,精心设定参与议事流程,让参与的居民都能畅所欲言,让到场的每一个居民都能听取他人的意见,彼此交流想法,引导居民从"我来讲问题""我来提意见"向"我来出主意""我能做什么"转变;以此推动居民参与的规范化、制度化。

一是建立居民"五有五说"制度。设置"说事厅"定点说,各社区每月固定1个以上"说事日",提前向居民发布议事事项集中受理公告,打造"说事阵地"现场说,根据实际情况,依托社区综合文化服务中心、文体广场等阵地,选择小卖部、活动场等人气集中点,有说事场所,定点定时专门说;有说事清单,明确边界引导说,根据社区特点不同、发展阶段不同等情况,因地制宜说出重点,并搭建24小时说事平台,线上线下联动说;设立说事热线,随时随地动态说;建立说事档案,前因后果记录说。

二是明确居民议事制度。对于居民集中反映的难以立马解决的事情,经过值班人员收集反馈,征求意见,于说事日在"说事厅"进行共同协商,提出最终方案,通过举手表决来达成最终方案。对于无法达到一致意见的可以下期议事日再议,并在此期间收集解决可行方案,如针对重大事项,有计划地开展联席会议共商共议。对于一些社区层面难以解决的,或者需要广大社区工作者、群众共同参与的全局性、重大性事务，动态编制居务联席会议议题清单；针对特定事项，富有创造性地开展专事专议，重点要明确居民的参与要求。

三是完善居民各类诉求灵活办理机制。居民说事承办情况定期报告制度，及时汇报办结情况，落实承办社区干部办理责任，提高办事质量和效率。街道加强监督，建立"一季度一督查一通报"制度，确保"民事社办"全程有记录、过程可追溯、办理有结果、承诺能兑现。

四是健全完善以居民满意为标准的社区组织和党员干部民主评议制度，强化结果运用，不断完善制度。建立"一事一评"机制，对重大承办事项进行即办即评，及时反馈评估意见。社区专门设置"议事公告栏"，对居民反映问题的相关事项、办理责任人、办理措施、办理结果进行公示。建立街道和社区互评机制，将评价结果作为社区干部年度考核的重要依据。

4. 建构治理技术平台，探索居民参与多元化渠道。以开放空间、居民说事等治理技术嵌入社区治理，推动居民的参与积极性，提升居民的参与能力，从线上层面做进一步的拓展与延伸，建立"线上"居民参与平台，如"魅力月湖"微信公众号、各个社区的公众号与线下的受理平台，让不同群体的居民可通过各自擅长及偏好的方式表达、参与到社区公共事务中，激发居民参与的积极性。一是搭建信息平台，发布信息动态。保证微信公众号的活跃度，在微信平台发布各个社区的工作动态、党务信息及民生等内容，让关乎社区切身利益的所有事项都在"阳光"下运行，真正做到让居民参与，这是推动社区治理现代化的一项重要举措，如全程公示项目推进中的每一个重要环节，方案、计划、财务、物资等情况定期在街道、社区公告栏内进行征求意见和公示，并通过政府网站、官方微博、微信等新兴媒体及时发布项目进度和最新动态；二是加强微信平台的载体作用。按照"支部书记—两委委员—党员—全体社区居民"由内而外、由少及多的顺序，逐步建立起居民全覆盖的微信群，并实现了群成员实名制。社区居民可以在微信群反映问题，并以这种形式参与到社区治理中，从而

图 2 居民说事流程

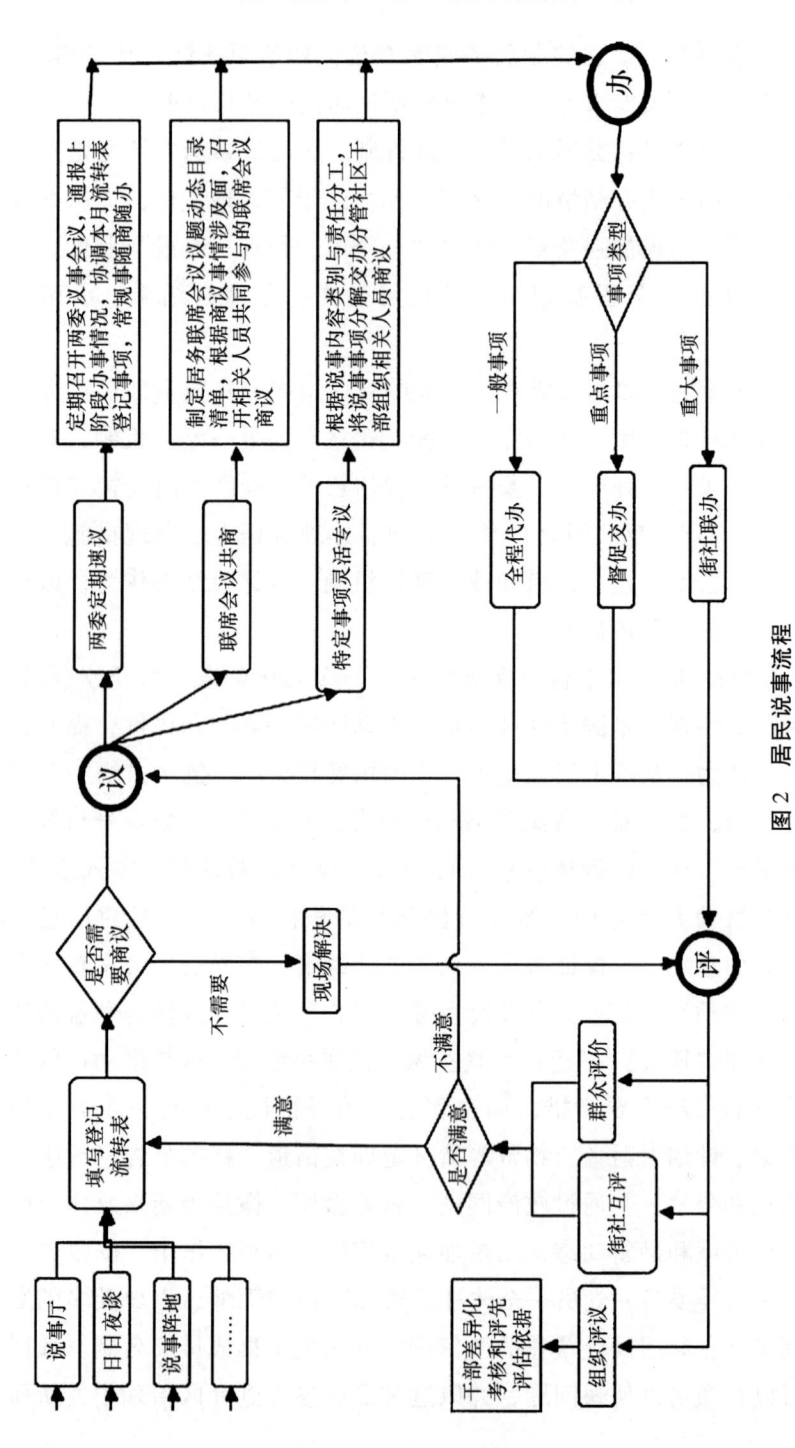

形成了解问题、疏导情绪、解决问题、及时反馈的闭环。而社区层面亦可以及时回应事件进程，引导多方有序参与，发挥群体力量共同应对问题。以微信公众号、微信群等信息技术手段将各治理主体连接起来，将治理技术从线下向线上延伸，通过完善网格体系和现代信息技术平台，实现居民诉求的及时准确传递与掌握，尽可能地扩大居民参与。

5. 助推技术融项目一体，强化居民参与载体。采取"四循环工作法"，即项目群众定、执行群众做、过程群众督及结果群众议，利用居民说事平台，采用开放空间技术，以居民自治的理念贯穿于项目始终。以居民代表会议、社工包片走访的形式，了解居民的需求，采集梳理居民迫切需要解决的问题，拟定初步方案，再经过社区两委会讨论确定本年度的申报项目。随后召开民生项目立项会，由项目负责人介绍项目基本情况，由街道"两代表一委员"、社区"两委"委员等法定代表，楼道小组长、业委会成员等民意代表，以及居民代表等现场投票立项，选出年度最受期待的几大民生项目；挖掘热心群众和意见领袖，产生项目"自治自管小组"或志愿者队伍，社区工作者充当居民自治小组的"旗手""鼓手"，为自治小组的骨干们指引方向、加油鼓劲，帮助居民提升组织协调能力，深入了解参与技术，让居民参与更为长效有序。与此同时，邀请居民参与项目的督查中，组织"两代表一委员"、社区"两委"委员、居民代表等成立社区治理观察团，由社区民意代表、楼道小组长牵头，每个观察团均对接具体项目，对照既定目标，随时了解项目进程、定期知晓项目成效，即时监督、跟踪问效，推动民生项目落实，为社区的治理发展注入动力。如在老小区楼道座椅安装项目中，项目小组在社区的引导下由热心居民骨干组成，安装方案是项目小组召集相关居民集体讨论协商的，座椅是居民从网上选购的，资金是居民向辖区企业筹集的，安装是由居民志愿者自发完成的，之后还形成了自管小组开展维护工作。最终，邀请居民参与项目考评。召开民生项目年终评审会，由民生项目观察团、居民代表、辖区单位等根据项目质量、进度、群众知晓率、参与率、满意度等标准点赞选出"最满意的民生微项目"。由此可见，街道层面将技术融入民生项目的实施中，使居民参与有实体化的载体。

（二）典型案例

案例一：太阳公寓电梯更换项目。太阳社区太阳公寓作为一幢建于 20 世纪 90 年代的 25 层商住两用楼，共有 141 户居民，其中出租 46 户，开公司 12 户，老年居民 35 户。太阳公寓内 A、B 电梯使用期限较长，部件磨损、电器老化导致经常性发生故障，加之原电梯生产企业已经倒闭，难以通过整修从根本上解决电梯自身所存在的问题。小区居民早在 2013 年便提出更换电梯的建议，但当时没有成立业委会，物业与居民协商无果，筹集资金困难，电梯老化问题一直未得到解决，小区居民对此抱怨很大，进而影响社区居民参与小区、社区的公共事务，而社区居委会亦无能为力。如何解决电梯更换问题，已经成为太阳社区治理的关键之处。

在 2018 年 6 月到 12 月，由社区工作者挖掘居民、党员，引导小区居民成立业委会及电梯更换筹备小组，建立微信群，让各小组长通知居民代表，再由居民代表通知各位居民，以开放空间的形式组织召开居民协商会议，每户人家来一个代表参与，共来了 80 户人家，将所参与的居民划分成各种小组，如安保组、协调组、财务组、工程组，并且将物业加入进来。之后，由居民以开放空间会议的形式召开电梯更换的协商议事，共召开 21 场会议，涉及要不要更换、选什么品牌、以什么方式分摊电梯费用、谁参与等问题，在讨论电梯更换费用分摊时，邀请社区居民、街道办、社区工作者、电梯公司等相关主体参与进来，按照圆形布置讨论场地，由居民小组长担任主持人，让讨论者处于开放空间，打破传统会议的上下级传达的方式，让与会者成为发言主角。在讨论过程中，由主持人抛出会议前根据居民意见所整理的费用分摊方案，让与会者分成不同的小组在规定的时间内围绕主题展开讨论，将小组所讨论的结果呈现在大白纸上，并逐一进行小组成果分享，并由电梯公司、街道办对居民所困惑的问题进一步说明，最终与会者进行讨论与投票，解决电梯更换资金 48 万元，其中居民按照楼层分摊38万元,企业捐赠5万元,业委会提供5万元,成功更换两部电梯,圆满解决了困扰太阳公寓居民多年老旧电梯更换的难题,并引导居民共同制定电梯使用公约。

在更换电梯这一过程中,居民在不断的互动交流中,邻里间由陌生、冷漠逐渐变得熟悉、亲密,居民参与社区治理的热情得以激发,居民从被动到主动、从抱怨到齐参与,齐心共治解决电梯更换问题,且居民的协商能力得以提升。在更换电梯的过程中,筹备小组成员逐渐成为小区协商议事的骨干力量,且部分居民掌握"开放空间"这一参与议事技术,用以解决小区内楼道小广告、庭院治理及小区绿化等问题。可以看出,居民将开放空间、居民说事等议事技术用于解决所属小区的公共事务,通过大事共议,居民间得以达成共识、资源共享、目标共同的"四共方法"解决问题,实现居民的良性互动,强化居民对社区的归属感、认同感,在一定程度上推动了社区治理结构的转型。

案例二:平桥CAR项目。平桥社区偃月小区地处市中心,是20世纪90年代初建成的无物业管理的老小区,小区共有10幢房子32个楼道,住户461户,常住居民近1200人,私家车近100辆。与此同时,外来车辆挤占资源、停车无序,导致小区道路拥堵,成为小区居民多年反映的老大难问题,严重影响着小区居民的生活质量,导致小区内矛盾不断出现、激化。为此,平桥社区自2014年启动缓解小区停车管理问题的工作,引入"开放空间"技术,围绕老小区"停车难"问题,多次组织召开所有相关利益群体的协商会议,如社区工作者、交警、城管、社区居民及街道三车管理公司等部门进行协调、沟通。小区居民先后选出楼道代表、组建停车自管小组,其中停车自管小组的9名成员有6位是开展开放空间会议所挖掘出来的意见领袖。在小区停车自管小组委员的带领下,召集相关利益群体以开放空间的方式参与到停车管理的协商讨论中,进而得到7大类56条意见和措施。在自管小组的带领下,拆除了"私桩"、订立了停车管理倡议书、安装了"小区门禁"等。小区从原来的车辆停放无序到现在井井有条；居民从原来连2元/月的保洁费都不愿交，到现在80%的自有车辆缴400元的建设费，小区停车变得有序，居民从抱怨、指责到现在的表扬、感谢。

平桥CAR项目中开放空间技术的成功运用，使居民的观念实现了转变，居民间的互动得以增加，参与社区公共事务的积极性大大提升。社区结合这一成功经验，相继开展"垃圾分类——我就是影响力""如何做一名合格党员""平桥缘——老年人的乐园"等主题不同、规模大小不同的数场运用开放空间技术的讨论会，以"议题设置、开放讨论、民主决策、项目管理"的方式推进"开放空间"技术，充分发挥基层党组织、基层政府、居民群众及社会力量的相互协同，尤其是激发居民参与社区治理的动力，使他们完成从"居民"到"公民"的转型，是构建多元主体参与基层社会治理的有效尝试。

案例三：平桥绿色会客厅项目。偃月小区作为宁波市老旧小区改造试点，平桥社区2018年下半年起开始实施小区改造。为充分了解居民需求，平桥社区偃月小区开展过一场关于"绿色会客厅怎么建"的开放空间会议。为了解居民需求，解决小区改造与居民生活间的矛盾，社区邀请作为利益相关方的居民群体参与，以齐参与、共商论的方式，让居民做主提出设想、提出方案及制定计划。在开放空间会议一周前，社区率先将"小区南面闲置地改造为绿地"的通知张贴到小区公告栏，将参会邀请函发到附近6个墙门、72户居民手中，最终邀请居民、社区、街道及相关职能共同参与。在开放空间开展过程中，参与者围绕"绿色会客厅怎么建？"这一主题，在话题纸上写下自己的话题和观点，并轮流发布，与会者提出"设置雨棚、铺种绿植""适应小区老年居民多的特点，可以设置休闲桌椅、景观灯以及鹅卵石健身路"等建议。在陈述过程中，两位小区居民的观点在讨论中引起广泛关注。按照"开放空间"议事程序，接下来，主持人选出"热度"最高的两份话题纸、贴到墙上，居民排队依次签名，形成两个小组；然后，他们将通过小组讨论、发布行动方案、正反方辩论、投票等各个环节，选出获胜方，达成共识。最后，所有人共同完善行动方案，整理成文件资料，分发至72户居民手中。通过初步讨论，居民主要提出了绿植美化后花园环境与安装休闲桌椅设施这两类议题。于是分两组开展进一步讨论，最终确定选择以绿植美化后花园环境为目标制定行动计划。

通过以"绿色会客厅怎么建"的会议，不仅解决了小区改造与居民生活间的矛盾，更是让居民发挥"主人翁"的作用，促使居民参与到社区治理中，又从中发掘了不少潜在的志愿者，有助于社区培育发展社会组织，并成立一支"护绿"志愿者队伍，为后续绿色会客厅的建设奠定基础，向居民进行文明遛狗、垃圾分类等宣传，并帮助清理花园垃圾、保护花园环境。居民通过参与"绿色会客厅怎么建？"这一过程，培养了社区的归属感，影响和形塑着群体的集体认同，促使社区社会资本在居民的互动互助中得以培育，使居民的主体性得到激发与建构，增强居民参与的可能性。

从太阳公寓电梯更换、平桥社区绿色会客厅及CAR项目这三个典型案例中，可以看出月湖街道以开放空间这一治理技术的嵌入，充分调动居民参与社区公共事务的积极性，以专业的技巧和方法提升居民参与能力，破解了居民议事效率不高、行动能力不强及应用碎片化等问题，真正解决社区实际问题，培养了居民的参与能力、公共意识及社区归属感，逐步形成一套标准化、系统化的居民参与社区治理的模式。

三 治理创新：技术嵌入与共治探索

从上述的分析可知，月湖街道充分意识到居民参与社区治理的重要性，嵌入开放空间、居民说事等治理技术，促使居民参与到社区公共事务决策、行动及监督中。以治理方式的调整促使新观念和新制度的生成，强化居民参与的技能、提升居民参与意识，试图缓解社区治理专业化水平不够、居民参与程度不高及社区共同体意识不足等问题。

（一）唤醒居民共同体意识，转换治理"新理念"

现代文明渗透下的城市社区因公共生活的匮乏，使得居民联结不断弱化，而居民的参与意识亦是来源于其对社区的归属感、认同感以及对自治权利的认知。社区居委会作为"体制内的组织"①，往往是大包大揽"替民做主"，习惯于把居民当成被管理与服务的对象，居民缺乏参与社区公共事务的意识、机会，导致了居民主体性的缺失，造成居民对社区治理的"无感"。②街道层面将开放空间、居民说事等专业化治理技术嵌入社区治理过程中，以"议题范围不受限、参与对象不受限、议事形式不受限"为主要原则，将社区公共事务的决定权和行动权向居民开放，让居民充分参与到社区重大问题的决策中。居民在治理技术的作用下，自身的需求得以表达，提升了他们参与社区事务的意愿与动力，居民也得以参与社区公共问题的讨论中，而不再是被动地参与一些已经被策划好与自身利益、兴趣毫不相关的活动。居民不仅是享受服务的客体，也是提供服务的主体，居民在主动参与服务过程中，激发他们的内在潜能，使社区服务实现自我延续，减少社区居民对基层政府、社区居委会的依赖，逐渐形成居民自治的精神。可以看出，技术化治理体系有效充当了转换介质，凸显出居民主体性特征，进而认识到自治权利与自身深层次利益的关联，每个参与者都是平等协商的主体，都有平等的话语权和决策权。居民在参与过程中逐渐形成"独立自主""助人自助"的精神，不断提升对社区的认同感、归属感和荣誉感，真正形成"以居民为中心"的治理理念。

（二）运用技术化手段，实现治理"新形式"

街道层面结合本地实际，探索开放空间技术体系、探索居民说事的可操作流程，是对传统治理方式的超越，以协商对话的社会治理技术调动居民参与，塑造平等、自由、开放的公共空间。通过具体的可操作化的技术流程，引导居民遵循规则和流程，规范居民参与社区治理的每个过程，引导居民共同讨论、共同参与公共事务协商。针对社

---

① 陈伟东：《社区行动者逻辑：破除社区治理难题》，《政治学研究》2018年第4期。
② 吴晓林等：《社区赋权引论》，《国外理论动态》2016年第9期。

区治理的难点，改变以往自上而下、邀请特定利益方参会的传统管理方式，以相关专业技术的运用与创新，吸引居民自主参与停车管理、公共空间营造等社区公共问题的讨论，链接各方的资源，不限制参与人数、不限制参与人员身份，所有关心该话题的居民、辖区单位均可参加，街道、社区工作人员不再充当所有问题的主导、讨论引导者，在参与过程中实现理性沟通，形成公共利益共识，形成密切的关系网络，有助于协同治理的实现。将技术体系嵌入居民参与社区治理中，通过微信、微信公众号等网络平台联结起来，将联系的触角延伸至每一个社区居民，号召更多居民参与其中，超越传统互动方式的限制，在运行中将时间、事件、人物及信息有效串联起来，凡涉及个人或公共利益的想法和意见都可以自由、平等地表达出来，改变以往居民参与"无序性"和"分散化"的特点，构建"多方参与、共同治理"的新格局，提升社区治理的成效。可以看出，在治理技术的推动下，居民主体性得到建构与发挥，体现了技术运用对于居民参与效能的正面效应，提高居民自治议事，增强居民自治能力[1]，推动社区治理形式的革新。

（三）强化各主体间的联结，打造治理"新主体"

社区社会资本作为社区内部互惠规范及居民参与动力的核心，能将处于原子状态的单个人粘合成为社区人，是社区居民参与社区公共事务的联系纽带[2]，其存量与发挥影响着居民的参与效能。街道、社区层面通过一整套社会治理技术体系的运用，将社区居民从私域中引导出来，催生居民的参与行为，为居民之间的交往及良性互动搭建平台，促使社区社会资本在居民的参与、互动中得以培育，形成对社区公共利益的共识，推动社区居民原子化参与转向组织化参与，引导社区居民培育出草根组织。托克维尔认识到居民组织能够增进社区居民

---

[1] 陈伟东等：《论城市社区治理的专业化道路》，《华中师范大学学报》（人文社会科学版）2015年第5期。

[2] 史斌等：《社会资本在社区治理中的功能分析——以社区治理"失灵困境"现象为视角》，《科学决策》2009第7期。

之间的信任和关系网络，促进社区居民之间的合作。而居民参与、社区互动必须要以一定的组织形态为载体才能实现持续和稳定，而社区社会组织恰好为居民参与提供了交流空间和互动平台，在提供社区公共服务、培养居民参与能力等方面起着不可替代的作用，是社区治理现代化进程中的重要主体。[①] 通过居民的不断参与，居民的行动能力、组织能力和合作能力得以增强，成立安居助力团、梅之韵团队等公益服务类、文体娱乐类及参与协商类等社区社会组织，使社区居民以组织为载体，更好地参与社区治理中，参与主体不再仅限于老年人群体，而是逐步走向中青年群体共同参与，个体化、碎片化参与向组织化、规范化参与转变，实现了社区治理主体的转变。

（四）引领居民有序参与，营造治理"新空间"

月湖街道将"开放空间""居民说事"等专业技术导入社区治理中，成为居民参与社区公共事务或者是社区治理的主要方式。在所开展的一整套开放空间技术体系中，在民情收集、开放讨论的环节，围绕与居民利益息息相关的问题，如绿化停车、垃圾分类、居家养老、公共空间等，当议事主题不涉及居民利益时，居民便不愿意参加，项目制中的参与也可能会随着项目的终止而结束。可以说，现实生活中较为常见的是居民对公共管理的参与，更多地停留在政府政绩需求上的被动的居民参与，甚至是处于表演状态，打破社区公共事务决策的封闭性。以技术化治理赋权于居民，所参与的公共事务领域逐渐扩展到公共事务的管理、公共政策制定与执行中，以需求为基础所促成的参与建立居民利益性参与、公共事务参与等之间的关联，促使居民走出私域，与社区居委会达成共赢的关系，社区治理的公共空间得以重塑；与此同时，街道在社会治理技术运行中，依托社区综合文化服务中心、文化广场等阵地，选择小卖部、活动场等人气集中点，打造各小区或社区的居民参与阵地，居民可以开展形式多样、内容丰

---

① 涂晓芳等：《社会资本视域下的社区居民参与研究》，《政治学研究》2008年第3期。

富的参与活动，营造出一个让居民成为主人翁、平等参与的公共空间，展开多主体、多层次及多形式的协商。换句话说，月湖街道运用此套技术成功解决诸多社区公共问题，打造出居民参与的实体化运行空间。

（五）实现治理行动与技术互构，重塑治理"新结构"

城市基层社会从单位制、街居制再到社区制的探索和发展，是对结构与行动张力的调适和回应，如何进一步完善社区治理结构就成为重要命题。月湖街道将开放空间、居民说事等治理技术导入社区治理中，不同于一般意义上的聊天与议论，主张便捷、平等、协商的参与方式，唤起居民的责任意识与参与热情，使"社区—居民"之间有效连接，实现社区居民、社区社会组织从无序、零散、碎片化的参与向有序、规范化参与转变，使社区中的政府、社区居委会、居民及企业等行动主体在一个平等、开放的平台中互动和交流。社区居民能对社区事务进行查阅和监督，推动社区公共事务的进程，使公共事务的决策由封闭、半封闭的状态向透明化转变，居民由决策接受者向决策参与者转变，使社区治理走出"政府搭台唱戏，老百姓不感兴趣""政府热热闹闹，老百姓冷冷清清"的困境，实现社区行动者平等、协同参与社区治理。有鉴于此，以社会治理方式的革新，积极培育居民自主参与的能力与热情，提升社区自治水平，单一管理方式转向多元治理方式、碎片化治理转向整体化治理，这一套可操作的方法和技术使多元协商运转起来。随着社区利益结构网络的变化而适时调整社区治理结构，最终为迈向以居民为主导的多元共治模式奠定基础。

四 治理创新实践中所面临的难题

从上述的分析可知，治理技术本身不是目的，技术嵌入治理体系是为了利用开放空间、居民说事等技术，重构居民的主体性，改变居民参与中的被动性参与、假参与困境，逐步走向主动性、自主性参与。在资源、网络和主体之间、意识培育、互动协作、民主协商等要素通过治理技术的有效整合，形成较为完善的增能机制。然而，月湖街道将开放空间等一整套治理技术嵌入社区治理时，实践运行中凸显出一些问题，影响着居民参与的成效。具体如下所示。

（一）居民的社区公共性与街道（社区）的社区公共性衔接问题

"公共性"作为促成当代"社会团结"的重要机制，是个体得以超越狭隘的自我而关注公共生活的根基所在[1]，人们经过平等的对话沟通从私人领域走向公共领域，根据公开、规范的程序理性地参与到公共活动、维护公共利益中。[2] 就社区公共性而言，涵盖公共空间、公共利益、共识规范、公共舆论及集体行动等[3]，但社区作为政治功能、服务与行政功能的集合，依赖于行政体系，分别呼应基层管理中的政治秩序和管理秩序，实践中居民参与更多地被选择性界定在社会生活领域，在这一领域中公共性是联结社区与居民的纽带，是居民进入公共领域参与社区公共生活的根本。[4] 而社区应当从社区居民个体多样化诉求中识别出社区居民在公共领域的共性诉求，以此激发居民的公共性而使居民参与到社区公共事务中，实现居民真正的"我想要"，通过居民的有效参与增强社区的归属感和共同体意识，构建社区内部的高凝聚力。但就月湖街道所开展的居民参与实践，仍在较大程度上是社区自上而下的政策设计使居民进入公共领域，是基于"社区需要"的思维方式，不能完全做到从社区参与主体的角度和利益进行思考，更不是源自社区居民的内在需求，在某种意义上只是社区层面的公共性，脱离于居民对公共性的诉求。而居民尽管生活在同一公共空间内，但缺乏共同的交流与沟通的话题，各自所关注的利益也都有所差异，如部分居民关注下水道改造，部分居民则关注小区绿化问题等，难以真正进入公共空间，导致居民参与的期望与社区所开展参

---

[1] 李友梅等：《当代中国社会建设的公共性困境及其超越》，《中国社会科学》2012年第4期。
[2] 杨莉：《以需求把居民带回来》，《社会科学战线》2018年第9期。
[3] 胡晓芳：《公共性再生产：社区共同体困境的消解策略研究》，《南京社会科学》2017年第12期。
[4] 周亚越等：《诉求激发公共性：居民参与社区治理的内在逻辑》，《浙江社会科学》2019年第9期。

与现实之间差距较大,进而造成社区公共空间萎缩,社区公共性缺失。因而,将居民的社区公共性与政府(社区)的社区公共性相衔接,以精准的诉求识别,提供满足居民诉求的公共产品和公共服务,为居民走出私人领域、进入公共领域创造了客观条件,并为居民更广泛地参与社区公共事务提供基础。

(二)利益性参与的范围与边界问题

以技术治理的方式推动居民参与到社区治理中,而居民在此过程中通过参与中自我表现、有效的社会互动,得以深入挖掘自我潜能,居民对社区公共事务有着充分的知情权。"理性人"假设认为,追求利益是人们行动的终极目标,行动者会依据其所花费的精力、所拥有的技能和所投入资本来预期回报,这也就决定了社区居民参与不同社区公共事务的深入程度,当二者间关系越密切时,居民则可能在某种程度上对社区居委会行为、社区治理成效等产生直接影响。[①] 而社区居委会亦会因自身的实质性利益,对于居民的参与行为有着矛盾的选择,对于涉及政治性或者社区稳定的问题,社区居委会更倾向于让居民按照他们的方式推进工作,不会因为目标相同而随意按照居民偏好的方法来参与社区治理。如果社区居委会在其中能获得实质性利益,那么推动居民参与的动力会增强,但当居民参与社区治理涉及需求、利益以及不可控的因素时,可能会导致居民参与停滞不前。只有强化居民与社区之间的利益关联,才能真正激活社区居民参与的内在驱动力。[②] 然而,就月湖街道居民参与的实际情况来看,居民参与到社区公共场地、小区停车管理及小区养犬管理等社区公共空间、精神文化需求的公共利益中,涉及居民日常生活的方方面面,这是仅靠居民个人力量所无法解决的。它们是与社区居民日常生活的方方面面相关联,亦是社区居委会密切关注的事务,因而居民参与率相对较高。在

---

① 胡雅琼:《利益相关:城市居民自治的内在动力》,《江西社会科学》2016年第3期。

② 何雪松等:《城市社区的居民参与:一个本土的阶梯模型》,《华东师范大学学报》(哲学社会科学版)2019年第5期。

这一过程中，居民参与行为有着自身的行动逻辑，社区居委会也不会完全尊重居民的需求和意愿，如在社区公共空间的改造中，居民可能倾向于打造为休闲娱乐场地，社区居委会则会考虑基层政府、标准化建设及资金等多重因素，这就凸显出居民与社区居委会间利益的矛盾性，居民参与社区公共事务变得不再积极。

（三）开放技术与行政事务相对封闭性之间的矛盾

伴随着行政组织体系的"权力下沉"，基层政府以命令方式将任务下派给社区居委会，社区成为重塑基层治理网络的重要载体。[①] 在浓厚的行政化影响下，社区居委会习惯性地采取动员参与的方式推动居民参与社区公共事务，如安排居民前来开会，抑或是为完成上级部门设定的各类活动而召集居民参与，但是开会时间、会议主题、采取何种形式以及哪些人参与，都是由社区居委会所决定，居民参与更多的是服从社区居委会的安排。而社区治理现代化的推进需要社会技术作为支撑，拓展居民参与领域，提升居民参与能力，以技术实现治理理念在行动中的落地。月湖街道试图嵌入开放空间、居民说事等社会治理技术，将社区内多方利益主体、事件及物品等要素串起来，塑造平等、自由、开放的公共空间，引导居民遵循规则和流程，共同参与社区公共事务协商并采取集体行动，这是对现有社区治理方式的超越与革新。从具体治理实践中可知，居民自身掌握社会治理技术的能力相对有限，需要依托社区居委会引导实施开放空间等治理技术，而社区工作者难以扭转传统的"自上而下"管理理念，对引导居民参与这一社会化的运作方式感觉无从下手，在具体执行中可能会逐步变形，偏离原本的方向。在实践参与过程中，如何将治理技术与传统行政管理方式相融合，运用于不同的社区公共事务之间，而不是阻碍流程的运作，从而提升居民参与，成为技术化治理实施中亟须解决的难题。

---

① 吴晓林：《治权统合、服务下沉与选择性参与：改革开放四十年城市社区治理的"复合结构"》，《中国行政管理》2019年第7期。

（四）居民参与渠道的相对有限性

居民作为社区治理的主体，其"原子化"是社区直面的现实问题，要进一步推动居民参与，需要特别组织化的参与方式。若是缺乏约束机制和集体意识，很容易使居民在满足个体诉求后重新回归私人领域，或者是根据自身的参与意愿选择自己感兴趣或与自身利益无关的社区活动，容易造成参与的混乱，又容易导致参与的短效，再度造成公共空间的萎缩和公共性缺失的恶性循环。换句话说，居民参与社区治理需要组织化的参与方式，使得居民作为同一组织内的个体相互"捆绑"，构建居民间的互动关系网络，居民得以共同参与到社区公共事务的决策、管理和运作中，保证居民参与的可持续性和有效性。综合月湖街道的治理实践来看，以开放空间、居民说事等技术化的方式改变以往居民代表会议、居委会召集等传统动员的制约，拓展居民参与线上、线下参与的渠道，扩大居民间的关系网络，试图消解技术条件这一因素对居民的影响。但是在居民实际参与过程中，遇到线上参与平台建设的不完善、反馈不及时等；线下参与过程中技术运作过于复杂，同时居民在参与过程中缺乏足够理性，居民的非法或非正常的参与行为就会相继出现。在社区这一微观场域内，如何优化居民参与社区治理渠道建设，充分调动居民参与热情，这显然成为目前居民参与的一大瓶颈。

五　对策与建议

月湖街道技术嵌入治理体系的实践推进，在一定程度上促进了社区居民的参与，使居民作为社区治理的行动主体从"缺位"到"归位"，是社区治理深化发展的新趋势。月湖街道试图将开放空间、居民说事等社会治理技术嵌入社区治理中，引导居民从"浅"层次的参与转向"深"层次的参与，即动员性参与、社区表面性的活动到主动性参与，再到社区决策的方方面面，引导居民从"一老一少"群体向中青年群体转变，为城市社区居民参与提供了一定的借鉴意义。不过，治理创新实践的成效离预期仍有着一定的差距，需要进一步的思考。

（一）增强公共性的契合度，提升居民参与动力

在社区这一场域内，居民的需要和对私人利益的追求是公共性成长的契机，在居民"私"的行为中可以生出实践中的公共性[①]，这来源于居民自身的需求——对利益的追求，那么弥合居民个体性与社区公共性，将居民这一治理主体从私人领域带向公共领域，就可以提升居民的参与率。不同于传统"单位制"下，居民与社区间缺乏直接的、实质性的经济关联，无法从经济层面上建立牢固的利益纽带；且在利益性参与过程中，居民、社区居委会等各主体间需求、目标的不同所采取的行动逻辑亦是有所差异的。首先，社区层面可向居民发放问卷，组织社区工作者或者开展小组会谈，充分利用开放空间的技术开展"社区居民需求"等会议，进一步了解社区居民的诉求，根据其诉求的强烈程度进行排序，从社区居民个体的多样化诉求中识别出社区居民在公共领域的共性诉求；同时运用现有的大数据技术分别对居民、社区层面的各种数据进行搜集、挖掘、整合和分析，寻求两者的共性，以作为公共性联结的参考，形成大小规模不一的虚拟社区生活空间，将联系的触角延伸至每个社区居民，尽可能地了解社区居民的需求，并不断地将社区居民的诉求、兴趣进行联结；另外，居委会层面应该明确适度参与的界限，防止居民参与超出控制范围，从而出现不可控的局面。也即基于居民的社区公共性与社区的社区公共性契合度，促使居民真正走出私域，强化居民参与的动力，进而激发居民参与的积极性，提高社区治理的绩效。

（二）重构社区认同与归属感，强化居民参与可持续

认同作为社区公共生活中的生产与再生产，是推动居民持续参与

[①] 杨莉：《以需求把居民带回来——促进居民参与社区治理的路径分析》，《社会科学战线》2018 年第 9 期。

的重要动力机制[1]，并非个人或者群体所固有的特质，而是在特定的、具体的社会文化情景中通过互动交往的相互作用而得以建构的过程与结果，是开放空间、居民说事等社会治理技术应用预期达成的成效，也就是说，居民在主动或被动地参与社区公共事务时，在互动过程中形成与自身成长经历、价值观念相一致的认同感，如在太阳公寓电梯更换过程中，楼栋里的居民收获彼此间相互吸引的情感，彼此互相帮助，与他人、社区居委会等形成良好的互动关系，进而促进居民的持久性参与。一是以开放空间会议技术的方式将社区精神、社区公约等固定下来，鼓励居民参与到社区公约的制定、执行及监督过程中，凝聚社区居民的精神和力量，形成居民间的认同，将其发展为社区所共有的文化。二是积极开展具有特色的主题文化活动，扩大居民参与社区活动的比例，提高居民对社区的归属感，强化文化引领的作用。只有当社区居民通过共同信仰、情感基础等形成紧密而有序的联系时，才有可能产生社区认同。发挥共同体价值观的内在引导力，使社区对于广大居民具有强烈的归属感，促使社区居民自觉地进行参与行为、关心社区公共事务，并对其他社区居民的行为形成一定的预期，以有效实现居民持续性参与。

（三）健全社区治理技术体系，凸显居民参与有序规范

社区居民全员参与只是一个理想状态，在现实中几乎不可能实现，会受到制度设计、技术条件及利益覆盖面等多重因素的影响。月湖街道鼓励多元主体创设并应用多样化技术手段和工具，将多元主体、事件、时间等有效串起来，得以让居民真正进入一个讨论的过程，成为社区治理方案的决策者和执行者。但仍需完善所嵌入的治理技术体系，推进居民参与的专业化过程。一是持续以民生项目为载体，将居民参与社区治理服务常态化，并引用不同的表决方法，赋予居民选择权和决策权，选出符合居民需求最大公约数的项目，作为居

---

[1] 颜玉凡等：《认同与参与——城市居民的社区公共文化生活逻辑研究》，《社会学研究》2019年第2期。

民参与的基础。二是通过社会资源链接机制引导社区开发社会资源，找到辖区资源存量，并商讨链接这些资源可采用的方法，用于推进居民参与。三是运用开放空间会议技术中的"公益积分管理技术"，将社区内外部的人力、物力、财力、场地、信息等资源进行高效整合，居民自己制定积分目录和兑换目录，自主讨论积分标准和兑换标准，以服务换资源、服务换物品的方式，将居民参与和回馈对接起来。以一套可操作、完善的程序为居民提供方式方法，规范居民参与的行为，真正将居民带回社区，从而落实社区治理的理念与行动。

（四）植入专业社会工作方法，革新居民参与方式

居民参与过程专业知识和技术不到位、运用不流畅，是影响居民参与、社区治理成效的重要因素。将开放空间、居民说事等社会工作技术运用到社区实际工作中，更为重要的是，将相关的社会工作理论和实务引入社区，实现居民参与能力的增长，引导居民自我服务、自我解决问题。一是加强专业社区引导师团队的建设力度，根据不同层次的技术适用于不同的场域，结合社区居民参与的需求和社区公共事务的要求，制定层次性、类别性的培训计划，对居民进行相关专业治理技术的传授与训练，从能力方面对居民进行培训和提升，彰显居民参与社区治理的专业成效。二是加强社校联合，链接高校资源，组建社区与高校互助联盟，聘请专家教授团队作为现场督导，从而多维度、多层次地提高居民参与质量，让社区居民能够吸收专业社会工作的手法，增强社区居民处理社区公共事务的主动性，形成多方参与、共同治理的格局。

（五）发展社区组织，改善居民参与生态环境

社区社会组织作为社区居民参与社区治理和社区服务的重要载体，能够使居民参与由无序化向有序化转变，由零散化向组织化转变。可见，强化居民在社区治理中的主体作用，促进居民参与行动，需要通过组织化渠道才能实现，而社区组织的发展就为居民参与提供了组织保证。一方面，持续推进社区居委会的增能减负，注重推进楼栋、自管小组等自我管理类组织，梳理居民参与清单，明确居民参与

社区治理活动的内容与职责，激发居民参与活力，构建纵向一体化的参与体系，使得居民真正能够参与到与自身利益相关的社区事务中；另一方面，积极孵化和完善社区社会组织，在满足居民不同兴趣爱好的基础上，将其建设为居民互动、直接沟通的桥梁。对已有的社区社会组织进行问题诊断，为其发展规划，并培训协商参与技巧，不断提升社区治理效能，从而使社区成为真正的基层治理承载体与地域社会共同体。

浙江省嘉兴市秀洲区新塍镇社区公共空间治理观察

多方主体参与社区治理，需要有足够且能产生关系生产与再生产功能的社区公共空间作为支撑。这意味着社区公共空间是观察多方主体参与社区治理的重要视窗。基于此，本研究以新塍镇社区公共空间打造与运行为案例，分析空间治理中的外部合法性机制与内部组织运行机制，重点关注多方主体在空间治理中的参与现状与问题，并提出对策建议。

一 观测的问题意识

社区公共空间是居民相互交往、开展公共服务或活动的开放性场所，同时也是社区内各类主体在这一场域进行关系生产与再生产的公共领域。可以说，社区公共空间是社区得以有效运转的重要装置，不仅具有外在的物理空间功能，也具有丰富的社会空间功能。为此，在社区治理过程中，社区公共空间即是治理的对象，也是治理的工具：作为治理对象的社区公共空间，是各类规章制度、服务与活动方式、参与的权利与义务等；作为治理工具的社区公共空间，是空间的呈现及关系的生产对自治、法治、德治"三治"结合的营造与影响的手段。作为治理对象与治理工具"一体两面"性的社区公共空间，在社区治理创新背景下，日益成为展示社区治理过程的场景与窗口。对地方政府而言，从发展导向转向治理导向的过程中，基于治理绩效难以

浙江省嘉兴市秀洲区新塍镇社区公共空间治理观察

有效而清晰地衡量，更多依赖于"印象政绩"的评估与考核①，使得可视可感的社区治理场景呈现更具"印象性"，从而使得地方政府更愿意花费时间、精力、金钱进行空间打造。对社区而言，通过社区公共空间的打造，实实在在改造与提升了公共服务环境，且这种改造往往是政府"项目制"延伸的城乡社区，具有证明社区工作者能力作用，有助于增进其权威与声望，为此社区也有强烈的改造意愿。

上述三个因素，使得社区公共空间打造与治理成为地方创新社区治理的重要利器，同时为了增加辨识度所产生的"印象政绩"，会变着法儿去创新名词与内容。如在上海、杭州、武汉等地推动类似行政服务中心空间布局的社区服务中心，转型为集政府基本公共服务、市场便民利民服务、社区志愿互助服务于一体并具有交往、互动功能的"居民客厅"或社区服务综合体，在农村社区把社区服务中心改造为"村民客厅"或"邻里中心"；在上海、北京、深圳、杭州、义乌等地的国际化社区打造过程中，开始探索构建"国际邻里服务社"或"外国人驿站"等微社区公共空间，并开展来华外国人的社区融入活动；在遵义、黄山、婺源、池州、三明等地的一些农旅结合的农村社区，开始推动社区服务中心与旅游服务中心整合为一，既服务于本地居民、又服务于旅游休闲人士。

同时，近几年社区公共空间打造与治理中进一步增强了党的元素。这是因为进入新时代后，基层社会治理已然从"政府主导"走向党的领导，它在理论上需要重新思考"国家与社会"关系，将政党带进来②；在实践上，将推动"一轴多元"治理结构的形成。③党领导基层社会治理结构的形成，除了受城乡社区组织本身之外的制度、政策等合法性机制影响外，还需要内部治理机制的有效配置，包括组织

---

① 黄晓春、周黎安：《"结对竞赛"：城市基层治理创新的一种新机制》，《社会》2019年第5期。

② 景跃进：《将政党带进来——国家与社会关系范畴的反思与重构》，《探索与争鸣》2019年第8期。

③ 李友梅：《当代中国社会治理转型的经验逻辑》，《中国社会科学》2018年第11期。

机制、运行机制、保障机制等。社区公共空间作为呈现与展示治理结构与治理机制的场所，自然且应然地要求体现党领导这一根本性的要素。如把社区服务中心改造成党群服务中心，植入党建元素；加快挖掘与营造社区红色元素，特别是一些农村社区，通过历史文献的挖掘，有意识地去打造具有地方特性的革命馆、纪念馆或红色展示中心等，使其成为党性教育基地或党员教育示范基地。

在新一轮社区公共空间打造的过程中，我们会发现地方政府和社区已经在自觉不自觉地、或多或少地应用"空间治理"的概念，空间的物理性备受重视，空间的社会性也被提上议事日程。为此，我们极有必要去观察基层社会治理创新过程中新一轮社区公共空间如何成为治理的对象及其治理的工具，特别是农村社区基于其传统与现代之间、党的直接领导与多方主体参与之间在社区公共空间汇聚将产生什么样的空间治理类型，其空间的物理性与社会性进展程度如何。本文将以新塍镇农村社区公共空间打造与治理为研究对象，采用案例分析法，重点剖析社区公共空间治理的外部合法性机制与内部组织运转机制，指出其社区公共空间治理的进展及治理类型、目前存在的问题并提出改进的措施与方法。

二 社区公共空间治理的进展

（一）基本背景

从政策意义上来讲，浙江省的农村社区建设肇始于2006年省委省政府出台的政策文件，该文件明确提出推进以农村社区服务中心为主要载体的农村社区建设，各地通过对村部的改造与提升，打造了具有一站式服务中心功能的社区服务中心。但经过十多年的发展，全省各地一批农村社区服务中心无论是活动空间及布置，还是设施与服务要求，已经难以跟上农村居民的新需求。

2018年上半年，秀洲区主要领导在基层调研时，发现部分党群服务中心办公楼年代久远、空间狭小、功能不健全及布局不合理，与居民的要求不适配，与新时代乡村振兴战略的要求有距离。为解决这一

浙江省嘉兴市秀洲区新塍镇社区公共空间治理观察

问题，区委区政府出台了《秀洲区老旧村（社区）党群服务中心改造提升三年行动规划（2018—2020年）》，提出要用三年时间，通过新建、扩建、改建，对全区共82个村（社区）党群服务中心进行全面改造提升，建成一批集管理、服务、教育、活动等功能为一体的综合性党群服务中心。同时区财政采用以奖代补方式适当进行资金补助，统筹安排补助资金近5000万元，镇（街）、村（社区）拿出2亿元资金来建设城乡社区党群服务中心。此轮老旧村（社区）党群服务中心改造提升项目共计82个，其中村有45个，占比55%，且由于农村社区党群服务中心由于空间大、新扩改成本高，因此成为此次改造提升的重点。新塍镇新扩改村党群服务中心10余个，仅2019年招标开工项目就有3个，分别是康和桥村党群服务中心、小金港村党群服务中心和洛兴村党群服务中心，总投资分别为510万元、520万元和400万元，包括土建、党建文化制作及室内装修等。

除了党群服务中心项目外，农村文化礼堂也是改造提升的重点，仅2019年新塍镇招投标项目的农村文化礼堂建设与改造提升的项目就达4个，其中建设项目2个，分别为新建大通村小区文化礼堂、天福村小区文化礼堂，总投资额分别为490万元和365万元，内容是土建、党建文化制作及室内装修；改造绿化项目2个，分别为火炬村文化礼堂绿化工程、陡门村文化礼堂绿化工程，各自投资额为8.5万元。

此外，挖掘革命时期的红色资源，活化或打造革命传统教育基地也成为一些农村社区公共空间建设的重要举措。近年来，秀洲区提出"用好红色资源、加强红色教育"，使红色文化看得见、摸得着、带得走、记得住，整体提升并打造了嘉兴地方党史陈列馆、沙家浜革命传统教育基地、苏嘉铁路遗址公园、米科军事博物馆、秀洲区展示馆、五芳斋产业园、新塍镇潘家浜村和各地党群服务中心等红色教育基地。其中新塍镇有三大社区场馆，一是嘉兴地方党史陈列馆；二是沙家浜革命传统教育基地；三是潘家浜村党建引领乡村振兴馆。沙家浜革命传统教育基地与村党群服务中心在同一场地，村内诸多活动都在此举办，同时通过打造革命传统教育基地等红色文化资源，对产业振兴、社区服务、乡村治理产生了影响，它对于观察社区公共空间治理是一个很好的窗口。文化礼堂作为社区公共文化空间，是近年来农村基层文化建设的重要载体，是浙江省委省政府为民办实事的重要事项，是政府提供基本公共文化服务、社区开展公共文化活动和居民交往及文娱生活的重要场所，通过对社区公共文化空间治理的观察，亦能较好地分析其治理对象与治理工具的功能。

（二）作为治理对象的社区公共空间之进展

1. 沙家浜村红色公共空间的打造

红色文化元素是新塍镇创建嘉兴市乡村振兴示范镇的重要特色，该镇提出了打造"红色志愿小镇"的建设目标，重点建设嘉兴地方党史陈列馆和沙家浜革命传统教育基地。其中沙家浜革命传统教育基地位于沙家浜村东南面，与村党群服务中心联墙而建，成为一个集革命传统教育、社区治理与服务、公共文化活动于一体的红色服务综合体。沙家浜革命传统教育基地源于1940年成立的嘉桐工委新塍联络点，原初为沙家浜小学，由于其主要负责人沈如淙在此小学任教，1942年中共新塍区委也转移到沙家浜村，沙家浜小学仍为嘉桐工委新塍联络处，并一直使用到嘉兴解放。作为新民主主义革命时期嘉兴共产党地下活动的重要场所，活跃着一批地下工作者并见证了嘉兴革命斗争时期的重大要事，具有较高的政治价值和历史价值，为此在2005年进行了修缮，并于2007年被列为"沙家浜革命传统教育基地"。

2018年，随着乡村振兴战略的推进，新塍镇开始把"沙家浜革命传统教育基地"视为其打造"红色志愿小镇"、深化红色文化元素、创建嘉兴市乡村振兴示范镇的重要特色，对该场馆及村党群服务中心进行了整体改造提升。基于其特殊的政治价值、历史价值和新时代党建工作的重要性，该改造提升项目迅速获得了上级部门，尤其是组织部门和宣传部门的重视。

在2019年修缮和改造的过程中，有以下几个重要特点：一是立足于整体打造，把"沙家浜革命传统教育基地"与村党群服务中心作为一个整体，强化党群服务中心的红色元素，把党群服务中心门窗及二楼连体阳台外立面、党建走廊刷成紫红色，要求党群服务中心党建工作制度上墙、建村的党建上走廊等，包括党组织架构、党员志愿者服务制度、党组织领导的议事协商制度等都要上墙。二是组织部门与新塍镇强力介入，要求既要体现"沙家浜革命传统教育基地"的政治性、历史性，还要强化其时代性，如保留原有的嘉兴地区革命斗争历史、重点人物的介绍、开会的场景、革命文物与革命故事展示等，还增加了具有新时代特征的"初心讲堂"及"为中国人民谋幸福 为中华民族谋复兴"的口号等，使之能够承担理想信念教育、革命传统教育、党性修养教育、民族团结教育、初心体验教育于一体的教育实践活动。三是打造更多的开放空间，使之适合于开会、座谈、教育、拍照留痕大中小型参访活动等。如在"沙家浜革命传统教育基地"内部，走廊更为宽敞，适合观看、行走、拍照；"初心讲堂"采用非固定座椅，可以开展教学培训、开会、小组活动等；在基地外部建设了300平方米以上的广场，适合开展各类仪式活动、文化活动等；党群服务中心的一站式服务中心设置了更多的农村居民办事的座椅及茶水供应点等。四是强化村内部党建工作，开展红色网格建设及党员志愿服务活动，如在红色网格打造上，明确网格长为党员，并建立"党员网格长—党员中心户—党员结对户"制度；开展党员志愿服务活动，作为评优评先的重要依据，涉及房屋拆迁、垃圾分类、门前屋后环境保洁、村庄公益事业建设等方面的工作，党员要带头做示范。

据村党支部夏书记介绍，沙家浜的最大特点就是红色文化，党建工作是其重点，各级领导部门来的人很多，因此在场馆配了专门的讲解人员，除了讲基地的历史，还要讲村里的"大事"。

"各类活动（在基地、村党群服务中心）要展示正能量，传统的、革命的、初心的、团结的这些要多搞，不然就不配套了。跟这个不同的，放到文化礼堂去。我们是镇里、区里红色文化的点，这个一定要把握好。"

沙家浜村基于特殊的红色文化资源，打造了社区红色文化空间，同时基于红色文化的政治性、历史性和时代性，又进一步规制了红色文化空间的功能，使之成为地方红色教育及展示的地标。同时，沙家浜村的案例还进一步表明，在基层社会治理现代化与乡村振兴战略推进的过程中，新一轮的社区公共空间打造已越来越重视主题性和标识度，即越来越看重"人无我有、人有我优"的特性，由此产生社区公共空间打造的"锦标赛"制度。不过，即使个性再突出，在新一轮的社区公共空间打造过程中，有两个元素的植入度仍然很高：一是党建元素，无论是党群服务中心，还是文化礼堂，在建设招投标过程中，都明确规定要有党建文化制作；二是服务元素，即要明确场所能够开展什么活动，做到各类服务上墙并留本做台账。

在沙家浜村红色公共空间建设的过程中，党委政府是主要策划与参与主体。其整体设计、内容设置、功能配备等基本都由党委政府决定，当然这与沙家浜村特有的红色文化资源密切相关，因为红色资源的打造政治性要求高，不容出错。其他今年建造的党群服务中心，如康和桥村党群服务中心、小金港村党群服务中心和洛兴村党群服务中心等，新塍镇同样有指导，不过村两委在其中发挥重要作用，特别是对方案的选择及其内部一些功能的设置，所有党群服务中心及文化礼堂建设项目都有经过公示，程序是合法的并被村民所知晓的。

2. 天福村小区文化礼堂的打造

如果说沙家浜村红色文化空间的打造是较为特殊的案例，那么文化礼堂的建造则是新塍镇所有农村社区的事项，且由于文化礼堂与农村居民日常生活的联结程度更高，其打造更具有普遍性与代表性。

2013年浙江省提出农村文化礼堂建设，并把其定位为改善民生、满足农民精神文化需求和构建农民精神家园的公共文化服务设施。在省文件出台后，嘉兴市先后出台了《关于推进全市文化礼堂建设的意见》《关于做好农村公益金资助农村文化"百堂工程"建设工作的实施意见》和《关于推进农村文化礼堂建设的意见》等文件，系统而全面地对农村社区文化礼堂的主要任务、工作措施做了规定，由此在全市大规模地推进农村社区文化礼堂建设试点工作。秀洲区于2013

年启动农村文化礼堂建设，2018年秀洲区出台《农村文化礼堂建设规划（2018—2020）的通知》，要求到2020年实现所有农村全覆盖。

随着乡村振兴战略的推进，如何使文化礼堂既具有规范化配置又具有自身特性进而推进文化礼堂活化，并与乡村农旅产业衔接，成为文化礼堂新一轮营造的重要任务。为此，秀洲区提出文化礼堂建设的标准化基础上的差异化、品牌化发展思路，即突出文化个性与文化韵味，打造"各美其美、美美与共"的文化礼堂。所谓"标准化"，是指"五有三型"建设，即有场所、有展示、有活动、有队伍、有机制，学教型、礼仪型和娱乐型相结合。其中在场所设置上，又明确了标配的基本要件：醒目位置设置"文化礼堂"名称和全省统一标识亮化；设有礼堂，并配置舞台，展示社会主义核心价值观；道德讲堂；展示展览场所；文体活动场所；文化长廊等。其中礼堂又满足开会、喜庆活动等多功能用途。差异化、品牌化发展是指突出文化个性，建立简而精、小而全且外观美化、内容深化、机制长效化的特色文化礼堂。如观音桥村文化礼堂以"桥文化"与"匠心人"为主题，突出桥梁与生活、工匠精神；潘家浜村文化礼堂突出"蚕桑文化"这一主题，配置耕于细作的乡风民俗活动；等等。下面将以天福村文化礼堂的打造，来分析作为治理对象的社区公共空间的进展。

天福村在2014年把村文化中心修缮为村文化礼堂，由一幢二层楼房及广场组成，基本建有小型礼堂、道德讲堂、文体活动场所（室内、室外）、文化长廊等设施，基本达到3星级文化礼堂的要求。文化礼堂在强调社会主义核心价值观引领的基础上，为突出文化礼堂的特色与个性，取村名的"福"字，着手打造了"幸福"文化品牌。如提倡老年人幸福生活，每年重阳节开展"金婚"庆典活动；提倡农家快乐幸福生活，每年五一劳动节举办"农民趣味运动会"等；强调农民邻里幸福生活，每年举办"村晚"和"邻里节"等。在举办活动的过程中，村两委发现由于场地小、设施不齐全，难以满足大型活动的开展。同时，随着天福村推进农房拆迁变小区后，一部分搬迁到小区的居民到文化礼堂路程较远，不利于参与村里文化活动。而由于村文化礼堂与村居家养老照料中心、村两委紧挨，边上还有河流，在原址上重建文化礼堂仍然会存在着场地规模不足的问题。为此，村里希望在天福新家园小区附近新建一座文化礼堂。契机出现于 2018 年，当时该村被秀洲区确立为"新时代文明实践所"样板点，要求依托文化礼堂，传承红色文化、传播党的声音、弘扬耕读文化，开展理论宣讲、文化活动、志愿服务等多种形式的文明实践活动。借助这一契机，村两委与天福新家园小区居民商议取得共识后，向新塍镇申请在小区附近新建小区文化礼堂，很快获得了镇政府的支持，并于 2019 年中旬开始招投标。

新建好的小区文化礼堂与原文化礼堂相比：一是建设标准更高，在硬件上，如礼堂面积达到 300 平方米以上，讲堂的电子化程度提高，室外广场比原来大一倍以上；二是以打造"新时代文明实践所"样板点为目标，增加红色文化、红色志愿服务活动上墙的比例，并在活动中强化传播党的声音与政策、志愿公益服务、传统农耕文化与习俗等；三是把开展文体活动、公益活动的社会组织纳入小区文化礼堂中来，组织开展各类文化活动，目前已经有 5 个社区社会组织定期在小区文化礼堂开展活动；四是实行"理事会管理＋乡村建设协会辅助＋社区社会组织协助"制度，由退休村干部担任理事长，村委和乡村建设协会担任理事会成员，负责文化礼堂管理、文化活动方案制订，而由乡贤为主体构成的乡村建设协会辅助开展由其资助的大中型活动，5 支备案类社区社会组织协助开展相关活动；五是参与群体更为多元，村文化礼堂由于近临居家养老照料中心，为此开展的活动往往瞄准老年人，一些全村范围内开展的邻里节或各类宣传培训活动等，参与人往往都是老年人，但小区文化礼堂则不同，其有意识地在空间设施设备和活动内容上做了现代化的处理，使得大中小学生、妇女、乡贤等群体参与活动增加。不过，小区文化礼堂与村文化礼堂的距离性，又在一定程度上产生了老年参与的区隔，大部分的老年人仍然在村文化礼堂参加活动，很少去小区文化礼堂。

3. 作为治理对象的社区公共空间打造的特点

尽管党群服务中心、传统革命教育基地和文化礼堂各自定位与功能及所打造的样态不同，但作为一种治理对象的社区公共空间，在此轮打造过程中，却具有一些共同的特征。

一是外部环境的合法性规制不断强化，尤其是具有新时代特征的党的元素在增强。"沙家浜革命传统教育基地"本身具有的革命元素自不待言，不过这一革命传统教育基地原本已有，但在新时代背景下，其政治性、时代性日益突出，如与主题教育、初心教育相衔接，并推动其空间布局、整体格调与此相适应；同时党群服务中心日益注重党建元素，如党员宣誓台和党员活动空间的设置、中心外立面和党建长廊粉刷成紫红色、各类党建制度上墙等；即使是文化礼堂，也注重红色标识、红色文化活动的开展等。更为重要的是在打造的过程中，上级党委政府部门的介入力度也比之前更大，规定更为详细，如在新塍镇发布的党群服务中心、文化礼堂建设公告中，都明确规定要有党建制作，在实地建造过程中，党委政府部门都派工作人员入村指导。

二是对空间的治理日益精细化和规范化。新建的党群服务中心、文化礼堂都有明确的从建筑到管理的制度规范，同时对空间内部各类处室也建立了相应的制度，并要求制度上墙。如针对党群服务中心内部的退役军人服务站、便民服务中心、社区社会工作室、公益站等，都有明确的使用管理制度。如针对文化礼堂，从组织建设、建筑标准、队伍培育、保障制度等都做了明确规定。

三是对空间的治理在规范化的基础上突出个性化与标识度。无论是沙家浜村社区红色公共空间，还是天福村文化礼堂，在打造的过程中都有明确的基础性标准设置，但更受到关注的是突出空间的主题性和个性化，因为只有突出主题的个性化，才能产生更为鲜明的"印象"治理绩效。此外，从单一功能的"封闭式"空间设置走向多功能的"开放式"空间设置也是突出个性化的重要场景。如党群服务中心意识协商室原来都是固定桌椅，现在采用可移动桌椅，便于开展团体焦点会议，使得议事协商形式更为多样化。

（三）作为治理工具的社区公共空间的进展

作为治理工具的社区公共空间，核心是治理，社区公共空间是一种治理手段。这种治理手段主要体现在三个方面：一是提供公共服务与公共活动的场所；二是各类行动主体在此互动，产生关系和关系再生产；三是助力经济、治理、文化的功能。就上述三个层面而言，新塍镇上述两个案例的进展主要体现在以下方面。

首先，强化了政府基本公共服务的供给，尤其是文化类公共活动，但农村居民"被参与""被组织"仍然明显。建造党群服务中心、革命传统教育基地及文化礼堂本身就是政府公共管理、公共服务下延的重要载体，特别是浙江省不断强化"最多跑一次"改革和基层治理"四个平台"向镇街、村社延伸，使得社区公共空间日益成为政府基本公共服务供给场所。以沙家浜村党群服务中心中便民服务中心为例，其供给的服务项目达到200余项；天福新家园小区文化礼堂各类大中小文化活动月均达到4个左右。同时，这两个场所内的各类服务都印制了政策、活动剪影等的宣传册，告知居民本中心或礼堂可以开展哪些活动。不过，无论是沙家浜村党群服务中心还是天福新家园小区文化礼堂，内部功能处室的利用率并不均衡。课题组在翻阅台账的过程中发现，党群服务中心中便民服务中心、党员活动室利用率较高，但社区社会工作室、图书阅览室、议事协商室等利用率不高；而在天福新家园小区文化礼堂，用于家宴和重要节庆日活动的礼堂利用率较高，但季节性明显，而道德讲堂、室内文体场所利用率不高。同时，一些活动还存在着明显的农村居民被组织的现象，特别是一些宣传教育类活动被组织的现象较为突出，一些社会组织虽然备案，但很少开展活动，存在着"被组织化"的现象。

其次，强化了党政与社区的关系，并为居民提供了空间交往关系，但"上下"纵向关系强于"左右"横向关系。新一轮社区公共空间的打造已进入突出个性和"印象"治理绩效阶段，即党政不仅把社区公共空间视为政府公共管理、公共服务的延伸，还认为其是产生

浙江省嘉兴市秀洲区新塍镇社区公共空间治理观察

治理绩效的重要工具,为此党政采用高介入方式,使其成为治理绩效呈现的场景。如沙家浜村革命传统教育基地是市、区着力打造的红色教育展示基地,天福新家园小区文化礼堂是区"新时代文明实践所"样板点,其高定位决定了党政必须全力以赴做出亮点、做出成绩。这种高介入方式,使得党政与社区的联系日益紧密,据两位村书记介绍,在开工建设前和建设过程中,基本上每周都要与区、镇相关领导见面,在开始建造的过程中,还有政府部门派来的人进行指导。在修缮完成后,沙家浜村革命传统教育基地一跃成为区、市主题教育、初心教育、传统革命教育的重要场所,据沙家浜村夏书记介绍,他们每天的接待量达到3个团以上,主要是市级部门、区级部门、周边县市区部门与镇街及事业单位来此开展活动,市委书记也专门来过;天福新家园小区文化礼堂完成后,市、区宣传部及区其他部门和镇也经常来人指导考察。在与课题组的交谈中,两位村书记都说到,现在接待上级部门参观考察已经成为村重要事项,工作繁忙很多,但也获得很多支持,特别是一些原来难以解决的问题,很多时候领导和部门都帮助解决。在其他几个村的实地调研也发现,党政下农村调研的首站往往都是党群服务中心或文化礼堂等社区公共空间,在考察社区公共空间基础上举行座谈会,而且其实谈话往往都是从已看到的制度、做法入手,这意味着社区公共空间已经成为社区与党政产生关系的节点,而这种关系会塑造社区干部"外疆"特质,即注重与社区外的党政打交道、寻资源。

不过,同时也应看到,新一轮的社区公共空间打造由于关注到了农村居民的一些需求,按照一些群体特征设置了一些功能处室,并建立了一些制度,使得农村居民到社区公共空间的人数增加。同时一些备案类社会组织的入驻,使得"三社联动"工作得到了一定程度的开展。如沙家浜村党群服务中心内外活动室按照开放式模式设置,农村居民可以在内外广场跳广场舞,设置的村民代表工作室,每月制度化开会;在天福新家园文化礼堂,入驻了乡村建设协会的乡贤工作室等,协助文化礼堂理事会开展文化活动。在许多农村居民看来,村干部能够向上级争取项目，建造社区公共空间，是村干部能干的表现，这增强了村干部在村庄中的权威。同时在社区公共空间利用的过程中，制度化活动的开展，促进了村干部与农村居民的交往，也解决了一些问题，被大家所认可。不过，进一步细究这些制度化的活动开展，可以发现，这种制度化活动开展往往是政府有相应的原则性规定，村进行适度创新的结果；而一些非考核性的活动，开展得并不多。这表明，在社区公共空间治理中，上下纵向关系仍然是主导性关系，左右横向整合的关系仍然在路上。

最后，遂行和助力了经济发展、文化提升、环境提升等功能。沙家浜村革命传统教育基地及村党群服务中心的打造，进一步明确了沙家浜村产业发展定位。该村在2019年提出，要把握契机，加大力度开发红色农旅资源，打造红色旅游产业链，建立体验、教育、民宿、饮食、活动一体化的红色农旅经济。作为市、区革命传统教育基地，党委政府也加大力度扶持该村产业发展，2020年嘉兴市政府与中国商飞集团合作的中国商飞客户服务训练基地落户沙家浜村，该项目是嘉兴市引入的重大项目，共分为两期，其中一期包括理论培训区和生活配套区等，将于2020年9月完成；二期为客户培训项目，并将建人才公寓。而在治理上，社区红色公共空间的定位，要求突出党建工作，推进党领导下的"多方参与"体系建设，为此该村明确提出了"红色网格"打造、红色志愿服务、社会组织党建工作、垃圾分类党员示范机制等制度，较好地提升了治安、环境、社会公益及社会组织培育工作。如垃圾分类成为全镇的示范点，社会组织培育已达15个，位于全镇的领先位置，红色志愿服务更是在区里名列前茅。

社区公共空间作为展示社区治理与服务的窗口，具有极强的"印象"治理绩效功能，而这种"印象"治理绩效由于联结的是党政、社会与居民，因此更易获得党政大力度的扶持，由此产生典型点、示范点的"虹吸"效应，即各项政策、资源、项目等持续叠加，使"强者更强"。这也就是为什么各个村社要在基层社会治理创新中争"第一"或首位的缘故，而且必须采用差异化竞争策略，做到"人无我有、人有我优"。

三 存在的问题与进一步的建议

此轮社区公共空间的打造，已不再仅仅把社区公共空间视为物理空间，而开始自觉不自觉地把其视为社会空间，开始注重其治理功能，包括作为治理的对象和治理的工具两个层面，这是与之前社区公共空间打造有明显不同的地方。此外，空间的整体性、设计性与主题性的强化，也被提到一个新的高度，成为地方展示基层社会治理创新的重要场景或平台，而这些新场景或新平台也产生了诸多的外溢功能，特别是对"虹吸"资源与政策、推进其他领域的发展产生了积极功能。

（一）存在的问题

不过，此轮社区公共空间打造，尤其是从治理的维度上看，也存在着一些问题，主要表现在以下几个方面。

1. 社区公共空间打造过程中农村居民参与率低，上级的规制强于社区的参与。由于社区公共空间的打造已经成为地方创新基层社会治理的重要展示窗口，党委政府及其条线部门往往基于自身要求强化"由上而下"的规制，如整体风格、突出什么、打造什么样的场景等，且条线往往要在其中占一块位置，以延伸工作触角，但这种"自主性"在缺乏社区参与或社区居民参与的情况下，有可能产生不适合农村居民需求的空间与功能布局。如党群服务中心中的图书阅览室，无论是格调还是里面的书籍，往往与农村居民的需求相去甚远。农村文化礼堂过多凸显传统文化，但社会已经开始进入现代化进程，以致诸如道德讲堂所宣讲的一些内容往往脱离当下农村居民的日常生活世界。更为重要的是，缺乏农村居民参与，社区公共空间更容易被视为是政府在基层的点，而且由于社区公共空间的打造采用的都是招投标方式，以程序的合法性排斥了乡村社会小散施工队的参与。如我们在调研过程中，一些村民代表提出：

三四百万元的项目进了村,可以分割一下,粉刷、广场浇地、安装门窗等工作村里人就可以承包,也能挣点钱,品质也有保障,都在同一个村的,干不好,以后这个村都没法待。现在都是镇里招标,被外村或城里公司搞去了,连工人都不是本村的。这些人都是来赚钱的,万一工程质量不好了,以后我们找他们都难。

在农村居民的视野里,既然这个项目落实到该村,就是该村的集体财产,应该由村里人进行处置或建造,这样利益可以共享或分享,而一旦进入政府的招投标,会以程序合法性排斥共同体的参与,即这种程序合法性基于招投标单位的市场准入门槛,排斥了共同体内部小、散施工队或公司的参与,这与村民日常理性不相吻合。此外,由共同体外的公司来施工,共同体的德治功能对其监督将大大降低,这也是农村居民所担心的问题。当前,"项目进村"已经成为乡村振兴的重要力量,特别是政府的公共设施、产业设施项目进村正以加速度的方式推进,如在此过程中缺乏社区参与、农村居民参与,将会对农村社区治理产生后续影响。为此,极有必要思考项目进村后的社区治理形态与方式问题。

2. 社区公共空间的打造尚未完全综合体化,空间碎片化的问题依然存在。尽管在第一个案例中,沙家浜村革命传统教育基地与村党群服务中心已经进入一体化设置,且党群服务中心也做了相应的功能处室设置,但从实际运转情况看,村党群服务中心主要还是村两委办公和开展政府代理代办活动的场所,未成为集政府基本公共服务、市场便民利民服务、社区志愿互助服务及居民休闲、互动、交往于一体的社区中心。党群服务中心内部设置往往以政府各类要求为主,未能根据农村居民群体及农村日常生活行为进行科学、合理、有效设置。同时,无论是沙家浜村还是天福村,各类场馆设置未能形成整体化,部分场馆位置稍远,不利于产生集聚效应。此外,空间内部各类功能处室在利用率上相差甚远,一些功能处室空置化、会所化的现象仍然存在。

3. 空间的关系生产是"上下"纵向关系强于"左右"横向关系。空间治理的核心是一种社会关系的生产与再生产，而社区公共空间的治理则是社区性关系的生产与再生产，具有平等、团结与社会资本的公共性的属性。然而，基于目前的政社关系及其党政强力的空间规制功能，事实上在社区公共空间治理中导致"上下"纵向关系远强于"左右"横向关系。它主要表现在以下几个方面。

一是它的行政性服务及活动（如代理代办服务）定位远大于农村居民需求的社区服务定位。如便民服务中心往往成为党群服务中心的代名词，且空间布局模仿政府的行政服务办事大厅，即使是与农村居民日常生活联系较为紧密的文化礼堂，也以上级列入的各项考核性文化活动的完成为导向，由此列入考核的服务事项成为优先选项，而其他没有进入考核范围的服务事项则被"礼貌性"地忽视。

二是"印象"治理绩效的展示功能及其特色的"俘获"功能，使得社区公共空间呈现出更多的权力导向，进一步形塑了社区的"行政性"关系。农村社区在这轮社区空间打造与治理过程中，愈发感到权力、外来资本对村庄发展的重要性，并主动去迎合，导致社区干部更为注重纵向关系而非内部的横向整合。由此，在空间打造过程中，他们不是去挖掘内生资源与力量，而是去迎合上级或资本的需要，固然，在乡村振兴过程中党政和外来资本是重要力量，但这一力量如果缺乏农村居民的参与和监督，将导致村民自治及村庄秩序受到冲击。

三是还存在着农村居民"被参与""被组织"的问题。无论是沙家浜村，还是天福村，一些政府部门条线要求的活动开展，其居民的参与还存在着"被参与"的问题，如要求多少人参与、给参与者礼品等；同时，一些社会组织的成立，往往以政府的导向为基准，而没有根据农村生产生活的需求而成立，导致一些备案类社会组织一成立就是"僵尸型"，无法正常开展活动。此外，备案类社会组织的培育和发展还没有进入社会生态系统，即也只是向政府看，其资金来源单一化、服务蠕动化，没有看到企业、基金会及相应的慈善资源对社会组织的扶持，并根据政府服务发包的内容而非社会组织自身的特性去从事服务，导致每年的任务蠕动，今年做这个、明年做那个，缺乏持续性、贴地性。

(二) 进一步的建议

1. 建立社区公共空间治理全流程的居民参与机制。所谓"社区公共空间治理全流程参与机制"是指从选址、定位、建造、运营全过程的参与机制。目前已有的"五议两公开"工作制度，尽管对村庄各项大事做了规定，但往往村民是在"村民代表会议或村民会议决议"阶段才获得较多的知情权和决策权，应在这一制度的基础上，强化议事协商制度，把农村居民的议事协商嵌入"五议两公开"之中，发挥咨议功能。而在建造过程中，由于社区公共空间是整体打造的，应建立方案的公开选择机制，让农村居民有权选择使用哪个方案。同时探索社区公共空间在内的项目利益共享机制，即不影响整体效果的项目可以进行科学合理的切分，把政府招投标项目程序引入共同体内部进行小型项目的招投标，降低市场准入门槛，使得共同体内部成员有资格获得小型项目的承包权。在社区公共空间的运营过程中，一些空间设置与功能布局及活动，可以交由备案类社会组织或各类队伍进行自主管理，以"自治、服务与活动"相结合的方式来促进社区公共空间的活化。如天福村小区文化礼堂建立的"理事会管理＋乡村建设协会辅助＋社区社会组织协助"制度，是一个很好的可资借鉴的模式。同时一些党群服务中心、革命传统教育基地及展示馆，由于特定的政治性要求尚难建立"全委托"机制，也因此探索建立"半委托"管理机制，即部分场所、设施管理建立"半委托"机制，推动社区公共空间的社会化运营。

2. 推动社区服务中心转型为社区服务综合体，提供全生活链的社区服务与治理内容。对于新建的党群服务中心，要从选址中心性、空间布局合理性、覆盖全员社区服务群体性、内部空间与外部空间一体化及交通、医疗、商业服务、公共服务、交往互动等集成去打造社区服务综合体，使党群服务中心成为社区中心。而对于已建的党群服务中心，应考虑内部功能设置与社区生活的内在关系，围绕着人的生活链来设计各类功能处室，如针对老年人的、青年人的、儿童青少年的、妇女群体的、党员群体的、残疾人群体的群体性需求是什么，并根据他们的特色，设计与布局空间及活动。加快党群服务中心中便民服务中心的"村民客厅"改造化进程，变政府办事大厅格局为"村民客厅"格局，增强其互动交往性、历史记忆性、便民服务性、智慧服务性等内容，使居民能够在办事的过程中了解社区、增加交往、促进交流。推动农村社区工作者"全科"社工的进程，使其有时间能够走访村民小组、走访各类居民。推动社区文化礼堂从文化礼堂走向礼堂文化，文化礼堂的文化应注重社会主义核心价值观、优秀传统文化、现代社会建设的公民文化的有机结合，使文化礼堂的文化公共服务在保持自身特色的基础上，能够与大社会的文化公共服务相衔接。

3. 培育和发展空间的横向整合关系。应进一步明确社区公共空间治理的"社区性"特点，注重培育社区团结性要素、交往性要素和社会资本要素。基于绩效考核的指挥棒效应，应把上述所说的三个要素作为政府考核农村社区的指标，如在农村社区公共空间中考核社区社会组织参与和组织活动的次数、各类空间的居民活动数量、邻里和谐程度等。在社区公共空间中培育和发展各类队伍，如党员队伍根据自身特色组建功能型党小组，网格化管理队伍及其村民代表、村民小组长队伍、志愿者队伍等，各类队伍可参与相应功能的管理与服务工作。探索建立空间联动机制，一是物理空间的联动机制，如党群服务中心、文化礼堂、各类开放空间及革命展示馆等不仅内部要有联动机制，还应与共同体外部的相应场馆建立联动机制，形成空间联动整体。二是注重组织机制的联动机制，如"三社联动"要把社区、社会组织和社会工作视为一个横向联动空间，农村社区要给予一定的办公场所给经常搞活动的社会组织，建立"三社"的信息联动机制，如QQ群、微信群，使其能够集体行动、快速回应农村居民的服务需求。进一步梳理政府、农村社区和社会组织关系，加快建立和推进村庄小微权力清单机制，明确政府、农村社区和社会组织各自职责，同时在社区公共空间这一物理性空间中，应进行有效配置。如当前一些农村社区存在着党政条线部门要求在醒目位置，尤其是党群服务中心入口挂各类牌匾的问题，党政部门应建立统一的规范，同时内部也应综合化，不然牌匾一挂，其他活动在这一处室就无法正常开展，造成空间闲置。拓宽社会组织培育和发展的思路，搭建政府、企业、基金会及慈善资源培育和发展社会组织的平台，引导社会组织以项目化的服务开展获取企业、基金会和慈善组织的资金。提升社会组织、社会工作参与基层社会治理现代化和乡村振兴战略的能力，培育"发展型社会工作"介入乡村精准扶贫和乡村振兴战略，培育"发展型社会组织"介入乡村产业振兴。

江西省南昌市青云谱区社会组织参与社区治理创新观察

党的十八大以来，国家在社会管理思路上，更加重视发挥党委政府、社会、公众等不同主体的作用，其中在社会组织管理体制上，提出政社分离，支持社会组织健康有序发展，鼓励社会力量发展壮大。党的十八届三中全会指出，"创新社会治理，改进社会治理方式，激发社会组织活力"，提出了"社会治理"的理念。在党的十九大，"共建共治共享"成为社会治理方面的新热词，要求发挥社会组织作用，实现政府、社会、公众良性互动。从上到下，创新社会治理的探索实践在全国进行。本报告以南昌市青云谱区为观察对象，通过对该区社会组织参与社区治理创新的实践历程进行回顾和分析，从而进一步剖析创新实践过程中的困境，并试图提出完善的对策建议。

一 青云谱区概况及社区治理创新的背景

（一）青云谱区概况

青云谱区位于南昌市区的南部，因境内的"青云谱道院"而得名，素有"英雄城南大门"之称。全区共75个社区、12个村，总人口约33万人。经过多年的探索努力，该区在培育扶持社会组织参与社区治理方面成绩突出、经验较多。截至2019年6月，全区各类社会组织有245家，其中公益性社会组织37家，涵盖社区服务、心理咨询、司法矫正等各专业服务领域。截至2018年6月，全区拥有助理社工师112人，中级社工师37人，义工队伍三万余人，形成了一批专兼职相结合的社会组织参与社区治理队伍。该区因在社会组织建设、社会工作人才队伍建设、志愿服务建设等方面的突出表现，多项工作先后被民政部评为试点区、示范区。

（二）青云谱区社区治理创新的背景

1. 宏观背景。在党的十六届六中全会上，国家提出要建立一支规模宏大的社工人才队伍。正是这个时期，青云谱区被民政部确定为第一批社会工作人才队伍建设试点地区。从党的十八大到党的十九大，党和国家进一步明晰了社会治理的方向和路径，更加注重发挥社会组织作用，治理重心向基层下移，实现政府治理和社会调节、居民自治的良性互动。青云谱区在国家政策引导下、省市民政部门的大力支持下，不断深化探索社会组织参与社区治理的道路。

2. 实践背景。青云谱区社会组织参与社区治理拥有良好的基础。首先，社会工作本土化。青云谱区从开始试点之初，就注重培养本土化社会工作人才。从社区工作者群体中挖掘素质较高、热情较高的人员专职从事社会工作，通过专业教育培训和实践锻炼，逐渐培养出第一批本土化社会工作人才。其次，社区工作社工化。青云谱区不断提升社会工作的地位和分量，倡导运用社工专业手法开展社区活动、为老助残、救孤济困等，社会工作与社区工作不断融合。最后，政策上大力扶持。青云谱区不断加强社区、社工、社会组织等的人才支持、资金支持、政策支持，推动"三社联动"助推社区治理创新发展，先后探索了以社会工作人才队伍建设为重点参与社区治理创新、以社会组织培育扶持为重点参与社区治理创新，以及以联动社会多元力量为重点参与社区治理创新，描绘出稳扎稳打、步步为营、不断升级推进的社会组织参与社区治理创新的发展路线图。

二 青云谱区社会组织参与社区治理创新实践情况

（一）青云谱区社会组织参与社区治理创新的特点

1. 以社工人才队伍建设为重点参与社区治理创新。青云谱区围绕建立职业化、专业化的社工人才队伍培养目标，建立以社区社工室为平台、以区社会工作协会为载体、以社会工作者为抓手的"社区、社工协会、社工"三社互动和"社工、专业义工、社区志愿者"三者联动机制。

首先，建立区级工作领导小组。为推进社会工作人才队伍建设这项国家级试点工作，成立了由区委副书记担任组长，组织、人事、民政、财政等区直部门组成的试点工作领导小组。领导小组办公室设在区民政局，负责试点建设的具体工作。成立区社会工作协会，作为日常工作的枢纽平台，承担着培训教育、项目承接、专业服务、行业管理等工作。

其次，搭建社会工作人才队伍制度体系。该区边摸索边总结，在社工人才教育培训、岗位设置、社区社会工作、考核工作等方面出台政策，明确了有关单位、人员岗位职责，为推进社会工作发展，开创社会工作新局面提供了制度上的保障。

再次，加强社会工作岗位设置和开发。一方面，在全区推行社区社工室。社区社工室配置了取得社工证的社区干部、高校社工专业学生、社区志愿者等，并由区社工协会统筹社会服务指标分配、工作考核、培训督导等，不断提升社区社会工作室的专业性和职业性。另一方面，通过区内部挖掘调整，将综合素质较高、工作热情较高的社区人员转到社工服务岗位，充实工作力量。同时，根据社工服务指标和工作情况，对评为"优秀社工"的工作人员给予适当补贴。

最后，加强社会工作培训和实务。一方面，对全区民政系统干部职工进行社工理论、实务知识培训，传播社会工作专业理念，鼓励其参加社会工作考试，对获取专业水平证书的职工给予每月岗位补贴。另一方面，通过社区社会工作室，社工对社区居民需求和问题进行社工化的服务，如社工组织开展一系列社区关爱、环境保护等主题活动。另外，围绕民政部门业务，通过设置社会工作室的方式实现社会工作嵌入，如在区民政局婚姻登记处成立婚姻家庭指导室等。

2. 以社会组织培育扶持为重点参与社区治理创新。青云谱区在这一时期的主要思路是以培育扶持为手段，以提升能力为主线，改革登记制度、出台扶持政策、积极引导社会组织参与社会治理和提供公共服务。

首先,政策引导。2012年,在前一阶段推进社工人才试点基础上,制定了《关于进一步加强社区、社会组织、社工"三社联动"机制建设 创新社会管理工作的意见》这一纲领性文件,提出建立完善以社区为平台,以社会组织为载体,以社工为抓手的"三社联动"运行机制。该文件承上启下,明确了全区社会组织、社工、社区建设的总体目标、重点方向和扶持政策。如建立社会组织直接登记制度、政府购买服务制度等,特别是建立社会组织发展专项资金,每年财政下拨资金15万元,对优秀社会组织进行"以奖代补"。从此,该区社会组织参与社区治理实践进入快车道。

其次,搭建平台。结合青云谱区社会组织的历史基础和实施路径,提出了"一中心、多基地"的社会组织发展思路,以"1+6+N+75"孵化培育模式①,即以区社会组织孵化中心为主体,6个街道枢纽式管理为孵化平台,N条线特色型培育为品牌,75个社区为基础,通过整合辖区内社会组织资源,对"草根"组织进行统一管理,促进其共同发展。

最后,项目驱动。该区把支持并帮助社会组织申报实施各级各类社会服务项目作为重中之重。中央财政项目、省社会组织公益创投项目、省福利彩票公益金社会工作服务示范项目等是青云谱区获取社会服务项目的重点渠道。总体来看,自2009年开始,青云谱区20家社会组织共实施了社会服务项目52项,累计金额超过590万元。确保了每年"项目不断线、服务不停工",极大地培育了基层社区治理的新生力量,锻炼了社会组织开展社会服务的专业技能,为社会组织参与基层社区治理创新打下了坚实的基础。

3. 以联动社会多元力量为重点参与社区治理创新。党的十八大以

---

① 李斌、胡妍华:《江西省南昌市青云谱区 培育"第三方力量"连通公共服务"最后一公里"》,《中国社会组织》2016年第13期。

来，青云谱区响应中央政策，全面推进构建以"一中心、多基地、多点辐射"网络为枢纽的基层社会服务体系，实现集党建、孵化、服务、项目"四位一体"联动共享。

首先，一中心：打造区级社会公益创新发展中心。社创中心由区委组织部牵头，民政、街道等部门单位密切配合，政府投入800万元，活动空间达1300平方米。该区整合区域内外社区服务、心理咨询、困难救助、司法矫正等多个领域的40多家公益组织，借助党建"东风"，着力打造"党建大联盟"格局的小桔灯社创中心，发挥出培育社会组织、会聚社工人才、夯实基层党建的作用，实现党建工作与社会组织发展深度融合、互促互进。

其次，多基地：建立街道社会组织孵化基地。重点培育发展属地的社区社会组织，基地通过"三社联动"，积极汇聚区域内企业、医院、银行等的社会资源，引入专业运作理念，使社会多元主体参与到基层社区治理之中，提高社区社会组织服务能力。如全省第一家街道级别的社会组织孵化枢纽机构——三家店街道社会组织孵化基地，基地面积达600平方米，通过街道、社区、社会组织、企业"四位一体"的良性互动，引导社会组织有效参与社区治理和社会服务，成为促进居民有序参与社区自治的社会组织服务平台。

最后，多点辐射：建强社区社会工作室。社区平台是社会组织的实践基地，利用社区专业社工属地化优势，将居民需求原汁原味地转化为专业服务项目，实现新的社区社会组织力量的不断增长。社区社工室负责统筹协调、服务指导社区内社会组织建设工作，挖掘社区需求，培育社区领袖，对接内外资源，构筑社区社会组织联动发展的枢纽平台。2019年6月，由区委组织部、区委统战部、区民政局主办，三家店街道党工委、办事处承办的青云谱区"益心向党"红色创投暨"阳光驿道"微公益项目众筹会（三家店片区）隆重举办。在活动现场，爱心企业为失独家庭帮扶、低保家庭关爱、垃圾分类回收等11个社会组织党建微公益项目共筹集了38.4万元公益善款。总体来看，一个凸出社会组织枢纽作用的"1＋6＋N＋75"联动多元力量服务基层社会的治理体系逐渐成熟。

（二）青云谱区社会组织参与社区治理创新的路径

社会组织参与社区治理实践路径的选择往往与社会组织自身原生属性、资源禀赋、社会资本等因素密切相关，而不同的实践路径就决定了社会组织在参与社区治理过程中的不同特点，不断丰富着治理主体的多元性，实现优势互补。青云谱区公益性社会组织共34家，通过实践观察和归纳分析，可以对青云谱区社会组织参与社区治理创新的路径大体分为三类，即本土内生型（9家）、社区内嵌型（18家）、外部引进型（7家）社会组织，分别采取了引领式、自营式和契约式的实践路径。

1. 本土内生型社会组织：引领式。青云谱区在开展社会工作人才队伍建设试点中，提出"社区工作社工化、社会工作本土化"的口号，通过在社区居委会中设立社工岗，逐渐在社区工作者群体内培养了一批本土化、专业化、职业化的社会工作专业人才。随着基层政府不断重视培育扶持社会组织参与社会治理创新，这些社工人才在政府的帮助下，依托社区纷纷成立社区社会组织，通过争取实施社会服务项目，积极投入基层社区治理实践。

这一类社会组织普遍的特点是：首先，核心成员公益热情高，专业受熏陶程度和职业认同度较高，他们来源于社区、脱胎于社区、服务于社区。其次，基层政府对其扶持力度大，政策、资金、项目、场地等资源优先倾斜。最后，在专业领域上，机构有自身较为细分的特色服务方向，服务范围跨越了社区边界覆盖到整个辖区，机构社会服务经验丰富，并在不断服务实践中历练了参与社区治理的能力。

本土内生型社会组织继承了社区内嵌型社会组织在社区社会资本、社会关系网络等方面的原生优势，同时又不断学习借鉴外部引进型社会组织身上先进理论、实务、管理等各方面的专业优势，兼收并蓄，促成了社区治理"专业"与"本土"的结合与平衡，较好地实现了"社会工作本土化"。

以青云谱区小桔灯社会公益创新发展中心为例。青云谱区小桔灯

江西省南昌市青云谱区社会组织参与社区治理创新观察

社会公益创新发展中心（原青云谱区小桔灯服务社）成立于2013年10月，是一家由社会爱心人士自发组织的、以开展公益性活动为主的非营利性社会组织，主要开展关爱失独家庭、关爱老人志愿服务活动。机构负责人原是社区居委会副主任，专职从事社会服务工作，依托社区，在民政部门、街道和草根公益团队的帮助支持下，先后申报实施了中央财政资金支持社会组织参与社会服务项目、民政部福彩公益金特殊困难老年人社会工作服务项目、江西省社会组织公益创投项目、江西省福彩公益金资助社会工作服务项目、南昌市妇女儿童服务项目等，形成一批社区群众耳熟能详、广受好评的"爱心品牌"。如，"小桔灯学苑""宜居"社区建设大讲堂、"点亮馨灯"社区妇女技能提升、"生命嘉年华"关爱失独家庭、"恋·家"婚姻家庭援助等，实现对失独家庭及老人的心理、生理、社会经济生活等全方位服务，得到了失独家庭、老人及社会的高度评价。2016年6月，小桔灯服务社党支部被江西省委评为"全省先进基层党组织"。2016年11月，被民政部评为"全国社会工作服务示范单位"。2017年12月，在政府的支持下，服务社升级为小桔灯社会公益创新发展中心。

2. 社区内嵌型社会组织：自营式。社区内嵌型社会组织是内嵌于社区居委会的一类组织，主要是指社区社会组织联合会，是青云谱区培育扶持社会组织参与社区治理最早的尝试探索。2013年前后，青云谱区民政局为推动社会组织培育发展创新，打开工作局面，在全区17个"精品社区"里成立了社区社会组织联合会，与社区居委会"两块牌子、一套人马"、合署办公，为该区社会组织参与社区治理创新实践翻开了新篇章。

这一类社会组织的特点主要是：首先，社区党支部书记、居委会主任一般兼任社会组织负责人，社区工作人员兼任社会组织社工、志愿者，人员专业化、职业化程度较低。其次，社会组织服务领域与社区居委会工作事务重合度高，服务地域范围一般仅限于社区辖区。最后，社会组织行政色彩浓厚，自主性较弱，逐渐内化为基层政府和社区开展社区治理的工具。如青云谱区祥和社区社会组织联合会为社区青少年学生提供在家庭、学校以外的"青少年第三空间站",邀请社区书画队为青少年免费教授书法、绘画技能,培养了学生们的书法兴趣爱好,开展"人际交往训练营",为社区青少年,尤其是外来务工人员子女创造了人际交往和学习技能的机会。

社区内嵌型社会组织在参与社区治理过程中的优劣表现得十分明显。首先,在优势方面,一方面,社会服务成本低。提供社会服务是需要成本的,如人员支出、活动物资、场地费用等占据了项目费用的很大比例。而政府已经为社区工作人员的工资买了单,因此社区内嵌型社会组织在这方面的支出很少,能够把更多项目经费用到服务对象身上。另一方面,开展社会服务便利。由于深深扎根社区,社区内嵌型社会组织在需求评估、问题界定、资源获取、服务对象招募等方面都极其便利。另外,在劣势方面,一方面,社区内嵌型社会组织专业性不强,由于社区工作者主要工作并不是社会工作服务,运营社会组织可能只是兼职或服从行政命令,缺乏专业能力和有效学习,专业提升缓慢,这就容易出现所开展的服务供需匹配度较弱、服务碎片化等问题。另一方面,社区内嵌型社会组织内生发展动力不强,由于基层政府和社区的工具主义的逻辑,对发挥社会组织角色功能参与社区治理并没有很强的主观能动性,导致社区内嵌型社会组织在争取资源、提升服务等方面积极性不高。

3. 外部引进型社会组织:契约式。在社会组织参与社区治理创新实践中,青云谱区凭借着优良的培育扶持政策、宽松的社会服务"土壤环境",吸引了辖区外一批优秀社会组织和人才进入开展公益创业。主要包括:一是省内高校社会工作、心理学等专业背景的教师进入辖区内成立社会组织;二是省内特别是南昌市内运作较为成熟的优秀社会组织与辖区内社区、社会组织等治理主体协作开展服务;三是省外社会工作发达地区回流的专家、督导、资深社工等人才成立的社会组织。

外部引进型社会组织的主要特点是:首先,社会组织成员专业性、职业性强,在自身专业领域内有一定的职业积累,具有鲜明的专业特质。其次，社会组织服务领域、服务对象较为具体和明确；但服务范围、服务时间、服务投入等具有不确定性，常常结合所开展的服务项目，与社区、街办等相关利益主体做出清晰明确的约定，社会组织在契约框架内开展社会服务。最后，此类社会组织资源渠道较为多元，链接资源能力较强，行业内社会网络较为丰富，能够与政府相关部门建立良好关系。

如江西洪宇社会工作服务社实施"校园070·益起行"项目，以"学校综合管理+社工项目运作+单位支持参与"的服务模式开展服务，通过宣传教育、欺凌干预、心理行为矫治三个方面，实现全民参与构建没有欺凌的安全校园。青云谱区英楷社会工作服务中心"新方向社区关爱"项目，针对八大山人社区内药物滥用人员、社区矫正、服刑人员、刑释解教等特殊人群，将专业社会工作"嵌入"社区管理与服务中，为社区特殊人群及家属开展个案心理辅导服务，为社会综合治理工作的开展提供动态数据，促进特殊人群的身心灵全面发展，逐步形成"三社联动"机制，形成家庭、社区、社会工作者加居民的"3+1"的社会工作帮扶模式。青云谱区暖心公益服务社"知行助融"社区帮教心理援助项目，针对徐家坊街道社区帮教工作开展困难、开展社区帮教社会组织数量少的情况，利用专业的心理知识、心理技能等，开展团体辅导、个案咨询、心理健康讲座、心理健康课程等多种形式，使社区帮教对象进一步认识健全自身心理健康，创新推动建立其社会支持网络，有效预防活动成员犯罪与再犯罪，推动街道社区帮教工作的有效开展。

对比本土内生型和社区内嵌型社会组织，外部引进型社会组织也存在一些短板：首先，社区基础较弱。作为外来者，一开始社区工作者、社区居民对这类社会组织都是陌生的，建立起良好的专业关系需要一个过程。另外，专业技术的本土化困境。由于地区经济社会等的差异，先进地区的实践经验并不能直接移植嫁接，如何发挥专业优势，弥补短板，做到专业化和本土化的平衡，是外部引进型社会组织的必修课，否则，就容易在参与社区治理中出现"水土不服"的症状。

（三）青云谱区社会组织参与社区治理创新的成效

1. "服务者"：提供公共服务。该区社会组织服务领域集中在青少年、老年人、社区发展等方面，本土内生型、社区内嵌型、外部引进型三类社会组织表现出了一致性：服务领域趋同、服务内容相似、服务资金聚集，在政府的公共服务之外提供了有力补充。自2009年该区社会组织开始承接项目以来，到2018年10月，共有20家社会组织承接了52个项目，这三个服务领域的项目达43个，占据了绝对比例。

如儿童青少年服务方面。首先，服务机构。共30家社会组织把儿童青少年作为主要服务对象，占比近九成。其次，服务项目。儿童青少年类的项目21个，占比40.4%，项目资金110万元。最后，服务内容。涵盖"三点半课堂"、剪纸、美术、表演等活动；同时还有服务特殊困难、困境儿童青少年活动；以及传承红色基因、发扬传统文化服务活动等。如心灵伞关爱之家重点服务辖区外来务工人员子女，为其开展了辅导学习、融入社区等服务活动。

2. "润滑剂"：化解社会矛盾。在提供基本公共服务时，本土内生型、社区内嵌型、外部引进型等不同类型社会组织都能够很好地胜任，但是在化解社会矛盾、处理尖锐问题等需要专业技能时，外部引进型社会组织就能够更好地发挥其专业优势。

首先，提供专业服务。基层事务点多面广，政府服务事项也不可能都做到个性化、精细化。作为政府力量的补充，社会组织能够从软性的专业服务着手，持续跟踪，在资源链接、社会关爱、心理关怀等方面，帮助困难群体困有所帮，降低群众对政府、社会的不满和敌意。如帮帮堂服务社开展"爱在身边"项目，社工为低保户、边缘户、困难残疾人家庭等近百名特困群体链接医疗、教育、救助、就业等资源，帮助特困群体摆脱弱势的地位，走上自立的道路。

另外，提供应急服务。针对养老院、敬老院、福利院等保基本、兜底线的服务领域，弱势群体多，社会关注度高，突发性事件更容易产生。一旦出现相关情况，社会组织发挥其机动、灵活、专业优势，在困难群体心理抚慰、开展公益活动、引导正面宣传等方面都比政府做得更好，更让社会大众信服。如暖心服务社在协助政府处理辖区民办养老院集资诈骗事件中，发挥机构心理咨询专业优势，召集专业咨询师、志愿者火线入场，一一为老人纾解心理焦虑，引导其相信政府，建构积极心态，稳定住老年人群体，为政府集中精力处理案件挤出更多的时间空间。

3. "减负器"：帮助政府减负。青云谱区是一个老工业城区，随着工业退城进郊、三化问题日趋严重、城市转型升级加快，老工业区基础配套薄弱，城市建设和管理压力巨大。在基层社会治理方面，本土内生型社会组织既熟悉本地情况，又保持了相对独立性、专业性，在介入处理社区"疑难杂症"、协助政府管理社会事务等方面比社区内嵌型社会组织、外部引进型社会组织更加合适、更有优势。

首先，开展社区协商。充分发挥本土内生型社会组织公益性、中立性优势，协调社区相关利益方凝聚共识、达成一致，把问题矛盾化解在社区，帮助基层政府减负。在三店街道三店社区，就化粪池堵塞问题，在街道支持下，常青藤社工服务社建立政府相关职能部门、社区、居民、社会组织"四界联动"的工作机制，召开居民代表会议进行讨论和协商，采取由政府部门出资一部分、居民自筹一部分资金的方法解决经费问题，最大限度地疏通了民意诉求通道，缓解了社区管理成本高、效率低以及群众满意度差的问题，做到居民在社区治理中"唱主角"。

另外，做好行业管理。近年来，青云谱区社会组织不断发展壮大，社会组织行业管理、党建工作、培育创新等方面工作日益增多。在三类社会组织中，本土内生型兼具专业性和本土性，是基层政府委托实施行业自我管理、实现政府减负的最佳选择。如小桔灯社创中心成立党总支，对党员人数不足以建立党支部的社会组织开展联建培育，确保辖区社会组织党建全覆盖；实施社会组织培育发展创新项目，为区域内公益性社会组织提供办公场所、启动资金、项目支持、培训督导等，帮助辖区社会组织不断发展壮大。

4."助推器"：促进社会和谐。在社区微观治理方面，社区内嵌型社会组织能够紧紧依托社区，对外链接项目、人才、资金等资源，为社区开展社区治理提供了更多路径和动能，助推社区更好地服务群众。这一点是本土内生型和外部引进型社会组织无法替代的。

首先，凝聚社区共识。社区内嵌型社会组织本身是社区的利益相关方，通过开展社区活动、策划社区行动吸引社区各利益方的加入，成为社区居委会和社区居民之间的中间桥梁，凝聚起社区的共识和向心力。如祥和社区社会组织联合会对社区居民垃圾处理问题，成立公益当铺，由热心居民志愿队组织群众将家里的废弃物兑换成生活用品，吸引社区居民走出家门，增进了邻里交流，同时宣传了绿色环保生活方式，获得社区居民、物业等各方的纷纷点赞和好评，其他社区社会组织也纷纷学习推广。

另外，和谐邻里关系。社区内嵌型社会组织发挥来源于社区、扎根在社区、服务于社区的天然优势，对社区内大大小小的问题提出接地气、针对性解决方案，增进社区和谐。如阳光公益服务中心针对所在社区邻里关系冷漠这一情况，通过召集"相识相处相助"会议、举办楼栋设计大赛、开展"小手拉大手"活动等形式，不断促进居民相互了解，增加居民交流，融洽邻里关系。

三　青云谱区社会组织参与社区治理创新存在的不足

（一）专业服务不够精准

1. 在服务领域方面。从调查中可以得出，该区公益性社会组织的服务领域分布较为集中，同性质较高，超过八成的社会组织主要为儿童青少年、老年人服务，并且没有在服务领域内进行细分，这在社区内嵌型社会组织身上表现得尤为明显。究其原因，一方面，该群体服务需求较多且显性，介入的专业门槛相对较低，也更容易获取服务对象的好评和满意；另一方面，也反映出社会组织对自身的专业定位较为模糊，满足于开展浅显的服务活动，缺乏发展规划，服务针对性不强。

2. 在服务对象方面。一方面，由于社会组织无法做到在社区长期扎根经营，只能采取"流动式""走读式"服务策略，导致无论是本土内生型社会组织，还是外部引进型社会组织，在服务对象招募上都需要高度依赖社区居委会的帮助。这样，社会组织与社区难以做到平等协作。同时，服务对象与服务项目的匹配度难以保证，使社会组织对服务对象参与活动的目的、动机也难以把握和掌控，在一定程度上影响服务的成效。另一方面，对于社区内嵌型社会组织来说，由于社区情况错综复杂，以及中国"人情社会"的因素影响，在完成项目这一指标的约束下，此类社会组织通常采取以自身人脉邀请服务对象的"便利策略"和以活动物品吸引服务对象的"交换策略"，可能导致真实服务对象难以获得必要服务，而少部分社区居民占据了大部分的服务资源。

3. 在服务落地方面。一方面，对于本土内生型和外部引进型社会组织来说，服务要落地实施，在招募真实服务对象群体、活动场所、社区对接协调、志愿者招募等一系列环节都存在困难。其中某些要素没有匹配，就很可能导致"好资源放错位置"，供需无法精准对接，难以发挥出社会服务的最大功效。另一方面，对于社区内嵌型社会组织，其服务范围基本仅限于本社区，在社区"壁垒"的影响下，社会服务项目的设计、实施、评估等都在熟人社群内完成，社会服务项目有可能成为某些亚群体的"自娱自乐"，社会服务也就丧失了其真正的意义。

（二）资源整合能力较弱

1. 专业力量缺乏。在实践中，本土内生型和社区内嵌型社会组织被紧紧地嵌入基层政府行政管理体制中，基层政府牢牢掌控着资源的分配、政策的倾斜、成本的投入等相关要素，社会组织的发展路径也被官方所主导，导致社会组织对外部开放性专业人才、技术、经验等缺乏吸引力和敏感性，错失专业成长进步的机会。而外部引进型社会组织专业性较强，但专业力量薄弱是普遍现象，导致在实施社会服务时往往有心无力、分身乏术，无法真正扎根基层、做精做深服务。

2. 运作资金单一。一方面，该区社会组织的运作资金主要来自于政府购买服务项目，其特点是：项目数量少且不稳定、项目资金额度小、资金监管政策严。从调查显示，超过八成的社会组织的项目金额在 10 万元以下，其中在 5 万元以下的又占到了六成，社会组织生存状况不容乐观。另一方面，在外部性资源拓展上，本土内生型和社区内嵌型社会组织缺乏了解和渠道，在公益基金会、网络筹款、慈善展示会、提供收费服务等方面获取资源还很少，社会组织造血功能有待培育和加强。

（三）治理主体联动欠佳

1. 与社区联动不足。首先，问题需求收集和情境分析缺少社区参与。社会组织在制定项目申报书和服务计划时，缺少对社区的实地调研，对社区真实需求和问题难以甄别，而社区居委会行政事务繁杂，对社会组织需求问题的修正完善和行动计划的参与支持均不足。另外，社会组织与社区过程联动较少。在开展服务过程中，一方面，社区除了为社会组织提供必要的场地、物资、设备等硬件支持外，对社会组织开展的服务活动采取"工具主义"策略，通过挂名挂牌等方式把社会组织的服务活动作为社区行政事务工作的一部分。另一方面，由于缺乏社区的有力支持、参与和平等协作，社会组织参与社区需求满足、问题解决的成效也将大打折扣。

2. 与基层政府联动偏差。首先，社会组织扮演"伙计"角色。在大政府体制下，政府掌握了行政、项目、政策等绝大多数决定社会组织生存发展的资源，通过交换，社会组织除了要完成社会服务指标外，也承担了很多迎接检查、帮助创建等行政事务性工作，社会组织分化为政府的"伙计"。另外，基层政府在工具主义逻辑下，把社会组织作为开展治理的一项"工具"，社会组织的服务活动在政府政绩、特色、亮点的打造中不断被动适应，机构自身真正的社会服务探索创新被边缘化，受到影响和限制。

3. 与企业等联动缺位。政府、企业、社会组织是"三驾马车"，但现状是"两条腿"走路，社会组织与企业等市场主体的联动还不多。首先，社会组织的专业能力和品牌力较为弱小。企业追求效益，在履行社会责任方面也是一样。目前，青云谱区在社会上叫得响的有品牌的社会组织还不多，特色鲜明的有品牌的公益项目较少，企业支持社会组织开展社会公益服务，但社会组织的服务却难以实现良好的社会效益，对于资助者来说，必然得不偿失，进而打击企业的捐赠积极性。另外，社会组织与企业联动缺乏。一方面，企业在很多时候捐出了真金白银，却不知道它去哪了、成效怎么样，企业获得感和参与感较低。另一方面，在资金使用方面，一般采取给钱给物的方式，直接将其使用到受助对象身上，开展专业服务的较少，捐赠资金的效益没有实现最大化。因此，在企业履行社会责任的传统路径下，社会组织缺乏获取资源的公共平台，企业的爱心捐助也没有合适的捐助渠道。

（四）政策制度预期不定

1. 政府购买服务政策乏力。主要表现在财政资金支持少。从2012年开始，全区用于社会组织培育发展的经费仅有一项，即社会组织培育发展专项资金15万元，随着经济社会的发展，以及辖区内社会组织数量的增多，专项资金的规模却未随之调增以适应形势变化，资金支持逐渐捉襟见肘、难以为继。

2. 社区治理联席制度脱节。青云谱区民政部门早在社会工作人才队伍建设试点时即创造性地建立"三社联动"联席会议制度，为推进社会组织发展，助推社区、社会组织、社工联动参与社区治理起到了枢纽协调作用。但随着社区治理的深化，首先，参与主体更加多元。不同于以往单一的成员结构，随着区域内社会组织的分化和外部组织的引进，参与联席会议的政府、社会组织、社区、社工等各方成员身份越来越多元，成员差异性越来越大。另外，社区治理要求提高。社会组织等主体对民政部门的诉求越来越多、越来越丰富，联席会议所面临的挑战也越来越大，众口难调，"三社联动"联席会议制度逐渐难以满足多元主体共治的发展要求。

四 社会组织参与社区治理创新的对策建议

(一) 加强组织专业能力建设

1. 增强人才专业能力。首先,对于外部引进型社会组织,要通过实务锻炼,把机构年轻专职社工、专业志愿者推向社区一线,多向本土内生型和社区内嵌型社会组织工作人员、社区工作人员学习讨教,在社会服务中学习磨炼专业技能、增强沟通协调能力、掌握基层工作方式方法,实现理论与实践相统一。

另外,对于社区内嵌型和本土内生型社会组织来说,要注重挖掘基础素质好、工作热情高的社区工作人员,重点培养机构核心骨干工作人员,鼓励其考取高级社工师、攻读高校社工专业硕士,进行再教育等,专门化培养、专职化使用,并多给予其外出学习与培训、参访的机会,不断拓展其专业视野,增强其专业能力。

2. 探索差异化服务创新。首先,差异服务。一方面,服务内容差异化。该区社会组织的服务领域高度一致,但在具体服务内容上还是能看出明显差异。关键就在于设计的服务内容与服务对象真实需求的契合度,只有对服务对象显性需求抽丝剥茧、细细分析,才能够找出隐性需求、真正抓住痛点,开发出与众不同而又深受服务对象欢迎的活动。另一方面,服务形式差异化。社会工作传统的三大工作手法是基础,但是在实际操作中不能拘泥、局限于此,社会组织要根据服务对象、服务内容、服务场景、空间的不同灵活采用不同的活动形式,最终的目的就是形式为内容服务,实现服务目标。

其次,差异领域。一方面,做深做细服务领域。根据机构自身优势和特点,集中精力专门瞄准该领域的特定人群,不断花精力、时间、资源做深、做细、做出成绩,成为该细分领域的代言人。另一方面,探索新领域。社会工作服务领域包罗万象,有社会需求就有社会工作,除了传统的家庭、儿童青少年、老年人、残障人等领域社会工作,企业社会工作、医疗社会工作、金融社会工作等都蓬勃发展,都蕴藏着发展机遇。如江西洪宇社工服务社对机构制定了明确的发展路径和方向，另辟蹊径，依托高校资源，不断在司法社会工作领域精业精进，坚持不懈、毫不动摇，逐渐在该领域内做出成绩，业务范围拓展至南昌市各个县区，与省、市、县（区）检察院等单位建立合作关系，专业服务多次被最高人民检察院、共青团中央等单位肯定、点赞。

最后，差异模式。一方面，总结提炼。社会组织通过自身服务的积累，把成功经验逐渐总结固化为一定模式，形成社会组织特色亮点，打造自身核心竞争力。另一方面，学习借鉴。模式既成模式，必然有一定的普遍性，社会组织可以通过学习借鉴外地成熟优秀的服务模式，选取适合自身的，不断内化、本土化，少走弯路、开拓思路，把模式的效用发挥好，服务更多的群体。如成都借鉴江西吉安地区"义仓"模式，将其嫁接到成都城市社区营造中，设立"义仓日"，倡导社区互助，不断完善丰富其内涵，使传统"义仓"模式发扬光大，扩散至全国各地，造福更多需要帮助的人。

（二）激活组织内生发展动力

1. 转变发展路径。首先，对于本土内生型社会组织，要充分利用原生和专职优势，汲取外部引进型社会组织优点长处和有益经验，努力拓展和整合政府、企业、高校、媒体等多方资源，不断更新社会服务思维模式和实践路径，与外界优秀社会组织及专业人才接轨，不断增强自身作为区域社会服务引领力量的能力。

其次，对于社区内嵌型社会组织，要克服社区和社会组织自身弊端，从社区工作者中挖掘社区社工人才，给予其更多的时间和空间，不断提升专业程度和职业程度。要加强与本土内生型和外部引进型社会组织的协作，引进优质资源和人才，在合作中促进组织和人员的蜕变成长，减轻社区压力与负担，提升辖区社会服务水平和质量。

最后，对于外部引进型社会组织，要吸收本土内生型和外部引进型的成功经验，加强与社区治理相关主体的联动协作，融入基层社区治理生态体系，稳定对所服务社区的人员、资源、技术等的投入，做到扎根扎深扎牢，奠定组织发展的牢固根基。

2. 转变培育思路。首先,营造外部环境。基层政府要转变思路,正确处理政府与社会组织的关系,把自己的"掌柜"身份转变为伙伴关系,把自己的职责正确归位,加大资金支持、创新政策扶持、搭建发展平台、帮助获取项目,引导社会组织积极参与外部资源竞争,培育开放性和机动性,为社会组织发展提供良好的外部环境。

其次,推动合作共进。要充分利用好辖区内本土内生型、社区内嵌型、外部引进型社会组织和谐共生、结构均衡的良好条件,通过沙龙、培训、会议、参访等形式引导三类社会组织加强交流、互动,互通有无、取长补短,在合作中推动共同进步。

最后,发挥主体作用。把社会组织真正作为一个独立主体予以对待,给予社会组织更多的信任和发挥的机会,培育扶持枢纽型、平台型社会组织,使其承担起行业培育、自主管理等功能,先进带后进,促进辖区社会组织整体水平的发展提升。

(三)提升治理主体联动水平

1. 依托资源加强联动。首先,发挥资源的导向作用。充分发挥好区级社会组织发展专项经费的杠杆作用,争取小钱用出大成效,对社会组织引进的优秀专业人才给予人才补贴,申请到各级政府购买服务项目的给予配套经费,争取到一定荣誉的给予资金奖励,对于优秀品牌社会组织给予资源倾斜重点打造等,这样通过资源引导和激励,激发社会组织的发展积极性,达到"四两拨千斤"的效果。

另外,加强资源互补共享。"尺有所短,寸有所长",每一个组织都不可能包打天下,专业的人做专业的事,专业的机构掌握专业的资源。社会组织要明确机构自身发展的定位,知晓自身的长处和短板。如本土内生型和社区内嵌型社会组织可以借鉴外部引进型社会组织的专业能力和外部资源,外部引进型社会组织可以学习本土内生型社会组织在协调社区关系、介入社区服务方面的有益经验。专业领域服务、行业管理、等级评估、监督自律、党的建设、培育发展等各类社会组织协作互补,才能实现社区治理共建共治共享。

2. 依托项目加强联动。首先,以项目为纽带,在项目调研、项目设计、项目实施和项目评估等全过程邀请社区、街道、爱心企业等利益相关方的参与,加强沟通对接,帮助分析社区需求问题,听取项目设计实施的意见建议,提高项目的针对性,增强服务对象和利益相关方的获得感、满意度。

另外,增加项目的内涵,探索以企业项目冠名、居民项目认领、学生项目实习等方式,吸引企业爱心资金的支持,得到社区居民意见领袖、行动领袖的参与以及高校专业师生的技术支持,激发社会服务各主体各要素的能动性、活跃度,形成社区治理的强大合力。

3. 依托平台加强联动。首先,丰富"一中心、多基地、多点辐射"培育扶持体系,为社会组织提供办公活动场地、初创资金、培训督导、行业交流、资源共享等服务,为各阶段社会组织提供全方位的基础支持和发展指引。引导入驻的各类社会组织在平台内相互借鉴、取长补短,形成区域内社会服务的"大联盟",形成"一加一大于二"的服务效果,打造社会组织和公益项目的"黄埔军校"。

另外,完善红色创投平台。抓住各级党委政府重视城市基层党建工作的机会,探索深化"党建+公益"模式,持续推动党组织领导社会组织参与基层社区治理,通过积极参与"党建+"项目来拓展社会组织资源获取渠道。同时,加强项目管理和信息公开,在项目实施中融入资助方元素,增加各方参与度,让政府、爱心企业和服务对象放心、信赖,放大项目社会效益。

(四)创新完善政策制度支持

1. 完善工作协商机制。首先,完善区级领导小组协商机制。一方面,基层政府要把社区治理放到更加重要的位置上谋划,将区级社工人才队伍建设领导小组加以完善,扩大领导小组工作范畴,增加领导小组成员单位,把社区治理相关的部门、单位纳入协商平台中,定期研究社区治理有关的重大事项,确保高位推动社区治理不断深入。另一方面,要打通上下反馈协商的渠道,要探索县区、街道、社区三级共同协商,定期就社区治理中的议题,召集领导小组成员、社区利益相关方、居民代表等面对面直接沟通协商,增强问题解决实效,提升社区居民参与度和满意度。

另外，坚持三社联动联席会议。一方面，要常态化召开联席会议。区民政部门定期不定期召集社区居委会、社工、社会组织这三方主体，邀请部门有关业务科室参会，在三社联动联席会议上，就各方的阶段性重点工作、规划、问题做交流沟通，增进了解、互通有无，为社会组织参与社区治理增添一个重要平台和沟通渠道。另一方面，要强化联席会议的作用。通过召开联席会议，显示出从政府层面对三社联动、社区治理的重视，凝聚各类主体共识，在会议中就社会工作人才队伍建设、社区建设、社会组织建设等领域提出问题、分析问题、解决问题、现场办公，为实现社区治理的共建共治共享格局提供政府的有力支持。

2. 探索财政资金集散机制。首先，加大资金投入。一方面，根据区域经济社会发展水平，按照人均社会服务经费测算社会组织发展专项资金的规模总量，并不断浮动增长，为社会组织发展注入稳定的源头活水。另一方面，在资金总量有限的情况下，要提升资金使用效益，正确选择资金使用方向，把专项经费作为杠杆，着重向社会组织的初创、启动、激励等方向倾斜，扩大资金的作用。

另外，创新资金集散机制。支持社会组织参与社区治理，单靠民政部门一家的力量肯定独木难支。基层政府可以尝试集中分散在街道、部门等的社区治理相关资金，汇聚起来设立社区治理专项资金，通过政府购买服务等程序委托给专业社会服务机构运作实施，社会组织作为桥梁，连通起各方的需求、资源、服务，成为社区治理各利益方的最大公约数，使社会服务成本降到最低、社会服务效益提到最高。

河南省郑州市高新区梧桐街道春藤社区物业管理纠纷化解观察

在改革开放后经济社会剧烈变化的背景下，我国城市社区治理产生了一些新的变化和问题。一方面，伴随着新型城镇化进程的加速推进，城市新兴社区的规模不断扩大、人口持续增多，从便于行政操作和节约管理成本角度出发而设定的社区，在实践中不一定是最有效的初级治理单元。范围较小的院落和门栋等有形的社区空间更容易促使居民形成集体行动，提高治理绩效。因此，现代城市基层社会治理应当根据要解决的公共问题所涉及的居民规模、受益范围以及意见分歧程度等，确定不同的治理层次和治理单位。另一方面，住房货币化改革的迅猛发展和"建筑物区分所有权制度"的出现，进一步加快了住宅商品产权个人化和管理专业化的进程。在此背景下，业主委员会（以下简称"业委会"）和物业服务机构作为新兴的城市社区治理参与主体应运而生，成为城市社区治理主体结构中不可或缺的组成部分。然而伴随着我国城市物业管理覆盖面积的逐年攀升，与之相关的物业服务问题逐渐成为社区治理的核心问题。特别是近年来，小区业主、业委会与物业公司之间的纠纷矛盾不断增多、升级，出现了大量物业公司弃管、业主维权，乃至抗争事件。

因此，深入地观察各地在比社区更小的社会治理单元——院落（小区）治理过程中面临的问题和创新实践，总结经验，反思问题，对于构建我国社区治理创新的新路径和新模式具有重要意义。本报告的主题是小区物业管理纠纷及其化解策略，以河南省郑州市高新区梧桐街道春藤社区的升龙 B 区为观察对象，观察梳理小区业主及业主委员会与物业公司纠纷矛盾的具体表现、形成原因，并在此基础上探讨相应的治理策略。

一 观察点的基本情况

升龙 B 区是郑州市高新区梧桐街道春藤社区的下辖小区，位于郑州市西北部，属于城镇化迅速发展过程中的新兴小区。小区建筑面积519371 平方米，共有业主 3500 余户。作为商品房小区，升龙 B 区由郑州泽龙置业有限公司投资开发，于 2015 年 7 月至 2016 年 4 月陆续建成交付。2015 年 7 月以来，由于开发商逾期交房、逾期办理不动产证、逾期开通天然气和暖气、无法提供正式用水用电、私自更改小区规划等问题，升龙 B 区的业主通过向行政主管部门投诉、于公共场所集会、向法院提起诉讼等方式进行维权，逐步解决小区内的开发商遗留问题。四年间的多次维权行动，唤起了广大业主对小区内公共问题的高度关注和参与热情。2016 年 4 月，升龙 B 区所在的春藤社区居委会成立。2018 年 3 月，升龙 B 区在梧桐街道办事处的指导和春藤社区居委会的协助下召开首届业主大会并选举产生业主委员会。自 2015 年交房以来，升龙 B 区的物业管理服务一直由开发商选聘的前期物业服务企业——河南升龙物业管理有限公司（以下简称"升龙物业"）提供，该公司与郑州泽龙置业有限公司（升龙 B 区的开发商）同属升龙企业集团。

综合来看，升龙 B 区是典型的新型城镇化发展背景下的新建成小区，具有以下特征。

一是业主整体偏年轻化，是典型的陌生人社区。升龙 B 区是在郑州市高新区城中村改造项目的基础上建成的商品房小区，在其建设、销售以及交付期间，高新区城镇化进程快速推进，房价不断攀升。因此，该小区的业主多为在高新技术行业工作的"80 后"，相对年轻且接受过高等教育；业主来自不同地区，地域文化背景差异显著；由于购房时间不同，房价浮动较大，业主的经济实力差距明显；加之小区形成时间较短，业主之间交往有限，是典型的陌生人社区。

二是小区成立之初便面临矛盾激化的问题。如前文所述，升龙B区主要依托郑州泽龙置业有限公司投资开发的升龙又一城项目，而这一项目自2015年7月交付至今持续存在延期交房、延期办理不动产证、基础设施建设缺陷等问题。升龙业主以年轻人为主，购房多出于刚需，对房屋品质、配套基础设施和服务有明确要求，因此入住前后通过集会、民事诉讼等多种方式要求开发商解决上述问题。其后在郑州市政府和高新区政府的介入下，延期交房违约金赔付、协助业主办理不动产证、集中供暖、部分配套基础设施建设等问题逐步推进解决，但仍遗留正式供电配套设施建设、供暖设备移交热力公司等问题。同时，在以上问题解决和矛盾化解的过程中，业主、业主委员会与物业服务企业的矛盾逐步形成并激化。

三是业主参与院落自治的意愿相对较高，能力相对较强。一方面，小区建成之初就面临开发商延期交房以及基础设施不达标等违约行为，引发业主的广泛关注以及一系列维权行动。因此，相较于其他小区，升龙B区业主关注并参与小区公共事务的意愿普遍较高。另一方面，升龙B区的业主多为年轻人且接受过高等教育，具有较强的公民意识和权利意识，同时对参与小区公共事务的方式和内容等具有一定的知识储备。因此，相较于传统小区，升龙B区业主参与院落自治的意愿、能力以及组织化程度都比较高。

综合来看，升龙B区的以上特征是业主、业主委员会与物业服务企业产生纠纷甚至激烈对抗的动因，同时也是有效化解矛盾、构建院落自治协商机制的重要因素，对于研究新型社区的院落自治具有重要意义。

二 物业管理纠纷的过程考察

升龙B区作为一个新兴小区，物业管理纠纷已经成为院落自治中的难点要点。自2015年7月小区陆续建成交付，业主与物业公司之间的矛盾纠纷就酝酿发展，其后逐渐显露并爆发，不仅严重影响了业主的日常生活,且不利于未来社区治理协商机制的形成。本部分将遵循升龙 B 区物业管理纠纷的发展脉络对其进行过程性考察。

(一)纠纷产生和矛盾酝酿阶段

自 2015 年 7 月房屋交付开始,升龙 B 区业主在装修、入住的过程中陆续发现开发商的多项违约行为,包括延期交房、违约金赔付、地面停车位设置、不动产证办理、临时用水用电以及集中供暖等,因此先后组织多次集会、游行、示威等集体行动向开发商施压,并要求相关政府部门介入解决问题,以维护其基本权益。此间,开发商选聘的前期物业管理服务公司——升龙物业开始提供物业管理服务。

虽然这一时期升龙 B 区尚未成立业主大会及其业委会,但长期的组织化维权过程增强了广大业主对小区内公共事务和公共问题的参与热情,同时由 11 名年轻化高学历业主组成的"维权小组"开始成为小区内的意见领袖,并逐步承担起业委会的基本职责。在此过程中,春藤社区居委会、"维权小组"(后改名为"临时业委会")以及物业服务公司逐步通过联席会议、微信群沟通等多种方式建立起升龙 B 区的院落自治协商网络,共同探索解决小区公共问题的有效机制。这一时期升龙 B 区的物业管理矛盾尚未显现,但纠纷已经开始产生。一方面,因与开发商属于同一集团,在多方协调下,升龙物业开始协助开发商解决其在规划、施工阶段的遗留问题。在此过程中,部分业主选择直接与升龙物业而非开发商交涉,并将问题和责任直接归咎于物业公司及其工作人员,其间甚至引发双方的矛盾与冲突。另一方面,升龙物业在提供服务过程中逐渐暴露出服务意识不足、专业性不强等问题。物业服务团队甚至因为与个别业主的纠纷在供暖期暂停设备调试,导致升龙 B 区集中供暖延迟,引发广大业主不满。

(二)矛盾显露和初步触发阶段

2018 年 3 月,升龙 B 区首届业主大会在梧桐街道办事处的指导下成功召开,并选举产生业委会。2018 年 4 月至 5 月,升龙 B 区先后发生两起业主与物业服务人员的冲突事件,由此激发了广大业主长期以来对物业服务的不满情绪。5 月 14 日,业委会在业主 QQ 群和升龙 B

区公众号发布《关于暂停缴纳2018下半年物业费的通告》,倡议全体业主暂停缴纳物业费,直至两起冲突事件圆满解决。7月3日,业委会发布《关于拟计划与物业重新签订正式物业合同的公告》,邀请专业律师对"前期物业服务协议"的内容进行重新审查,指出多处模糊表述和不合理条款①,倡议与升龙物业重新签订《物业管理服务合同》。

2018年8月13日,业委会发文称解除暂停缴纳物业费的通告,并声明经与升龙物业协调,为全体业主争取到以下权益:小区内电梯广告等公共收益归业主所有并由业委会参与支配、计划与物业公司重新签订物业服务合同、使用部分公共收益为业委会配备办公室等。其后,业主、业委会与升龙物业之间的关系暂时缓和,并在春藤社区居委会的协调下重新回到原先的院落自治协商框架中,合作解决小区内的"僵尸"电动车、群租房等公共问题。

(三)矛盾爆发和激烈对峙阶段

2019年2月,因春节期间的小区装饰等问题,升龙物业与业委会成员之间爆发激烈冲突。2月19日,业委会发布《关于暂停缴纳AB区2019年物业费及拟召开业主大会的通告》,细数升龙物业"七宗罪"②,倡议全体业主暂停缴纳2019年物业费,建议召开第二届业主大会,启动更换物业公司程序,通过招标的方式选聘新的物业服务企业。5月18日,升龙B区第二届业主大会顺利召开,业委会向全体业主做年度工作报告,并提出五项议题:解聘升龙物业并与其终止前期物业服务协议;授权业委会选聘新的物业服务企业并做招邀标的准备工作;授权业委会决定B区物业管理区域内的多种经营事项;授权业委会对升龙物业服务期间的所有多种经营项目收益进行审计;授权业委会对升龙物业是否存在违规情况、小区公共资产及公共配套引发的

---

① 如该协议未明确物业公司应尽的责任;未设置针对物业公司的考核标准和违约处罚标准或考核条款;未最大限度保障业主的合法权益;等等。
② 包括:于2017年冬供暖季暂停设备调试,联合开发商阻挠业委会成立,物业服务人员多次与业主发生冲突,未经全体业主及业委会同意和审核随意支出公共收益,等等。

法律纠纷进行核实，如果存在，业委会可以代表全体业主对其依法诉讼。业主大会投票结果显示，以上议题均得到"双过半"同意①，业委会于2019年6月11日向升龙物业送达业主大会投票结果和决议函。

（四）矛盾暂缓和秩序重建阶段

2019年6月，物业公司在接到业主大会投票结果和决议函后，派专员对升龙B区的物业服务项目进行调查摸底和人事调整，并对负主要责任的物业经理和团队成员进行降级、降薪、调离、追责等处理。2019年7月27日，在相关政府部门协调下，梧桐街道办事处、春藤社区居委会、升龙B区业委会以及升龙物业四方召开联席会议，针对升龙B区仍存在的临时电负荷分配、正式电接入、工程遗留以及物业服务质量等问题进行协商。2019年8月14日，升龙物业向业委会送达《致升龙又一城B区业主的公开信》（以下简称《公开信》），在尊重业主大会五项决议的前提下，承诺与政府、开发商一起解决工程遗留问题，同时就提升服务品质、调整人员组织架构、解决业主关心的问题进行说明，进而提出27项升龙物业服务延续期间升龙B区品质提升改善计划，内容涉及配套设施维修与完善、小区绿化、电动车充电棚维修改造、协助建设老年活动中心等。

至2019年11月末，升龙物业更换了升龙B区的物业经理，重新调整了物业服务团队，按时或者提前完成了大部分《公开信》中提出的服务品质改善计划，同时积极协助居委会和业委会建设老年活动中心、"春藤书院"，得到了业主及业委会的高度评价和认可。此间，业委会与升龙物业达成一致，至2020年第三届升龙B区业主大会做出选聘或续聘物业服务企业决定之前，升龙物业继续按照前期物业服务协议约定继续提供物业服务，升龙B区业主在此期间亦有义务继续交纳原定的物业服务费用。

---

① 《河南省物业管理条例》第二十二条规定，选聘和解聘物业服务企业、决定物业共用部位和共用设施设备经营方式和收益分配、决定有关业主共有和共同管理权利的其他重大事项，应当经专有部分占建筑物总面积过半数的业主且占总人数过半数的业主同意。

三 物业管理纠纷产生的原因分析

从应然层面来看，物业公司和业主之间是一种基于契约的服务与被服务关系，业委会则代表业主履行部分职责，包括与物业公司签订合同、监督和协助物业公司履行合同等。然而在实践中，前期物业管理的特殊性、物业公司管理和服务的规范性、业委会的法定地位和规范化运行、多元主体的责任界限等问题，事实上导致了物业服务纠纷的多发和频发。

（一）前期物业管理的特殊性

目前，类似于升龙 B 区这样由开发商下属的前期物业服务公司作为小区物业服务机构的情况非常普遍。相较于由业主自主选择的物业服务公司，由开发商指定的前期物业公司由于与开发商之间千丝万缕的联系，更容易引发业主与物业服务机构的矛盾。一方面，由开发商主导与物业公司签订的《前期物业服务合同》，是引发业主与物业公司的矛盾的起点。在实践中，商业住宅小区前期物业服务企业通常由开发商自行选定，这些企业多为与开发商存在较深利益关系往来的物业公司，要么是开发商的二级子公司，要么是其另行成立的独立物业公司。在这种情况下，小区前期物业服务合同的签订主体为开发商和物业服务企业，而履行主体则是业主和前期物业服务企业，业主被排除于合同签订过程之外，缺少必要的参与权和知情权，完全处于被动服从的地位。再加上前期物业服务公司与开发商之间紧密的利益关系，这就导致很多业主将前期物业服务企业视为开发商的利益代言人，更容易引发业主与开发商、前期物业服务企业之间的矛盾纠纷。目前，升龙 B 区的物业服务机构为河南升龙物业管理有限公司，与小区开发商郑州泽龙置业有限公司同属升龙集团。正是由于二者之间的关系，部分业主认为物业代表着开发商，有了问题找物业就等于找开发商。然而实际上，升龙物业和泽龙置业在法律上是两个独立的法人，物业公司并不应该为小区出现的各种问题全面负责。

另一方面，开发商的遗留问题也成为物业公司和业主之间产生纠纷的另一诱因。住宅小区的物业服务是建立在已经形成并投入使用的房屋和设施基础之上的，而这些场地和设施是由开发商建设的，因此房屋和道路等设施的交付质量，会直接影响前期物业服务水平。在实践中，开发商的遗留问题往往会给物业公司带来沉重负担，如规划设计缺陷或施工质量不合格等问题，考虑到前期物业公司与开发商的利益关系，绝大部分业主都不会通过正常渠道向开发商交涉维权，而是与物业公司交涉，而物业公司通常又会把责任直接推给开发商，从而引发纠纷矛盾；开发商不认真履行房屋和配套设施的保修责任，将问题压给物业服务企业，物业服务企业成为其逃避保修责任的"挡箭牌"和"替罪羊"。郑州泽龙置业有限公司在进行升龙B区建设交付的过程中就存在延期交房、因手续不全无法办理不动产证、配套设施不完善等诸多遗留问题，强制交付后引起业主的巨大不满。经过升龙B区业主的多次维权，在政府主管部门、梧桐街道办事处以及春藤居委会的协调下，升龙物业不得不参与部分遗留问题的解决。这一方面严重影响了物业公司与业主之间最初的信任与合作关系的建立；另一方面这些遗留问题的解决造成了物业公司的沉重负担，甚至进一步激化了其与业主、业委会之间的矛盾。

（二）物业公司管理与服务不规范引发居民不满

我国推行住房商品化改革前后不过四十年，物业服务企业的形成和发展时间更短。物业公司的服务意识不到位、管理与服务不规范导致的服务质量不高，是引发物业服务纠纷的直接原因。一方面，物业服务公司角色错位、服务意识不到位。一些物业服务企业缺乏市场意识和服务理念，往往认为自己是物业项目的管理者，业主是被管理的对象，在物业服务中将自己凌驾于业主之上，无视甚至侵害业主利益。对业主要求解决的问题、投诉、需要帮助的事情、对要求履行的义务，采取推诿、拖延或者置之不理的态度和行为，更谈不上对业主投诉事项的处理过程与结果进行跟踪和回访；不进行规范经营，采取不正当手段强制业主服从管理，随意改变物业管理的服务标准和物业管理收费标准，从而使矛盾更为激化。升龙物业在为升龙B区提供服务的过程中就暴露出此类问题，小区大门和单元门的门禁系统长期未启用、忽视小区内电动车乱停乱放私拉充电线存在的安全隐患、对小区内道路和绿化的损毁视而不见等，物业服务人员甚至在业主寻求帮助时恶言相向，与业主发生激烈肢体冲突等。这些问题均反映出物业公司及其工作人员的服务理念缺失以及角色错位。

另一方面，物业服务监督制度的实际效力薄弱。《物业管理条例》规定，业主共同决定选聘和解聘物业服务企业，并有监督物业服务企业履行物业服务合同的权利；业主委员会向业主大会报告物业管理的实施情况，代表业主与业主大会选聘的物业服务企业签订物业服务合同，及时了解业主、物业使用人的意见和建议，监督和协助物业服务企业履行物业服务合同。这个框架主体明确，责任分明，严密完整，但是实际监督效力却非常有限。在实践中，物业公司对业主的监督置之不理，业主就只有找业委会或拒绝缴纳物业费，业委会同样无法制约物业服务企业，而拒绝缴费又破坏了合作。因为一旦物业公司以缴费率低为由选择不合作，业委会就只有投诉和解除合同这两种办法，投诉需要付出时间和人力，需要行政部门调查和核实，因而并不适于处理一般性的情形；解除合同需要经历退出和交接阶段，聘请新物业服务企业又需要一个过程，这使小区出现物业管理空白，对小区不利，而频繁更换物业服务企业更不切实际。升龙 B 区在 2019 年 5 月的业主大会上做出"终止前期物业服务协议并重新选聘物业服务企业"的决定后就面临此类困难。一方面，重新选聘物业公司需要经历长期的考察和专业的筛选，而业委会成员在选聘物业公司方面既缺乏专业的知识和经验，又没有足够的时间和精力；另一方面，根据《物业管理条例》，重新选聘物业需要"双过半"的业主通过业主大会或者书面投票的形式共同决定，这一决议过程既要耗费巨大的人财物力，又需要花费一定时间才能完成。因此，业委会和升龙物业在多方调解下达成一致，到 2020 年 3 月业主大会做出选聘或续聘物业服务企业的决定之前，仍然由升龙物业为升龙 B 区提供物业服务。同时，升龙物业做出改进内部管理和提升服务品质的承诺。

（三）业主委员会的法定地位和规范运行存在模糊之处

作为物业管理和院落自治的重要主体，业委会在相当程度上代表了广大业主的意志和利益，并作为业主大会的执行机构履行其职责。但在实际运行中，业委会成立难、法律地位不明确以及规范化运行等问题都不同程度地引发了物业管理的纠纷。

一是业委会的成立存在较大困难。尽管升龙B区的"维权小组"在带领小区业主维权抗争阶段积累了良好的群众基础，但业委会的筹备成立过程依然面临了巨大困难。从社区居民的角度来看，一方面人们在早期维权过程中花费了巨大的时间和精力，在其诉求陆续得到满足之后需要尽快恢复正常的工作生活状态，推动成立业主大会和业委会的动力不足；另一方面，作为新兴的居民自治组织，业委会在国内尚属新兴事物，民众对其成立流程、权力范围和职责内容缺乏必要的了解，即便想要成立也无从下手。从维权小组和维权业主代表的角度来看，他们事实上已经成为社区居民充分信任和认可的业委会委员候选人，但这些维权代表大多为"80后"年轻人，承担着巨大的工作和生活压力，无法继续花费更多的时间和精力用以履行业委会职责。此外，课题组在访谈中发现，部分社区居民对业委会的职责范围并无清晰的认识，认为无论何种问题都可经由业委会解决，给那些有望成为业委会委员的维权代表造成巨大的心理压力。因此，虽然升龙B区的业委会已经成立，但在成立过程中耗费了巨大的时间和精力。

二是业主委员会的法律地位不明确。《物业管理条例》规定了业主大会由物业管理区域内全体业主组成，代表和维护物业管理区域内全体业主在物业管理活动中的合法权益。作为由业主大会选举产生的执行机构，《物业管理条例》对业主委员会的法律地位及权力范围未做任何规定，却明确要求其承担"代表业主与业主大会选聘的物业服务企业签订物业服务合同""监督和协助物业服务企业履行物业服务合同"以及"监督管理规约的实施"等职责。法律地位不明以及权责不一致，直接导致业委会在参与物业管理的过程中面临一系列困难：对外，业委会不能以自己的名义实施法律行为，在签订合同、开设账户、出具发票等方面相关事宜难以操作和实际执行，无法有效保障业主的共同利益；对内，业委会无权监督管理规约的实施，尤其无权强制业主履行管理规约约定的责任，并对其违约责任予以处罚。2019年5月的业主大会决议"授权业委会决定B区物业管理区域内的多种经营事项"，因此升龙B区业委会克服种种困难在银行开设公共账户，但却因组织性质问题始终无法开具发票，这就导致其无法实现对小区多种经营收入的直接管理。同时，尽管"按时缴纳物业服务费用"是小区业主的义务，且已纳入升龙B区的《业主管理规约》，但对于拒绝缴纳和拖延缴纳物业费的业主，业委会也只能通过劝导的方式进行引导，效率低下且收效甚微。

三是对业主委员会的监督机制不健全。一方面，《物业管理条例》规定业主委员会有权"代表业主与业主大会选聘的物业服务企业签订物业服务合同"。从《中华人民共和国合同法》角度看，业主委员会因在合同上盖章而成为当事人，但发生纠纷时业主委员会则因无独立财产而不能承担民事责任。这就导致出现了这样一种奇怪的现象：业主委员会是特殊民事行为的权利主体，却不能成为责任主体。这项规定不仅为业委会可能发生腐败而不承担责任埋下了隐患，也从根本上伤害了全体业主的利益。另一方面，《物业管理条例》关于对业主组织的监督有三项规定：一是业主在物业管理活动中，享有监督业主委员会工作的权利；二是业主大会、业主委员会做出的决定违反法律、法规的，物业所在地的区、县人民政府房地产行政主管部门或者街道办事处、乡镇人民政府，应当责令其限期改正或者撤销其决定，并通告全体业主；三是业主大会可以设立业主监事会或者独立监事，负责监督业主委员会的工作。但监督权如何行使，具体监督措施是否到位，都缺乏相关的可操作性规定。从根本上说，目前对于业主委员会缺乏一套健全的内外部监督制约机制。

（四）主体责任界定不明晰导致联管效果不佳

物业服务机构与业委会问题的本质是城市基层治理问题。目前的问题是行政（街镇、房管）、市场（物业、专业服务企业）、社会

（居委会、业委会）三方六家的关系未理顺，责任界定不明晰，致使社区难以形成有效的治理格局。在职能和责任尚未得到明确界定的情况下，社区过多把不应该承担的风险和责任施加在物业管理企业身上。为了提高房屋销售业绩或承接项目管理权，有的房地产开发商、物业管理企业甚至把物业管理说成了"包治百病"，从而造成广大业主错误地把一些应由社区承担的社会保障职能、应由政府行政部门承担的社会治安职能、应由开发商承担的建设质量与保修责任、应由水、电、气以及公交等公用事业企业承担的经营管理职能都误以为是物业管理的事情。一旦发生问题，业主都会找到物业管理企业要求其承担相应的责任。物业管理服务活动涉及多个相关主体，其中包括业主、物业管理企业、房地产开发企业、公用事业单位以及政府行政管理部门等，相互之间关系错综复杂，而且各方认识也存在差异，责任界定也不明确，这使得一些涉及相关主体利益方面的问题层出不穷。特别是在缺乏及时调解和充分沟通的情况下，物业管理过程中会不断暴露出一些问题和矛盾，甚至在少数住宅小区发生比较尖锐的冲突，引起社会上较大反响。

四　物业管理纠纷的化解策略

综合以上分析可以看出，在业主、业委会与物业公司的矛盾冲突中，各方都应承担一定的责任。此外，相关政策法规的缺失或不完善也是不容忽视的重要原因。因此，在分析和解决此类矛盾冲突时，不宜把责任简单地指向矛盾冲突的某一方，而应对问题的相关各方以及外部影响因素，做全面客观的分析，才有可能找到解决问题的有效方法。

（一）强化政府对前期物业服务机构选聘和服务的监管

通过上述分析，开发商在前期物业管理中占主导地位是前期物业管理发生纠纷的一个重要根源，"建管不分"本身就是一种不规范的内部操作行为，不符合市场规律。因此，解决前期物业管理疑难法律问题的对策在于强化政府在前期物业管理中的管理职责，尤其是强化政府对前期物业选聘和服务内容和质量的监管，明确开发商的协助义务。在实践中，虽然全国各省市的情况不一，但绝大多数省市都规定了住宅项目的物业服务机构应通过招投标的方式选聘具有相应资质的物业服务企业。因此，政府应重点监管住宅项目的前期物业服务企业选聘是否经过了合法的招标程序。为剥离开发商与物业的"父子"关系，建议对今后新建小区应一律按《城市住宅区物业管理条例》规定，实行物业管理招投标制度，严格监管开发商前期销售房屋时出现虚假广告和对物业收费不切实际的承诺，给物业创造一个质价相符的市场选择平台，从体制上解决"建管不分"。

从具体的操作层面来看，一方面，对于未经过招投标而签订前期物业服务合同的行为，按照相关法律法规追究开发商的行政责任；另一方面，对于违法招投标的行为，按照《中华人民共和国招投标法》的规定追究相关单位和人员的法律责任。同时，通过建立专门的物业公司招投标专家库、规范招投标的程序等方式，着力构筑公开、公平、公正的招投标机制。此外，政府应加大对前期物业服务合同内容的审查，对于前期物业服务合同内容明显违法或侵害业主权益行为的情形，房地产行政主管部门一方面应及时交由工商部门进行调查处理；另一方面应及时提醒相关的业主或业主委员会，告知他们相应的法律权利和救济途径。

（二）应当完善物业管理相关立法及宣传

政府应根据情况，制定明确、详细、可执行的物业管理政策法规，加强对物业模式的监督与管理。加强对物业公司的绩效考评，在与业主大会协商的基础上，制定出一整套物业服务考评标准，对物业管理公司的服务进行量化，运用问卷调查的方式，组织小区居民定期对物业公司的服务进行全方位的评价与反馈。同时，也应保证物业、业主、业委会之间的沟通渠道的畅通，业委会应定期组织业主代表与物业公司负责人进行沟通。在此标准上，对物业管理公司进行定期的公开考评，及时反映问题。对考评不合格的物业公司，应终止与其的合作。

从具体的操作层面来看，一是建立合理的市场准入制度。通过设置强制性的质量标准，如所服务小区的满意度、成立年限及人员数量等指标将服务质量较弱的物业服务企业排除在外，引导小区物业服务市场的有序竞争。二是明确信息公开制度。物业服务企业在信息、资源等方面具有"天然的优势"，而业主则处于弱势地位。建立明确的信息公开制度，将收费标准、服务标准、小区公共经费及政府补贴经费的用途和使用程序公布，使广大业主充分了解本小区的经营情况，维护业主的合法权益。三是引入第三方服务评估机制，即物业服务评估的监管机构。依照相关的法律法规、规章制度的约定，接受业主、业主大会、建设单位、物业服务企业或有关部门的委托后，由物业第三方评估机构承担物业服务费用评估、物业服务质量评估以及物业项目承接查验工作，解决物业服务中引起居民不满的绝大部分内容。

（三）加快推进物业服务的市场化和专业化

目前，物业服务企业，尤其是开发商自带的物业服务公司普遍存在市场化和专业化程度不高的问题，是导致业主与物业公司纠纷矛盾的又一个深层次原因。《物业管理条例》明确规定了物业为服务企业，因此物业服务行业的根本出路在于加快推动自身的市场化和专业化。为此，一是要继续推行和完善招投标制度。打破"谁开发、谁管理"的局面，形成物业管理市场竞争机制，实现优化资源配置与创造规模管理效益，促使物业管理业的健康发展。二是鼓励物业服务企业实行资产重组，促使其向集团化、规模化发展。政府应出台助优扶强、培育龙头企业的相关政策，促使规模较大的物业管理企业通过兼并、收购、联合等方式进行重组，优化资源，形成集团公司，提升自身的经营实力，扩大管理规模，从而降低单位经营成本，提高经营效率。三是实现物业服务的专业化，打破统包统揽的经营模式，可尝试将保安、清洁、绿化等专项业务承包给专业公司。显然，专业化分工有利于各项服务内容趋于极致，并使成本费用降至最低，从而形成小区业主、物业公司和相关专业公司多方共赢的局面。

此外，物业服务机构也应主动提升服务质量。物业管理企业与业主在物业管理活动中，虽然在经济利益点上有差异，但其目标是一致的，都是为了能够将小区的物业做好，小区的物业做好了，物业公司能够获得更多的经济收益，业主才能够生活在一个舒适的环境中。因此寻求双方的共同利益，才是处理好双方关系的根本保证。物业和业主必须在物业管理活动中推广"合伙经营"的理念，营造一种"合作伙伴"的氛围。物业公司要在提高服务品质与管理水平，提高服务档次，推行品牌效应上下足功夫；要在员工的思想意识中肯定和树立"业主第一"的观念，认真对待和处理业主的诉求；要公开财务账目，做到服务透明化。同时，在提升一线员工素质上要下足功夫，这样才能促使员工有效地与业主进行友善的沟通，才能给业主留下良好的印象。对提供哪些内容的服务，服务水平达到什么样的标准，实现怎样的管理服务目标，应该结合企业的综合能力，并充分尊重业主的意愿，即建立在双方平等协商认同的基础上。总之，只有物业公司自身首先忠实地履行委托合同内容，将物业服务视为一种正常的市场契约行为，才能最大限度地得到业主的认同和信任。

（四）引导业主大会及业委会的规范化运作

首先，要明确业主委员会的法律地位，确保权责一致。根据《河南省物业管理条例》的规定，业主委员会是业主大会的执行机关。作为一个有名无实的"权力执行机关"，业主委员会的民事主体地位直接关系着业主共同利益的维护。因此，一是应当进一步建立健全相关立法，赋予业主委员会独立且明确的法律地位和权限，确保业主委员会在实际运行当中权利能正常发挥，从而在权利的合理发挥中做到为业主维权；二是辅之以各项权力的具体实现方式及保障措施，使业主委员会在院落自治过程中能真正发挥作用。

其次，要推进业主委员会专职化和明确业委会成员的薪酬待遇。一是执行主任资格认证制度。业委会作为一个专业性很强的组织，其委员会主任应该有相应的任职条件，要求业委会主任具备贡献意识、服务意识、责任意识，具有较强的领导能力、组织能力、协调能力。二是明确业主委员会成员的薪酬待遇。为了提高业委会成员的积极性，增强服务能力，应明确业主委员会成员的薪酬待遇，对工作认真负责的成员给予相应的奖励；对滥用职权、收受贿赂的成员，应坚决处罚，让业委会成员意识到权利和责任的统一性。三是建立日常工作责任制。可以在业委会成员内选择一人专门负责日常事务，也可以通过公开招聘的方式，聘用具有物业管理专业知识的人员负责日常事务。四是吸纳有专业知识的业主参加业委会。业主委员会要监督物业公司的工作，就需要业委会成员掌握财务、建筑、法律、审计方面的知识，如果缺乏这方面的知识，就难以及时发现物业公司的侵权行为。业主委员会应鼓励小区内有专业知识的业主参与其中，积极鼓励这些人参与小区公共事务管理，发挥专业知识的优势。

再次，要建立一套能确保业主委员会运行更趋规范、有序的工作制度。一是各类会议制度。如业主委员会会议制度，建议每月一次；业主大会制度，依据相关法规规定，提前15天公告业主大会的召开时间、议题，并根据不同情况或采取书面征求业主意见的形式或采取集体讨论的形式召开；联席会议制度，由小区居委会、业委会、物业三方参加，既是讨论小区综合性管理实务的会议，又是协调各方关系，促进小区和谐的会议。二是定期接待制度。每周一至周五上午由业主委员会成员轮流值班，接待并听取业主的意见和建议，帮助业主解决物业使用中碰到的种种问题。三是电话回访制度。对业主委员会接待的业主的所反映的问题，实行首接负责制，做到事事跟踪，直至最后落实解决。四是信息发布制度。业主委员会在小区内建立业主委员会专用信息宣传栏，依法在规定时间内向业主发布业主委员会、业主大会的公示、公告、决定；维修资金收支、业主大会活动经费收支等。

最后，要建立健全业主委员会内外部监督制约机制。一是通过给予业主委员会实体化地位，在工商部门注册成为法人，明确业主委员会的行为能力的方式，让业主切实成为自己物权的主人，同时承担相应的责任。二是建立业主监督委员会。由小区选举产生的，能有效制约业委会在实际运作中滥用职权的行为。其成员可由业主、居委会等相关人员组成，其主要任务是监督业委会的运作，及时发现业委会是否存在违规行为，并予以及时处理和解决。三是加强业主对业委会的监督。业主要提高监督意识，要求业委会汇报具体工作，重视业主的意见和建议；对有关业主权益的事情，业委会要做到公开、透明；业委会及其委员违反业主公约并对小区造成严重影响时，业主要及时向法院提起诉讼，追究当事人的民事责任。四是加强政府的监督作用。政府要主动推进基层社区自治，履行相应的监督责任。我国业主委员会还处于初级发展阶段，自治能力和水平不高，自治制度也不完善，因此需要政府做好监督工作。加强宏观层面上的引导，扮演裁判者、监督者的角色，使业主委员会规范、有序地发展。

（五）理顺社区居委会、物业及业委会三方关系

根据《物业管理条例》的有关法律条文，要建立政府主导部门、街道办事处、社区居委会、业主委员会四级监管的物业管理体制。按照"县市区政府负责、街道办事处组织、社区居委会监督、主管部门指导"的原则，建立以块为主、条块结合、属地管理的物业管理格局，建立联席会议制度，切实理顺体制，明晰各级管理责任。因此，可从以下几个方面着手厘清社区三方关系。

首先，理顺社区居委会与物业管理公司之间的关系。在社区治理中要明确社区居委会和物业机构的关系是：社区居委会要依法规范物业管理机构的行为；社区居委会要代表居民支持和监督物业管理机构的工作；物业管理机构自觉接受社区居委会的指导、管理和监督。通过社区居委会和业主委员会交叉任职，有利于发挥社区居委会对物业管理机构的指导、支持和配合作用。社区居委会在追求社会效益目标的同时，要把支持物业公司工作、改善小区物业管理作为工作目标之一。要利用自己与居民关系密切的优势，帮助物业公司进行宣传解释，协调出现的矛盾和分歧，从而解决物业管理工作中的困难，加强和改善小区的物业管理。物业公司在追求经济效益目标的同时，要确立社会效益目标，以更好地促进经济效益目标的实现。一是社区建设目标，积极支持和配合居委会的工作并接受居委会的监督，创造条件

支持并参与社区精神文明建设和物质文明建设;二是居民满意目标,通过提供优质服务,为居民创造安全、文明、舒适、愉快的工作和生活环境,密切与居民的关系,提高居民满意度;三是信誉目标,信守合同约定,全面履行职责,落实各项承诺,塑造企业的良好形象。双方要加强沟通联系,可通过相互来访、召开座谈会、经验交流会等形式联络感情,联手举办社区文化、娱乐和联谊活动,促使广大居民支持和配合开展社区工作。

其次,理顺业主委员会与社区居委会、物业管理公司之间的关系。社区居委会是基层群众性自治组织,业主委员会是业主大会的执行机构,二者之间存在一定的职能交叉,但二者的性质显然不同。要强调居委会对业委会的监督关系,避免出现社区居委会取代业主委员会或者重视业主委员会而轻视社区居委会的两种极端现象。要定期召开有业主委员会、社区居委会参加的联席会议,交流、通报情况,研究解决问题。另外,对于物业公司而言,有了业主委员会,可以使业主有组织地参与管理和表达对物业管理的看法,进而理顺委托管理与受托管理的责、权、利关系,使双方利益得到有效保障,使业主、业主委员会与物业管理的法律关系更趋明确,推动和实现物业管理的规范化。

最后,理顺"三位一体"的关系。社区居委会、业主委员会和物业管理公司,作为社区内的"三驾马车",要同驱并进。社区党支部是小区"三位一体"管理的领导核心,在管理运作中起牵头、协调和监督作用。社区党支部书记、副书记和委员,由社区居委会、物业公司和业主委员会负责人参加。通过社区党支部把三者联结成目标一致、各司其职、互为一体的管理综合体,并定期召开联席会议研究社区管理工作中存在的问题,实现信息共享、业务互通、工作合力,共同管理和服务好社区。做好社区管理工作,促进和谐社区建设,需要物业企业、社区居委会相互协调、相互支持,更需要社会各界的共同参与、广泛支持,只有充分发挥各自的特点和优势,取长补短、协同发力,才能达到事半功倍的效果,得到社区居民的普遍满意。

湖北省武汉市江岸区球场街道社会组织参与社区治理观察

社会组织参与社区治理是一个起于细微、立于宏大的治理命题。它基于大社会观、大治理观，旨在打造全民参与的治理体系，承载着党建引领下的多元共治、巩固基层政权、政府职能转变和完善城乡社区治理体系的重大使命。

一 观察重点：社会组织如何参与社区治理

以习近平总书记为核心的党中央不断优化基层社会治理的顶层设计。党的十八届三中全会提出"创新社会治理体制"的改革目标，强调从"改进社会治理方式""激发社会组织活力""创新有效预防和化解社会矛盾体制"等方面提升社会治理水平；2017年出台了《中共中央国务院关于加强和完善城乡社区治理的意见》；党的十九大报告提出"推动社会治理重心向基层下移，发挥社会组织作用，实现政府治理和社会调节、居民自治良性互动"的工作路径；党的十九届四中全会《决定》明确了包括社会组织在内的公益力量在推进国家治理体系和治理能力现代化中的作用，要求"发挥群团组织、社会组织作用，发挥行业协会商会自律功能，实现政府治理和社会调节、居民自治良性互动，夯实基层社会治理基础"。

社区治理是国家治理体系的奠基石，社会组织参与社区治理是国家治理体系和治理能力现代化的重要组成部分。目前，国家要求有关基层社会治理的职能和基本公共服务的提供全部下沉到社区，打通

"最后一百米"。"社会组织参与社区治理"围绕基层党组织，通过"党建"带"社建"，构建公共服务圈、群众自治圈、社会共治圈，助推基层党建与基层治理的深度融合，践行了社会治理重心下沉到社区的政策理念。

课题组遵循民政部2019年社会治理动态监测平台及深度观察点网络建设项目主题的要求，拟定了3个重点观察方向：（1）社区治理需要什么样的社会组织；（2）社会组织通过何种路径融入社区治理中；（3）社会组织如何通过发挥自身功能以提升社区治理效能。

课题组2019年工作重点是针对跟踪研究了3年有余的专业社工组织——武汉爱心天使社会工作服务中心（以下简称"武汉爱心天使"），以其完成的"武汉市'城市微光'困境未成年人社工服务项目"为分析样本，对上述3个问题进行研究。旨在使这些来源于实践的基层创新能够在更高的政策层面还原实践，且具有可复制性和可推广价值。

二 "专业化"和"在地化"：社会组织转型之路

"武汉爱心天使"成立于2012年10月，是武汉市成立最早的三家社会组织之一，拥有57名从事社会工作的人员，其中30名社工获得了社会工作师、助理社会工作师、心理咨询师的等级职称，大部分社工持证上岗。

（一）做一个被社区治理需要的社会组织

社区治理需要什么样的社会组织？这是"武汉爱心天使"参与社区治理的"初心"。"武汉爱心天使"将其作为一个"置顶"的理念，一直统率着组织的转型与发展的全过程。

1. 契合党和国家对社会组织发展的要求找准发展定位。2016年8月21日中办和国办联合印发并实施了《关于改革社会组织管理制度促进社会组织健康有序发展的意见》（以下简称《意见》）；同年还有《中华人民共和国慈善法》的正式实行，以及《社会组织登记管理条例（草案征求意见稿）》公开征求意见程序的结束。

湖北省武汉市江岸区球场街道社会组织参与社区治理观察

《意见》的主题很清楚：一是在设立"入口"处实行"分类扶持、分类管理"，对于行业协会商会类、科技类、公益慈善类、城乡社区服务类社会组织实行直接登记，无须获得前置审批；二是《意见》设置了"大力培育发展社区社会组织"的专门章节，释放出"重中之重"的政策利好信号；三是将政府的支持定位于"降低准入门槛、积极扶持发展、增强服务功能"这三个方面。这些来自高层的原则性政策框架代表了党中央的态度和声音，对于基层社会组织等发展定位，具有很强的实践导向性。

"武汉爱心天使"成立之初，就将自身的功能定位于"服务社区的专业社会组织"，其业务范围是"为有关单位、社区、家庭或个人提供专业化社会工作咨询、辅导和各类社工服务，并承接政府有关部门委托的各类社会工作服务项目和其他任务"。

知易行难，起步之路还是颇为艰辛。回过头看，武汉市民政局对"武汉爱心天使"的发展定位始终给予了高度认同和鼎力支持，但在七年前，有关社会组织参与社区治理的政策理念刚刚提出，与此相关的社会共识尚处于逐步凝聚的过程之中。"武汉爱心天使"在当时接到一个项目订单，往往也是先垫付资金，自行支付项目成本和发薪酬，竭尽全力做出了实际效果，再来和对方谈项目经费的事儿。回过头看，创业之初的艰辛是"武汉爱心天使"的一笔精神财富。

2. 守住"发挥专业优势，赋能社区治理"的初心不变。《意见》发布之后，"武汉爱心天使"的法定代表人万某杰先生，立即集合社工服务团队，认真学习理解《意见》的政策精髓，确立了"发挥专业优势，赋能社区治理"的转型思路，并且将其定位于"专业化""在地化"两个基本点。"专业化"是指"专业的人做专业的事"，落实在从"接单"到"运行"的每一个环节；"在地化"是指扎根社区土壤，活动在社区、服务在社区。

"武汉爱心天使"以"滚石上山"的韧性求发展，在做好每一单项目的过程中淬炼自身的专业能力。七个年头的风风雨雨，"武汉爱心天使"始终不忘"发挥专业优势，赋能社区治理"的转型思路和

"专业化""在地化"的两个基本点的"初心"。

3. "在地化"服务是组织形态演变中的"恒量"。"武汉爱心天使"的组织形态需要放进一个发展的大盘子中去观测。目前,各地在街道和社区层面的社会组织,就组织形态的类型划分而言,有着三个层次:第一层次的划分是依照其性质,划分为"服务型、公益型和兴趣型";第二层次的划分是依照其来源,划分为"外来进驻型"和"社区自身孵化型";第三层次的划分是依照其业务的复杂程度,划分为"专业型"和"普通型"。

对标上述三种划分标志,"武汉爱心天使"的组织形态归于"外来进驻的公益服务型专业社会组织"。由于其具有专业化属性,故其活动范围不可能局限于个别社区。但是,"武汉爱心天使"始终立足于社区层面或者是拓展到街道层面做社工服务。可以说,"在地化"是其组织形态演变中的"恒量"。

(二)擦亮社会组织"专业化""在地化"的品牌

路长且阻,贵在坚持。"武汉爱心天使"的"在地化"和"专业化"品牌越擦越亮,品牌效应凸显,品牌辐射力逐渐从武汉市的中心城区拓展到了远城区、功能区以及武汉"1+8"城市圈的相关社区。下面一组数据呈现出"武汉爱心天使"实施转型所取得的初步成果。

"武汉爱心天使"曾承接过大大小小共计50余项的社会工作项目。其中,绝大部分项目是地方政府购买社会组织服务的项目,且以招投标的方式购买服务,也有少部分项目是委托研究或邀标。在50余项社会工作项目中,有21项属于扎根社区(街道)的专业性社会工作服务项目,其承接时间基本是在2016年及其后的年份,大体分为5种类型:社区困境儿童和留守儿童的社工服务项目、社区困难残疾人的社工服务项目、社区困难老年人的社工服务项目、社区青少年社工服务项目和街道社工服务项目。相当部分的项目做成了武汉市社会工作项目中的品牌(见表1)。上述扎根社区(街道)的21项专业性社会工作服务项目的总金额为593万元(见表1)。

湖北省武汉市江岸区球场街道社会组织参与社区治理观察

表1　　　　"武汉爱心天使"承接社会服务项目一览表

序号	项目名称	项目简介	资助单位	项目资金额度（万元）
留守、困境儿童社工服务				
1	武汉市"城市微光"困境未成年人社工服务项目	对武汉市城区和远城区处于风险等级一级到三级的因监护缺失或监护不当的困境儿童提供社工服务	武汉市救助管理站（武汉市未成年人保护中心）	45
2	"合力监护·相伴成长"留守儿童帮扶计划社会工作服务项目	为黄陂区留守（困境）儿童提供社工服务，促进留守（困境）儿童保障工作的专业化、社会化、职业化和规范化发展	黄陂区民政局	157
3	"红烛微光·江城有爱"救助社会工作服务试点项目	为江夏区困境儿童以及农村留守儿童等重点对象提供专业化社工服务	江夏区民政局	25
4	东西湖区留守困境儿童社会工作服务项目	为东西湖区的困境儿童和留守儿童提供社工服务	东西湖民政局	16
5	"红烛微光·蔡甸有爱"留守儿童帮扶计划社会工作服务项目	为蔡甸区困境儿童以及农村留守儿童等重点对象提供专业化社工服务	蔡甸区救助管理站	19
街道社工服务				
6	江岸区球场街道社会组织服务中心运营项目	管理社会组织服务中心，进行专业化运行、招募、培育社会组织及指导其开展公益活动，服务社区居民	江岸区民政局	25
7	武昌区紫阳街"三社联动"社会工作服务项目	围绕社区、社会组织、社工"三社联动"机制，搭建实体化社会工作运营平台，提升社区自治能力	武昌区民政局	35

续表

序号	项目名称	项目简介	资助单位	项目资金额度（万元）
街道社工服务					
8	硚口区六角亭街道"多元共治·幸福六角"三社联动社会工作专业服务项目	搭建"三社联动"实体化平台，创建老年宜居街道品牌，打造惠民书苑，升级青少年空间服务项目	硚口区民政局	35
9	黄陂区三里桥街道农村三留守人员社会工作服务项目	链接资源、搭建社会支持网络，为留守群体提供服务，促进建立"一元主导、多元共治"的基层治理体系	黄陂区民政局	39
10	黄陂区前川街道社会工作服务项目	策划实施针对社区青少年、老年人的健康娱乐类主题活动，为社会组织和志愿者提供孵化、培育等服务	黄陂区民政局	40
残疾人社工服务					
11	武昌区残联社会工作服务项目	以社区为平台，通过社工专业方法介入，从就业、教育、文化生活、维权等方面打造残疾人服务体系	武昌区残疾人联合会	32
养老社工服务					
12	洪山区和平街道老年人社会工作服务项目	依托社区平台，建立"社工+社会组织+志愿者+活动"的老年人社会工作服务体系	洪山区民政局	26
13	蔡甸区香妃湖社区宜居养老社会工作服务项目	孵化社区社会组织、组织老年人文化活动，解决失能失智老年人生活困难问题，增强社区老人自助互助能力	蔡甸区桐湖街道办事处香妃湖社区	7

续表

序号	项目名称	项目简介	资助单位	项目资金额度（万元）
养老社工服务			
14	蔡甸街道九真山社区宜居养老社会工作服务项目	创建"老年人宜居社区"、培育和孵化社区社会组织、打造社区综合志愿服务岗，实现"一社区一热线"	蔡甸区永安街道九真山社区	7
15	江夏区农村福利院"一院一社工"项目	为福利院老人建立档案，评估需求，运用个案、小组等社会工作专业方法，协助解决老人生活中的难题	江夏区民政局	35
16	"金桂夕阳·益创乐龄"项目	运用老年人社会工作方法与理念，为辖区内老年人提供日常陪护、精神慰藉、社会支持等服务	咸宁市学府社区	10
社区青少年社工服务			
17	武昌区水果湖街道茶港社区"益路童行"青少年社会工作专业服务项目	开办青少年四点半学校、寒暑两假托管，开展"地理文化""情绪认知管理"等专业小组活动	武昌区水果湖街道茶港社区	5
18	武昌区水果湖街道"益铁馨苑·童乐同享"青少年社会工作专业服务项目	开展"益老益小铁友记""益犹未尽铁友记""益童创青春志愿者培训"等专业小组主题活动	武昌区水果湖街道武铁社区	5
19	武昌区水果湖街道"绽放鹰台"青少年社会工作专业服务项目	通过专业社工服务活动，培育社会组织，实施参与式、体验式的社会实践活动	武昌区水果湖街道放鹰台社区	5

续表

序号	项目名称	项目简介	资助单位	项目资金额度（万元）
社区青少年社工服务			
20	武昌区水果湖街道"缤纷童年成长之友"儿童社会工作专业服务项目	运用社会工作方法为辖区儿童提供课业辅导、法治教育、阅读、科普、艺术手工、历奇辅导等成长服务	武昌区水果湖街道洪山路社区	5
社会组织孵化社工服务			
21	麻城社会组织孵化项目	运用社工的专业方法，孵化各类社会组织，通过社会组织激发居民热心公益、参与公益的积极性	麻城市委	20

根据课题组的跟踪观察，目前，文体娱乐类的社区社会组织占比最高，它们在激活居民参与、丰富居民精神文化生活方面发挥着积极作用。人气很旺，技术含量却较低。从政策导向来看，具有技术含量的公益类和社区服务类的社会组织是重点培育发展的方向。因其能够以组织化方式有序带动社区居民关心社区事务，通过自我服务、自我管理、自我教育和自我更新，营造积极向上的社区公益文化，实现社区营造和社区治理。

三 典型案例：社会组织对困境儿童的社工服务

困境儿童是最近几年才受到政策关注的特殊群体。困境儿童是指由于父母双方不能或不能完全履行抚养和监护责任，而使其陷入个体生存、发展和安全困境的未满18周岁的未成年人。我国对困境儿童实施分类管理，包含孤儿、事实无人抚养儿童和重病儿童、重残儿童等。其中，事实无人抚养儿童是一个比较特殊的群体，特指父母因死亡、失踪、服刑、强制戒毒、重残、重病等原因无法履行抚养责任的未满18周岁的未成年人,具体又包含以下两种具体情形:父母双方均符合重残、重病、服刑、强制戒毒、被执行其他限制人身自由的措施、失联情形之一的儿童;或者父母一方死亡或失踪;另一方符合重残、重病、服刑、强制戒毒、被执行其他限制人身自由的措施、失联情形之一的儿童。在上述有关困境儿童的分类中存在重叠现象。其中,事实无人抚养儿童是一个比较特殊的群体,他们虽然不是孤儿,但是就其境况而言,往往比孤儿更困难,更加急切地需要社会的帮扶救助。

"武汉爱心天使"承接过儿童和青少年类的社工服务项目共有9项。包括有关困境儿童的4项、有关留守儿童的1项,有关社区青少年的4项。在上述项目中,颇具典型意义的是武汉市救助管理站发包的"城市微光"困境儿童社工服务项目(2016年10月至2019年10月)。该项目的标的共计45万元,采用"一次中标,负责三年,每年重新签订合同"的方式进行,因其有着连续3年的服务期限,可以观测到较为丰富的要素,是一个颇具政策价值的跟踪研究样本。

(一)立项背景

2016年,国务院出台了《关于加强困境儿童保障工作的意见》政策文件,将困境儿童纳入国家的社会救助范围之内,依靠国家的力量,从基本生活保障、医疗康复保障、助学保障和督促落实监护责任四个方面,落实困境儿童的生命权、健康权和受教育权,兜住了困境儿童社会安全网的"网底"。

困境儿童正处于情感、性格形成和人生志向发展的关键时期,却又长期缺少父母的关爱与教育,心理上的需求得不到满足而易于出现心理偏差,需要专业社会组织、法律工作者和志愿者等,针对困境儿童的不同特点提供心理疏导、精神关爱、家庭教育指导等专业服务。

基于上述背景,各地政府出台文件,通过购买社会组织的社工服务,推进未成年人社会保护专业化、社会化、职业化和规范化发展。

"武汉爱心天使"承接了"城市微光"项目,服务区域涵盖武汉市的江岸区、硚口区、江汉区、洪山区、青山区、化工区、汉南区、开发区和东西湖区，并通过参与困境儿童的专业化帮扶，不断地优化其社会工作模式。

（二）项目目标解读

"武汉爱心天使"对"城市微光"困境儿童社工服务项目的目标进行了充分的解读。不少困境儿童存在亲情缺失、学业缺教、心理失衡、行为失范、安全无保障等问题，据此解读出一个总目标和两个次级目标。

总目标是建立困境儿童的成长支持体系，助力其成长发展，培养困境儿童成为一个健康、自律的行为个体，助力建设一个有责任心、有爱心、有良知的稳定家庭。

次级目标之一是提高困境儿童的家庭监护能力和养育水平，避免困境儿童受到伤害或流浪；次级目标之二是通过社会工作的干预措施，帮助困境儿童走出心理困境。

（三）服务对象状况评估

社工与被服务的困境儿童之间建立充分的信任关系是开展社工服务的前提，在此基础上开展服务对象的需求评估。

1. 制度性保障资源链接不够充分。相当部分的困境儿童家庭收入微薄，靠政府的低保救济、特困救济以及亲戚朋友接济，生活拮据，生活质量低，有的家庭连日常生活用品都较为匮乏。再就是相当部分的困境儿童家庭卫生状况恶劣，环境脏、乱、差。

国家政策规定困境儿童享有基本生活保障、医疗康复保障和助学保障等，但是由于未能够准确对标享受救助的资格条件，或者是没有申报以及错过了申报程序，导致其游离在制度保障之外。

有鉴于此，需要专业社工协助服务对象，联系有关部门，去解决低保事实孤儿、特困补助、医疗救助、教育救助等错漏事项。尤其是通过资源链接，解决不能够准确符合政策要求，又确实有实际困难的群体的保障问题。例如，事实孤儿以及由于父母不负责任造成的困境儿童等，帮助其得到经济资助。

2. 监护不到位和家庭教育匮乏。困境儿童大多数是由其祖父母、外祖父母抚养，或者寄居在其他亲戚家里。社工在访谈中发现存在四种现象：

一是许多隔代监护的老年人与困境儿童之间存在"代沟"，难有良好的沟通交流。在家庭教育上普遍存在着不会管、不好管现象。许多老年监护人认为，只要让孩子能够吃饱穿暖就行。隔代监护的老年人往往既管不了困境儿童的学习成绩和品行，也管不了少年在青春期的生理保护。

二是有些隔代监护的老年人难以接受因儿女"出事"给自己带来的麻烦或生活困境，有着诸多的抱怨，甚至把怨气发泄在孩子身上，造成困境孩子的自卑而缺乏安全感。

三是有些隔代监护的老年人过于溺爱孩子，生怕没有父母或者父母不在家的孩子在外面吃了亏，存在教孩子打架、帮孩子打架的现象。由此引起许多矛盾纠纷不说，还给孩子做了坏榜样。

四是寄居在亲戚家的困境儿童，自身有寄人篱下之感，对于自己的成长环境和身世难以接纳和认同。而接受寄居的亲戚家人毕竟不是孩子的父母，亲疏有别，管得轻了或是重了都不好，在与困境儿童的关系上也有着一层隔膜，在现实中，以放任不管的现象居多。

3. 易于出现心理偏差和性格缺陷。一是性格内向，情感冷漠，不愿与人交流。孩子们大都具有攀比心理，父母不在身边的孩子好像失去了依靠和保护。相当部分的困境儿童内心封闭、遇到一些麻烦就会感觉自己软弱无助，遇到生人就怯场，久而久之就变得不愿与人交流，性格内向，情感冷漠、胆小自卑，有的甚至自暴自弃。例如，课题组在访谈时了解到，困境儿童在初次见到社工时，往往不与对方的眼光直视，低头不语，面无表情。尤其当问到其父母情况时，有的直接回答"没父母"；有的则回答"父母死了"，或多或少都有怨恨的心态。

二是性格敏感脆弱，具有较强的逆反心理。困境儿童因为缺乏父母的呵护而变得敏感脆弱，总觉得别人会欺负自己，进而刻意地维护自认为的自尊心和面子；与人交流时不友好，见不得他人的指教，一点小事就会较真，对老师和监护人的管教有着较强的逆反心理。

困境儿童的学习成绩普遍较差，容易出现厌学心理。首先，学习目标不明确，学习动机不强，不能够认识到学习知识对自己人生命运的影响。其次，如果学习上遇到困难，只有极少数人能够向老师和同学请教，大多数人即便不懂也不愿意去问老师或同学，久而久之，就对学习失去兴趣、失去信心，成绩越来越差。最后，相当部分的困境儿童有着辍学和早点进入社会学手艺挣钱的心愿。

4. 缺乏社会规范意识且导致行为偏差。困境儿童往往缺乏来自父母的血缘、亲缘、职缘等社会关系网络支持，生活半径较短，同龄伙伴不多，课余生活单调，致使相当部分的困境（留守）儿童沉迷于手机游戏或电视乃至染上网瘾。行为表现多有自由散漫、不懂礼貌、自私、自负等倾向。

一个值得关注的现象是，相当部分的困境儿童在初中毕业（国家九年义务教育结束）之后，选择不再继续读书而闲散在家。在一两年的时间段里，青春期的孩子倘若缺乏管教会导致行为偏差，乃至养成抽烟、打架、偷盗等坏习惯，甚至加入不良团伙等。

5. 社会适应能力差。困境儿童社会适应能力差受以下因素的影响：一是家庭监护缺失或监护不当，家庭结构不完整，缺少正向榜样，难以发挥家庭关爱、教育、支持的功能。二是外部社区、就读学校对孩子的影响只是补充性的，不能时时关注到孩子的成长，难以为孩子提供及时有效的帮助。三是当其一旦遇到困难可以求助的资源少，经常处于无助、无力和无奈的"三无"境况。久而久之，使得困境儿童慢慢陷入"习得性无助"的境地，养成对所有的事情持一种无所谓的态度。这些孩子既看不到生命的不同形态，激发不出对生活的热爱，也缺少对生活的长远规划。

（四）项目运行所采用的模式和方法

由于家庭教育的弱化、学校教育的无暇顾及，在基础教育这样一个起跑线上，困境儿童存在着许多需要由专业社会组织进行干预帮扶的必要。

1. 模式选择，包括心理社会治疗模式、认知行为模式、增能模式。

心理社会治疗模式存在四个方面的理论假设。第一，对人的成长发展的假设，心理社会治疗模式认为个人生活在特定的社会环境中，受到生理、心理和社会三个方面的因素相互作用，一起推动个人的成长和发展。第二，对服务对象问题的假设，心理社会治疗模式强调，服务对象问题与服务对象感受到的来自过去、现在以及问题处理过程中的压力有关，在上述三个方面压力的共同影响下，服务对象不仅会出现内部心理的困扰，也会出现外部人际交往的冲突。第三，对人际沟通的假设。人际沟通是保证个人与个人之间进行有效沟通交流的基础，是形成个人健康人格的基本条件。第四，对人的价值的假设，心理社会治疗模式坚持认为，每个人都是有价值的，都有自己的优势，即使是暂时面临困扰的服务对象，也具有自身有待开发的潜在能力。

认知行为模式基于认知行为理论。该理论认为服务对象存在的种种困扰不是固有的，而是通过学习得来的，所以也可以经由学习加以改变。个人的能力不足或习惯性思维都有可能造成个人的认知错误，进而引致错误的行为。

社工在服务困境儿童的过程中，要特别注意服务对象认知的改变，服务对象的认知很多来自家人的影响，而父母不正确的观点，不负责任、不自信的态度也会传递给服务对象。所以社工在给困境儿童进行服务的过程中，要特别注意改变服务对象及其家庭错误的认知或不切实际的期待，以及其他偏颇和不理性的想法；修正其不理性的自我对话；加强解决问题和决策的能力，加强自我控制和自我管理的能力。

增能模式基于增能理论。该理论认为个人的无力感是由于环境的压迫而产生的。困难群体之所以处于弱势地位，并非其自身有缺陷，而是由于长期生活在经济不安全，不利的环境使其感到比其他人群更强烈的压力，形成了更强烈的无力感。

困境儿童之所以成为困境，更多的是家庭的困境造成的，监护人的缺失或者监护不足，使他们陷入困境。社工利用增能理论，就是要让困境儿童明白，他们的困境不是个人造成的，每个人都不缺少权能，是有能力、有价值的个体。社工在服务过程中要充分发掘服务对象的权能。不仅要在个人层次上给予其鼓励和肯定，还需要在人际和环境层次上，教会服务对象为自己争取资源，学习利用资源的能力，从而形成正向积极的经验，感受对能力的把控和运用。

2. 方法运用，在对监护缺失或监护不当的困境儿童进行风险等级评估的基础上，运用了个案工作法和小组工作法。

一是"私人定制式"的一对一个性化服务方案。通过对困境儿童进行情绪疏导、人际困境、学业困扰、亲子关系等方面的辅导。在给予案主心理上的支持，帮助其增强心理正能量，提高生活自信的同时，通过参与活动的形式，让其开阔眼界，丰富生命历程，感受关爱。

二是开展有针对性的小组活动。小组活动的好处是让困境儿童走出家门，走进同辈群体，拓展思维，体验不同的生命状态。以抗逆力培养和安全成长为切入点和主线，通过小组游戏、小组讨论、经验分享等方式，充分利用小组动力，挖掘个体发展潜能，学习成长技能，促进人际沟通，提升认知水平，最终促进自我发展。

"武汉爱心天使"项目组在所承接的各类项目中，针对每一个案主，都会从其所处的环境出发，综合运用了心理治疗模式、认知行为模式和增能模式等，去处理困境儿童及其家庭中存在的问题和面临的困难。

专栏：困境儿童何某嵘的帮扶方案

2019年，"武汉爱心天使"项目组承接的武汉市球场街道5个社区困境儿童的社工服务项目的实施中，遇有一位属于困境儿童的何某嵘，案主的家庭结构是一老一小，生活困顿且不利于该困境儿童的成长。

湖北省武汉市江岸区球场街道社会组织参与社区治理观察

何某嵘的爷爷何某林是空巢老人,现年71岁,患有严重的哮喘病。何某林内心封闭且固执已见。例如,老伴已过世近4年却将骨灰盒一直放在家里,家里垃圾堆堆积似山却从不清理,社区多次派志愿者去帮他清理,而他总是态度坚决予以拒绝。再如,在何某嵘的教育问题上的做法偏执。他常常暗示孙女不能离开他,甚至威胁孙女再不听话就不管她了,导致孩子经常有被抛弃的恐惧感;孩子上学时何某林就等在外面,孩子没有心思上课只盼着下课去见爷爷,生怕爷爷突然不见了。其间,还涉及许多心理层面的问题。

"武汉爱心天使"项目组在对何某嵘做困境风险等级评估时,不只是局限于困境儿童本人,而是运用了"人在情景中"的评估视角。据此得出的困境程度评估包括"四大困境":(1)生活困境,何某林照料自己很困难,对孙女的监护力不从心;(2)抚养困境,教育孙女不得法,阻断了孙女与同学和社会的正常交往渠道;(3)心理困境,何某林自己没有安全感,对孙女有心理依赖,生怕孙女离开,所以对孩子施加各种心理压力;(4)社会困境,何某林不与任何人来往,自我封闭,缺乏社会网络支持体系。

"武汉爱心天使"项目组根据上述评估,给出了社会工作干预方案。(1)以"房屋整理"为主的生活照料,重点是要改变何某林的偏执心态;(2)提供抚养孙女的帮助,如由社工每天接送何某嵘上学,但是不能形成依赖;(3)帮助何某嵘改变生活习惯和生活方式,改良生活环境;(4)在保护隐私的前提下通过社区志愿者参与,使何某嵘有与同学相处的机会,与社区人群有社会交往。在方法的运用方面,实行"私人定制式"的一对一个性化服务方案,辅之以开展针对性的小组活动。

精诚所至,金石为开。遵循上述社会工作干预方案,历经半年多的时间,何某林老人和何某嵘都对社工打开了心扉,家里的垃圾山也被志愿者清除了。目前,只要社工上门,一老一小都会期待地询问社工:"明天你还来吗?"

3. 项目实施过程

以点带面，帮扶活动进学校、进社区。"武汉爱心天使"项目组联系两所困境儿童就读的小学，开办自我认知小组课堂，开展多次集体活动。此举传播了项目内容的影响力，实施效果显著。第一，通过帮扶的以点带面，动员更多的儿童参与，使服务活动更具有普遍性，使困境儿童规避了"标签化"影响，能够通过集体活动融入孩子们的群体，享受到童趣的快乐。第二，在具体的活动场景中，采用随机家访、行为跟踪、人格教育、现身说法等方式，培养健康、自律、有责任、有爱心的行为个体。

开展"送课上门"式的系列"主题月"活动。"武汉爱心天使"项目组做了精心的主题策划，包括预防性侵、时间管理、安全教育、爱护环境等。每月实施一个主题活动。此举的好处是：首先，使得针对困境儿童的帮扶不盲目、不断档，每次主题活动都有目标和意义，困境儿童也能够学到更多的知识或者是启迪了思维方式。另外，每月一个主题，为服务对象带来知识性、趣味性、发展性的人文教育，也使得社会工作的干预向消极防御型保护转化。

挖掘服务对象家庭的自我能动性。在遇到困难的时候，不完全是由社工代劳，而是协助困境儿童家庭一起想办法。让困难家庭学会主动求助，积极为解决问题贡献自己的力量，在这个过程中，社工帮助其整理成功积极的经验，从而形成对自我的正向评价，感受得到自身能力的提升。

（五）工作案例的列举

1. 自我认知小组活动。"武汉爱心天使"项目组在两所有困境儿童就学的小学开办自我认知小组课堂，不仅弥补了孩子们素质课堂师资不足的问题，也丰富了孩子们的生活，拓展了视野。此外，将对困境儿童的服务扩展到困境儿童所在的学校，以点带面，把爱心服务带给更多的孩子。

工作案例1：开展"美丽的校园，美丽的我"小组活动

该小组活动旨在让组员们重新认识自己的校园，据此，了解自己所处的环境，了解校园布局、了解生态、了解他人，从而更好地适应学校，遵守校园规则，度过安全的校园生活。

工作案例2：开展"我有一个新想法"的小组活动

该小组活动有三个模块：一是通过"脑筋转得快"活动训练组员们的反应能力。二是通过"榜样学习会"让组员成为自己和他人的榜样。例如，将生活小妙招分享给其他组员，大家一起让生活变得有趣。三是通过"我为自己努力"，组员不止于活动的结束而停止思考，自己要处于不断的努力状态。

2. "主题月"活动类

工作案例3："与军运同行，与梦想同在——留守（困境）儿童'世界杯'"

2018年夏天，国际足联召开世界杯足球赛。当时武汉市处于世界军人运动会召开前夕，许多困境儿童对体育赛事有着喜爱。为了鼓励孩子们学习世界杯拼搏进取的精神，"武汉爱心天使"项目组选择7月15日的世界杯竞逐"大力神杯"总决赛之日，联合黄陂区木兰爱心协会、武汉中阳中医院等爱心单位，在黄陂区天河航天小学开展一场"与军运同行，与梦想同在"的儿童"世界杯"足球赛活动。

当天上午9时，包括困境儿童在内的参赛队员们走上绿茵场地，孩子们一个个铆足了劲，看准了球，相互配合着，将那颗炙热的足球踢向目标的球门。围观在球场边的小观众们兴奋的呐喊着："加油！加油！"这场儿童足球赛活动带来的不仅仅是一场比赛，更是让孩子们享受到足球的魅力，感到伙伴的力量，助力其在集体活动中逐渐成长为心中有梦的"有志之士"。

工作案例4：武汉市首家"爱满荆楚儿童之家"揭牌——社工入驻 服务留守儿童

2019年6月1日，武汉市首家"爱满荆楚儿童之家"在黄陂区大潭小学设立，当天30余名留守（困境）儿童家长受邀来到家长课堂，聆听社工讲授儿童预防性侵的知识。

2018年，属于远城区的黄陂区和新洲区，留守儿童达到2000余人。湖北省民政厅、武汉市未成年人社会保护领导小组、黄陂区民政局联合黄陂区大潭小学，在该校成立武汉首家"爱满荆楚儿童之家"，并且设有专门办公室。

"武汉爱心天使"项目组入驻"爱满荆楚儿童之家"，依托该校的软、硬件设施，以政府购买服务的方式，为该校 200 余名留守儿童及家长提供心理咨询、行为指导、健康教育、维权保护、亲子指导等服务的基础上，辐射周边留守儿童及其家庭，力争引领示范全市。

在首次家长课堂上，家长们纷纷向社工抛出"难题"：孩子为什么不愿意与父母讲电话了？为什么好像越来越不听话了？社工从情感需求、沟通需求、叛逆期等方面一一做出解答，给出解决方案，家长们纷纷表示受益匪浅。

工作案例 5：我与春天有个约会

2018 年 4 月 21 日，"武汉市爱心天使"项目组策划的"我与春天有个约会"的"主题月"活动，选择在黄陂区蔡店街道开展。社工首先通过串名字的热身小游戏，拉近了参加活动的小朋友之间的距离，接着，引导他们表述关于春天的景象、诗歌、词语等。当不同年龄段的孩子们表达出各自眼中不同的春天时，社工鼓励孩子们将所表述的春天呈现在刮画纸上，并展示与大家分享。孩子们的画中，几乎都有阳光、花朵和云彩。

由于黄陂区蔡店街道地处偏远闭塞的环境，孩子们的安全问题存在隐患，社工为大家讲述了自我安全保护，包括防性侵教育等。最后，为大家发放了爱心书包和课外读物。此次"主题月"活动的设计，逻辑连贯，服务对象易于接受且喜欢参与。

工作案例 6："'花'开'十一'·我的身体我做主"性教育启蒙课程送上门

近年来，儿童遭受性侵的案情频出，儿童性教育也被提上日程。困境（留守）儿童缺乏有效的监护，孩子这方面受到的教育也很少，特别是监护人自身对性教育也是一知半解，虽然担心孩子的安全，但是苦于不知道如何科学地对孩子进行性知识安全教育，让性教育启蒙一直处于缺失状态。

"武汉爱心天使"项目组考虑到困境（留守）儿童的现实情况，特在国庆节7天长假期间开展"'花'开'十一'·我的身体我做主"的性教育启蒙课程，通过送课上门，并且采取绘本解读、情景模拟、知识讲解等方式，向幼儿、小学、初高中阶段的孩子普及性教育知识。

该活动采用国务院妇女儿童工作委员会办公室推荐的预防儿童性侵害读物，分年龄段进行知识教育。3—5岁，以"认识自己的身体"为主线，让孩子知道对身体有"自主权"；6—12岁，以"防人之心不可无"为引导，让孩子明白危险可能就在身边，要大胆说"不"；13—18岁，以"美好青春，文明交往"为主题，让青春期孩子正确接纳自己的身体变化和情感变化。同时，社工还针对青春期的少年，就"婚前性行为""梦遗""月经或自慰""如何避孕""性传染病"等知识进行讲解，让这些未成年人从生理源头上了解自己，理性地保护自己。

工作案例7：私人定制"我的一天"

"武汉爱心天使"项目组在常规走访中，发现相当部分的困境（留守）儿童的作业不能按时完成。除了监护人不给力之外，主要原因是孩子们没有建立时间观念，不会对时间进行规划。项目组把时间管理列为"主题月"送课上门的主题活动，采取"一对一"私人定制方式，协助孩子们优化时间安排。

在"主题月"小课堂上，社工协助孩子制定自己的时间管理表格，通过任务优先级和个人效率优先级，调整每门功课的复习顺序和时间，从而给游戏也留出一个空闲时间，让孩子学也学了，玩也玩了。

此活动依据任务中心理论，基于不同服务对象的需求，制定不同的日程表，请监护人监督孩子每天执行日程表上的内容，并给予适当的奖惩，从而促使孩子们形成良好的作息习惯，对学习和生活有更好的把控能力。

3. 资源链接类。困境儿童所在家庭一般既"贫"且"困"。"贫"是指物质生活条件的匮乏；"困"则是指处境的"逼仄"。单纯的"贫"可以用钱来解决，而"困"则是因缺乏资源（机会和能力）而难以走出困境；后者往往不是用钱就能够解决的事。"武汉爱心天使"将链接资源作为一项重要工作，其中，资源包括政策资源、社会资源等。

工作案例8：新家庭 新希望

江夏的一个小女孩奥兰聪颖懂事又敏感脆弱。在她的爸爸去世后，小奥兰只能跟着年迈的姑姑一起生活。由于姑姑家境贫困又患有疾病，还要照顾孙子，多次表示无力抚养小奥兰，希望有人能够收养她，给她一个美好的未来。

"武汉爱心天使"社工积极链接相关资源，通过爱心人士在北京帮孩子找到一个爱心家庭。爱心家庭在了解孩子的身世后，对孩子进行了长达一年的资助和关怀，才提出收养的意愿。2018年新年到来之际，小奥兰的生活出现转机，她住进了北京的新家。妈妈具有研究生学历，爸爸事业成功，他们用真心真爱接纳奥兰成为家中的一员，让她接受正规教育，给她报了兴趣班。目前，在江夏区民政局的帮助下，小奥兰的户籍已迁移到北京新家。看到孩子在新家快乐生活的照片，项目组庆幸孩子终于有了一个好的归宿！

工作案例9：不明的身份 困顿的少年

2018年5月15日，"武汉市爱心天使"项目组接到市救助管理站的电话，称东西湖区有一位孩子需要社工紧急介入。这是一名13岁的少年，父母服刑，从小称呼姑姑和姑父为爸爸、妈妈（孩子对自己的身世不知情）。近日，因与表姐发生冲突且打伤表姐后，表姐报警并拨打120电话，姑姑也说出了不让孩子回家的话语。

社工立即来到孩子家中了解情况，才知原来孩子前几个月在小学升初中办理户口的过程中，隐约地知道了姑姑和姑父不是自己的亲生父母。孩子不敢去询问，但是从此学习成绩下降，不做作业，沉迷于手机电脑。由于姑姑和姑父年龄较大，不了解孩子心理变化的原因，只看到其行为表现，一味批评孩子，导致与孩子之间的裂痕越来越大。这次事情的缘由也是因为其表姐（表姐已经30多岁）批评了他几句，孩子觉得伤了自尊，便动手打了表姐。

社工对这个困境儿童的境况进行了风险评估。首先认为其姑姑一家对孩子的照顾有着爱和善意，只是需要转变爱的方式。另外，孩子正值青春期，一直以来"身份不明"，内心的自卑和脆弱让他用语言和暴力去维护自己的自尊。

社工认识到这是一个缺乏认同、缺乏倾诉的孩子，也是一个急需要爱的呵护和安全感的孩子。青春期的孩子，不仅是简单的吃穿住，还要关注孩子情感的发展。社工持续跟进此个案。一是与姑姑一家进行沟通，分享与交流大人和孩子相处的方法；二是参与陪伴孩子，让他得到倾诉，帮助他疏导情绪。

工作案例10：困境孩子涵涵迎来"别样"亲戚

困境儿童涵涵从小和奶奶一起长大，家里一贫如洗，在政府的帮助下修建了新屋，然而家里空空如也。"武汉市爱心天使"项目组为其链接了"味好美（武汉）有限公司"的爱之桥志愿服务队。这家公司是"武汉市爱心天使"的长期资助者。"武汉市爱心天使"邀请公司有关人员走访了孩子的家，公司经过两个月的前期调查、立项及内部审批程序，决定为孩子家粉刷墙壁、铺设地板，购买衣柜、床、书桌及一些床上用品。2019年6月16日这天，"味好美（武汉）有限公司"的爱之桥志愿服务队来为孩子庆祝装饰一新的家。涵涵特别开心，不仅与小朋友交流，还在大人面前忙前忙后。看着焕然一新的家，奶奶更是笑得合不拢嘴。

工作案例11：链接民政资源，爱心接力跑

困境儿童王某宇的父亲因长期吸毒去世，母亲失联，居住在武汉市救助站，但是孩子一直期盼着能够回归学校读书，也想要回归家庭。

"武汉市爱心天使"项目组通过救助站了解到，孩子以前跟随奶奶住在青山区的一个福利院里，在新沟桥小学就读。在校期间，老师和同学对孩子都很照顾。但是，在孩子的奶奶去世后，没有其他亲属愿意接受孩子的寄居，就不得不将其送到救助站。项目组的社工得知上述信息后，走访了孩子以前所在的学校和社区，进一步了解到，孩子属于武昌区人，武昌区民政局还为孩子办理了低保。社工随即走访了武昌区民政局分管救助事务的负责人。对方了解到事情的经过后，认为绝对不能让辖区内的任何一个孩子丧失受教育的机会。在得知孩子的大伯还在武汉城区的某个社区居住时，武昌区民政局分管救助事务的负责人立即赶到孩子大伯家，通过和孩子大伯的交谈与沟通，孩子大伯最终把孩子接回了家，担负起了照看的责任。

四 基层创新创制的经验提炼

课题组针对"武汉爱心天使"项目组所提供的"在地化"和"专业化"的社工服务的跟踪研究，认为以下做法具有较高的政策价值，并且可以推广复制。

（一）以就读学校为载体的"主题月"活动效果好

围绕服务目标及服务对象的需求，以困境（留守）儿童就学的学校（班级）为载体，精心设计连续的、内容丰富的"主题月"活动。通过运用小组工作方法，使服务更具有开放性，让服务对象通过参与集体活动，学到了新的人际交往方式，每月的走访和个案服务，让服务对象能够敞开心扉，感受来自他人的关心和爱，心理比以前更为开朗、更为自信，得到更多良好的体验。此过程还具有"去标签化"的功能，有效地避免了对困境儿童的心理伤害。

（二）针对留守儿童开办"儿童之家"效果好

由当地民政部门、基层政府、群团组织和学校联手举办的"儿童之家"，一般设置在留守儿童较为密集的小学。其核心要义是要有专业社工的入驻。例如，在武汉市黄陂区大潭小学设立的儿童之家，有"武汉市爱心天使"的社工提供专业服务。通过开办心理健康课程、四点半学校、成长励志、生命教育、心理咨询、心理减压、心理知识普及、危机干预、人格教育、现身说法、行为指导、健康教育、维权保护、情感沟通、亲情连线互动等,为家庭实际监护人提供科学的教育理念,有利于培养健康、自律的行为个体和有责任、有爱心、有良知的稳定家庭。

(三)链接资源为困境儿童家庭"增能"效果好

社会组织利用自身的"政策知晓"优势和"社会信任资本"为困境儿童及其家庭链接各方资源。一方面,用足政策资源,实现"应保尽保"。例如,"武汉市爱心天使"积极协调教育部门开展教育帮扶,为60名困境儿童减免了2018年全年学杂费和伙食费;社工同时为社会资源提供展示爱心的平台。再就是链接当地民政、公安的资源,促成爱心人士将江夏区的困境孩子小奥兰合法收养,并且在北京安家。另一方面,链接味好美(武汉)食品有限公司、中建三局爱心企业等社会资源,为困境孩童送去温暖。

在此过程中的感悟是:社工不是万能的。对于困境儿童及其家庭,不能够止于"为帮扶而帮扶",而是要对服务对象及其家庭增能,使其在自立自助的同时,学会遇到事情主动求助,如寻找亲友、邻里、社区的帮助等。

五 下一步工作的重点

(一)斩断"困境"的传递链

困境的产生及其代际传递的影响因素复杂,包括出身、继承、机会、权利、物质资本、人力资本、社会资本、社会文化、价值观念、市场机制等。这些因素有着叠加、联动和互为因果,使得困境儿童及其家庭处于一种穷根难拔、穷筋难抽、越陷越深的恶性循环之中。

1. 目标瞄准机制要再梳理、再细化、再聚焦。针对困境儿童的各类帮扶措施,既要对事,更要对人;既要注重生活的帮穷,又要注重精神层面的解困。民政部门作为解决困境儿童问题的牵头部门,要整合教育帮扶、司法帮扶、医疗帮扶、精神帮扶等各类资源,帮助困境儿童及其家庭争取到政策范围内的最大帮扶。具体的工作抓手是合理分工、夯实责任,把联席会议体制机制细化为一条工作链、责任链。

2. 打通困境儿童社会融合和流动的通道。人力资本因素是困境儿童摆脱困境的关键转换因子。教育和就业又是人力资本因素中最为重要的两条路径。例如，社工在服务困境儿童的过程中，尤其要重点关注那些面临"小升初"，初中毕业后选择就业或是继续读书，就读职业学校还是高中，这些重要节点事项都要给予精准有效的服务。

3. 对困境儿童及其家庭增能以提升信心和信息获得程度。一是要让"贫困主体"自信起来，并且能够获取到主流的社会信息。要让困境儿童意识到与困境作斗争需要付出极大的勇气和能力，只有"立志"脱困，才能去提升脱困能力。

二是教会困境家庭利用资源，学习构建积极的支持系统，在社会帮扶之下走出无助、无奈、无选择的困境。

三是播撒爱的种子。社会组织为困境儿童提供的社工服务并不要求有立竿见影的效果，但是社工对困境儿童施以爱心，其影响绝对是深远的。倘若困境儿童通过社工的服务，能够感到来自家庭、社会和政府的关爱，就会逐步培育其拥有爱和被爱的能力。爱的力量是巨大的，不仅可以影响孩子的人格发展，使其成为一个负责任的个体，也能够促使其在成人之后，更好地与社会和谐相处。

（二）改变监护人的认知误区和提升其责任意识

"武汉市爱心天使"项目组回望3年来"城市微光"项目的工作历程，一个很深的感受是，要解决困境孩子的问题，更多的是要解决困境家庭，尤其是监护人的问题，使他们接受培训，发展出责任心和慈爱之心。事实上，困境儿童之所以陷入困境，除了家庭中残疾、死亡等不可抗的因素外，更多的是监护人缺乏责任心、抗挫折能力差造成的。有些监护人不履行养护教育职责，有些监护人自身也陷入困境，照顾不了儿孙。而对于已经成年的监护人来说，要提高其责任意识并不是一件容易的事情，需要提高认知、开展行动和外部环境的共同作用。

湖南省郴州市宜章县莽山瑶族乡贫困治理创新观察

2013年，习近平总书记在湖南考察时首次提出"精准扶贫"。党的十八大以来，对精准扶贫的顶层设计、工作机制等方面做了详尽部署。以习近平同志为核心的党中央把脱贫攻坚摆在治国理政的关键位置，业已取得了重要成就。2013年至2018年间，我国农村贫困人口累计减少8000多万人，贫困发生率从10.2%下降到1.7%。党的十九届四中全会审议通过的《中共中央关于坚持和完善中国特色社会主义制度、推进国家治理体系和治理能力现代化若干重大问题的决定》（以下简称《决定》），明确提出要"坚决打赢脱贫攻坚战，巩固脱贫攻坚成果，建立解决相对贫困的长效机制"。到2020年，中国基本上消除了绝对贫困，但是相对贫困还会长期存在。湖南省郴州市宜章县莽山瑶族乡西岭村跳石子村的贫困治理为我国贫困治理长效机制建立提供了经验借鉴。

一 治理背景

跳石子村自然村是湖南省宜章县莽山乡西岭村第5村民组，原来属于一个独立的村，后来合并到西岭村。该村是瑶族聚居的山村，人口较少，共有30户，130口人；田少地少山多，总面积3280亩，其中农地80亩，山林3200亩；种植环境较差，海拔900多米，一年只能种一季水稻，山上野猪多，山鸡多，庄稼有一半毁于野猪和山鸡之祸。过去，跳石子村是滚个石头就可吓跑盗匪的瑶寨。当地有一段顺口溜，这样说：

> 哪朝哪代，
> 逃荒逃难，
> 瑶族先民到了莽山。
> 林深深草莽莽，
> 悬崖小路砦门当关，
> 若有盗匪上，
> 滚石纷纷跳，
> 谁敢再来犯？
> 茅屋草舍越千年，
> 解放了，
> 新瑶民，
> 当家作主看世界。

跳石子村近些年种植茶叶，可村里没有炒茶房，要挑到山下去请人炒，山太陡峭，连巴掌大的地也开垦出来种上了茶叶，但成本高，销售渠道也不顺畅。2014年，这个瑶寨村人均纯收入仅1600元，属特困村组。

现任村民小组长赵王保是个肯动脑筋的人，他召集了几个村民凑钱买了几只小野猪驯养，养了三年，就是不生崽，白白丢了2万多元。还有人尝试过别的种养项目，由于缺少资金，又不懂技术，都没有成功。赵王保很不服气，下定决心要改变跳石子村的穷苦命运。在他们寻求致富无门之际，在他们几十公里外的钓鱼坑山瑶寨，有一位大学教授——莽山土里巴吉农业生态公司的老总何勇，蛰伏莽山6年，利用湘西土猪与当地野猪杂交育种培育了一个地方优良畜种——莽山黑豚。莽山黑豚抗病力强，肉质鲜美，加上是古法放牧，具有很高的附加值。

2014年冬，赵王保慕名来到莽山钓鱼坑山，看到满山奔跑的

"莽山黑豚"时，就邀请何勇教授到跳石子村考察。何勇教授在赵王保的再三邀请下前往跳石子村，先后看了五六回，也认可了这里的自然环境，感受了村民淳朴的热情和致富愿望，于是就答应在跳石子村成立一个基地。

2015年2月，赵王保带领村民们成立了宜章县莽山瑶族乡西岭村跳石子种养专业合作社，吸引25户村民入社，几乎都是清一色的贫困户。同年5月，莽山土里巴吉农业生态公司与合作社组建土里巴吉跳石子农业生态公司，正式启动产业扶贫。合作社以全组3500亩林地入股，土里巴吉以资金、技术、品牌和销路为支撑，各占50%股份。2016—2017年，每户社员的年终分红也都在5000元以上。到2017年年底，跳石子村30户人家全部入社入股了。该村人均纯收入在2014年为1600元，2017年为3800元，整体脱贫；2019年，人均纯收入达8000多元。

二 观察方法

（一）调研内容

围绕精准扶贫主题，深入研究瑶族乡在贫困治理方面的经验，主要内容包括：一是产业扶贫的组织模式，现有产业扶贫的治理结构是如何搭建的；二是产业扶贫的收益模式，农村合作社以及农民是如何收益的，尤其是如何考虑贫困家庭的；三是产业扶贫的参与模式，农民，尤其贫困户是如何参与产业决策；四是产业扶贫的效益，效益包括经济效益和社会效益两个部分。

（二）调研方法

1. 实地观察

调研人员赴跳石子村开展实地观察和个案访谈。实地观察跳石子村的农村合作社、黑豚馆等地方。访谈对象为村委负责人、农村合作社负责人以及部分贫困户。

2. 问卷调查

调查对象为瑶族乡七个村的村委书记或主任，每个村填写一份问卷，合计七份。

三 贫困分析

地处湖南省"南大门"的宜章县，是革命老区、省级贫困县、国家罗霄山片区集中连片扶贫攻坚重点县。根据宜章县统计局数据显示：2014年年底，全县有84个贫困村、建档立卡的贫困户28056户、贫困人口达84858人，脱贫任务艰巨。五年来累计减少贫困人口71457人，贫困发生率降至0.87%，群众满意度达98.16%，2019年3月省政府批复同意宜章县脱贫摘帽。宜章县虽然已经基本上消除绝对贫困，但相对贫困治理任务依然艰巨。根据宜章县统计局数据显示：2019年度，宜章县农村居民人均可支配收入为2715元，比郴州市农村居民人均可支配收入4200元低1485元，比湖南省农村居民人均可支配收入4327元低1612元。

（一）贫困现状

莽山瑶族乡属贫困边远山区、交通不变、生产生活条件极为艰苦，一直以来，基础设施建设和经济基础比较落后。全乡耕地面积4884亩，人均耕地面积仅0.51亩，是典型的"九分石头一分地"的大石山区乡。

西岭村距莽山瑶族乡乡政府3公里，东与永安村、北与钟家村相邻，新修的旅游公路"黄莽公路"从村前通过。西岭村共有2个自然村，辖5个村民小组，共有230户808人，其中瑶族人口占比60%。村里共有中共党员32人，其中预备党员2人。全村有耕地面积642亩，其中水田421亩，旱土221亩，山林面积5678亩（属于省级公益林）。农作物主要以水稻、玉米、红薯、茶叶为主。

跳石子村经过多次的"回头看"、清理五类对象、动态调整、新增补录、清退等工作，2018年现有建档立卡贫困户75户264人，已脱贫51户195人，尚有24户69人未脱贫；2018年预脱贫20户65人，还剩下未脱贫4户4人，综合贫困率0.49%。2014年建档立卡贫困户82户308人。2015年整户新增27户83人、删除23户81人，单个补入7人、单个减少16人，2015年年末数据为86户301人。2016年清理1户4人，2016年年末数据为85户297人。2017年新增1户5人，动态调整单人补录23人，删除8户24人，单个减少15人，2017年年末数据为78户286人。2018年动态调整，新增4人（其中单人补录3人、自然增加1人），清退3户9人（其中整户清退2户7人、已脱贫标识不享受政策1户2人、单个人口清退16人、自然减少1人），目前数据为75户264人。贫困户主要分布在西岭村的一、二、三、四组。

（二）贫困致因

1. 贫困户生计模式

西岭村的贫困户以传统种植业为主，传统农业收入占收入比重较高。贫困户以传统农业为主要收入来源。以外出务工作为主要收入来源的贫困户占有一定的比例，但是在贫困户的总收入中所占份额不大。贫困户的生计模式较为单一。与普通农户相比，贫困户对传统种植业的依赖性更大。根据访谈材料可知，农民收入来源呈现多样化，包括种植业养殖业所得、务工或工资收入、经营所得、投资或租赁所得以及政府救助。从访谈可知，70%左右贫困户的主要收入来源为种植业和养殖业。贫困户农田收入占家庭收入比重平均值为66%。这说明贫困户在收入上更容易受到农业方面的影响。

贫困户以传统农业和农业经营模式为主。通过座谈和访谈可以发现：一方面，贫困户种植结构主要以粮食为主。贫困户依然以传统农业为主，以粮食为主的种植业是贫困户保障温饱的基础产业，种植经济作物较少。调查数据显示：82.01%的贫困户农田里种植的是水稻，10.73%的贫困户农田里种植的是玉米，只有7.13%的贫困户种植了茶叶等经济作物。另一方面，贫困户农田经营还是以传统的生产方式为主。贫困户种植技术以传统耕种方式为主，合作社参与的比例也不高。

2. 致贫原因分析

(1) 相当一部分贫困户缺资金技术

在西岭村贫困人口中，一般贫困户68户252人，兜底贫困户7户12人（低保兜底1户1人）。因病致贫9户32人，占比12.1%；因学致贫26户105人，占比39.8%；因残致贫6户18人，占比6.8%；因缺资金技术致贫34户109人，占比41.3%。

表1　　　　　　　　　　主要致贫原因分析表

主要致贫原因	因病	因学	因残	缺资金技术
户数及人数	9户32人	26户105人	6户18人	34户109人
占总贫困人口比重	12.1%	39.8%	6.8%	41.3%

(2) 绝大多数兜底户劳动能力不足或缺失

在西岭村兜底户中，1户是孤儿，5户是身体或精神障碍，1户是重病。7户都属于丧失劳动能力或劳动能力不足。

范某某，14岁，父死母改嫁，母亲智障，现随伯父范某某莽山民族中学就读。

盘某某，61岁，一人户，肢体残疾，现随其弟在家务农。

赵某某，52岁，妻子残疾，两个小孩读小学。

刘某某，36岁，先天性小儿麻痹症，生活不能自理，现靠母亲照顾；父亲脑中风，无劳动能力。

张某某，49岁，严重类风湿关节炎多年，丈夫已病逝，两个小孩读书，完全靠刚参加工作做教师的大女儿维持生活。

黄某某，一人户，40岁，精神障碍。

黄某某，55岁，2015年患上额窦癌，儿子失踪多年。

(3) 收入边缘户抵御风险能力较差

无论是未脱贫户中的收入边缘户，还是已脱贫的收入边缘户，家里都缺乏稳定收入来源，抵御疾病等风险能力较差。极容易因病、因失业或因灾致贫。西岭村7户收入边缘户抵御风险能力差。

范某某，1人户，因残被纳入贫困户，无稳定收入。帮扶措施：

享受健康扶贫工程,改善住房条件,解决就业等。

范某某,2人户,因缺技术被纳入贫困户,无稳定收入。帮扶措施:享受健康扶贫工程,改善住房条件、产业帮扶等。

黄某某,3人户,妻子瘫痪,完全靠儿子在外务工维持生活。帮扶措施:解决就业,享受健康扶贫工程,产业帮扶等。

刘某某,1人户,智力差,无稳定收入。帮扶措施:享受健康扶贫工程,产业帮扶,困难救济,改善住房条件等。

刘某某,2人户,今年脑中风,儿子在家务农,无稳定收入。帮扶措施:享受健康扶贫工程,大病救助,产业帮扶解决就业等。

刘某某,3人户,2015年脱贫,儿子刘某某瘫痪在床36年,生活不能自理,其本人高血压中风住院多次,丧失劳动能力,妻子一人操持家务。帮扶措施:纳入低保,享受健康扶贫工程,实施大病医疗救助,产业帮扶,解决就业等。

四 资产收益扶贫模式

为了解决贫困户中的技术资金不足、劳动能力欠缺和抵御风险能力差的问题,资产收益扶贫成了各地推广的一种治理模式。资产收益扶贫在实际中衍生出了不同的治理模式。

(一)走出贫困陷阱的资产收益扶贫

贫困陷阱(poverty trap)是由于存在引起持续贫困的自我加强机制,导致处于贫困状态的主体长期处于贫困的循环中。Carter 和 Barrett 从资产社会政策角度对贫困陷阱产生的原因进行了分析,认为个人或家庭的资产状况存在一个最低的临界点。[①] 如果家庭资产低于这个临界点,家庭在教育投资、生产性投资以及人力资本积累方面就会普遍存在投入性不足的问题。家庭资产不足进而导致其对于收入风险缺乏事前预防和事后恢复能力,一旦遭遇疾病等风险冲击,家庭就会

---

① 陈云凡:《从收入扶持到资产拓展:社会救助扶贫的政策转型》,《中州学刊》2017年第4期。

持续陷入贫困状态。

我国集中连片特困地区贫困人口因病等风险返贫、致贫现象比较普遍。[①] 为提高贫困家庭抵御社会风险能力，湖南、四川等地探索资产收益扶贫政策。资产收益扶贫本质是将公共资产（资金）、自然资源或农户权益资本股份化。该政策以拓展贫困地区贫困人口的收入空间为目的，通过结合当地优势产业，把外来投入以及本地的各种资源转化为农村贫困人口的资产，并委托相关经营主体经营。在这类资产产生经济收益后，贫困村与贫困户按照股份或特定比例获得相应的收益。

（二）资产收益扶贫中的精英俘获

精英俘获（elite capture）是指在地区发展项目中用于改善地区贫困人口的资源，被在政治或经济上拥有一定优势地位的主体占有或支配的一种现象。[②] 我国资产收益扶贫中也不同程度地存在这种现象。精英俘获是地区发展项目目标偏离的主要原因，在地区发展项目中，当地精英利用其优势"俘获"政府投入，以满足其自身利益，使政府投入偏离脱贫的政策目标。由于存在精英俘获，地区发展项目不仅没有解决贫困人口贫困问题，而且还会拉开地区贫困差距和增加内部的不公平性。有研究发现，以减贫为目的的发展项目，并没有增加每个村庄中穷人的收入，而仅增加了比较富裕农户的收入。这种"穷人愈穷，富人愈富"的精英俘获现象，主要通过两条途径实现：一方面，精英利益的合理化。精英在与外来资金项目谈判上利用其优势将其利益与目标嵌入项目中，并转化为项目的目标。另一方面，资源使用或收益分配的合规化。精英利用其在当地声誉以及资源，主导政府投入项目资源使用和项目收益分配。

资产收益扶贫中的资产类型十分多样化，资产类型主要包含以下

---

① 孙久文、李星：《攻坚深度贫困与2020年后扶贫战略研究》，《中州学刊》2019年第9期。

② 温涛、朱炯、王小华：《中国农贷的"精英俘获"机制：贫困县与非贫困县的分层比较》，《经济研究》2016年第2期。

四种：（1）产业化运作的社会自然资源，包括光伏、水电、旅游等资源。（2）集中经营的土地和林地等资源。农户和村集体自有土地和林地可以通过流转和入股的形式实行集中经营，如农户以土地或林地入股形式加入合作社或公司等经营单元。（3）金融运作的政府扶贫投入资金。政府对于地区扶贫的资金投入，既可以以入股形式直接进行投资，也可以把用于扶贫的小额信贷资金入股当地优势企业。（4）固定资产投资的扶贫或其他资金。扶贫或其他在生产设施等方面的扶持资金，也可以转化成为贫困人口的股份。根据资产收益扶贫中资产（包括资源、资金）类型的不同，资产收益扶贫可以划分为资源收益扶贫模式和资金收益扶贫模式。资金收益扶贫模式包括投资收益扶贫和理财收益扶贫两种模式。

无论采取哪种模式，扶贫本应是资产收益扶贫项目的首要目标。在实际运转中，资产收益扶贫项目本身具有发展经济的目标。发展经济与贫困人口收益在某种程度上存在一定的替代关系。根据分配原则，收入分配与主体对生产所做的贡献分配相匹配，可使社会的产出量最大。在强调效率的分配原则驱动下，各主体都会尽其所能将其所拥有的资源投入生产中去，使资源利用效率最大化。各主体如果获得社会分配与其对生产所做的贡献不匹配，效率就低。而且这种不匹配越严重，贡献大的主体积极性受到的损害程度就越大，产出效率就越低。资产收益扶贫项目在某种程度上存在收入与贡献的不匹配，这就影响资源配置效率。当地精英利用政策存在的公平与效率目标冲突，通过以下几种方式对资产收益扶贫项目的过程与结果进行影响：一是利用其对当地的权力结构和意识水平的控制能力影响项目的投入与规划；二是利用其在当地享有经济管理能力声誉影响资源的管理与分配；三是利用其意见领袖的地位影响项目脱贫目标；四是利用政策设计两难困境（扶持贫困与发展经济）影响项目规模以及评判标准。因此，如果资产收益扶贫项目不对贫困者的参与进行保障，那么发展经济可能取代追求贫困者利益最大化的目标。

(三) 资产收益扶贫的三种模式

贫困者在政治、经济、社会等方面的弱势地位，决定了其不可能依靠一己之力争取权益。建立贫困者参与生产决策、收益分配等方面参与机制是保障其资产收益的有效措施。根据贫困者参与程度，资产收益扶贫参与机制的设计可以分为三种模式。

第一种无参与收益模式。无参与收益模式是指资产收益扶贫主要以发展经济为主要目标，对于贫困者的参与缺乏任何制度保障。无参与收益模式是一种极端不平衡的收益关系，精英群体利用其优势俘获政府投入，极大地攫取个人的利益。该模式在我国以促进地区经济发展为主要扶贫方式的阶段中较为普遍存在。精英利用政府资源投入较快地富裕起来，而且是越来越富有；贫困者在政府粗放式扶贫中收益有限，有些因为缺乏抵御社会风险的最低资产积累而陷入贫困的恶性循环之中。

第二种是有限参与收益模式。有限参与是指在资产收益扶贫计划中对于最终收益分配结果有最低比例限制。该模式是将资产收益扶贫计划视为一个"黑箱子"，是对贫困者在资产收益扶贫计划的设计过程参与缺乏的相应规定。有限资产收益扶贫计划核心保障"资产到户"和"收益到户"，该模式虽然对于精英的力量进行了一定的限制，但资产收益扶贫计划决策过程的不透明，导致贫困者易于在管理过程中被边缘化，在收益分配中利益最小化。我国现阶段精准扶贫中推行的资产收益扶贫计划较多地采取有限参与收益模式。

第三种是全程参与收益模式。全程参与指资产收益扶贫计划在项目初期、中期到终期都制定了相应的参与计划，确保贫困者的利益最大化。全程参与是以参与机制作为砝码，较好地平衡精英与贫困者利益的模式。在该模式中，资产收益扶贫计划的过程不再是"黑箱子"，而是在透明、公正、高效的环境下进行的。贫困者既是结果的收益者，也是计划制定与管理的参与者。在该模式下，资产收益扶贫是贫困者全程参与的过程，具体包括三个层面：资产到户、权利到户和收益到户。资产到户——通过将现有资源或者资金转变成资产，改变贫困居民"有资无产"的局面;权利到户——通过贫困分析,提升贫困者能力,让贫困者参与到资产投资运营管理中,避免陷入"有资无权"的困境;收益到户——通过制订切实可行的行动计划,让贫困者能有效参与资产收益分配方案,避免陷入"有资无益"的困境。资产到户、权利到户和收益到户是相互联系的,资产到户是前提,权利到户是手段,收益到户是目标。跳石子村就属于全程参与受益模式。

五 全程参与收益模式

跳石子村贫困治理模式就是典型的全程参与收益模式,贫困户成为真正的收益者、参与者与资产者。

(一)让贫困户成为真正的收益者

跳石子村组建跳石子农民合作社,与土里巴吉公司共同成立土里巴吉跳石子生态农业公司,开展黑豚养殖。

1. 贫困户收益最大化

该项目对不同群体可能产生各种影响。初步的影响评估将应有利于投资者和项目执行者了解项目实施对贫困者可能产生的积极或者负面影响。2013年,赵王保和他的亲戚赵光富、盘付,合伙买下6头小野猪,他们想,野猪能多卖钱。可最后只成活三头猪,还不能繁殖,成本亏掉近两万。但他们追求致富的脚步,一直没停下。而在郴州市的何教授,经过不断试验,利用湘西黑猪与当地野猪杂交,成功繁殖出新品种——黑豚。黑豚在没有任何污染的大山中放养,吃发酵的玉米、黄豆、米糠,喝山上的泉水,呼吸着富含负氧离子的空气,因而肉质鲜美,皮脆肉香,肥肉不腻,口味独特,出场整头每斤50元,终端零售价平均每斤100元以上,市场销售较好。跳石子村有适宜养殖的山林。通过与公司品牌合作,可以降低销售风险。因此,黑豚养殖是一个既与本地致富追求契合,也与本地实际情况相符的开发项目。

贫困户参与该项目的障碍是资金不足和收益不均。为了让贫困户能有效参与项目并均等收益,项目准备阶段主要采取的措施有三:一是成立合作社。合作社成立原则是"全村参加，社员平等"。以户为单位成立全员合作社，按最低认缴数每户出5千元，股份相等。成立时只有18户，2016年分红每户5千元，全村加入。二是成立项目公司。成立原则是"合作要出钱，双方平等"。合作社与土里巴吉组建项目公司，各占50%股份，以合作社认缴数，等金额出资，资金不足部分对外筹借。三是社员管理合作社。农民出了钱，就是主人。合作社是农民共同利益的聚焦点，是农民自我成长平台；社员通过合作社管理项目公司，与土里巴吉相制衡，形成利益分享的命运共同体。

2. 风险化解

提高扶贫效果的有效途径是完善瞄准机制。一个项目可以采取不同的瞄准机制，好的瞄准机制能使贫困者从项目中收益。建立有效的瞄准机制，关键应建立以加强透明度并提高贫困人口获得信息、参加公开会议的机制。贫困者积极参与项目的设计、执行、监督与评估，能有效提高瞄准机制的准确性。项目设计期间应提供让贫困者参与的机会，并保障贫困人口有效参与到项目的设计与实施之中。跳石子村应针对当地贫困户建立风险化解的瞄准机制。

当地贫困户以传统农业为主，收入来源也是以种植业为主。黑豚养殖给他们的收入带来一定的风险：一是放牧区互助。农民是土地的主人，承包的土地通过转包、流转，将失去土地控制权，失去细水长流的收入保障。在湖南省其他地区也都存在这样的问题，土地流转之后农户仅能获得部分租金（每亩农地大概200—300元左右）。贫困户每亩的种植大概纯收益500元左右。200多元的种植收入差价对于缺失收入来源的贫困户来说确实是一笔不可少的收入。跳石子农民合作社在土地经营上进行了创新，山林里放牧权互助合作，每年可分红；林木还是村民的，楠竹和竹笋照样可卖钱。二是补偿损坏作物。黑豚养殖有可能对于当地种植农作物以及山林竹笋带来一定的损坏。跳石子农民合作社建立补偿机制，根据对农作物和竹笋损害的程度进行赔偿。基础设施占用土地林地或畜禽放牧造成破坏和损失的额外补偿，补偿费用由项目公司承担，补偿标准由合作社商定。三是优先安排贫困户就业。跳石子农民合作社优先安排当地贫困户就业，优先解决外出务工的父母回家就业。到2018年，公司安排了贫困劳动力长期用工将近15人，短期用工上百人。

（二）让贫困户成为真正参与者

1. 让受益群体参与决策

在成立合作社、与莽山土里巴吉公司谈合作之前，村民代表亲自去莽山黑豚的培育基地——钓鱼坑进行了实地考察，并亲自品尝了肉质，用朴实的思维、质朴的语言了解了黑豚的市场价格和销售情况。跳石子村把分散的农户组织起来，以户为单位成立全员合作社（西岭村跳石子种养专业合作社，以下简称"合作社"），社员以土地、林权加入合作社，实现统一决策、规模经营。合作社进行民主管理，会议表决，每户一票，对重大经济项目等进行决策。同时，合作社委派代表参加项目谈判，参与项目公司管理。

国际国内的发展实践都表明：地方发展项目成功的首要条件是确保受益群体的参与。参与的内涵不仅限于参与主体参加项目，而更应是一种实质参与，即保障参与主体在参加过程中拥有一定的决策权。所以，"让受益群体参与项目"就是要让贫困者能积极、有效地参与到项目的设计、实施、管理、监测以及评估环节之中。在各个环节中他们都能有一定的实质发言权，即他们的意见能得到重视，并能影响决策。以项目为核心组建的农业产业化公司，在贫困区域已蔚然成风。与一些企业打着扶贫的旗号套取国家优惠政策谋己之私不同，莽山土里巴吉农业生态公司作为一家扶贫企业始终坚持"一切权利归社员，共同致富靠团结"的原则，这既是莽山跳石子公司的口号，也是他们的行动纲领。

2. 让受益群体参与管理

在项目主体内容实施过程中，资产收益扶贫项目应建立起长效参与机制。跳石子村的参与管理机制主要体现在以下几个方面。

一是党委领导。坚持和完善党对"三农"工作的领导，是实施乡村振兴战略的政治保证。跳石子村村民小组党支部书记、村民小组组长、合作社理事长、项目公司法人代表由一人兼任,把村民小组党组织、群众自治组织、村民经济组织合三为一。三个班子,一套人马。这样,把党的精神、村寨管理与经济运作关联起来,更好地实现党的思想与群众利益紧密相连,使党员干部切实成为村民致富的带头人和排头兵。

二是分工协作。在土里巴吉跳石子农业生态公司里面,跳石子合作社和莽山土里巴吉农业生态公司互不制约,但他们有明确的分工。农业合作社主要负责按照莽山土里巴吉农业生态公司的生产标准进行生产,涉及生产的基础设施、再生产、资金分配等重要事项均由农民自己做主。村民的身份由扶贫的"客体"变为"主体",从"农民"到"股东"发生了结构性转化,激发了他们的潜能,走上了一条内源式发展的扶贫道路。作为公司的另一主体莽山土里巴吉农业生态公司通过品牌入股获得与跳石子农业合作社同等权重的股权。在公司经营过程中,莽山土里巴吉农业生态公司一是负责生产质量标准的制定与管控;二是负责链接城乡把市场产品销往城市。"合作社+农业供给侧改革+共同的项目企业"的产业扶贫模式形成了使扶贫各方都满意的利益链接机制,发挥了极佳的社会经济效益。

三是当家作主。土里巴吉跳石子农业生态公司有两大特点:第一,它是一个地地道道的农民公司,公司的法人代表由跳石子村的农民担任,财务管理由跳石子农民合作社派人管理,公司的运营管理者全部是当地农民。第二,公司的股权平均分配,公司出资双方即莽山农庄占股50%,跳石子农民合作社占股50%,从法律上保障了农民的参与决策权和收益权。正如何勇教授说的:"谁也不要想去制约谁,谁也不要想去领导谁,我们一起来做一件事。"强调的是农民合作社和公司企业共同致富、共同发展。项目公司注册成立,农民当家作主,项目公司的运营管理全由农民自己做,项目公司总经理、经理、法人、会计均为当地农民,这才是从法律上充分保障农民的权益、决策权、话语权。公司化运营有利于农民抵御市场风险,防止农产品供求引发价格波动造成收益损失。

(三) 让贫困户成为真正资产者

1. 资产拓展

跳石子村贫困人口的收入来源主要包括四个方面：工资性收入、经营性收入、转移性收入和社会支持性收入。政府以收入扶持为目的的转移支付，使贫困人口在短期内可以维持生计。但是由于其收入来源的脆弱性，从长期来讲，这些贫困人口返贫风险较大。贫困地区贫困人口的生计模式较为单一。贫困人口主要以老年人、残疾人、儿童等为主，而这些群体的就业能力普遍较低，加上农村本来就业机会就较少，因此就业并不是这些群体收入的主要来源。与普通农户相比，贫困地区农村贫困人口对传统种植业的依赖性更大。农村贫困人口依然以传统农业为主，以粮食为主的种植业是贫困人口保障温饱的基础产业，种植业收入是农村贫困人口主要收入来源。政府通过最低生活保障制度对于农村贫困人口的转移性支付也是其收入的一个重要来源。除此之外，农村贫困人口从亲戚以及社会力量方面获得一些社会支持性收入，但这部分收入不稳定，而且数量也较少。

跳石子村以资产为基础的资产拓展模型将通过资产来增加农村贫困人口的收入。与收入扶持模型相比，政府或社会对于农村贫困人口救助的部分转移性支付将转化为资产。农村贫困人口在短期内摆脱了贫困，在长期则产生资产福利效应。该模型假定在社会救助模型中引入资产，经过一个时期，收入加资产的资产拓展模型会使农村贫困人口拥有比单一收入救助更积极的福利结果。

贫困户刘某，1人，无劳动能力，靠最低生活保障金维持生计。在没有加入合作社之前，他每年从政府领取的低保金约为2900元。在加入合作社之后，每年获得的资产收入约为5000元。

村民罗某，3口人，靠种植为主，种植净收入1500元，卖竹笋、茶叶等收入2000元。加入合作社之前，家庭年收入3500元左右，属于村里的贫困户。在加入合作社之后，每年获得的资产收入约为5000元，种植收入约为1500元，卖茶叶、竹笋等收入约为5000元，家庭年收入合计约为11500元。

2. 长期效应

跳石子村的贫困治理由单一收入扶持向资产拓展转变对农村贫困人口会产生显著积极效应。

首先是有利于促进家庭收入稳定。到2018年，全村所有贫困户由2014年的人均收入1500元，增加到现在的人均收入8000元。较多农村脱贫人口是因病、失业或农业灾害等原因返贫。当这些家庭拥有资产的时候，资产就可以补充收入，减少家庭因疾病等事件导致的收入波动。因此，有资产的家庭更不容易陷入混乱。

村民盘某，3口人，上年家庭种植纯收入2000元，卖竹笋、茶叶等纯收入6000元，做零工等纯收入20000元，资产收益5000元，合计33000元。今年盘某患病，在医院做手术，共花费6000多元，在新型城乡居民医疗保险中报销了4844元。作为家庭主要劳动力，种植、卖竹笋茶叶以及做零工的收入都发生了波动，而资产性收入没有受盘某疾病的影响，在一定程度上促进了家庭收入的稳定。

其次是有利于促进家庭长期规划。"有恒产者有恒心"，拥有资产的家庭，就能更加注重对家庭长期发展的规划；就会拥有更多的安全感，更加积极地创造未来。跳石子农民合作社成员在2016年、2017年和2018年都分到了红利5000元。这极大激发了村民资产配置，经合作社成员投票表决，剔除分红收入之后剩余资金计划将"莽山黑豚"拓展到2000头，并培育了"莽山㘵桀鸡"新品种。借着莽山大旅游的东风，顺势又开始发展乡村观光旅游业，修建了一公里的观光牧猪游道和旅游栈道。公司慢慢发展壮大起来，在郴州市、长沙市、广州市等地都开设了莽山黑豚品鉴馆。

再次是有利于促进社区资产积累。跳石子项目建设弘扬了社会主义核心价值观，培育了"好人文化"，促进了社区资产积累。项目建设中，为节约钱，参与建设莽山黑豚品鉴馆的人全是村里的农民，他们暂时不领工钱，只记工，将来赚了钱再给。报酬比外面少，外面挣两百元一天，这里只给一百元。缺钱购买材料时，周云刚以个人名义，贷款五万元。4月18日，20万元国家贴息贷款到位，保证莽山黑豚品鉴馆的顺利开业。村民拉树去锯木厂加工，只给司机油钱。莽山黑豚品鉴馆定下了"没见效益，不能开高工资"的规定。赵王保请村里在外打工的人回来，但别人嫌工资低。他为保障项目顺利进行，就把在江苏无锡打工的儿子赵军叫回来了。赵军在那家工厂做了五年，每月工资有五六千元。周云刚也把自己在深圳打工的儿子叫了回来。村里集体用地合理使用，在公共区域建设了莽山黑豚品鉴馆，为上山游客提供品鉴服务；村旁山包地由村民自行作业，种植茶叶、红薯、芋头、玉米、蔬菜等农副产品，初步形成了牧养、种植、品鉴、观光立体化的田园综合体。土里巴吉农业生态公司总经理因跳石子项目被评为"扶贫攻坚十大能人"，担任宜章县政协委员。跳石子村民——赵王保担任合作社和项目公司董事长，被选为村民小组组长，同时担任乡人大代表。

最后是有利于促进专业化和专门化。职业技能的专业化和专门化有利于提供就业人员工资。家庭资产积累使专业化和专门化成为可能。家庭资产缺乏的农村贫困人口在选择职业的时候，由于缺少选择，只能从事不符合他们长期职业利益的短期劳务。跳石子村化运营有利于农民抵御市场风险，防止农产品供求引发价格波动造成收益损失。项目公司致力于优质农产品生产，关注安全食品和产品品质过硬，莽山黑豚、埘桀鸡、拓菌等产品均申请了注册商标，并制定了标准化生产流程和技术。当地农户需要定期接受相关的专业培训，这就提高了当地农户的专业技能，有利于家庭人力资本的积累。

3. 示范效应

跳石子村的资产拓展为宜章地区打赢脱贫攻坚战役提供了宝贵经验，产生了较强的示范效应。

一是结对帮扶发展。宜章县探索出了"我脱贫、你发展"的产业合作路子，让贫困户融入县域经济浪潮中，通过企业带动，帮增收、帮就业、帮转观念、帮对接市场，不养"懒汉"，减少"救济式"扶贫人数。该县"根据市场选准产业、根据产业选准企业能人、企业能人对接贫困户、资金跟贫困户和企业走"，推行"政府、金融机构、优质经济实体（合作社）、电商+贫困户"的"4+1"模式，让贫困户与企业及能人抱团，与产业融合。从200多家企业中，筛选了89家带动能力强的优质经济实体，与贫困户结对帮扶，通过3240名贫困对象将1500元/人的财扶资金及5000元/人的小额信贷资金（共计2106万元）委托到养殖合作社，建设12个养殖基地，采取"75%归贫困对象，25%归公司"分配，宜章福鹅公司每年为贫困对象人均增收3033元。在帮扶贫困户实现增收的同时，福鹅公司也得到了发展壮大，由原来的2个养殖合作社和1个填肥肝基地发展到现在的12个养殖合作社和4个填肥肝基地，年产值从500多万元提高到了3.1亿元，成为湖南最大的种鹅养殖扩繁基地。

  二是"贫者有其股"。采取委托帮扶、股份帮扶的方式，引导贫困户将扶贫小额信贷、财政专项扶贫资金投入优质经济实体，普遍采取"逐年返本+保底收入""保底收益+按股分红"的利益联结模式，促进贫困户可持续增收，实现多方共赢。湖南百捷利包装印刷有限公司在自愿基础上，由贫困户和公司共同投入1206万元建立资产收益扶贫生产专线，共安置136名贫困人口就业，其中贫困残疾人110人，月平均工资在2500元左右。贫困户自愿将结余工资、小额信贷、扶贫专项资金的收益逐年留存公司，成为长期股金，真正实现"贫者有其股"。

  三是保障贫困户参与。强化政策保障，建立多方面的奖励扶持政策，扶持产业发展。鼓励贫困对象流转土地参与产业发展，每年按10元/亩、50元/亩对旱地流转、水田流转进行奖励。在湖南省率先建立"资金封闭运行三方监管机制"，将贫困户的小额信贷和专项财扶资金统一纳入结对帮扶双方在银行共同开设的账户封闭运行，由县农村商业银行、乡镇扶贫工作站、贫困户三方进行共同监管。经济实体完成资产抵押后方可使用信贷资金。强化服务支撑。县扶贫办聘请了专业的法律顾问，为贫困户与经济实体建立利益联结、签订帮扶合同等所有的帮扶机制均依据法律规范把关，切实保证贫困户、经济实体及银行等多方利益。

六　经验与建议

（一）"一切权利属于人民"的全程参与管理

跳石子村贫困治理经验不仅有助于消除绝对贫困，而且对减轻相对贫困也具借鉴启示。资产收益扶贫是精准扶贫的一种创新方式，有利于提升贫困居民抵御风险的能力，降低其返贫的风险，促进其摆脱贫困陷阱。在实施过程中，资产收益扶贫会面临精英俘获的困境。建立全程参与的收益模式，能平衡精英与贫困者的收益，使贫困者的收益最大化。资产收益扶贫应包括"资产到户、权利到户和收益到户"三个过程。跳石子村发展经验可以概括为：

一是重视贫困户的收益。项目在不同阶段充分考虑贫困户的需求，在项目准备阶段，重点分析项目对贫困者可能产生的影响以及其他利益相关者对扶贫的需求；在项目设计阶段，重点设计一个有效的制度安排与激励机制，以确保项目对贫困者收益起决定性作用。

二是重视贫困户的参与。项目设计是资产收益扶贫项目实施的依据和准则。良好的项目设计是资产收益扶贫项目成功的保障，所以，贫困群体必须在项目设计阶段就参与其中。项目设计要充分倾听各级项目管理机构，特别是项目受益人的意见，尤其应重点倾听贫困户意见。为了让贫困农户能充分参与，项目的信息交流和共享渠道应基于参与式原则，在项目设计的各个环节均需要征求贫困群体的意见。项目的协商、议事与决策过程需要制定规则和程序，以保证贫困户行使知情、参与、表达、决策、监督等民主权利，确保他们能全程参与项目的规划、实施、管理与监测评估。

三是重视贫困户的资产。让农村贫困人口成为有资产者是促使其摆脱贫困的有效手段。土地林地经营权通过分红和补偿实现收益。社员通过合作社获得项目分红，分红中包含了经营权让渡收益和现金投资收益。莽山黑豚品鉴馆等平台优先录用跳石子村村民作为其工作人员。同时，指导村组逐步实现全域生态有机循环农业，农民家庭的古法农耕产品，比如莽山茶叶、莽山菌菇等符合土里巴吉品牌质量，随土里巴吉营销渠道走出去，多元增进农户收入。这样，跳石子村就形成了"项目分红+优先雇用+自产收入"的利益联结机制，确保村民实现稳定的收入来源，吸引青壮年村民返乡创业就业，有效遏制返贫返困。

（二）以资产为本建立相对贫困治理的长效机制

根据跳石子村贫困治理经验，建议以资产为本建立相对贫困治理的长效机制。

一是建立贫困户收益机制。贫困户的收益最大化是项目准备和设计时应恪守的基本原则。贫困户的收益既要保证"机会"的过程公平，更要保证"平等"的结果公平。要利用积极干预的原则，在充分评估项目对贫困户产生的积极和消极影响结果的基础上，建立贫困户收入风险防范机制，要综合运用配额、定额、均额等多种方式，优化项目收益的瞄准机制，确保贫困户能真正成为项目的收益者。

二是建立贫困户参与机制。参与式管理是平衡精英和贫困者收益的砝码。健全党委领导制度，把党的精神、村寨管理与经济运作关联起来，更好地实现党的思想与群众利益紧密相连，使党员干部切实成为村民致富的带头人和排头兵；制定《资产收益扶贫项目实施管理办法》，以政策法规形式加强资产收益扶贫的贫困户收益保障、参与、项目治理和监督反馈等机制建设；制订分工协作管理方案，"公司+项目"的公司负责打造和业务管理，农村合作社负责财务管理和利润分配；建立健全治理结构，以现代公司模式运作，并规定董事会中贫困户代表不少于1名，监事会中贫困户代表的比例不得低于2/3，股东大会每年至少召开一次；建立民主决策机制，涉及分红等重大决策方案，应采取由股东会民主投票方式决定，确保决策方案的科学、民主和公平；建立项目监督机制，对于采取合作经营的项目管理，应硬性规定项目管理小组以及监测评估小组中贫困户代表的人数。

三是建立贫困户资产积累机制。让农村贫困人口成为有资产者是促使其摆脱贫困的有效手段。要加强贫困户的家庭有形资产积累，探索将政府扶贫资金以及土地征收转化为集体股权，让农村贫困人口参与项目分红；探索将政府在贫困地区精准扶贫开发项目投入资金转变成集体股份，创新将贫困地区水电、矿产资源开发占用农村集体土地折算成相应集体股份，让农村集体经济组织为股权持有者，其成员为集体股权受益主体，并建立向贫困人口适当倾斜的分红机制，保障贫困人口成为优先受益对象；盘活土地等资产，增强个人股权，在土地等资源确权之后，引导农村贫困人口合理管理土地，以土地折算成股份参与农村合作组织。要加强贫困户的无形资产积累，落实教育救助和扶持制度，促进贫困户加强子女教育投资；建立激励制度，促进贫困户加强自身的专业技能培训；发挥资产稳定优势，引导贫困户注重对家庭长期发展的规划。要加强贫困社区的社区资产积累，建构依赖于社区居委会、社区居民和社区协会等社区网络，为社区提供医疗、文娱、照护、基本生活服务等多方面的支持，以更好地满足社区发展的需求；充分发挥基层居民自治组织的职能，在接受政府行政部门提供公共所需的服务与资源的同时，保持社区公共事务管理与服务的自治性，促进居民自主参与的积极性，强化居民的社区认同感与归属感；要倡导社区居民在互动交往中培养公约精神，实现平等合作与团结互惠，在一定程度上促进社区成员对于社区的认同和归属，在共同规范下形成行动共识，参与社区活动，以主人翁姿态主导社区发展；通过公司对接、乡贤示范和社会倡议等策略，让个人资产、社区组织资产、社区团体及部门资产和自然资源及物质资产等这些不同层次的社区资产实现最优配置，最大限度地推动社区资产积累。

四川省成都市温江区柳城街道
小区院落治理模式观察

随着改革的深化和社会主义市场经济体制的逐步确立，城市的社会生活和管理体制正在发生整体的深刻变化。单位制的解体，使得单位已不再是城市居民生活的中心，社区逐渐取代单位的角色，成为居民重要的社会空间。城市居民的经济、社会与文化生活越来越多地与其所在社区产生紧密的联系，社区开始成为对城市居民进行社会整合的重要场域。人口流动日益频繁，居民群众的生活需求不断上升，民主意识和参与意识越来越强，对社区的服务功能、整合功能、管理功能等提出了更高的要求。然而由于政治、文化、历史等多重因素的影响，我国社区治理呈现出多种问题，如居民参与性不足、参与渠道单一、缺乏社区共识等，这严重影响了治理效果。[①] 特别是行政区划下的社区覆盖面积大，服务人群广，加剧了社区治理的难度。比如，在一些大中城市，城市社区服务人群多达3万—4万人，而社区工作人员大多不到10人。同时，社区内部的差异性很大，既有商品房小区、三无小区，也有农民集中居住区等。复杂的小区形态、多样的居民需求以及紧张的行政资源给社区治理提出了新的挑战。

因此，如何加强基层社区治理能力，厘清社区不同主体的权责利关系，寻求多元共治路径成为中国社会建设的重要议题。2017年，中

---

① 陈伟东、李雪萍：《社区治理与公民社会的发育》，《华中师范大学学报》（人文社会科学版）2003年第1期。

四川省成都市温江区柳城街道小区院落治理模式观察

共中央国务院《关于加强和完善城乡社区治理的意见》明确指出"实现党领导下的政府治理和社会调节、居民自治良性互动……促进城乡社区治理体系和治理能力现代化"。地方层面紧紧围绕促进社区治理体系和治理能力现代化这一主题做出了许多有益的探索与实践，并形成了丰富的关于社区治理的本土化治理模式与路径。其中，成都市温江区柳城街道的"小区院落细胞化治理模式"具有一定的代表性，从机制体制上促进和推动了社区治理创新，在促进治理主体参与上具有显著成效，特别是直接回应老旧小区的痛点和难点问题，为全国其他老旧小区类似问题的解决提供了可供借鉴的思路和经验。

近年来，温江区将社区治理作为城乡统筹改革中的重点工作，在体制机制方面做出了许多改革和创新。实践经验发现，要提升社区治理效果，发挥居民的能动性是核心。尽管大多数社区居民缺乏参与社区公共事务的热情，但是对于自己所在的小区院落公共事务的关注度较高。因而要促进居民的参与，还需要立足于小区院落本身，从小区院落治理出发，回应居民的真实关切，提升居民的参与意识，促进集体行动的达成。因而，温江区柳城街道从小区院落出发，通过社区治理的"细胞化"[①]，以"平伙"模式[②]来激发小区院落内生性的资源，提高院落的自治能力，让居民学习如何从院落中开始参与，继而推动整个社区治理能力的提升。

一 柳城街道小区院落治理背景

柳城街道位于成都平原腹心区域温江区中心城区，是温江区委、区政府驻地，也是温江作为"卫星城"独立成市的核心区，辖区面积23平方公里，辖20个社区，260个居民小组，居住人口31.28万人

[①] 斯宾塞在《社会学原理》（第1卷）中，将社会与生物有机体进行了类比，认为个人与社会的关系如同细胞与生物体的关系。"细胞化"借鉴斯宾塞的思想，认为小区院落是社区最基本的组织单元，是促成社区有效运作的基础。

[②] "打平伙"是四川方言，意为亲朋近邻你出原料、我掌勺、他带桌椅餐具，大家一起搭伙办酒席。这是最早的AA制，而其本质却是资源整合和共享精神。见http://images1.wenmling.cn/web_wenmling/specials/19jszqh/fx/201911/t20191124_5328255.shtml。

（其中非户籍人口占到60%）。作为典型的城市社区，在经济社会转型过程中，历史遗留的老旧院落数量非常庞大，面临卫生环境差、治安状况乱、流动人口多、基础设施落后、功能配套不全，管理组织松散或缺失等问题，日益成为社区矛盾的集中点、安全隐患爆发区。柳城街道有538个小区院落，其中老旧院落有339个，占比约为63%。个别社区老旧院落占比更高，以南街社区为例，全社区总共87个院落，老旧院落就有70个，占比高达80%。除了老旧院落问题的急迫性，商品房小区的维权问题也较为突出，物业不作为、业委会难建立等严重影响了居民的生活。总之，城市在发展转型升级中，社区中的小区院落形态各异，居民的需求差异性很大，仅仅着眼于社区整体的建设和发展还非常不够，还需要从其组织部分小区院落入手，探索和创新小区院落的有效治理路径。

实际上，由于老旧院落问题的严重性和迫切性，温江区柳城街道早在2013年就开启了老旧院落治理的探索。2013年，温江区区委区政府将老旧院落整治作为建设平安社区、和谐社会的重点工程，专门出台了《成都市温江区关于加快推进小区院落公共服务管理的实施方案》（以下简称《方案》）。其中，《方案》要求小区院落公共服务管理工作应遵循"系统规划、先易后难、有序推进"的原则，按照"重实效、能承受、可持续、易复制"的要求，坚持党组织为引领，以服务民生为导向，以群众需求为主线，健全"社会化与市场化相结合、群防群治与居民自治相结合"的长效管理机制。老旧院落整治工作取得了一定的成效，如院落的基础设施得到了极大的改善，部分居民的积极性被调动起来，但也呈现出许多问题，如政府单一的行政资源捉襟见肘，居民的"等靠要"思想严重，院落的内生活力没有得到真正地激发等。总之，以政府为主体的院落整治工作，缺乏治理的核心要素：多元性、社会性、互动性，效果并不理想。2017年，成都市市委、市政府出台了《关于深入推进城乡社区发展治理建设高品质和谐宜居生活社区的意见》，全面推进社区治理工作。其中规定：探索完善小区治理机制，在物业小区、老旧小区、农民居住区建立分层分类、各具特色、运转高效的小区治理机制，促进形成社区党组织、居委会、物业服务机构、业委会、社会组织等多元主体有效沟通协调机制。院落治理成为成都市建设高品质和谐宜居生活社区的重要工作，并着重于体制机制的突破和改革。

温江区柳城街道将院落整治工作提升到新的治理高度，积极转变工作思路，从组织结构、运作机制、制度构建等方面探索出许多有益的经验，如五有"平伙"模式、"五同步机制""333工作法"等。这一系列改革释放了社区活力，为破解当前院落治理困境提供了改革的方向，成为社区治理改革中重要的创新点。

二 柳城街道院落治理的重要举措

（一）完善院落组织架构，夯实院落组织基础

要促进院落集体行动的达成，组织化的参与是关键条件。柳城街道在推动院落治理中的首要任务是破解院落组织不全、力量涣散的问题，从横向与纵向层面上完善院落组织建构。在横向上，建立起以院落党组织为核心，院落自治组织为主体，院落议事会为基础，社会组织为支撑的组织架构。在纵向上建立"社区+院落+楼栋"三级党组织体系，"社区+院落"两级自治组织体系，"街道枢纽型社会组织平台+社区社会组织"的支撑体系。通过组织体系的构建，完善治理的组织载体，明晰组织之间的界限与职能范围，有力地推动治理工作的开展。

1. 建立"社区+院落+楼栋"三级党组织体系，凸显党组织的领导核心地位。柳城街道在院落治理中，坚持把党组织作为院落治理的领导核心，构建"社区+院落+楼栋"三级党组织体系，充分发挥党组织的战斗堡垒作用。按照"党员在哪里、党组织就建在哪里、党员作用就发挥到哪里"的工作思路，根据"地缘、人缘、趣缘"设立院落党组织，摸清院落党员情况，成立院落党支部、楼栋党小组。加强社区党组织对院落党支部和楼栋党小组的领导，夯实院落治理组织基础。在工作职责上，形成社区党组织总支部书记负责社区、党支

部书记负责院落、党小组长负责楼栋单元的三级责任机制。院落党支部要接受社区党委的领导，做好院落党建工作，并引领、指导院落自治工作，带动更多党员和群众参与到院落治理工作中来。

在完善党组织架构的基础上，一方面充分发挥党员的模范先锋带头作用；另一方面通过党建引领院落治理。严格落实党员"双报到"①制度，宣传引导党员到院落党组织报到。引导党员"三亮一包"，要求党员"亮身份、亮职责、亮承诺、包楼栋"，公开服务承诺，组建党员志愿者服务队，设置党员义务服务岗。各楼栋党员负责民情收集、邻里纠纷调解等楼栋服务管理工作，充分发挥党员先锋模范带头作用，不断增强党员责任感归属感，积极主动参与院落治理工作。通过发挥党组织核心引领功能，指导成立院落自治组织，支持院落议事会等平台的搭建，以各种主题教育为载体，积极引导院落达成思想共识，增进居民之间的凝聚力，共同致力于院落的发展。

以柳城街道南街社区南巷子17号院落为例，此院落系20世纪90年代修建的单位家属区，共有72户198人。2014年单位脱管后，该院落既无商业物管服务，也未成立自治组织，彻底沦为无人管理院落。居民"各人自扫门前雪"，缺乏公共意识，院落脏乱不堪，各种矛盾爆发。2015年年初，由于车辆乱停放、垃圾清运、乱搭建等问题，矛盾更是进一步升级，居民群众意见大，向街道投诉社区的频率明显增高。由于长期有单位托底，居民被动型很强，希望政府出面彻底解决上述各种问题。而实际上，仅仅依靠行政性的手段来解决院落治理问题，不仅成本高，而且效果也不理想。例如，在城市创卫工作中，对于无人管理的院落，通常由社区出面雇用专门的保洁员来进行集中打扫。但是这种整治任务并非常规工作，社区不能够负担起长期的整治成本，居民的主动性非常差，甚至出现"社区前面扫，居民后面丢"的治理困境。因而，如何调动居民的主体性意识，积极参与到

---

① "双报到"是指党组织到所在地社区报到，实行共驻共建；在职党员到居住地社区报到，组织党员开展志愿服务。

院落的治理上来才是解决问题的根本。南街社区党委充分认识到"助人自治，增能赋权。院落的事，还得居民自己解决"，积极从党员入手抓小区治理。社区党组织通过组织找、党员找、志愿者入户调查等方式找到17名小区党员。针对党员组织关系不在社区的情况，社区党委通过柔性说理等方式动员他们主动亮身份，加入院落党小组，参与小区院落的治理活动。2015年5月，社区党委牵头成立院落临时党小组，并由院落党小组牵头成立自管会，3名党员被群众选为自管会骨干成员，开始尝试对院落进行自管。社区党委指导院落党组织开展工作，院落党组织指导院落自管会开展老旧院落改造工作。在改造工作中，自管会多次召开院落坝坝会，充分征求居民意见、建议，最终得到居民支持，拆除全部违建车棚500平方米，重新规划停车位30个，改造后的院落焕然一新。

2. 建立院落自治组织，激发自治主体功能。柳城街道绝大部分院落没有成立自治组织，居民缺乏参与院落公共事务的组织载体。要激发居民参与院落治理的积极性，使院落中的公共议题能够得到落实，组织化的载体和制度化的保障成为必然的选择。

由于历史、地理等因素的影响，柳城街道的院落规模不一、成员异质性非常大。如何有效地划分院落自治单元成为成立院落自治组织工作的第一步。柳城街道按照"连接成片、便于管理、居民认同"原则，根据群众意愿，结合院落规模、分布、地缘关系等因素，将不同的院落重新划分成易于服务管理的自治单元。第二步民主选举成立院落自治委员会，建立健全规章制度。按照《成都市民政局关于加强社区居民院落自治的指导意见》精神，以一户一票的方式选举产生院落自治组织。参加选举户数需超过院落居民总户数二分之一以上才选举有效。选举筹备组中邀请街道和社区负责同志监督整个选举过程，院落居民以无记名的方式投票。选举结束当场公布选举结果，并在院落公示栏进行选举结果公示。选举的院落自治组织要在社区和街道备案。明确院落自治委员会职责，制定院落自治委员会章程，引导院落居民形成共同遵守的居民公约。根据居民授权，管理院落日常事务，反映居民诉求、维护院落秩序、调解居民纠纷，接受居民监督，促进院落形成居民自我管理、自我教育、自我服务、自我监督的良好局面。第三步成立院落居民议事会。院落议事会是院落居民协商议事的决策机构，由院落居民代表组成，产生方式包括以楼栋单元为单位进行推选和由院落居民直接选举两种。规范议事日程，公示议事规则、制度等，实行院落议事会联系户代表制度，发放民情日记，畅通小区民情民意，实现从"为居民做主到居民做主"的观念转变。院落议事会一般都是按照季度定时召开的，目的是商议院落本季度开展的重要活动，并制定下个季度的工作安排。第四步成立院落居民监督委员会。院落居民监督委员会围绕院落的重要工作，常态化监督院委会议事决策和推进落实情况并定期提请院落党支部审议。同时，通过手机微信、院落公开栏等渠道，居民可以全程监督评议院委会日常管理、院落设施改造、院落治安维稳等工作，有效实现对院落管理服务工作的全程监督，切实发挥了院委会的自治功能，激发了居民参与院落治理的活力。

以团结巷98号院落为例，早在几年前就有不少居民提出院落应安装门禁系统，但是一直囿于无组织牵头。2018年成立院落自治组织后，建立门禁系统这一议题在院落议事会上进行了讨论。由于经费完全自筹，有个别居民并不表态。院落自治委员会通过院落坝坝会、入户走访等方式，对院落每户居民进行了动员，了解不表态居民的真实原因。通过充分的沟通，解决居民担心的问题，拿出实施方案，最终院落所有居民全体通过这一议题。在整个改造过程中，院落自治委员会积极与居民沟通，公示方案和过程，监督委员会全程参与过程监督。这一公共问题的成功解决，使得居民真正感到组织化参与带来的显著效果，也增进了居民之间的感情。

凤溪大道北段212号云溪苑小区由于地下管网老旧损坏，长期漏水无人修，漏水产生的水费无人愿意承担，物业公司收不抵支撤场，院落无人管，状况愈加恶化。长期以来，只要下雨，就会污水倒灌淹盖院落地面，院落居民需垫砖踏砖出门。小区一楼为商铺，加之租房户多，未住用居民多，导致很大一部分居民认为院落改造不关自己的事，对收取改造完后的院落维修基金有抵触情绪，导致无法顺利筹集，院落改造陷入僵局。在社区党委的领导下，积极发动小区党员成为院落改造的主心骨。社区党委与小区党员骨干挨家挨户地做工作，发掘热心居民担任居民小组长、楼栋长，发动院落居民加入自管会、议事会和监事会，和居民小组长、楼栋长共同组成院落改造筹备组，收集小区矛盾问题和民意民需，协助社区和施工方与居民沟通，运用组织力量化解小区矛盾，最终成功完成院落改造。

3. 发挥枢纽社会组织作用，为院落治理提供重要支撑。柳城街道在街道层面建立"柳城街道社区治理支持中心"，加强区域社会组织的培育发展，重点孵化培育公共服务、社会事务、民情信息、慈善救助这四大类社会组织，促进社会组织专业化、规范化、多元化发展。完善街道层面的"登记备案、经费扶持、购买服务"三项制度，为社会组织加快发展提供坚强的制度保障。对已建立的社会组织，建立购买服务机制和评估机制，使其真正发挥社会组织的专业化作用。各社区依托于社区公共服务基金，加大对各社会组织服务项目的购买力度，引导社会组织在各院落开展文艺、养老、文化教育等社会服务。通过各类服务，居民的需求得到满足，增加了对院落和社区的归属感。

由团结巷23号、团结巷15号、文化路130号自管会成员发起成立南街社区"院落管家"协会。会员由初期21名发展到现在65名，组成人员是小区自管会成员、辖区院落党小组成员和单位代表，辖区物业代表和社区院落骨干等。该协会以多元参与、共治共享为原则，激发内生动力，增强参与活力，建立运行机制，成立罗伯特居民议事厅，坚持每季度召开一次协会成员大会，讨论、交流院落自治经验。通过议事平台，上通下达，参与居民动员，指导院落成立自治组织，参与社区重大事务、开展公益志愿服务。目前，该协会共协助87个小区院落开展自治活动108次，发现院落治理等问题79件，协调解决矛盾纠纷64件，成功处理南巷子17号自治院务公开，文武路153

号外墙脱落安全隐患筹资，团结巷 23 号自治组织换届及院务移交三个院落自治疑难问题。

（二）以物业服务为突破口，推动居民自治见实效

物业服务是小区院落居民的重要关注点，也是促成院落集体行动达成的突破口。柳城街道针对不同类型小区院落的物业服务情况，充分发挥居民的主动性，探索出针对老旧小区的物业服务公益化机制、多形态小区的物业党建联盟等服务新形式。

1. 探索物业管理公益化。老旧院落住户对小区整治和引入规范物业管理的愿望强烈，但在出资和缴费问题上态度消极，部分产权单位出于部门利益等多种原因也不愿意配合引入物业管理的工作。在过去计划经济体制下形成的居民住房福利制度，让很多老旧院落居民还存在无偿享受服务的传统思想，习惯了由原单位的房产管理部门的管房模式，多数居民认为实行物业管理就是想多收钱，额外增加生活负担，即便要交钱也是该由原单位来买单。同时，居住在老旧院落的居民，老年人多、下岗职工多、困难家庭较多，是社会弱势群体较为集中的区域，"谁享受、谁付费"的物业管理消费意识未形成。此外，住户对物业公司提供服务的内容及标准要求不一致，对物业费的收取标准心理预期也不一致。

南街社区积极探索物业管理公益化机制来解决老旧院落管理问题。以"参与式社区治理"理念为抓手，成立了人人惠物业服务中心，向有需求的社区院落提供低偿、无偿准物业管理服务，整体改善及提升无人管理老旧院落的居住环境及安全状况。物业中心对文庙街 4 号等 6 个院落进行准物业管理，改变了小区无人管理的现状，小区的环境卫生与治安状况得到了极大改善，住户积极支持实施准物业管理工作，交费率达 85% 以上。通过社区物业服务公司对老旧院落的公益化物业管理，形成了长效管理机制，改变了小区无人管理的现状，小区的环境卫生与治安状况得到了极大改善，出租房屋、流动人口登记等工作也得到有效地推进。社区的服务让小区居民的安全感和对社区归属感有明显提升，群众的满意率比较高。除了建立社区层面的准

物业服务公司外，根据居民自主管理议决情况，居民还有多种选择权利。条件成熟的小区引入专业物管公司或社区物业服务中心管理。规模较小的，则通过建立居民自治管理委员会，推选楼栋长、单元长等，逐步引导居民自我管理、自我维护。

2. 组建物业公司党建联盟，打破院落管理权限"围栏"。针对不同类型院落物业公司"角色错位"、业委会"作用不显"、监管体制"软弱无力"等实际问题，借助社区物业服务中心的专业优势，着力找准现阶段推进城市社区楼居院治理的痛点难点，以社区物业服务中心党支部牵头，联合辖区物业服务企业组成党建联盟，打破院落管理权限"围栏"，形成"社区党委协调、物业企业服务、业主委员会自治"的楼居院治理新格局，对提高物业管理服务整体水平，推动辖区小区院落治理均衡发展起到了重要作用。

西街社区位于凤溪大道北段538号，辖区面积0.7平方公里，常住人口5381户，13452人，有居民小区25个，其中有专业物管公司提供物业服务的小区13个。作为典型的传统城市社区，社区有商品房、单位家属院、老旧院落、早期农民安置房等不同类型院落，随着社会的发展，小区院落治理中涌现出一些较为典型的问题。一是多类院落管理水平不一。因各物业公司物业管理类型、能力和资质各不相同，物业服务质量离满足居民需求仍有较大距离；因服务差产生的物业费用拖欠以及其他问题导致物业与业主间的各种矛盾频发；单位院落长期由单位包干管理，出现问题只想找单位；"三无院落"、老旧院落，居民自治意识差，"等、靠、要"思想严重，出现问题只会将希望寄托在社区上。二是各类院落环境参差不齐。近年来，各种物业问题不断显现，如小区新旧物业交替爆发的矛盾、小区线路老化发生大规模的停电事件、动用维修资金业主与业委会意见不一致等。而物业公司"不给力"、自管会、业委会发挥作用不明显、居民认同低、参与率低，将全部矛盾转向社区。辖区单位院落包括老旧院落共有15个，除部分由社区物业服务中心提供服务外，其他由单位负责的小区由于长期疏于管理，造成了院落环境卫生脏乱差、车辆乱停乱放、绿化带白色垃圾多等各种问题，各类矛盾日益突出。为打破不同类型院落因管理权限不同而产生的"围栏"，提高辖区院落整体治理水平，社区成立了物业党建联盟，建立了以社区党委书记为组长，社区党委成员为组员的物业党建联盟工作领导小组，通过组织社区物业服务中心人员、各物业公司负责人、单位院落负责人、社区民警等召开物业联席会议，每个季度对小区治理情况进行通报，对共享单车停放、文明养狗、违建等小区治理共性问题进行讨论。同时，分享优秀物业服务案例，参观优秀社区，并通过年度考评、居民服务满意度等评优评先活动，对优秀物业进行表彰，向受表彰的物业匹配小区治理经费，以此来重塑物业服务核心意识，让联盟内物业公司树立正确的服务理念。物业联盟充分调动辖区资源，发挥党员先锋模范作用，带头拆违建、带头承诺践诺、带头做群众工作。运用社区、单位、小区居民代表、物业负责人共同参与的问题协商机制，有效地为辖区居民解决实际问题，逐步形成了以社区党组织为核心，物业党建联盟、驻地单位党组织、业委会和社区党员群众等多元共同参与的良性互动局面。[①]

（三）以文化营造为魂，提升院落居民身份认同。院落文化是院落居民在一定的社会历史条件下，共同创造出的具有院落特色的文化，对于增强居民凝聚力，维系居民感情具有重要作用。然而，随着经济社会发展变迁，人口流动性的增加，院落文化衰落，居民缺乏对社区的文化认同。因而如何增强院落文化标志识别，凝聚院落文化共识是柳城街道进行院落治理亟待解决的问题。

柳城街道将文化营造作为院落治理的"灵魂"，通过文化塑造，增强居民的认同感，激发居民对公共事务的参与。通过发动院落居民收集、挖掘、整理本院落的基础数据、历史文物、人文景观等具有代表性的资源，梳理院落的人文传承脉络，打造具有特色地域文化的院落。一是利用地域特点，打造特色地域文化院落。例如，以四川省第

---

① 资料来源：《柳城街道探索"大管家"模式打破院落管理权限"围栏"——以西街社区物业党建联盟为例》（内部资料）。

一行政督察区为背景的行署路 5 号院落,通过建筑风格设计和文化元素注入,被打造成特色地域文化院落。二是以原有文化为基调,打造一批承载区域文脉、传承温江历史文化、展示独特民间生活的院落。如文庙街 17 号院原为区粮食局家属院,依托文庙,以"温江三绝"①、儒家文化、川剧等元素打造独具古朴气质的"儒韵雅筑";温泉路 66 号院落,通过雕塑、照片墙等形式再现城南古郭恢宏气势,勾勒出了老温江人对温江的无限感情沉淀。三是院落改造中融入"社贤文化",将院落里孝德、睦邻之人的先进典型事迹展示在主题墙上,通过身边人和身边事感染居民、影响邻里,增强了居民对院落的归属感和自豪感。②

(四)以生态发展为主线,推进院落治理可持续发展。

老旧院落大多公共区域狭小,院内有限的空间都被违章搭建、乱停车辆、垃圾杂物等所占据。在基础设施改造的同时,对院落原有布局重新规划,拆除违建,合理规划停车位,挤出更多的空间用于植绿补绿。按照"花小钱、办大事"的思路,将拆违废料就地改造,利用废弃砖块、陶罐、瓦片打造院内小径、绿植花盆等,有效解决建筑垃圾处理难的问题;清理楼道堆积物,将废旧木门、木窗框、木材改成板报架、凉椅等公共设施,充分取材于院;动员居民将家中废弃的脸盆、酒坛等闲置生活用品,以 DIY 的形式使其华丽变身,扮靓院落。推进家庭种花植绿行动,合理利用房屋楼顶、院落公共空间、阳台等,塑造城市微景观,改善居民居住环境和生活环境。依托"微花园——绿计划工程"项目,团结巷 98 号、团结巷 27 号、南巷子 17 号及柳城大道 14 号四个院落被打造成老旧院落微型花园。该项目由社区提供种子、花盆,让居民以认领的形式,在院落空地,房前屋后,有组织、有规划地进行植物培育和后期管理,引导居民栽花种草,美化居住环境,提升社区生活质量。依托"美邻院耕"项目,深

---

① 温江三绝是指滴窝油、温江酥糖、肥儿粉三种特色美食。
② 资料来源:根据《柳城街道攻坚老旧院落改造 打造"美丽新家园计划"温江样板》整理,http://cd.newssc.org/system/20180831/002497223.html,2018 年 8 月 31 日。

化"最美街区""最美庭院""最美花园"评比,营造绿意盎然的街区、小区、院落风景。①

三 柳城街道院落治理的经验与成效

(一)五有"平伙"模式完善小区院落现代化治理体系

柳城街道通过平台搭建、骨干选培、机制创新、意识激发和资源整合,完善"参与有平台、自治有骨干、共建有机制、共治有意识、共享有资源"的五有"平伙"院落治理体系,提升院落治理能力。具体来说:

一是打造"平伙"灶台,包括议事平台、孵化平台、参与平台,做强治理支撑。通过多元力量"平伙"参与,光华社区在全市率先试点建立以小区党支部和业委会(自管会)为抓手,党员占比过半的"红色业委会",实现"党建引领小区院落治理"。"社区发展治理支持中心"累计投入230余万元,让社会组织以"平伙"模式共同参与到院落治理项目中来。

二是培养"平伙"厨师,充实治理力量。充分发挥社区党组织引领作用,指导院落自管委员会,学习社区治理"平伙"模式,引导居民树立"平伙"意识,共同参与到公约制定、党群服务中心优化提升、小区院落问题解决等治理活动中来,提升居民对社区、小区治理参与度和理念认同。通过项目提升骨干能力,引导居民骨干链资源用巧劲,自主解决治理难题。目前,街道孵化培育了社区骨干社贤50余名,小区院落治理骨干100余名。通过"明星"院落打造,宣传推荐居民骨干先进事迹,激发干事的成就感自豪感,提升骨干干事动力,引导更多居民参与社区治理事务。

三是制定"平伙"规则,优化治理机制。建立"面向两类人群,依托网格、自治组织、自组织三支队伍,打通N种反馈渠道"的"2+3+N"问题发现机制。针对老年群体,利用网格治理工作小组、

---

① 资料来源:《柳城街道城乡社区发展治理工作汇报(2018)》(内部资料)。

自治组织和自组织队伍,通过设立征集点等方式收集意见建议;针对年轻上班族,进一步畅通"网络理政""天府市民云""大联动·微治理""社区书记信箱""红柳市民聊吧"等信息平台,通过微信群、QQ群和公众号24小时在线收集问题需求。线上载体和线下主体通过"打平伙",多渠道开展信息搜集,实现居民问题诉求"端口全覆盖、情况全掌握"。固化社区党组织牵头的"六方联席会"制度,联合居委会、物业、自管会、社会组织、利益相关方,建立问题、需求和服务"三张清单"。将"三张清单"内容按照"收集汇总、情况研判、协商议事、分流落实、监督评审、反馈公示"六个步骤,照单逐一落实解决,逐渐提高利益相关方协同解决重点难点问题、满足居民合理需求和提升便民利民服务能力。

四是激发"平伙"意识,唤醒治理活力。引导居民参与到文化植入中来,将区域文化底蕴融入院落改造,以"平伙"共建的形式呈现在大家面前,在赢得居民信任、受到居民称赞的同时,激发居民共建家园的"平伙"意识。依托太极队、书法班、摄影小组、文明养犬劝导队等自组织"打平伙",收集文明养犬、邻里互助、孝老爱亲等故事,转化为创作题材,正能传播丰富"平伙"文创作品。

五是丰富"平伙"食材,提升治理水平。依托于社区共享空间,创新"商业+公益"经营社区理念,引入310家社会组织和商业机构为居民提供专业服务。通过"平伙"模式推进高校、商家、社区、小区院落融合发展,发挥高校资源的"乘数效应"。通过社区管理服务中心服务模式创新,按照需求征集、项目梳理、精准服务三大步骤优化服务项目,打破"众口难调"难题,实现"你需求我提供"。通过社区推行延时、预约等服务打破"朝九晚五"局限,实现"你定时我办事"。通过干部下沉院落和全程代办服务,打破"坐等上门"模式,实现"你休息我跑路"。[1]

---

[1] 资料来源:《"平伙"助推基层治理体系和治理能力现代化——温江区柳城街道探索现代化社区治理的"川味"模式》(2019年,内部资料)。

"平伙"模式在抗疫工作中展现出明显优势。2020年2月,全国处于新型冠状病毒疫情防控的重要阶段,柳城街道充分发挥"平伙模式"优势,为小区院落抗疫提供支持。柳城街道社区治理支持中心发起了"宅柳城、云'平伙'"线上倡导系列活动,联动11家社会组织、27名专业社工参与服务,提供了总价值3024元的防疫物资。开展了"晒厨艺""晒运动""晒防疫"三期线上倡导活动,号召居民宅家合理饮食、加强锻炼、提高免疫力,同时通过分享自己的经验,增加邻里的线上互动。各院落居民在线上积极响应,学习科学防疫知识,增加了相互支持,凝聚了邻里感情,降低居民"宅"在家的焦躁感。

(二)"五同步机制"破解老旧院落改造难题

柳城街道南街社区借助市、区两级"老旧院落""三无院落"改造工程,充分发动居民的积极性,历时六年已经改造了48个老旧院落,保留了城市记忆,改善了居民生活环境,增强了社区宜居度。在这个过程中,形成针对老旧院落治理的重要经验:"五同步机制",对于其他老旧院落改造具有借鉴意义。

"五同步机制"是指在老旧院落改造中,"两个组织同步设立、基础设施同步配套、绿化美化同步到位、主题文化同步植入、一院一档同步归集"。一是两个组织同步设立。两个组织就是院落党组织和自治组织。在院落改造工作推进中,成立院落党组织,强化居民小区党的有效覆盖。在党组织的引领下,成立院落业委会、自管会负责下一步的改造工作和后续的管理工作。二是基础设施同步配套。院落改造的重点是基础设施配套,包括结构加固、屋顶防水、墙面粉刷、管网铺设、车位规划、路面硬化、智能表更换等,应力争一次改造一步到位,不要这次挖坑埋水管,下次又来改电网,要杜绝反复扰民。三是绿化美化同步到位。老旧院落大多公共区域狭小,院内有限的空间都被违章搭建、乱停车辆、垃圾杂物等所占据。在基础设施改造的同时,对院落原有布局重新规划,拆除违建,合理规划停车位,挤出更多的空间用于植绿补绿。四是主题文化同步植入。老旧院落大都有自己独有的文化氛围,要挖掘自己院落的文化进行植入,避免硬件好软件缺。五是"一院一档"要同步归集。通过发动院落居民收集、挖掘、整理本院落的基础数据、历史文物、人文景观等具有代表性的资源,梳理院落的人文传承脉络,形成院落档案,让更多的新住户、年轻人能了解院落的历史和变迁,培养院落住户的参与意识和自治理念,从而撬动院落共治共建共享。老旧院落改造,直接惠及群众,看得见摸得着,真正体现了"城市有变化、市民有感受、社会有认同"。①

(三)"333 工作法"以制度为保障推进多元主体有序参与

柳城街道凤溪大道社区在院落治理工作中积极发挥党组织引领作用,以制度为保障引导社会组织、自管会、居民等多元主体有序参与小区院落治理,形成了行之有效的"333 工作法",有助于"党建＋社会组织＋院落"社区发展治理格局的形成。一是三类骨干强引领,形成共建共治格局。社区通过积极发掘院落党员骨干、热心能人、院落领袖,实现院落、楼栋等神经末梢"微治理"。同时,引入专业社工机构对小区领袖增能。用小区领袖带动居民参与社工组织的"双业法律讲堂""古韵凤溪沙龙分享会""三心工程"等活动,学习院落自管的权利义务以及相关法律知识,实现了"能人"增效。二是三项职责强规范,夯实院落自治基础。制定院落自管会职责,规范老旧院落自治管理模式,引导居民自治,实现居民自治组织在院落全覆盖。制定楼栋长职责,形成发现问题及时汇报的"两刊一汇报"工作职责。三是三个制度激活力,彰显院落自治成效。建立"三个公开制度",推动院落管理透明化规范化;建立"三个区分制度",即自管会成员收费制、小区门卫代收制、居民轮流收费制,提高老旧院落物管收费;建立考评激励机制,调动自管会成员积极性。辖区内 30 个老旧院落,成立业委会的有 11 个,成立自管会的有 16 个,由单位管

---

① 资料来源:《南街社区五同步高质量高品质和谐宜居生活社区建设下的城区老旧院落治理机制探索》(2019 年,内部资料)。

理的有3个。老旧院落的基础设施、环境卫生、文化建设都得到了显著提升。①

（四）"161小区自治工作法"以院落自治专委会为组织载体强化院落自治效果

柳城街道永宁路社区针对小区居民"融入意识差、自治能力弱"，业委会"缺乏监管、作用不显"等问题，以党建为引领，推动居民参与自治，形成"161"小区自治工作法。"1"是挖掘一批"草根领袖"，培养居民自治"领头羊"。社区党委充分发挥党组织引领作用，在小区成立党小组。通过党小组挖掘出一批在群众中有号召力、愿意为群众服务的热心居民。"6"是成立六类居民"专委会"，引导居民参与自治。六类居民"专委会"分别为：负责小区活动策划和实施负责"新家庭计划专委会"，成立小区自治组织（业委会、监督小组等）及辖区公共服务及各类基础设施增添维护的"公共服务专委会"，负责宣传、维护、管理社区环境卫生的"公共环境专委会"，负责发现、化解及调处各类矛盾纠纷的"矛盾纠纷调处专委会"，负责宣传、维护辖区治安的"安全专委会"，负责收集民意、提出意见建议的"民情民意专委会"。"1+1"即一名社区党员+一名草根领袖的模式，社区党员负责政策引领，方向把控。草根领袖负责组建完善"专委会"及开展相应工作。"161"自治工作法将原来社区党组织、居委会"一手包办"式的管理模式分解到各自治组织中，让辖区居民参与社区居民事务工作决策，参与各项事务策划、开展、总结及信息发布，实现居民从被动参与到自主管理的转变，使居民从参与者变为决策者，以此真正实现民主自治管理。②

（五）"五合工作法"系统促进院落治理升级

柳城街道南街社区通过"合力""合美""合乐""合善""合

---

① 资料来源：《柳城街道凤溪大道社区探索"333工作法" 推进老旧院落治理》（2019年，内部资料）。

② 资料来源：《永宁路社区"161"小区自治工作法推动居民参与社区治理》（2019年，内部资料）。

睦"五大计划,全面推动院落治理升级,初步形成"共建共治共享"的院落治理模式。"合力计划"主要突出党的全面领导。打破原有的居民小组设支部的方式,在小区、院落业委会、自管会建立党小组,建立"横向到边、纵向到底"的党组织格局,实现全覆盖。依托社区微党校开展主题学习讨论深入小区院落开展"微宣讲"。依托院落自管会、物业公司、辖区单位等资源,发动党员广泛参与到院落服务中。"合美计划"主要以老旧院落治理为主,社区成立物业与环境管理委员会,指导小区成立自管会,开展院落矛盾纠纷调解、小区环境整治、物业服务监督。通过"居民自管、单位自管、准物业托管"三种模式,推动院落实现自我管理和自我服务。"合乐计划"主要针对老年人服务,提高老人幸福感。社区层面建立"柳城全日居养老服务中心",为有需要的老人提供"全托、日托、居家"三位一体的养老服务。"'ACC'社区服务计划"[1]按照"低偿、方便、贴心"原则,走进院落为老人提供医疗卫生服务、理疗、缝补、理发等6项廉价便民服务。"合善计划"聚焦于院落中的困难群体,通过社区慈善微基金,发动志愿者进行帮扶,让困难群体感受到温暖。"合睦计划"紧扣居民融合,通过民意平台、院落自治公约等促进居民的互动和共融。[2]

四 柳城街道院落治理创新中的问题、建议与反思

(一)院落治理创新中存在的问题

1. 院落自治组织能力参差不齐,枢纽型组织发挥作用不明显。院落自治组织能力不足,严重影响院落自治成效。目前,柳城街道成立的院落自治组织,成员大多以老年人为主,文化素质整体偏低,普遍缺乏专业的知识与技能,在开展自治工作中显得乏力,与现代化治理

---

[1] "ＡＣＣ"是由英文单词Affordable实惠、Convenient方便、Concern贴心三个词的首字母组成。
[2] 资料来源:根据《柳城街道南街社区实施"五大计划"构建"美善相乐 幸福南街"》(2019年,内部资料)整理。

水平差距较大。各院落自治组织对于院落"能人"的依赖性较大，自治能力差异性非常明显。有的院落自治组织"能人"效应很强，能够有效整合资源、发动居民参与，自治效果突出，但面临"能人"退出后的风险。有的院落虽然成立了自治组织，但是在解决院落公共议题上思想观念落后，难以有效动员居民，发挥作用不明显。尽管在街道层面成立了社区治理支持中心、院落管家协会这样的枢纽型社会组织，并为院落自治组织的发展提供了重要支撑，但是这些组织自身仍面临资源不足、人员流动性强等问题。

2. 居民参与院落治理途径有限，新媒体使用不足。居民参与院落治理的途径非常有限，严重影响居民参与积极性。目前大多院落收集公共议题仍然采取传统的上门、贴公告等模式，对于微信、微博等新媒体的使用不足，导致许多青年人由于工作等原因而被排除参与。柳城街道各社区虽然建立了官方的微信公众号，有的社区还建立了智慧社区 App，但是宣传内容单一、形式非常有限，难以真正吸引居民。即便部分院落着手利用新媒体来促进自治，但是手段单一，更多地用于居民意见收集阶段，没有涉及院落公共事务决策等阶段，因而效果不明显。

3. 院落治理主体权责不清，缺乏有效的多元参与机制。院落治理涉及政府、社区、居民、驻区企事业单位、物管公司、社会组织等，但目前能够参与到院落治理中的主体主要是政府、社区、院落自治组织以及居民积极分子，其他主体的参与积极性不足。院落治理中的行政导向性强，居民的利益参与性较强，社区组织服务性较弱，各主体之间缺乏互动合作。院落治理主体之间权责不清，无法形成有效的参与机制，难以拓展和整合院落资源。

4. 老旧院落的"准物业"模式存在可持续问题。目前柳城街道针对老旧院落的物业管理分为三种模式：一是单位协管；二是自管会自管；三是社区物业中心准物业托管。因老旧院落物业收取费用低，一些自管会自管和准物业托管院落存在以下问题：一是收取物业费过低，无法支付最起码的门卫保洁工资，在无任何外在资源的情况下，自管和托管模式都无法持续运行。二是自管会与居民之间存在矛盾。一些老旧院落在小区自治组织的管理下，经过一段时间的运转，出现小区管理费用收缴与居民预期服务质量不匹配的现象。自治管理收取的费用相对较低，服务质量与专业物业公司相比较存在较大差距。再加上自管会与居民的沟通不畅，导致部分住户不交费用，从而影响其他住户，形成恶性循环。三是对于非私人和非物管管理的公共区域，居民与物管相互扯皮。老旧"准物业"模式为解决老旧院落物业服务提供了解决途径，但是仍存在着可持续发展的问题。

（二）院落治理创新的对策建议

1. 建立健全院落自治组织，持续为院落自治组织赋权增能。院落自治组织是居民有效参与和民主决策的重要途径。从温江区柳城街道院落治理创新的经验来看，建立院落自治组织并不困难，真正的难点在于如何发挥院落自治组织的作用。由于各院落自治组织成员文化水平、专业能力差异性非常大，导致院落治理成效差异明显。因而，如何有效地提升院落自治组织能力，增强组织成员的专业性和服务能力是亟待解决的问题。

第一，充分发挥社区两委对院落自治组织的支持作用。社区充分发挥链接资源的优势，通过社工专业理念发掘和培养院落领袖，联合社区民警、律师、社区物管办、社贤、专业社工机构等社会性力量对院落自治组织人员开展开会技巧、组织技巧、游说技巧及物业管理能力培训。第二，加大院落自治组织之间的交流、互助、学习。社区两委通过组织小区院落相互参访，外出参观、互动交流等促进院落自组织管理能力的提升。第三，积极引进并提升枢纽型社会组织的能力，使其成为院落自治组织的重要支撑，为自治组织成员提供强有力的智力支持。第四，建立健全自治组织成员教育培训机制，开展专题学习讲座及技能培训课程，鼓励自治组织成员积极学习并考取社会工作职业水平证书。

2. 充分保障居民知情权，创新居民参与形式与途径。居民有序参与院落公共事务是院落有效治理的基础。居民参与至少涉及四个过程：一是院落公共事务公开透明，居民有充分的知情权，能够掌握院落公共事务信息；二是需求的合理表达，居民有多重渠道表达意见；三是能够有效参与院落公共事务的决策；四是能充分了解院落公共事务的解决结果，并享有监督权。从柳城街道院落的治理经验来看，尽管在组织层面设立了院落议事会、民情恳谈会等，但是效果并不理想，表现在新媒体使用不足、院落信息公开不规范等方面。因而，充分保障居民知情权，创新居民参与形式与途径格外重要。

第一，以居民需求为导向，院落公共事务的意见收集、决策、实施都必须充分尊重居民意见。第二，加大微信、微博等新媒体建设的力度，让官方信息平台内容更贴近群众，搭建构建网上沟通交流平台，将线上交流与线下互动结合起来，引导对院落公共事务不感兴趣的青年居民通过新媒体了解、关心院落事务，参与到院落服务中。第三，充分发挥院落议事会作用，使其成为院落居民协商议事的决策机构，在决策的透明度、制度的规范性等方面做足文章。第四，加大院落信息透明度，提升院落自治组织的公信力。

3. 厘清多元主体权责，建立多元主体之间的良性互动机制。柳城街道通过"333工作法"、"平伙"模式，在提升居民公共意识，整合院落资源上取得了不错的成绩。但是，仍需要进一步厘清主体多元责任，建立多元主体之间的良性互动关系。

第一，厘清院落治理主体的权责关系，建立权责清单。坚持在党的领导下院落各主体平等协商共治。第二，充分发挥院落自治组织、居民、社区等主体作用的基础上，广泛吸纳社区外部资源作为互动主体，通过购买服务或合作等方式邀请外部企业、社会组织等进驻院落开展服务。第三，以院落公共需求为导向，调动各主体的积极性，促进各主体的功能发挥，完善和落实各主体的参与途径和渠道，从信息发布公开、决策过程透明、服务有效监督等各个环节下手，构建各主体之家创新且行之有效的互动机制。这种互动机制能够增进各主体之间的信任、互惠与合作，是提升院落社会资本的有效途径。

4. 建立院落微基金，推动老旧院落可持续发展。院落公共资金是院落公共事务正常开展的保证，特别是老旧院落存在严重的资源不足，公共区域无人管理，过度依赖政府等问题严重影响了院落治理成效。柳城街道探索的"准物业"模式为解决老旧院落物业服务提供了解决途径，但是仍存在着可持续发展的问题。因而，院落微基金成为解决这一问题的重要选择。

第一，政府通过以奖代补等方式调动院落居民、辖区企业等社会力量共建院落微基金。第二，有条件的院落应积极整理院落公共资源，如停车费、商铺出租费等，将院落经济收益纳入院落微基金中。第三，加强对微基金的监管，撬动多主体的参与。院落微基金要用于老旧院落的公共事务以及发展治理，以院落微基金撬动居民、企业等多元主体参与，做好微基金的监管工作，提升院落治理成效。

（三）院落治理创新的反思

院落治理是指政府、居民、社会组织等多元主体依据正式的法律制度与非正式的规范，基于市场和社会的双重逻辑，在院落文化的引导下，通过协商谈判、协同行动等互动机制，对院落公共事务进行管理、监督，从而满足院落需求，推动院落治理现代化的过程。

院落治理作为当前社区治理的一个重要创新，回应了当前城市社区覆盖范围过宽、居民利益分化过大的问题。相对于社区，在小区院落中，居民之间的熟悉程度较高，彼此对环境卫生、基础设施都有共同的需要，具有共同的利益连带关系。院落居民之间的互动性更强，降低搭便车行为，更容易形成集体行动。在长期的互动中，形成的共同文化和院落公约，对居民的行为起着有效的规范和约束，治理成本更低。

目前在实践中大致形成政府导向型、市场导向型、社会导向型三种类型。[1] 政府导向型是以政府为核心，在居委会、社会组织等主体的共同参与配合下对院落的公共事务进行管理，其实质是一种通过对

---

[1] 魏娜：《我国城市社区治理模式：发展演变与制度创新》，《中国人民大学学报》2003年第1期。

资源的控制而实现自上而下的社会整合。这种模式的优点在于资源集中，行政网络的主导性强大，缺点是政府负担重，无法满足居民的多元化需求。市场导向性主要以市场机制为核心，通过合同确立各主体之间的权责关系，主要体现在物业管理上。然而市场化运作的管理模式无法取代社会管理和行政管理，也无法回应老旧院落的现实问题。社会导向型是指以社区居民为核心，联合社区内各种主体组织共同参与社区事务的治理。这种模式的优点是能够调动社区内居民广泛参与社区事务的积极性，有利于社区居民对社区的认同感、归属感的形成，管理成本低，有利于基层民主建设的推进，避免了"全能政府"的难以为继和市场的间接"失效"。不足之处在于离开政府的引导，离开法律的规范，自治有流于形式、纸上谈兵之嫌。而柳城街道的院落治理遵循的是上述三种理论模式的有机整合，其核心是如何促进政府、市场、社会多元主体之间的分工协作。

该模式以居民需求为导向，突出院落治理的文化引领和生态发展功能，积极动员和整合院落内外资源，探索出物业服务公益化机制、多形态小区的物业党建联盟等服务新形式，不仅夯实了党组织的核心领导地位，而且充分发挥了自治组织的主体地位，促进了居民的自我管理、自我教育、自我监督，是诠释政府、市场、社会三大主体积极互动的生动例子。

柳城街道小区院落治理模式的运行，对破解院落居民参与不足、党建效果不明显、自治主体缺位等问题有重要的启示，有利于居民幸福感和获得感的提升，为构建治理体系和治理能力现代化社区起到了重要的促进作用。其在组织结构、运作机制、制度构建等方面的探索经验具有可复制和可推广的实践价值。具体而言：一是院落组织构建是基础。在横向上，建立起以院落党组织为核心，院落自治组织为主体，院落议事会为基础，社会组织为支撑的组织架构。在纵向上建立"社区+院落+楼栋"三级党组织体系，"社区+院落"两级自治组织体系，"街道枢纽型社会组织平台+社区社会组织"的支撑体系。二是居民需求为导向。将院落居民共同关注的物业问题作为促成院落集体行动的突破口，通过物业管理公益化，组织物业公司党建联盟等形式破解物业管理问题，建立问题协商机制，为居民解决实际问题。三是院落文化营造为引导。通过文化塑造，增强居民认同感，维系居民感情，激发居民对院落的热爱，从而增强对院落公共事务的参与。四是资源共享为机制。通过平台搭建、骨干选培、机制创新、意识激发和资源整合，完善"参与有平台、自治有骨干、共建有机制、共治有意识、共享有资源"的五有"平伙"院落治理体系。五是多元主体有序参与是保障。通过厘清院落治理主体的权责关系，构建制度化的参与渠道，推动院落各主体平等协商共治。

总之，柳城街道小区院落治理模式在解决居民集体行动难题上做出了有益的探索，尽管在制度化、规范化上还有需要提升和完善的空间，但是作为社区治理创新的路径值得深入思考。

贵州省遵义市绥阳县蒲场镇
基层社会治理观察

自党的十八届三中全会通过的《中共中央关于全面深化改革若干重大问题的决定》正式提出"创新社会治理体制"以来，各级政府围绕该要求和"国家治理体系和治理能力现代化"的总目标，不断加强和创新社会治理的方式方法，累积了大量本土实践经验。中国是一个农业大国，农村地区的社会治理经验是这些实践经验的重要组成部分。对农村社会治理经验进行挖掘、整理和推广是推动农村治理体系和治理能力现代化，夯实乡村振兴基层基础的必要环节。

蒲场镇是贵州省农村地区的一个代表，对该镇社会治理情况进行观察和分析，有助于我们把握当前中国边远农村地区社会治理的现状和困境，也有助于我们学习和借鉴具有创新价值的农村治理经验和方法。

一 蒲场镇概况

（一）自然地理

蒲场镇隶属于贵州省遵义市绥阳县，位于绥阳县西南部。西与遵义市汇川区板桥镇、四渡镇和高坪镇毗邻，北靠绥阳县风华镇和枧坝镇，南临汇川区团泽镇。距遵义市26公里，距绥阳县城10公里，距遵义新舟机场28公里。S207省道和S81绥遵高速公路贯穿于全境，G75兰海高速（兰州—海口高速公路）回复线穿越南北，镇中心距离高速路口约1.5公里。从行政区位和交通来看，蒲场镇毗邻贵州经济

贵州省遵义市绥阳县蒲场镇基层社会治理观察

和文化重镇遵义市，地理位置优越；交通基础设施完善，交通便捷。

蒲场镇地势西南高，东北低平，高山、半高山、坝区并存，森林覆盖率超过60%。属亚热带季风气候，水热同季。年平均气温15度，夏季最高温度一般不超过30度。常年降雨量1140.72毫米，无霜期285天，年日照数1114.2小时左右。从自然条件来看，蒲场镇山川秀丽、气候宜人，是旅游避暑胜地；雨水充沛、光照充足，具备优良的作物生长环境。

蒲场镇下辖6个行政村和2个社区居委会，户籍户数11630户，户籍人口4.2万人，其中，农业人口3.98万人，占总人口的95.3%；有劳动能力者2.57万人，其中，外出务工劳动人员0.73万人。集镇面积2平方公里，镇域面积136平方公里。全镇耕地面积约3.2万亩，其中田1.9万亩，地1.3万亩。从生产条件来看，蒲场镇土地资源稀缺，人均耕地面积不足1亩。

（二）历史文化

蒲场镇具有悠久的文化传统。唐代建立播州，州治设在绥阳，绥阳遂成为黔北的政治、经济、文化中心。在这一时期，绥阳以诗词为主的文化开始繁育；蒲场镇则是绥阳诗词文化的重要发源地，贵州省唯一一间书院——儒溪书院，即建于此地。据清《遵义府志卷十·古迹》记载："儒溪书院，在治西二十里大溪源，中祀唐柳宗元。"儒溪书院又名柳氏书院，为纪念柳宗元和传播儒家文化而建，在黔北颇有影响。

唐代诗人陈子昂与蒲场镇也颇有渊源，其后代移居蒲场时，在当地为其修建了祠堂，并办学传播其思想。据清《遵义府志卷八·坛庙》记载："陈子昂祠，在绥阳县西，其裔孙陈昭远建。"

时过境迁，儒溪书院已不复存在，但其文化遗风仍然流传在当地生活之中。当地专门成立了诗词协会，致力于弘扬和发展蒲场诗词文化，也培育了一批文人墨客。当地还将诗词文化和儒家文化带入了小学课堂，在儒溪小学内建立儒家文化和历史展览室和教室，积极引导中小学生了解当地历史、学习本地文化。

二 蒲场镇社会治理的现状

2019年6月23日,中共中央办公厅、国务院办公厅印发的《关于加强和改进乡村治理的指导意见》指出,乡村治理的根本目的是"保障和改善农村民生、促进农村和谐稳定"。可以看出,从社会治理的根本目的出发,乡村社会治理有两个关键词:一个是民生,它关乎人们的基本生计,反映了个体生存的可持续性;另一个是和谐稳定,它指涉社会秩序,反映了一个社会运作的可持续性。因此,我们将从民生和社会秩序两个基本视角来观察蒲场镇的社会治理现状,这两个视角将分别在个体层面和社会层面反映一个社会的治理成效。

(一)基本民生

"民生"一词最早出现在《左传·宣公十二年》,所谓"民生在勤,勤则不匮"。这里的"民生"是指人们的基本生计。在社会治理的当代视野中,民生不仅仅指向个体的基本生存,更关乎有尊严的生活。正如习近平总书记所言:"我们搞社会主义,就是要让各族人民都过上幸福美好的生活。"[①] 因此,民生问题的根本就是在生活保障的前提下,提高人们的获得感和幸福感;前者是民生的物质条件,后者是民生的心理底线。

案例1:享受低保的独居老年人[②]

王自居[③]为蒲场镇大桥村村民,男性,67岁,虽育有一女,但已外嫁很少回家,因而王自居常年独自生活。因腿部疾症无法从事报酬性劳动,王自居主要收入来源为低保,每月大约300多元,此外还有政府为60岁以上老人发放的每月93元的补助,这些钱按月打入账户。王自居的腿伤系早些年在工厂被烧伤所致,现仍然需要靠吃药和打针缓解病情,否则会肿胀难受。每月看病吃药的花销超过两百元。

[①] 习近平:《二〇一八年春节前夕赴四川看望慰问各民族干部群众时的讲话》,《人民日报》2018年2月14日。
[②] 参见20190812下午贵州绥阳蒲场镇大桥村书记(2)——李中.mp3。
[③] 所有人名均为化名。

王自居的情况在当地贫困户中也是相当困难的了。

调研组观察了王自居的居住和生活条件。在扶贫政策的支持下,镇政府为王自居在他原屋旁修建了一间砖墙木顶的屋子,约30平方米,房内包含一间卧室、客厅、厨房和厕所。厨房的自来水通畅,厕所使用的是冲水式装置,客厅装备了贵州居民过冬常用的暖炉。粮食方面,王自居储存了一大袋谷子、几捆挂面作为主食,在屋旁种植了蔬菜,还制作和存储了几罐猪油,这些粮食基本可以满足他数月的食物需求。从这些基本的物资条件可以看出,作为当地生活在底层的人而言,王自居的基本生活是可以得到保障的。当被问及"钱是否够用"时,他的回答是:"农村嘛,差不多够了。"言下之意,虽然无法富足,但是还是能够生活、有所获得。

在脱贫攻坚的大背景下,蒲场镇将公共资金向基本民生倾斜。2018年,蒲场镇全年发放城镇低保527人次,共发放低保金14.1万元;发放农村低保15477人次,共发放低保金241万元。农村五保户54人,其中7人集中居住在蒲场镇敬老院,全年发放特困供养金49.9万元;80岁以上高龄老人840人,全年发放高龄生活补贴50.7万元。这些民生兜底工程保证了弱势群体的生存和生活需要,案例1就是他们当中的一个典型代表。

与此同时,蒲场镇采取办点、订单等形式,发展和带动贫困户155户512人进行专业化种植,着力打造蒲场"万亩精品水果",形成了扶贫产业与农村旅游相结合、可持续的脱贫和发展模式。通过兜底加扶持的民生措施,蒲场镇在生存和生活上基本实现"应保尽保"的民生兜底任务,让当地人民的生活有了根本的物质保障,在心理上也具有获得感。

(二)社会秩序

蒲场镇近年来社会秩序的总体特征是稳定,它表现为虽然个体行动上存在差异,但均遵守共享的价值规范,从而保证社会生活井井有条。在本节中我们将考察两类社会活动秩序的稳定性:一是生产和交换;二是公共教育。前者关乎社会的基本运作,后者关乎社会运作的可持续性。除了对社会秩序的正面观察，我们还将从越轨的角度对蒲场镇治安秩序的现状进行描述和分析。

1. 生产和交换秩序。传统农村的主要生产活动是耕种，辅以手工制造等生产活动。随着现代化的深入推进，社会生产的总体结构发生巨大变化，这一力量深刻地影响了当前农村地区的生产方式和生产结构。

（1）生产秩序。在现代产业结构调整与户籍管理制度改革的背景下，农村地区出现了大规模的劳动力转移：青壮年群体从农村转移到城市寻找工作的机会。城市的动机有很多，包括城市工资更高、城市生活更精彩等。一名村支书从另一个的角度向我们揭示了原因：土地资源有限。按他的话说："守着这一亩三分地能干什么？"[①] 换句话说，年轻人不仅仅被城市吸引，还是在逃离农村。在引力和推力的双重作用下，农村地区的空巢化现象十分普遍。我们调研了蒲场镇的所有村落，的确很少见到本地的年轻人。看到的年轻人大部分是附近高速路建设工地里的外来人，他们也是离开本村去到外地务工。那么，在劳动力大规模转移的背景下，蒲场镇如何维持当地生产秩序呢？

在村落中，留下的劳动力主要是40岁到70岁的中年老人。他们所从事的生产性劳动主要有两种：一是耕地，包括耕种自家土地和承包一部分他人土地成为种植大户；二是打零工，包括去"大户"的菜园或果园从事剪枝、施肥、灌水等农活，或去建筑工地上做些体力活等。可以发现，种植大户在当前的农村生产格局中处于关键位置。于是，我们对几名果蔬种植大户进行了访谈。通过访谈，我们了解到成为一名专业的种植户所可能面临的问题主要包括土地、资金、种植技术、人工和其他专业农业服务以及销售。[②] 如何解决这些生产问题是成为维持一个地方生产秩序的关键。

从蒲场镇的情况来看，第一，土地流转并不是一个难题。由于年

[①] 参见20190813下午贵州绥阳蒲场镇大溪村——罗银花.mp3。
[②] 参见20190808上午贵州绥阳蒲场镇高坊子果农张忠兴——李中.mp3。

轻人大多外出打工,留下的老年人很多不具备耕地能力,因而闲置土地较多,流转土地相对容易,费用也比较低,大约为每亩600—800元。第二,当地政府在资金方面给予专业种植户一定支持。在起步初期,蒲场镇政府可以提供4万元的无息借款,还款期限也比较灵活;如果要通过工商注册成立公司,政府还会给予4.5万元补贴。第三,种植大户具备多路径的技术获取渠道。在当地,技术获取的第一条路径是当地农业技术推广站,农技站主任是有丰富种植经验的技术人员;第二条路径是加入其他种植大户成立的合作社,合作社会提供全面技术指导。除了正式的技术获取渠道以外,在现代通信和网络技术的背景下,种植户还可以通过微信群、农资网站等途径获取技术信息,这也是目前种植户主要的农资信息获取渠道。第四,人工和其他专业农业服务方面,由于当地年轻人大多外出务工,留下的年轻人也不愿意从事农业生产,受雇的工人一般集中在50岁左右,因而用工成本相对较低,男性薪资为80元一天,女性为60元一天;在农业技术服务方面,受制于地形和规模化,目前专业化的农业服务公司基本没有在当地开展业务,不过耕地业务已经可以实现外包。最后,销售市场、渠道和信息都比较通畅。一方面,贵州蔬果供给网络在不断扩大,例如2019年上海与贵州签订蔬菜供需协议,贵州蔬菜开始直供上海[①];另一方面,通过现代化通信、物流和销售平台,种植户不仅可以了解到全国范围内的蔬果市场价格,还能够通过官方的网上销售平台或是自己建立的网上店铺等方式销售产品。

综上所述,蒲场镇基本具备了专业种植户发展的重要条件。目前,蒲场镇已经有5家特色种植公司、11家合作社、11户种植大户,同时带动贫困户155户512人进行专业化种植。当种植企业、种植大户能够实现盈利和稳定生产,其他从业人员也有了较为稳定的收入来源,在一定程度上保证了当地整体生产秩序的稳定。

---

① 人民网:《贵州蔬菜走向大市场》,2019年8月17日,http://www.sohu.com/a/334343276_114731。

(2）交换秩序。赶集（当地叫"赶场"）是农村地区特有的贸易活动。由于村落一般随自然地势分布，并不集聚；村与村之间的距离通常较远，无法进行日常性的交换活动。因此，村民们会约定一个规律性时间，在指定地点进行集中交换。例如，蒲场镇的赶集时间是逢初三和初八，间隔五天，地点是镇里的一条主商业街。

调研组在蒲场镇经历了两次赶集。在集市上，虽然人头攒动，但是秩序井然。农村是一个典型的熟人社会，来集市交易的人基本都是本地人，彼此间认识的人不少，不认识的人也可以很少的中间环节建立人际联系，是一个"小世界"社会。当做生意的信誉与生活中的声望紧密联系在一起时，交换秩序的稳定便得到了强有力的社区支持，商业欺诈行为便很少发生。

虽然做生意的人都是本地的，但是交换的商品却并非都如此。赶集当天，村民会将自家生产的农产品或手工制品带到集市进行销售，但是这种情况不构成集市的主力，集市里的主要销售者是专门从事商品贩卖的商人。他们所兜售的产品不仅仅来自本地，也包括一些外地货，例如外地的西瓜、葡萄、辣椒、洋葱等。虽然本地也生产这些蔬果，但是外地的产品有价格上的优势，因而很受欢迎。这表明当地的交换市场并非是封闭的，外来产品已经进入当地商品流通的体系中。换个角度来说，在一定程度上，村镇已经进入了县、市、省甚至更大范围的贸易网络之中——当地的产品可以销往外地，外地的产品也可以进入当地市场。这种交换网络的延伸更鲜明地体现在当地快递行业的发展中。几家主要的快递公司都在镇上开设了营业点，业务量也较大。这些交换网络意味着，如果本地交换市场出现供需的不平衡，外部市场可以迅速进行调整，从而保障了交换秩序的稳定。

总的来说，凭借熟人社会的信誉基础和开放的市场交换网络，蒲场镇在商品物资的交换上同样秩序井然。

（3）公共教育秩序。公共教育的稳定性对于整体生活秩序而言是十分关键的。一方面，一个社会的基本单位是家庭，因而整体社会秩序的稳定必然建立在家庭秩序稳定的基础之上。家庭的未来期望是儿童,他们也是家庭成员关注的中心。要想保持家庭生活的有序,关键要让儿童具有安定的成长环境;成长环境的最关键要素是教育,因为受教育是个体获取文化资本①的最主要途径之一。另一方面,从社会发展的角度来看,公共教育不仅是传播社会价值、形成社会共识、维护社会团结的重要手段,还是公共知识传承和累积以及社会发展和进步的关键环节,是一个社会运作可持续性的文化和价值保障,因而我们对蒲场镇儿童的公共教育秩序进行了重点考察。

主要从困境儿童的角度来观察当地的公共教育环境。我们认为,当一个社会能保障最困难儿童接受一定质量的公共教育时,整体教育秩序必然是稳定的。下面,我们将描述一个困境儿童受教育的个案,以点带面来说明蒲场镇的公共教育秩序。

案例2:困境儿童的教育②

姐姐王红,今年9岁,读二年级;弟弟王明,今年8岁,读一年级。他们的父亲因犯法入狱,被判有期徒刑10年,还有4年才能刑满释放;母亲离家出走,至今没有消息。姐弟和爷爷一起生活。爷爷由于身体不好,无法从事报酬性劳动,全家的收入来源包括低保、老年人补助和土地流转收入,每年大约1.5万元。调研组到访时正值暑假,弟弟一个人在屋里看电视;姐姐在隔壁邻居家写作业,因为邻居的孩子比较年长,可以指导她的功课。

在与姐弟俩和爷爷的访谈中,调研组了解了姐弟俩受教育的基本情况。在出行上,从家到村小学走路大约需要1个小时,在过去,路上不安全是村里儿童上学的一大隐患;现在,学校配备了校车,人身安全能够得到保证。上学期间,校车早上来家门口接走小孩,下午再送回。吃饭方面,出门前,爷爷会给姐弟俩每人2元钱买早餐;中午,学校会提供免费的"营养午餐",有肉有菜,能够满足基本的营

---

① 法国社会学家布迪厄认为,文化资本是社会分层的标准之一。参见 Pierre Bourdieu, "The Forms of Capital", John G. Richardson, eds., *Handbook of Theory and Research for the Sociology of Education*, New York: Greenwood Press, 1986, pp. 280 – 291。

② 参见20190812上午贵州绥阳蒲场镇七九村困境儿童家——李中. mp3。

养需求，姐弟俩也觉得中午在学校吃得挺好。费用和补助上，除了营养餐计划，另一项教育扶贫政策是"农村义务教育家庭经济困难生活补贴"，姐弟俩每人每年可分别获得补贴 500 元，该资金直接打入监护人账户。当然，姐弟俩享受免费的义务教育，免缴学费，但每人每学期需要缴纳 220 元的书本费，不过这笔费用基本可以靠困难补贴覆盖。总的来说，在受教育的年纪，姐弟俩不存在上不起学、吃不饱饭或是出行不安全的情况，这表明蒲场镇能够保障困境儿童的生活和教育的稳定供给。

需要指出的是，虽然贫困家庭的儿童也能享受同样的公共教育服务，但是与普通家庭相比，困境和留守儿童的家庭教育环境明显较差。这也是姐弟俩的爷爷被问及当前生活中最大的问题时，调研组所得到的回答：他无法辅导孩子们的功课。在我们的调查过程中，这几乎是所有留守儿童家庭所面对的共性问题：由于祖孙两代在知识文化、思想观念上存在巨大差异，作为学校教育的补充，家庭教育基本处于空缺状态。在农村劳动力大规模外出的背景下，隔代教育问题也是当前中国农村共性的问题。①

面对这一问题，各地采取了不同的解决办法②，蒲场镇的解决方式尤其值得借鉴。除了通常采取的措施，如学校老师、扶贫干部等人对留守儿童和困境儿童的特别关注，蒲场镇实施的"童伴计划"对于解决困境儿童和留守儿童的家庭教育缺失问题有很大帮助。

总的来说，蒲场镇维持了稳定的公共教育秩序，并且对于公共教育秩序的维护开始从公共教育本身逐渐向家庭教育延伸，通过家庭教育的健全来完善公共教育中的缺失。

2. 社会治安。社会秩序考察的是人们的行为是否具有规律或符合规范，与此相对应地，社会冲突考察的则是人们的行为多大程度存在

---

① 李成才：《农村留守儿童隔代教育问题调查研究——以崇左市天等县为例》，《广西民族师范学院学报》2016 年第 2 期。

② 例如，陈文龙：《农村留守儿童隔代教育创新研究——以永济市田村为例》，《西北农林科技大学学报》（社会科学版）2011 年第 4 期。

贵州省遵义市绥阳县蒲场镇基层社会治理观察

越轨的情况。从我们对蒲场镇的观察来看,虽然当地的偷盗、抢劫等事件鲜有发生,但社会风气和治安状况良好。

在村落间调研过程中,我们观察到的一个现象是,当地村民几乎不养狗,这与我们在其他很多地区看到的情况有所不同。在中国农村地区,养狗一直十分普遍。狗具有看家护院的本领,在偷盗猖獗的时代,人们养狗可以起到震慑坏人的作用;虽然现代社会治安状况逐渐好转,但农村居民养狗的主要目的依然没有改变。一项针对浙江某乡镇的调查表明,当地约50%的居民养狗是因为"养狗可以护院、看家和防盗"①。也就是说,在农村地区,我们一定程度上可以将养狗情况作为反映当地治安状况的一个信号。与当地居民的交谈中,这一想法也可得到印证。当问及为什么不养狗时,一位村民的回答是:"也没什么小偷小摸,万一咬人了还麻烦。"一个有趣的情况是,我们到访的一户村民家养了狗,不过直到临走时,我们才发现它。因为这只狗见了陌生人非但不叫,反而躲了起来。在当地,狗正在从看家的岗位上消失,我们视该现象为一个积极的信号,它反映当地人民内心的安全感。

除了狗的消失,我们还发现很多反映当地治安状况良好的现象。例如,不闭户的情况。一些村民即使不在家,也只是将大门虚掩或是用绳子简单把门扣上,陌生人完全可以自由进出。当地基本没有建围墙的习惯,有钱人家的院子也是开放式的。村民们对陌生人也不警惕,会邀请进入家中。当问及原因时,村民们给出了三个答案:一是人们的素质和道德观念提升了;二是小偷小摸维持不了生活,还不如出去打工;三是到处都是监控。②

根据蒲场镇政府工作人员介绍,在绥阳县开展的群众安全感测评中,蒲场镇已经连续多年获得第一名;2019年上半年,镇派出所还未接到一起偷盗或抢劫的报案。整体来说,蒲场镇社会治安良好。

---

① 诸葛毅、汪新华:《农村居民养狗现状调查与健康教育应对策略》,《安徽农业科学》2015年第2期。

② 参见20190808下午贵州绥阳蒲场镇高坊子村蔬菜大户——夏传玲.mp3。

3. 小结。在本节中，我们从民生和社会秩序两个视角出发，对蒲场镇社会治理的现状进行了描述。在民生方面，调研发现，最困难群体亦能维持基本的生存和生活需要。在社会秩序方面，调研发现，蒲场镇基本处于井然有序的社会运行状态之中，这表现在四个方面：首先，在生产方面，种植企业和种植大户具有实现稳定生产和盈利的基本社会条件；其次，在交换方面，个人的社区声望与交易信誉的结合以及开放的市场网络共同维系着交换秩序的稳定；再次，在公共教育方面，困境儿童能够享受与普通儿童一样的公共教育资源；最后，在治安方面，看家护院的狗的消失和不闭户的现象反映出当地良好的治安秩序。

三　蒲场镇社会治理的措施

整体来看，蒲场镇的生活水平处于一种衣食无忧的状态，社会秩序井然，社会治理颇有成效。这些成就的取得，得益于蒲场镇的社会治理体系和能力，主要包括三部分，即矛盾化解体系建设、治安防控体系建设和资源获取体系建设。

（一）矛盾化解体系建设

矛盾化解是维持社会秩序的关键环节。一个社会，如果不能有效化解自己的社会矛盾，那么，她就有可能通过一个反馈机制，逐步或突然地陷入一种社会失序（甚至动乱）的状态之中。因此，我们着重考察了蒲场镇在社会矛盾化解方面所采取的技术和措施，包括制度建设和组织建设两个方面。

1. 制度建设。社会制度是一组相互关联、互为校验的规范集合，是一套围绕一个社会问题而设计的总体解决方案。面对社会治理过程中出现的各类社会问题，地方政府有两种途径获得解决方案：一是制度引进；二是制度创新。在实践中，制度引进和制度创新往往同步发生，因为任何一个外来制度都不可能完全适应本地的社会背景和结构，因而必然要经历一个创新改造的过程。在蒲场镇，对"枫桥经验"的引进和改造就是一个典型的案例。

贵州省遵义市绥阳县蒲场镇基层社会治理观察

蒲场镇通过引进"枫桥经验"以解决如何更有效回应群众的诉求,有效化解社会矛盾的问题。20世纪60年代初,浙江省绍兴市诸暨县枫桥镇干部群众创造了"发动和依靠群众,坚持矛盾不上交,就地解决;实现捕人少,治安好"的"枫桥经验"。1963年,毛泽东同志亲笔批示"要各地仿效,经过试点,推广去做"[①]。"枫桥经验"由此成为全国政法战线一个脍炙人口的典型。2013年,习近平总书记就坚持和发展"枫桥经验"做出重要指示,强调各级党委和政府要充分认识"枫桥经验"的重大意义,发扬优良作风,适应时代要求,创新群众工作方法,善于运用法治思维和法治方式解决涉及群众切身利益的矛盾和问题,把"枫桥经验"坚持好、发展好,把党的群众路线坚持好、贯彻好。[②]

"枫桥经验"在维护社会秩序上的经验做法之一是:小事不出村,大事不出镇,矛盾不上交,就地化解。围绕枫桥经验,蒲场镇采取了具有本土适应性的制度来就地化解矛盾,避免出现越级上访的现象。

一是"首问责任制"。"首问责任制"要求,群众来访、咨询、办事时,第一个被询问的工作人员是"首问责任人"。作为责任人,他应态度友善、认真听证、弄清事由。对不属于职责范围内的事项,他应引导群众到有关部门办理,并办理好工作的衔接;对职责范围内的事项,他应一次性告知有关事项和所需的资料并及时处理,切实帮助群众解决问题。首问责任制不仅方便了群众办事,也杜绝了因群众办事不便而产生二次冲突的可能性。

二是"领导包案制"。为了实现信访件"去存量、降增量"的目标,蒲场镇建立"领导分包制"。按照"属地管理、分级负责,谁主管、谁负责"的原则,对群众反映的信访问题,根据问题的性质和所属系统,由乡分管及挂村领导实行包案,相关业务部门、村主干为具

[①] 浙江在线新闻网站:《"枫桥经验"发展历程》,2013年9月9日,http://china.zjol.com.cn/system/2013/09/09/019584832.shtml。

[②] 人民日报评论员:《让"枫桥经验"在新时代发扬光大》,2018年11月13日,http://opinion.people.com.cn/n1/2018/1113/c1003-30396430.html。

体责任人；对于重大的、疑难的信访件，则由镇班子领导亲自负责。镇党委政府定期召开领导班子调度会，对矛盾纠纷和信访件进行调度。根据蒲场镇某月调度会的会议纪要显示，该次会议对全镇排查出的46件信访件和矛盾纠纷落实了包保领导和包保责任人，将其中的11件信访件列为重点件，制订了一对一处理方案，明确挂村领导牵头，村负责人直接参与矛盾纠纷化解。

上述两项制度具有相同的解决问题的思路，即明确事件处理的责任人。通过明晰责任，工作人员对职责范围具有清晰的意识，这既便于考核，也避免了工作人员之间因角色边界模糊而产生的"踢皮球"现象的发生；同时，这两项制度强化了工作人员的责任意识，增强其主观能动性。在农村社区中，个体不是孤立的原子，而是一个复杂的由亲缘和血缘所组成的社会网络中的一个节点。这说明，地方政府的正式角色是和乡村社区中的非正式角色相互嵌入。包案制和首问制，可以让政府工作人员积极利用非正式网络中的关键信息和资源，处理矛盾纠纷（尤其是涉及利益的矛盾纠纷），常常可以取得正式途径所无法达成的效果，加快社会矛盾的妥善解决和有效化解。

除此之外，蒲场镇还建立了"大调解"制度，即把人民调解、行政调解、司法调解紧密结合起来，由司法所牵头，联动综治中心、派出所、法庭等部门共同参与调解。通过共同商讨，调处重大疑难纠纷。

2. 组织建设。组织建设（成立"综合治理中心"）是蒲场镇矛盾化解体系的另一个重要措施。党的十九大提出了"加强和创新社会治理，打造共建共治共享的社会治理格局"的要求。在此背景下，蒲场镇成立综治中心，在"党政领导、综治牵头、围绕大局、各司其职、相关协作、整体联动"制度安排下，实现了跨部门的组织协作。综治中心整合了公安、司法、应急管理、社会事务等多部门资源，职责涵盖信访、维稳（纠纷调解）、国安、反邪教、平安综合治理、禁毒工作等工作，实现信访、纠纷调解、法律服务等公共事务，实现了"一站式"办理和一揽子服务，保障为群众提供服务的便捷性和高效性。

贵州省遵义市绥阳县蒲场镇基层社会治理观察

从综治中心的建设来看，蒲场镇综治中心完成了挂牌和各项制度的上墙，镇、村服务窗口按照标准设立，配备相应工作人员5名，建立了矛盾纠纷台账和信访台账。在运行过程中，工作量最大的任务是接待信访。信访案件通过综治中心实现分流，例如，土地和建房问题移交自然资源所，涉及农业问题移交至农业农村所，邻里纠纷问题则现场调解，调解不下的再移交至司法所或法院。对所有移交的案件，综治中心要求15个自然日给予反馈，然后对当事人进行回访。

矛盾调解方面，除了围绕"大调解"制度开展的多部门协同调解，综治中心还积极整合和利用社会资源，例如，结合人大代表工作联络站建设，利用了人大代表定期接访（接待）选民制度，让人大代表同时参与纠纷化解，充分发挥了人大代表的群众优势。由于整合了多方面的力量，综治中心在矛盾纠纷的化解上效果明显。2019年中心调处并化解矛盾纠纷14件，化解率达100%。

综上可以看出，依托组织建设和制度建设，蒲场镇形成了以综治中心为组织基础，以首问责任制、领导包案制、大调解制等制度为规范的社会矛盾化解体系。这一机制有效防止社会矛盾的激化和蔓延，保障了当地社会秩序的稳定。

（二）治安防控体系建设

除了化解社会矛盾纠纷，蒲场镇在社会治理过程中面对的更重要的问题是：如何预防和减少犯罪以维护社会治安秩序的长期稳定。蒲场镇结合本地民情和资源现状，建构了一个"三网合一"治安防控体系。

"三网"指天网、地网和人网。具体来说，"天网"指全镇范围内建立起的高清摄像头监控网络。2014年以来，蒲场镇先后投入资金50余万打造"天网工程"和"雪亮工程"。目前已在集镇及各村安装56枚高清摄像头，每个村平均8个，已经实现了集镇和村落重要地段高清全覆盖，下一步还将继续扩大监控的范围。监控设备的控制中心设立在镇政府，所有摄像头拍摄的画面信息将实时传输过来。通过监控画面，地方政府可以实时了解全镇重要地段的秩序状况。与此同时，地方政府还投入资金10万余元将天网系统接入当地交警中队，实现集镇车辆全程高清抓拍。

"地网"指地面治安定点和巡逻网。2017年，蒲场镇投入资金5万元，在镇重点地段建立了治安岗亭，同时配备6名协勤和综合执法人员24小时值班，实现了"白天见警察，夜晚见警灯"的目标。该镇也成为绥阳县第一个拥有治安岗亭的乡镇。除了定点的治安监控，镇派出所监控巡防车每天巡逻到村组，同时，由基干民兵和村干部组成的基层治安巡逻队也会开展定时巡查。

"人网"指村（居）民联防网。蒲场镇实施网格化治安管理模式，设立了镇村组三级治安联防网，在每一级内，以街道或小区为单位，根据治安复杂度，核定街道、小区巡防力量基数，明确由镇长、村长、组长或包片干部担任责任人；同时以所在街道、小区为主体，与村（居）民签订治安防范承包管理协议，采取十户联防或五户联防的方式建立起了一张村（居）民联防网络。责任人之间建立了跨层级的通信网络，任何一个网格出现异常都可以通过通信网络将信息传递到上级网格责任人处。

"三网"治安防控体系实现了技防、物防和人防的联动，对潜在的犯罪分子形成了有形和无形、直接和间接的多重震慑，极大地增强了群众的安全感。"三网"的核心是"天网"，这源于其相对的隐蔽性所形成的无处不在的震慑力。在农村地区，由于对科技产品的认知有限，往往会高估其功能，这大大增强了科技防控措施在实际应用中的有效性。作为一种监控措施，蒲场镇所安装的摄像头事实上是不足以满足其全方位监控的目标；但是作为一种震慑性力量，"天网"的效用可以说十分显著。在调研过程中，村民普遍反映很少发生偷盗事件，当问及原因时，他们给出的一个主要原因即是监控设备的震慑力。

（三）资源获取体系建设

资源是一定地区内拥有的人、财、物、技术等要素的总称。所谓"巧妇难为无米之炊"，缺少资源即是缺少社会治理的基础要素。因而，我们需要考察当地的资源获取情况。理论上来说，资源的获取途径有两条：内部发展和外部投资。内部发展是指充分挖掘或激活本地资源，这是一条更稳定途径。因为本地资源由于其本土特性，不会产生"水土不服"的现象；同时，资源产于本土，因而更容易控制而形成长效供给。但是，本地资源的挖掘非常困难，因为资源挖掘本身需要资源的投入。对于人、财、物、技术均匮乏的农村地区而言，眼前的困难十分巨大。因此，内部发展这条路常常不是首选。我们所调研的蒲场镇也主要采取引进外部投资的方式来获取资源，这些资源主要包括资金、技术和人才。

1. 资金和技术资源。资金和技术是资源建设的核心。我们以两个案例来介绍蒲场镇如何通过引进投资项目获取来自外部的资金和技术。

案例3：童伴计划[①]

"童伴计划"是由中国扶贫基金会于2015年启动的留守儿童关爱项目。中国扶贫基金会与地方政府合作，在贵州和四川两省分别选择了10个县的100个村作为项目村。绥阳县民政局领导在省里开会时了解到该项目，为县里争取到了10个名额，蒲场镇下辖的5个村（居）成为首批项目地。

"童伴计划"中，中国扶贫基金会是项目的管理者，主要负责项目规划和资金投入，项目合作方中国公益研究院负责提供技术支持，当地政府负责资源的对接和辅助项目开展。项目持续时间为3年（2017年1月至2019年12月），项目地每年获得5万元资金支持，专款专用，主要用于支付人员工资和活动费用。在项目实施的前期，县里还获得28万元的专项资金，用于项目的筹备。"童伴计划"的运作模式可以概括为：一个人、一个家、一条纽带。"一个人"是指，每个项目村会聘任一名"童伴妈妈"作为项目的实际实施者。她的职责

---

① 参见20190807上午贵州绥阳蒲场镇童伴之家——罗银花.mp3；20190809上午贵州绥阳蒲场镇宜安社区童伴之家——李中.mp3。

包括为留守儿童和困境儿童建立档案、协助解决儿童困难、关爱和陪伴儿童成长等。"一个家"是指，每个项目村设立的儿童活动场所，即"童伴之家"。"一条纽带"是指基金会、政府各部门依托"童伴计划"形成的留守儿童和困境儿童服务网络。

从调研资料来看，"童伴计划"在蒲场镇产生了两大效果：一是激发了基层政府对儿童关爱工作的重视。虽然关爱留守儿童和困境儿童原本就是当地政府的一项工作任务，但是由于人力、财力和技术等资源的限制，这项工作并没有进入地方政府的优先议程，"童伴计划"实施后产生的积极效果推动了当地政府关注儿童工作。二是真正实现了"陪伴儿童成长"的目的。"童伴计划"中"童伴妈妈"的角色设定是非官方形象的。她们以个人魅力和特质与儿童接触，让儿童产生信任，从而融入和参与儿童的成长过程。在调查中，我们发现，一些儿童亲切地喊承担"童伴妈妈"角色的工作人员"妈妈"。

在"童伴计划"中，当地政府同时获得了资金和技术用来解决留守儿童和困境儿童的权益保障、监护和关爱缺失等问题，并且产生了良好的社会治理效果。这是蒲场镇通过引进外部资源解决当地社会治理问题的一个案例。

案例4：浙江安吉茶叶[①]

安吉白茶是浙江省湖州市安吉县的特产，具有近千年的栽培和制茶历史，在全国享有很高知名度。尽管在茶叶市场上的需求和价格均较高，但安吉本地茶叶产量有限，需要不断向外寻找合适地区进行茶叶种植，以提高产量。蒲场镇属亚热带季风气候，降水充沛、年温差小、无霜期长、光照条件好，海拔1000米左右，地势多为缓坡，这些自然条件构成了茶叶极佳的生长环境。但是，当地的特色茶叶鲜有名气，茶叶品种和口感欠佳，因而市场表现不好；与此同时，受制于资金和技术能力，蒲场镇人对茶叶进行规模种植或培育的情况比较少见，一些具有开发潜力的山地资源闲置。

---

① 参见20190812下午贵州绥阳蒲场镇大桥村书记（1）——李中.mp3。

贵州省遵义市绥阳县蒲场镇基层社会治理观察

考虑到合作双方的资源互补性，蒲场镇引进了多项安吉茶叶种植项目。大桥村由于地处两山的夹带，土地资源匮乏，是蒲场镇 8 个村居中唯一的贫困村，至今还有 35 户村民没有脱贫。2016 年开始，根据县里指示，大桥村开始打造八公里产业带，先后引进了食用菌、清脆李等项目，但是因技术和管理等原因，项目运行情况都欠佳，食用菌项目的两任承包商均亏损而退出。2016 年引进的安吉黄金茶项目是该村目前唯一盈利的项目。

从 2016 年起，浙江商人在当地通过土地流转承包山地共 400 亩，种植安吉黄金茶。由于是山地，承包费用相对便宜，前 5 年每亩 100 元，之后每亩 200 元。凭借技术、管理和自然条件等优势，该项目在 2018 年已经实现盈利。2019 年开始，当地继续引进了一项 500 亩的安吉黄金茶种植项目，目前该项目处于前期开山除草阶段。

黄金茶项目为当地人带来了切实的利益。除了山地的流转费用，该项目为当地人提供了一些就业岗位，工作任务主要是除草、施肥、修枝、除虫等农活，每天工作 9 小时，可以获得 70 元的收入。在茶叶采集期间，薪资更为可观，1 斤茶叶的采集收入为 15 元，熟练工的日收入可超过 300 元。对于当地的一些人而言，这份打工的收入十分重要。依靠这份收入，有些人可以满足基本的生活需求有些人可以改善生活水平。我们在调研中了解到，有好几户村民原本通过生态搬迁项目转移到了镇上，但为了就近在茶山打工，又返回山里的老宅生活。

除了资金，茶叶项目引进的另一项重要资源是技术。在当地，各村基本都将茶叶作为本村主要的经济作物，纳入经济发展的规划中。这充分考虑了当地地形地貌和气候条件以及茶叶的经济价值。但是在茶产业发展中，除了需要良好的自然条件，还需要茶叶的种植和加工技术。大桥村之前食用菌和清脆李等项目的失利，一个重要的原因就是缺乏技术。安吉茶叶项目可以有效弥补当地茶叶种植技术的短缺，因为茶叶在当地生长的同时，也会将先进的且适宜当地的茶叶种植技术留在当地。这种自然优势与技术优势的结合将使得茶产业的规模经济成为可能，从根本上提升当地经济水平。

2. 人力资源。人才是社会治理的主体，一个地方的社会治理必然需要一只德才兼备的人才队伍。特别在农村地区，由于自治程度相对较高，因而领导干部的品德、视野和才能，在一定程度上决定了当地社会发展和社会稳定的水平。因此，如何更好地引进和培育人才是地方社会治理需要解决的重要问题。然而，这也是一个很难解决的问题，因为在现代化背景下，农村相对落后的物质、文化条件很难吸引和留住人才，这已经成为制约农村社会治理的一大障碍。那么，蒲场镇是如何吸引和留住人才的呢？主要有两个方式：一是增加村工作人员待遇；二是鼓励在外人才回乡建设。

待遇方面，从2019年1月开始，根据绥阳县的统一安排，蒲场镇再次对社区和村干部报酬做出了上调。目前，社区党组织书记、村（居）委会主任为每月3800元，其他社会专职人员报酬为每月3050元，同时社区干部享受各乡镇干部职工绩效工资和年终考核奖励，并且为社会工作人员缴纳了养老、医疗和工伤等社会保险。以我们对当地薪资水平的了解，村委会专职人员的待遇大概属于中等水平，在一定程度上已经具备待遇上的吸引力。

蒲场镇发展人才的第二个策略是鼓励在外人才回乡建设。以新场村李书记为代表的案例5，是其中的一个典型。下面，我们将对他进行一个初步描述，讲述一个外出打工者回乡担任村党支部书记兼村主任的故事。

案例5：返乡立业的李书记[①]

新场村与蒲场镇其他村的产业结构有所不同。20世纪70年代初，某集团企业的通信站开始在新场村招募大量零工，众多村民遂投身通讯施工行业。此后，通过"前人带后人"的模式，从业人员逐步壮大，并先后成立了超过50支专门的通信线路施工队。目前，该村80%的青壮劳动力都在从事该工作，年总产值达6000万元。因而新

---

① 参见20190809下午贵州绥阳蒲场镇新场村书记——夏传玲.mp3。

场村的经济发展水平在整个蒲场镇都是领先的。

　　李偶书是本村人，家里姊妹较多，小时候生活十分拮据，16岁开始跟着同村人从事通信线路施工。1998年成立了自己的施工队，开始承包通信线路施工工程；回村之前，一直在施工队上工作。2016年新场村举行换届选举，镇里和村里都和李偶书做工作，希望他能回村工作。考虑到照顾孩子方便，李偶书回到了村里，同时担任村支书和村主任。回村之前，李书记的收入十分可观，用他的话说："每月挣两三万是不成问题的。"在这样的背景下，光凭3000多元的月工资显然不足以把他留在现在的岗位上。他也明确表示："就像习总书记说的，要想发财就别来当官。这里既没有什么官，也发不了财。"如果经济因素并不是他从事这份工作的原因，那么是什么让他留在这个岗位上的呢？从访谈中我们了解到，除了家庭原因，另一个重要的因素是他对家乡的情节。用李书记的话说："衡量一个人的价值不是看你挣了多少钱，而是您能为这个社会带来什么，说小一点就是，您能为这个村的老百姓带来什么。"

　　在一个利益取向的社会中，李书记献身乡土的精神难能可贵。在他身上，我们看到了精神激励所带来的利他主义、集体荣誉等更高层次的心理需求。据李书记介绍，希望回村建设家乡的人还有很多。他打算举办一个座谈会，将在外的本村企业家或成功人士组织起来，共商本村的发展。他认为，这些人都有奉献家乡的意愿，发掘和利用好这些人力资源对当地的发展十分重要。

　　3. 小结。蒲场镇如何取得良好的社会治理成绩？我们认为，蒲场镇的答案主要是三个措施，即矛盾化解、治安防控和资源获取，通过这些方面的体系建设，完善社会治理体系，提升社会治理能力。

　　首先，在解决社会矛盾上，蒲场镇从制度建设和组织建设入手，形成了以综治中心为组织基础，以首问责任制、领导包案制、大调解制为制度框架的社会矛盾化解体系。这一机制有效防止社会矛盾的激化和蔓延，保障了当地社会秩序的稳定。其次，在维护社会治安秩序的长期稳定上，蒲场镇建立了"天网""地网"和"人网"共同协作的"三网合一"治安防控体系,实现了技防、物防和人防的联动,有效抑制了偷盗等犯罪行为的发生,提升了本地人的安全感;最后,在资源的供给上,蒲场镇通过从外部引进项目和吸引人才,建立了涵盖资金、技术和人才的较为全面的资源获取体系。

四 蒲场镇社会治理存在的问题

上文介绍了蒲场镇的治理现状,包括基本民生、社会秩序和社会治安情况等方面。我们认为,总的来说,蒲场镇的社会状态良好,社会治理颇有成效。接着,我们对当地政府在三个方面所使用的社会治理措施进行了分析,这些治理措施保障了当地良好的社会运行状态。在本节中,我们将指出当前蒲场镇社会治理存在的主要问题。

(一) 社会矛盾调节成本过高

蒲场镇虽然在社会矛盾的调节方面有许多积极措施,并形成了以综治中心为组织基础,以首问责任制、领导包案制、大调解制为制度框架的社会风险化解机制,但是我们发现,在实际运作中仍会出现制度失灵的现象,致使地方政府花费高昂成本来平息一些社会矛盾。

在与当地信访部门工作人员交谈中了解到,缠访、闹访、重复访[①]等情形时有发生。这些信访事件无法用现有的制度予以合理解决,从而削弱了当地政府治理体系的有效性。即使最终信访事件得到了解决,但是政府在此过程中也需要花费巨大的人力、财力和物力。最糟糕的是情形是"案结事未结",即事件名义上得到了解决,但是实质上未得到平息。

工作人员为我们介绍了一起由普通的土地纠纷引起的反复越级上访事件。[②] 村民张方认为邻居在田埂除草侵占了自家土地,将该事项先后上访至村里和镇上。在村里调节过程中,与村干部发生了口角;

[①] 缠访的一些表现有,上访者紧跟工作人员,无论工作人员去哪里,他都跟着,直到达成自己的目的;闹访的一些表现为,阻工、带着老人静坐、在政府服务大厅闹事等;重复访是指,上访结果期限内还未答复前,再次或多次上访。

[②] 参见 20190814 上午贵州绥阳蒲场镇社会综合治理访谈——夏传玲. mp3。

镇里安排了专人来处理此事,国土部门到实地进行测绘,划清地界。但是张方对这些处理始终不满意,并提出诸多无理诉求。之后张方还以贫困为由多次找到镇里,要求解决各种问题,镇里无奈以低保、补助等多项政策以示安抚;到后来,张方开始以各种理由频繁去省里上访,镇里接到通知,马上派专人将其接回。在多次协商之后,镇上与张方达成协议,政府从"信访疑难专项资金"拨给他一万元作为前期上访和生活困难的补助,与此同时张方必须停止无理的上访行为。而资金到手没多久,张方又开始继续上访。该事件前后持续了多年,大量的人力、财力、物力投入解决该事件中,而最终也没能将问题解决。在访谈中,工作人员对张方行为的界定用最多的一个词是"蛮横不讲理",面对这种蛮横不讲理,当地政府表现得十分乏力。

在长期接触信访工作之后,一位工作人员向我们表达了担忧。用他的话说:"信访体制一定程度上阻碍了我国的法治建设。"具体来说,当老百姓发现上访,特别是去市里、省里上访更能够快速引起领导重视、实现自己诉求之后,他们便不会通过法律途径来解决问题,于是产生了"信'访'不信法"的结果。

"信'访'不信法"的结果是大量的社会矛盾需要通过信访途径来解决。如果政府无法以低成本处理这些社会矛盾,尤其是少数顽固的个案,那么在资源有限的情况,势必阻碍政府治理能力的提升和社会治理体系建设。试想,当所有人都忙着处理基本的社会矛盾,便没有时间和精力去思考如何建立一套更加有效的治理体系,从根本上抑制矛盾的发生。当一个政府没有形成一套完善的治理体系,又将进一步加大矛盾发生的概率和矛盾化解的成本,这将成为一个恶性循环。从蒲场镇的社会治理现状中,我们隐约察觉到了这种恶性循环的雏形。因此,如何以最低成本解决社会矛盾是当前蒲场镇社会治理中急需解决的一个问题。

(二)技术防控边缘化

在现代技术快速发展的背景之下,传统依靠人来发现风险的办法已经显得十分笨拙,技术已经为我们提供了高效的治理措施。这一点在当地对社区矫正人员的管理上就能够充分体现。在过去，对社会矫正人员的监管基本是被动的，而现在通过定位技术，监管人员可以时时知晓接受矫正人员所处的位置，实现了主动监管。[①] 除此之外，透过当地的"雪亮工程"和"天网工程"，我们可以感受到这种技术带来的治理上的革新。蒲场镇从2014年开始已经先后投入资金50余万元打造"雪亮工程"和"天网工程"，透过监控设备，各项社会事件得以记录和追溯，在弄清社会事实、解决社会纠纷、震慑犯罪行为等多方面发挥积极作用。

但是，就蒲场镇的技术治理水平来看，技术的革新还处于十分初级的阶段，技术的影响还十分有限。仅以监控设备的铺设为例，目前蒲场镇仅仅实现镇中心和村主要路段的监控覆盖，只要移至稍微偏远的地域，便会出现监控的盲区。而这一区域的监控主要由人的巡防来完成，这显然是一种低效的防控措施。

我们必须承认，技术治理是一件十分昂贵的事务，大多数基层社区还有十分漫长的路要走。但是，充分利用现有技术资源却是在当前背景下可以实现的选项。就技术利用来看，蒲场镇也没有充分利用现有技术资源。以监控设备的利用为例，蒲场镇的监控设备控制室设在镇综合治理中心，但并无专人值守。这意味着，监控技术主动发现风险的功能还无法实现。根据综治中心工作人员介绍，目前，监控的功能主要用于事后追溯，即发生事件之后，通过调取监控来追溯事件的发生过程，这显然是一种被动和低效的利用方式。

在现代化的背景下，试图用人工来取代技术的做法必然会形成事倍功半的局面。当技术被闲置或是边缘化，社会治理的效果必然无法达到最优，甚至无法达到较优状态。

（三）本地资源挖掘和利用程度低

蒲场镇在资源建设方面有很多值得称道的做法，包括上文提到的"童伴计划"和浙江安吉茶叶项目，都从外部引入了资金和技术，以

---

① 参见20190814上午贵州绥阳蒲场镇社会综合治理访谈——夏传玲.mp3。

及采取多种方式引进和留住人才。但是，这些资源主要是外来的，外来的东西常常会遇到水土不服的问题。资源的稳定性也无法保障，当项目一结束，原本的资金、技术和人才都会随之抽离。因此，没有充分挖掘和利用本地资源也是蒲场镇社会治理中存在的一个问题。

以当地的诗词文化为例。绥阳县是由中华诗词学会授予荣誉称号的"中国诗词之乡"，具有悠久的诗乡文化，蒲场镇既是诗乡文化的重要组成部分，也具有浓厚的儒家文化传统。贵州省第一间书院（儒溪书院）即修建于此，以柳宗元为代表的儒家文化传承千年。对于当地的社会治理而言，这是极为珍贵的文化资源。文化是一种软治理实力，是社会治理体系的重要组成部分。以诗词为代表的传统文化具有教化育人的功能，无论是在构建社会秩序还是家庭秩序上都可以发挥积极的作用。然而在对当地社会治理的观察中，无论是诗词文化还是儒家文化都没有明显的踪迹，在文化传承方面，当地政府和社区还有潜力可以挖掘。

五 解决蒲场镇社会治理问题的建议

国务院于2019年6月颁布的《关于加强和改进乡村治理的指导意见》（以下简称《意见》）为乡村社会治理提供了清晰的思想指导。《意见》明确提出了乡村社会治理的体制、体系和格局，即：（1）党委领导、政府负责、社会协同、公众参与、法治保障、科技支撑的现代乡村社会治理体制；（2）以自治增活力、以法治强保障、以德治扬正气的党组织领导的自治、法治、德治相结合的乡村治理体系；以及（3）共建共治共享的社会治理格局。结合该战略指导思想和对蒲场镇实际问题的观察，我们提出以下建议。

（一）充分发挥公众在社会治理中的积极作用，努力构建共建共治共享的社会治理格局

"共建共治共享的社会治理格局"主张公众既是主体，又是客体；既是实施者，又是受动者；既是建设者，又是享有者；既是权利的主张者，又是义务的承担者；公众在共同参与建设和治理过程后，又共同享有社会治理的成果,即共建共治是义务,共享是权利。① 因此,"共建共治共享的社会治理格局"的核心就是实现社会治理主体的多元化。对此,基层政府至少要采取三项措施。第一,加强党组织建设,敦促党员同志联系群众和深入群众,倾听和传达群众的声音,保证村民可以将社会治理的想法和意见传递到组织。第二,培育社会组织,完善合作治理结构。基层政府应将村民组织起来,搭建和培育不同类型的社会组织,充分发挥社会组织在社会各方面治理中的特殊效应。在培育社会组织的同时,还注重加强对这些社会组织的管理,促进社会组织有序参与和协同服务。第三,充分调动村民参与公共事务的积极性,努力培育村民的公共精神。为了实现这一点,地方政府应该适度放权,发展农村基层协商民主,即将一部分与村民利益直接相关的公共事务的决策权交给群众。目前,我国多地已经发展出多种基层协商民主的实践形式,如浙江温岭"民主恳谈会"模式②和云南盐津"参与式预算"模式③等,这些成功模式均可作为参考。

通过党组织建设、社会组织建设和群众参与式民主建设,可以推动党、政府、社会组织和群众的良性互动,初步实现社会治理主体的多元化,进而促成共建共治共享的社会治理格局。

(二)建设以科技为支撑的现代乡村社会治理体制

科技的不断进步使得现代社会治理格局将面对巨大的转变。一方面,社会治理的措施的科技化、智能化,政府可以打破过去以人力和简单机械为治理核心的治理体系,转向以互联网、现代通信和人工智能为基础设施的新治理体系之中。在新治理体系之下,技术使政府决策的基础从少量的"样本数据"转变为海量的"总体数据",它在社会治理领域的广泛应用将有助于推动社会治理思维方式的转变,提升

---

① 马海韵:《"共建共治共享社会治理格局"的理论内涵——基于社会治理创新的视角》,《北京交通大学学报》(社会科学版)2018年第4期。
② 郎友兴:《商议式民主与中国的地方经验:浙江省温岭市的"民主恳谈会"》,《浙江社会科学》2005年第1期。
③ 贾西津:《参与式预算的模式:云南盐津案例》,《公共行政评论》2014年第5期。

社会治理的精准性和高效性。另一方面，现代化治理格局的转变还意味着，地方政府所面对的社会风险也发生了结构性的变化。人口流动、高科技犯罪等新的社会不稳定因素的出现，使得传统的治理措施失效。因此，建设以科技为支撑的现代乡村社会治理体制，不是地方政府提升治理效率的一个选项，而是应对现代社会治理风险所必需做出的适应。

在农村地区尤其是山区，建设以科技为支撑的现代乡村社会治理体制更为必要。贵州山区的最大特点是人口居住分散，村与村、户与户之间往往隔着几公里，这意味着以镇为中心的控制力会非常薄弱。以治安防控为例，要想实现直达村落的治安巡防非常困难、并且耗费资源高；只有通过监控设备、通过技术来实现远程监控才是低成本且有效的控制方式，这也是未来农村社会治理的大势所趋。[1]

我们虽然在蒲场镇看到了科技治理的雏形，但是这还远远不够。在科技资源匮乏的农村地区，建设以科技为支撑的现代乡村社会治理体制的第一步也是最关键的一步是转变思路，是充分认识到科技可能给社会治理带来的革命性变革，然后，挖掘和利用现有科技资源，充分实现其价值。

（三）充分利用本土优秀文化资源，构建以德治为重要组成部分的社会治理体系

习近平总书记在中国共产党第十九次全国代表大会上的报告指出："深入挖掘中华优秀传统文化蕴含的思想观念、人文精神、道德规范，结合时代要求继承创新，让中华文化展现出永久魅力和时代风采。"在社会治理过程中，基层政府可以通过利用当地的优秀传统文化，提升村民的道德素养，增强村民对家乡的认同感和归属感，进而提升社会的凝聚力和形成道德共同体。这充分体现了文化作为一种软治理实力，是社会治理体系的重要组成部分。因此，政府在健全自治

---

[1] 陈欣：《民生科技视角下农村公共安全治理体系构建研究》，河南大学，硕士学位论文，2019年。

法治德治体系中,要将德治作为基本的治理措施。在文化资源丰富的蒲场镇,这一治理措施显然应该具有更高的优先级。在实践中,一方面,地方政府可以通过举办各种形式的文化活动不断强化本土文化的影响力,充分唤醒村民对本土文化的认同感;另一方面,应该发挥乡贤的引领作用,乡贤是乡村社会中的道德楷模,社区敬重乡贤就是在鼓励人们成为有德之人。地方政府还应该鼓励和培育一批有学识和奉献精神的人成为新乡贤[①],以推动本土文化的适应力。新乡贤通过自己的威望、品行、才学主动履行凝聚族群、尊祖继统的职责,协助政府建立起自治、法治、德治相统一的社会治理新体系。

六 总结

本文以蒲场镇为个案,对中国边远农村地区的社会治理进行了较为全面的观察。文章第一部分对蒲场镇的自然地理和历史文化情况进行了概要性介绍。从行政区位和交通来看,蒲场镇毗邻贵州经济和文化重镇遵义市,地理位置优越、交通基础设施完善、交通便捷;从自然条件来看,蒲场镇山川秀丽、气候宜人,是旅游避暑胜地;雨水充沛、光照充足,具备优良的作物生长环境;但是从生产条件来看,蒲场镇土地资源稀缺,人均耕地面积不足1亩。

第二部分从基本民生和社会秩序角度对蒲场镇的社会治理现状进行了观察。在民生方面,我们看到由于兜底加扶持的民生措施保障,最困难群体亦能维持基本的生存和生活需要;在社会秩序方面,蒲场镇在生产、交换、公共教育和社会治安等方面都基本处于井然有序的社会运行状态之中。因而,从社会治理现状来看,蒲场镇的社会治理颇有成效。

第三部分重点分析了蒲场镇社会治理的措施。总结认为,蒲场镇主要实施了三方面的措施来提升社会治理能力和完善社会治理体系,

[①] 袁丹清:《乡村振兴视域下"新乡贤"参与乡村治理研究——以隆回县XJ村为例》,《湖南行政学院学报》2019年第6期。

贵州省遵义市绥阳县蒲场镇基层社会治理观察

分别是矛盾化解体系建设、治安防控体系建设和资源获取体系建设。其中多项思路、经验或具体措施对同类地区的社会治理具有借鉴意义和推广价值。首先,在矛盾化解体系中,蒲场镇实施的首问责任制和领导包案制两项制度,都将矛盾的处理责任明确到个人。这一做法不仅可以避免"踢皮球"现象的发生,同时在农村等熟人社会中具有的独特的有效性。其次,在治安防控体系中,蒲场镇创新性地建立了"三网"治安防控体系,即高清摄像监控网、地面治安点和巡逻网、村(居)民联防网,实现了技防、物防和人防的多重联动,创造了"1+1+1>3"的效果。最后,在资源获取方面,蒲场镇积极引进外部资源解决本地问题。不仅因地适宜地引进"安吉茶叶项目",一定程度解决了村民就业、土地闲置、集体经济发展等问题,同时通过"童伴妈妈计划",借助社会组织的力量有效解决了农村困境儿童和留守儿童权益保障、监护和关爱缺失等顽疾。这些措施都为其他地区在相似问题的解决上提供了可贵的经验。

第四部分对蒲场镇社会治理中存在的具体问题进行剖析,包括社会矛盾调节成本过高、技术防控边缘化、本地资源挖掘和利用程度低等。相应地,在最后一部分,本文针对上述问题提出了解决问题的建议。第一,充分发挥公众在社会治理中的积极作用;第二,建设以科技为支撑的现代乡村社会治理体制;第三,充分利用本土优秀文化资源。

云南省昆明市西山区普吉街道流动人口包容性社区建设观察

王家桥作为典型的流动人口聚集的城乡接合部社区，在治理方面存在大量问题。云南L机构成立于2005年，以发展型社会工作为指导，强调通过服务进行社会投资，整合经济发展与服务赋权，同时以优势视角挖掘社区资本，进而建设包容性社区来回应问题并促进发展。在具体方法上，对社区进行深入调研，了解需求及优势；基于此通过社会工作多种手法搭建服务平台，为流动人口提供非正式保障机制；以机构为支点，联动不同资源参与社区建设；尝试生计小组回应经济发展。同时，通过各项调研及实践经验总结，进行政策倡导改善流动人口的权益。通过多年努力，王家桥建设包容性社区回应相关问题取得了明显的成效，走出社会组织参与社区治理创新的路子。

一 社区基本情况

王家桥社区隶属于普吉街道，是一个相对复杂的城郊接合部，位于昆明市西北部，该街道办事处辖联家、大塘、普吉、云冶、观音寺、同心路、王家桥7个社区，其中3个涉农。区内有云冶、云南省交通职业技术学院、云南武警三支队、云南金马机械厂、昆明轻机厂等驻处公共户单位约130家。辖区面积30.72平方公里，总人口56000余人。王家桥社区是一个集厂、村结合，工、农交融的城郊接合部，辖区内本地人口4281人，流动人口超过3万人，本地人口与流动人口比例超过1∶7。该社区交通便利、生活设施完善，可租住房屋价格合理，因而吸引了大量流动人口租住于此。社区居民以汉族为主，同时还存在众多少数民族，如布依族、彝族、苗族、哈尼族等，主要来自临近的云南省禄劝、宜良、文山及贵州六盘水、毕节等地。这些流动人口主要从事小生意、装修、零工、建筑、废品回收等工作；而本地居民经济来源主要靠征地赔款及房屋出租等。

从王家桥社区的基本情况来看属于流动人口为主的混合型社区。面对社区人口总量多、生活水平差异大、社区居民区隔明显的情况，要改变社区现状，推动本地居民与流动人口居民互敬共同，可谓困难重重。从社区层面看，社区群众类型多，包括本地农转居居民、流动人口、少数族群，他们面对这不同的问题及困境，存在不同的利益诉求，在同一个空间多方互动，难以避免各类矛盾及问题。特别是流动人口不仅面临社区融入的问题，还存在适应城市生活，解决生活来源，提高生活质量的问题。同时，社区流动人口因在政策设计和实际工作中，容易被社区忽略，无法成为社区福利的受益者，容易造成一些冲突和误解。从社区居委会层面看，社区基层组织以行政办事及监管为主。由于居委会人力及资源有限，在工作中承担各部门行政安排、政策落地的窗口，工作人员政策实施时因当地的实际情况存在困难且政策解读及执行上缺乏综合应用的能力。因此，只能维持基础的行政功能，难以回应复杂社区的治理。同时，以居委会为主的治理主体在公共服务提供上的"服务"意识弱，在社区问题的处理上柔性不足。在此情况下，L机构作为社会组织从服务王家桥社区流动人口开始，结合混合型社区的特点与难点，逐渐覆盖到社区全体居民，与居委会深度联动，推动流动人口与本地居民的社区参与，以包容性社区建设的角度来实现社区居民的有效自治。

二 问题发现：城中村流动人口难融入城市社区生活

对于王家桥这样的混合型社区而言，本地人口与流动人口的比例达到了1∶7，流动人口虽是主要的居住对象，但在社区参与及社区治理过程中缺乏相应的机会。本地居民经济状况良好，大多数在城里购置房产居住，而社区的自建房多租给流动人口，人户分离的情况较多，对于社区本身缺乏归属和认同。但又因为征地拆迁矛盾突出，农转居之后社区关系冲击、社区居民分散、社区文化瓦解使得社区整体较为松散，凝聚力不强，居民参与度有限。云南L机构根据对社区情况的初步调查，从流动人口服务开始，针对社区存在的问题开展了不同形式的尝试，逐渐得到居委会的信任。在面对社区治理诸多困难的情况下，社区居委会逐渐看到L机构作为专业社会工作机构在社区工作方面的优势，开始尝试共同合作，为L机构作为外来的社会组织在社区开展服务打开了空间。同时，L机构的工作也弥补了居委会社区服务有限及治理困难的状况。

为保证服务的有效性，切实回应流动人口的相关问题，L机构在工作前期调研发现该群体主要需求源于以下原因。

第一，经济贫困。王家桥社区流动人口的生计来源以从事非正规就业为主，打零工是较为普遍的一种就业方式，其形式为根据雇主的需求临时性的到工友聚集的地方请工，多为普通市民不愿意从事的脏、累、差的工作。主要内容包括搬运、绿化、拆迁、建筑等劳动力强、危险性高、工作报酬从80—200元/天不等。除此之外，废品回收也是该社区部分流动人口主要的经济来源，但该行业价格受全球市场影响波动较大同时以家庭为单位的拾荒通常存在产量不稳定的状况，并且难以抵抗回收商的压价。因此，对雇用方而言，非正规就业作为一种灵活的就业方式弥补了劳动力不足并降低了用工成本，但对于流动人口而言有工做就有收入，没工做就没收入。所以，贫困成为他们生活的常态。在王家桥社区，很多流动人口需要兼顾多份工作以维持生计，出现大量日间缺乏照顾的孩子。在L机构刚进入社区工作时，就遇到了系列孩子意外死亡、阶段性辍学以及大量食用垃圾食品等状况。

第二，社会保障缺失。由于非正规就业无劳动合同、雇主流动性大、工头层层转包、缺乏法律知识等，流动人口经常面临劳资纠纷及工伤赔偿无门等缺乏劳动保障的情况。此类案件往往较为复杂，存在多个涉事主体，但涉及金额不多（以1000元以下为主），使得维权困难。对于流动人口而言，普通人认为不多的钱却是他们家里的主要收入，因此在面对这些状况过程中，处于边缘的老乡们容易行为过激，发生斗殴、堵路等群体事件来进行抗争。同时，在L机构接触的大量个案中，因伤致贫或大病致贫的情况尤为突出。由于在城市生活缺乏医疗保障，很多老乡看不起病，生病往往到小诊所简单处理。其中一些流动妇女甚至因为无钱支付医院费用选择在家分娩，增加了生命风险。另外，流动人口城市生活支持体系不足，遇到问题时通常陷入进一步贫困与无助，从而将问题内化造成个人及家庭的失能。

第三，遭受多重排斥。一方面，除了主流社会对流动人口的区隔之外，在王家桥社区的本地居民对流动老乡也存在一定排斥。例如房东对租客有一些特殊要求或是态度恶劣，有孩子在院子打闹被房东责骂，出现一些状况在租期未满的情况下被要求搬走等。L机构儿童活动中心也因多为流动儿童，本地居民大多不允许自己孩子到活动中心玩耍。另一方面，在流动人口之间也存在彼此排斥的状况，主要体现在工友之间为竞争工作机会的冲突引申到日常生活之中以及不同流动社群之间的排斥，例如布依族从事回收工作，被污名为"捡垃圾的人"或是"小偷"，而他们的生育文化注重男孩存在普遍超生等情况被嘲笑、指点或隔离。在社区公共治理方面，流动人口大多是被隐形及忽视的对象，常常作为维护城市外表的牺牲品及打击对象。L机构就曾经遇到布依族老乡因被取缔住所而求助的情况。他们需要存放回收物品难租到房屋居住，因此大多聚集在破败的院子，大量物品堆放存在安全隐患。因昆明在某段时间内出现社区火灾的情况，为了避免类似事件，相关部门加强了基层安全巡视，强令老乡们搬走并封闭他们的居所。老乡们赖以为生的站工市场也曾因修停车场被要求不能再聚集在此。从类似案例可以看到，流动人口在社区生活中是处于弱势及失语的状态，通常都是被管理的对象，他们的需求难以看见。

第四，生活空间有限。流动人口租住的房屋居住条件相对较差，他们通常以家庭为单位租一个单间，面积10—30平方米不等，一个房间承载家庭所有活动及不同功能。这种房子是本地居民自建房，一般是房东住顶层，其余的租用给外来人口，一栋房子至少有6—8个家庭租住。为了尽可能获得更多租金，有限的空间需要改建房屋，因此密度极大、采光透风极差，存在安全隐患。近年来，由于城市建设大量城中村拆除，房租上涨，流动人口还得面临不断搬迁的情况。除了居住空间，社区公共空间也较为有限。流动人口租住的社区多为农转居居民宅基地重建或转建，缺乏规划设计。人口众多使得原有空间不能满足居民需要，缺少社区活动空间。同时因城市建设及规划用地的需要，本就不大的公共空间也逐渐消失，辖区内流动人口生活空间进一步减少进而限制了其交往与休闲。

第五，精神生活贫瘠。因社区公共服务缺失，社会支持网络单一，老乡们大多通过电视、手机上网来消磨闲暇时间，精神生活几乎空白。大多老乡生活较为单调，白天找工，晚上回租处休息，生活压力较大且缺乏休闲活动，结束工作后大部分人会一起喝酒打牌。在站工市场时常会有一些老乡通过动物骰子、猜铅笔、猜蚕豆、扑克、象棋等进行赌博，其间有些不法分子蓄意利用诈骗、利用老乡缺乏休闲娱乐几天内输掉上千元资金。

第六，性别不平等及家庭暴力。王家桥社区流动人口家庭中，大多数妇女不仅需要照顾孩子和承担大部分家务，还需要在外工作赚钱。为了兼顾家庭很多妇女无法从事固定时间的工作，只能选择工作实践较为自由的工地小工、保洁等工作。但这些工作往往是同工不同酬，一般男性工人可以得到100元，而妇女只能拿到80元。由于经济压力及社会空间挤压，流动家庭中男性酗酒、赌博、家庭矛盾以及家庭暴力的问题较为突出。据L机构相关调查显示[①]，有13.9%的流动家庭男性经常酗酒甚至耍酒疯，有17.1%的家庭男性经常赌博，而有14.7%的流动家庭经常吵架，有45.0%的调查对象经常或偶尔看

---

① L机构承接云南省妇联关于城市社区妇女基本生存状况调查课题研究，本项研究数据信息来源于2010年7月，采取随机抽样调查，样本量2000份。

到邻居和亲戚家庭发生争吵的情况。此外，也有一些妇女在产后或生理期拒绝性生活被打骂。因伴侣拒绝使用安全套致使多次怀孕人流，或不能生育被扫地出门，或因丈夫没有生育能力被迫结扎的情况。

综上所述，王家桥的流动人口面临的问题是众多因素交织的结果，存在政策层面的限制、社会融合困难、支持体系不足、个人能力有限等等。但对于他们而言，城市是一种谋生的选择，如何能够在城市立稳脚跟谋求发展是重要的。然而，在融入城市生活的过程中往往伴随着经济排斥、政治排斥、空间排斥、文化排斥等使得流动人口处境艰难，陷入困境。在L机构的工作中，更多时间是陪伴他们一起应对种种困境，这些困境往往是具有常态化及突发性两种特征。经过长期深入社区的实践发现如何营造一个有支持的、包容的、互助的环境，对于流动社群乃至整个混合型社区都是具有重要意义。

随着工作的不断深入，L机构也发现本地居民在城市化过程中原有社会关系及网络弱化，社区归属感不强，参与度有限以及与外来人口存在诸多误解等。因此L机构的工作策略是增强不同社群以及社群之间的理解与欣赏，在诸多限制及不足的条件下发掘社区内部的潜能，协助社会资本的增强，以回应群体面临的问题及困境，进而开始探索包容性社区建设，期望能够消除歧视，促进共融，走出流动人口社区治理创新之路。

三 解决思路：社会组织联动居委会以发展型社会工作思路建设包容性社区

传统西方治疗型社会工作强调通过介入使得个人适应外部环境，进而回归社会生活，但面对复杂的社会问题治疗型社会工作难以发挥功效且成本较高。20世纪80年代加州大学伯克利分校梅志利教授提出了建构发展型社会工作的理念和策略[1]，如社会工作协助提供生产

---

[1] James Midgley & Michelle Livermore, "The Developmental Perspective in Social Work", *Journal of Social Work Education*, 1997, 33 (3), pp. 573-585.

和就业机会，协助教育和医疗服务提供，以及倡导发展型社会政策等策略。①

不同于传统社会工作，发展型社会工作强调将社会发展与经济发展结合进而促进人们的福祉，认为物质水平及经济对人的幸福感及发展有重要作用。在介入的过程，发展型社会工作强调改变人的能力，并且将个人的改变放置于社区或社会以及更广泛的社会过程之中，将之视为一个变化的过程；而社会工作的范围不仅聚焦在弱势人群同时致力于提升人类整体的福祉。发展型社会工作理念强调社区为本、优势视角、资产建设、社会投资、参与与自觉、权力为本、社会正义。发展型社会工作具体策略可以从微观—中观—宏观三个维度来看，微观层面主要处理个人、家庭、小组为主要对象的工作，通过社会工作者介入协助相关人群成长与学习；中观层面主要处理组织建设的问题，通过协作、陪伴、培育发展骨干，建立组织，整合零散资源，将个人、家庭等纳入更宽泛的群体之中，增强内部的黏度，从更宽泛的层面满足需求并促进发展；宏观层面主要是将实践的经验进行推广及倡导，希望推动政策上的变化，从国家甚至国际层面解决问题与共享经验。

三社联动也是 L 机构在王家桥社区开展服务的重要策略。"三社联动"泛指以社区为基础、社会组织为载体、社会工作者为支撑的一种多元治理模式，即通过社区建设、社会组织培育和社会工作现代化体制建立的，形成"三社"资源共享、优势互补、相互促进的良好局面。"三社联动"以满足群众需求为根本出发点，从系统的角度来搭建联动平台，要将"三社联动"中社会组织和社工队伍的能力提升放在重要位置，激发社区居民的主观能动性，参与社区治理。三社联动将社会工作者及社会组织，放在了社区的情境中，面对共同的社区问题和工作目标，分析各方利益，链接各类资源，既要相互对话合作，

---

① 陆德泉：《社会发展视角探索社会工作的本土化策略——以南非建构发展性社会工作体系的路径为例》，《中国农业大学学报》（社会科学版）2017 年第 3 期。

又要相互平衡保障。社区群众既是三社联动的服务对象,也是三社联动的隐藏主体。社区、社会组织及社会工作者,需要不仅协助社区民众疏解问题和满足需求,也要帮助社区民众自我增能。社区民众才是社区问题解决及社区治理的主力,要让他们对社区有归属感,认同自己对于社区的责任与权利,主动参与到社区发展有关的对话和活动中,共同推动包容性社区建设。

L机构在资源有限的情况下,通过发展型社会工作的具体实践,提供公共服务、社区经济发展计划、联动多方力量及文化共建策略等,激发社区内部潜能,鼓励居民与社会组织参与。根据王家桥社区的实际情况,L机构作为联动社区居民、社区居委会和专业社会工作者的专业社会组织,在发展型社会工作实践模式的指导下,通过社会兜底与社区救助、社区居民经济发展与增权赋能、社区参与以及社区发展政策倡导等四个维度尝试流动人口包容性社区建设。

四 包容性社区建设的具体方案

(一)从"毫无保障"到"有效支持"

L机构自2010年进入王家桥社区,基于社区需求为本的角度搭建了机构的服务体系。从不同人群划分来看,对于流动儿童,建立活动中心,保障安全环境,为孩子提供课后辅导、兴趣发展及提升意识的相关服务。结合学校社工,提升民办学校教师素质及理念,对接资源丰富学生学校生活,根据不同年纪需求及发展,开展各类团体工作。对于特殊个案,通过家访及长期陪伴,提供紧急支持。在成人工作方面,组织文艺晚会、舞蹈小组、定期放映等丰富业余生活,结合不同群体的需求开展亲子课堂、健康及法律讲座、家暴咨询热线及法律援助,开辟"一站式"受暴者干预模式。对于从事非正规就业的打工者,通过工会的平台提供法律咨询及维权,组织各类学习班提升能力及意识。针对少数民族,根据其习俗及节庆,协助强化社群及网络,增强支持体系。

L机构的服务是在与流动社群同行的过程中不断发现需求拓展的,

纵然机构能够撬动的资源有限，依然坚持社会工作与弱势同行的理念。由于云南社会工作发展有限，对于服务对象的困境时常无法转介，而机构在面对种种境况实在不能因为没有资源或能力就袖手旁观，只能凭借现有基础及社工的付出去承担。从L机构近十余年的工作来看，有不同类型的服务可以归为基础保障与促进发展两个维度，基础保障主要是根据一些紧急且危机的情况提供干预，例如受暴者庇护、流动儿童安全体系搭建、工伤支持等，通过这类兜底性服务避免相关对象进入绝境，建立起流动人口中最弱势社群的非正式保障体系。促进发展的服务则是从服务对象目前的情况出发，探索改变的可能性，包括意识及能力提升、建立支持体系、提供平台等。两个维度在具体工作中也时常整合，L机构的工作策略强调老乡们既是服务使用者也是服务的提供者。因此在过程中通过服务建立关系，进一步发掘及培育骨干，推动组织化来增强服务对象的社会资本，达到赋权的目标。

（二）从"无所事事"到"经济增能"

1. 绿领平台[①]

对于流动人口来说，选择到城市打工首要的考量是提升经济状况，生计和就业是首要问题，在王家桥社区缺乏技术的零工、照顾家庭无法分身的妇女、辍学的青少年以及少数民族都面临着严峻的生计问题，因为贫困引发的各类问题在他们个人及家庭交织。社会工作者市场都在反问我们提供的服务是否是他们需要的？能解决多少问题？工作中好不容易培养起来的骨干也时常因为生计而流失。结合港台反贫困的经验及服务对象能力的培养，L机构基于成人综合服务开始生计发展的探索。

L机构首先开展绿领平台的项目，是通过回收旧物再改造运用的，

[①] 绿领是L机构对从事回收行业的流动人口统称，是相对于金领、蓝领等阶级希望对流动人口也能赋予相应的社会阶层的含义。另外，他们从事回收行业属于低碳可持续范畴。绿领平台是L机构为流动妇女搭建的生计及互助平台，通过回收的衣物加工后做一些手工艺产品进行售卖。

希望推动环保、文化保育、低碳经济的尝试。整个项目由回收站、社区互助店、绿工坊三个主体构成,借此通过技能培训、店铺运营、产品售卖提供社区就业及创收机会。在具体运作上首先机构发布回收二手衣物及家居用具的信息,社会爱心人士、学生社团及企业等进行捐赠,回收站将相关物资收集、分类、整理一部分转赠到偏远山区,一部分清洗之后在社区互助店上架以较低的价格售卖。互助店主要希望将回收物充分利用,同时节约流动家庭的生活成本。在回收过程中,分类出一些适合再加工的布料在绿工坊通过缝制、刺绣等加工后制成手工品售卖。这样的设计主要是在服务的过程中,L机构发现大量流动妇女因为家庭无法出去工作,但他们擅长手工刺绣,尤其是少数民族妇女,他们的绣品鲜活而生动。通过绿工坊,她们的才能及手艺得以发挥,产品售卖的收入也能改善生计。绿领平台除了提供就业及改善生计的目标,还很重视妇女骨干的培养,希望借由机构的平台拓展她们的视野,增强能力,提升自助互助意识及行动。

绿领平台由两名全职工作人员与社区流动妇女构成,工作人员一方面为了保证项目的运用需要对接捐赠、整合资源协助产品设计、寻找销售渠道等;另一方面也需要服务妇女,同时做组织建设。根据组织培育的程度及妇女的能力,逐渐从组织者、管理者过渡到协助者。因此在绿领平台的工作中,矛盾的是主流价值为了改善经济需要强化管理提升生产效率的现实以及社会工作中关系对待及重视人的价值,尤其是对于这些弱势的妇女,本身习性和能力都是在成长与改变的过程中,这种不稳定性使得工作员不容易把握对人的培养与提升经济的平衡。尽管,L机构努力尝试加强民主和参与式管理、学习跨界合作并穿梭于商业管理竞争与团体赋权之间,如何能够真正建立流动妇女的主体意识及互助机制进而改善生计还在不断探索之中。

目前,绿领平台从完全项目支持发展到能够自给自足妇女的补贴,其他的费用还是需要依靠团队筹集资金。绿领平台的尝试是社工探索回应经济困境的开始,其间的挑战及需要的能力是传统社会工作训练缺失的。而对于发展型社会工作而言,无论是跨界合作、强调人的投资以及发展经济都是主要的内容及理念，L机构也秉承这一价值在有限的条件下不断摸索。绿领平台如今正努力往社会企业发展，从经济的角度或许没有突出的改变，但对于人的培养却效果显著。一些妇女通过绿领平台开始自主创业、一些妇女的能力及意识都有了改变，而工作团队也相对稳定，此外在社区建立了刺绣小组，也跟一些妇女收购绣片或者代卖产品，借由绿领平台能够服务及支持到更多流动妇女。此外，L机构还尝试合作消费以及工友技能小组等，希望能够节约老乡们的生活成本，同时发掘老乡们的特产开辟其他生计项目的可能性。

2. 工友农田

"工友农田"是希望通过离乡不离土的方式，为流动社区在城市的生活找到联结。在服务中，L机构发现很多老乡城市生活适应及融入困难，在一个偶然的机会下L机构租下一块地，通过组织工友们一起尝试生态农耕。在耕种的过程中发现很多老乡在土地中找到自信，增强彼此关系。因此在几个月试种及团队磨合之后，L机构开始协助工友对接生态餐厅及个人用户，开展生态蔬菜定制种植配送业务，协助工友创收。

（三）从"个体增能"到"社区发展"

1. 社区骨干培育

L机构对社区骨干的培养主要是从参加绿领平台和工友工会的服务对象。在参加社会组织为他们提供的活动过程中，逐渐发现在他们中有人更愿意表达自己，愿意在集体中承担一些额外的工作。对于这样的服务对象，L机构的社工会更多的与他们交流参与社区活动的意愿。刚开始他们都羞于自己能力不足，认为自己只是关心其他人，并不是想要做一个小领导管着大家。社工看到这样的情况都会循序渐进地鼓励他们改变这样的想法，让他们觉得参与社区的管理工作并不是需要很多的能力，而且也不是和其他人就有了上下级的关系，而是以自己的能力为平台和社区奉献。渐渐地，服务对象们通过参与绿领平台的管理和组织一些社区活动，开始感受到作为社区发展的一分子是一件很荣幸的事情。

在L机构和服务对象们筹划社区活动的时候，也会让服务对象一起出谋划策。场地安排在哪里？节目找谁来演出？场务由谁负责？把社区骨干聚集起来，让他们集思广益，出谋划策。当然，这也是经过了漫长的过程的。起初流动人口大都认为自己作为一个外来人，在社区没什么资源和能力，根本没有办法可以筹备社区活动。社工通过优势视角和资源整合的方式对流动人口的能力和条件进行分析。大家都很惊讶自己原来有那么多的可能性。骨干们的变化也让社工看到了社区参与和社区发展的可能性。

2. 通过服务赋权，促进流动社群从不同层面参与社区建设

L机构扎根社区十余年的服务，陪伴了大量流动人口，他们在城中村的生活开始更多是为了生计的临时栖息地，在面临多重压力及排斥的境遇下对社区缺乏认同感。L机构通过与他们建立关系、提供服务、培养骨干、推动组织的方式协助流动人口提升能力，强化支持体系，推动改变的可能。其间服务对象主体性的培养与长期的陪伴是工作的重点，一些流动人口在与L机构同行的过程中开始逐渐从接受服务到主动投身于解决群体问题，进而服务他人共建社区，增强了归宿感与认同感。较为典型的是流动的少数民族社群的工作，他们之前大多是社区的隐形人，社工抓住其喜好舞蹈的特点通过拍摄她们表演建立关系，开始真正走进他们，在被接纳之后他们在族群内部介绍L机构的服务。同时，他们与社工反馈他们的困境，希望帮助困境家庭儿童减免学费、改善孩子午餐等，开始他们都希望L机构"说服"学校或是L机构承担相关费用来达到目标，但工作人员明确L机构不能完全承担这些需求，但可以和大家一起想办法解决。于是，针对这些问题社工通过机构筹措资源，同时也与相关人员一起讨论可能的方案，最终这些问题都在双方的努力下有所改善。尤其是营养餐的问题，通过L机构项目补贴部分资金结合家长自费部分的方式聘请一位因为照顾孩子无法外出工作的妈妈来负责孩子们的午餐。开始主要在布依族院落执行，后来推广在儿童服务版块，凡是社区困境的儿童都可以参

与。这位妈妈也被聘为营养师，她还是志愿者与社工就参与营养餐计划的孩子及家庭的服务工作。这位妈妈目前已工作两年多，除了厨艺增长迅速，整个人的自信和表达能力及主见也增长了不少。现在孩子已上一年级，她可以出去找一份全职工作，待遇也会比在 L 机构好。可她还是留下来继续工作，她说："在这里工作很开心，每天自己的孩子也来这里吃饭心里踏实，忙完上午的工作下午还可以出去拾荒，也赶得上去接送孩子，其实算算我还是赚了。"[1] 类似的案例还有很多，包括社区环境改造小组定期义务清洁社区卫生；工会骨干发展会员为流动工友们组织电影、游园活动、摄影展等丰富工余的活动；受暴姐妹成为防暴大使，参与法律出台咨询会等。在这些过程中，流动人口的价值被肯定，他们逐渐从客居者也参与到共建社区的过程。通过这些行动，本地居民的态度也有所改善并且从之前的"嫌弃"发展到能够欣赏流动人群的某些文化及特长，居委会的工作人员在工作中遇到流动人口的相关问题能够更同理与接纳。

（四）从"无人问津"到"多方参与"

1. 通过社区活动调动居民积极性

社区活动是社区居民参与社区的重要机会。对于流动人口聚居社区而言，要激发居民参与社区的热情，自然是需要从他们感兴趣的节日入手，一方面邀请他们参加；另一方面也鼓励他们成为节日活动的主人，自己策划组织活动。L 机构在举办社区活动方面的探索主要有以下几个层面。

在社会组织层面，首先，要了解社区居民中不同少数民族特有的节日。节日的时间、历史传统、庆祝形式、庆祝意义，以便在做节日策划的过程中能够关照到特殊的民族习惯。其次，要对社区中的少数民族人数有所掌握，能够准确地将活动的相关信息传达给相关人员。同时，要了解社区中能够支持开展社区活动的资源，例如，资金、场

---

[1] 毛友妹：《编织身心灵安顿的休憩之网——城市社区流动少数民族社会工作实践》，载向荣、陆德泉、李俊、兰树记主编《"流行社工路"——云南 L 机构本土社会工作实践》，社会科学文献出版社 2018 年版，第 269—270 页。

地、舞台设备租借、宣传方式等。再次，也要在与社区流动人口合作的过程中逐渐挖掘能够组织活动的居民，让权于他们，才能激发流动居民参与的热情。最后，在节目准备方面，不仅要通过各种方式鼓励少数民族同胞上台表演，也要组织设计能够让大家共同参与的活动，增加居民间互动的机会。

在社区流动人口层面，要鼓励他们不要害羞，多加入社区的活动中来。例如，有一位布依族姐妹，因为学历不高，没有太多技能，她换过十多份工作，居无定所，不断搬家。虽然适应了城市的生活节奏，但是，在她看来，自己一直都是这座城市的"局外人"。因为十年间，无论搬到哪里，总感觉与原住民有一道厚厚的隔阂，她交往的圈子基本就仅限自己的老乡。每年的农历六月六是布依族传统节日，这一天，男女老少穿上盛装，举行隆重的祭神和游乐活动，非常热闹。虽然远离故土，但她和布依族同胞一直没有忘记家乡的风俗。因为条件有限，每年的六月六，只能几个同乡在租住的地方一起聚聚餐，心中不免遗憾。L机构组织的活动让他们对社区重新有了归属。

在社区居委会层面，一方面，借用L机构专业社工专业力量，整合社会资源方面的优势，为社区困难群众、流动人口提供专业服务，社区居委会因此得以减轻专业服务的压力，专注于提供劳动就业保障申请与办理、社区环境治理、治安及城管等方面的服务，提升工作效率；另一方面，L机构社区也利用社区熟门熟脸的优势，调动辖区资源，获得居民认同感，让"外来和尚念好经"的同时，社工也从居委会干部身上学习了行政工作和群众工作手法，真正做到了优势互补，共同成长。

2. 自下而上撬动基层政府合作及资源共享

L机构流动人口的工作可以分为三个阶段，通过以点带面逐渐联动的方式获取了不同层级的支持，进一步打开了工作局面，从原本纯粹的流动人口服务转向城乡接合部包容性社区建设。具体路径如下。

阶段一，以机构为载体连接基金会资源传输服务（2007—2013年）。由于户籍政策带来的城乡公共服务差距，L机构通过自身的力量基于流动人口的需要提供相关服务，补充因城乡分割而居委会只有资源服务本地人口的结构性问题。此外，有部分省级民政、妇联的支持，但未建立稳定合作多以项目制的方式运行。与社区所在居委会及街道接触较少。

阶段二，三社联动推行（2014—2015年）。在前一阶段L机构扎根社区取得了一定的群众基础，得到了居委会的信任。基于此，开始了"社区、社工和社会组织"的"三社联动"工作机制及工作队，双方建立每月一次三社联动工作会议机制，改变原有社区公共服务区隔形态，开始整合力量从儿童青少年服务、综合治理服务以及社区文化三个方面开展工作。这个阶段跨越了基础服务的提供，开始朝向综合社区建设，进而推动管理取向的基层组织进一步向专项服务取向转变，同时开始逐渐打破本地人与外来人口的界限。而L机构此时的服务，既保持弥补社区中流动人口社群公共服务的缺失，同时也逐渐通过与社区的合作进入行政体系，能够调动更多资源来回应问题。因此在工作上也逐渐延伸到社区口述史收集、地标及地名参与式命名、本地房东和房客共同的参与式绿化、联合房东与房客的楼栋服务、家事调解、在社区整体平台上的少数民族文化庆典等，涉及了社区教育、文化娱乐、村容村貌改造、纠纷调解、社会优抚与救助等公共服务领域。在与社区合作的过程中，经由居委会的推介，街道相关负责人逐渐开始认识L机构，并且邀请L机构加入了街道层面的统战联谊会。

阶段三，整合式服务（2016年至今）。随着社会治理创新的推进，基层政府开始不断探索落实的可能，因此街道连同区级工会依托L机构成立流动职工联合工会，逐渐将社区中的流动打工群体包括非正规就业小商贩、打零工工友等群体组织起来，通过工会平台提供相应公共服务。联合工会运作约一年后，街道又通过党工委，委托L机构成立了"普吉街道普吉片区城乡联合党委流动人口党群服务中心"，探索以社区中心为窗口的方式，联络流动党员，动员流动党员力量，并服务流动人口群体。在这两个平台为抓手的基础上，普吉街道也在推动辖区内各个居委会与社工机构的合作。各居委会结合自身需求，动用社区资金，从日间养老中心、儿童夏令营、社区服务中心等不同层面向 L 机构等社工机构提出了项目化购买服务的邀请。因此，L 机构一方面继续与社区居委会合作夯实各项服务拓展服务范围；另一方面开始通过咨询建议以及方案规划等技术输出协助政府部门在社区治理、公共服务及基础保障等不同领域创新方法。

3. 连接社会资源，助力公益行动

L 机构通过与高校、企业、单位等合作招募志愿者及募集资源来助力公益行动。截至目前 L 机构发展了 1300 多名志愿者，接待了 300 多名实习生，这些数据都承载了社会各界人士对弱势社群的关心。在具体工作中，L 机构采用"社工＋义工"的方式长期陪伴困境儿童；通过与高校实践基地的方式接待学生专业实习，在协助社工系学生积累经验的同时，强调通过服务—学习及行动研究进行服务开发、实务研究等；通过与政企单位合作美化社区墙面、组织流动社群享受一些城市资源等。各类参与者在通过 L 机构不同层面了解流动社群的现状，在贡献力量的同时也是公益教育的过程，对包容的社会氛围建设有一定意义。

（五）从"行动研究"到"政策倡导"

L 机构从事流动人口服务之初，相关社会政策还不太清晰，当时政府部门及社区基层组织对 L 机构的工作多持观望态度，相对谨慎。而 L 机构通过深入社区，了解需求，提供扎实的服务，基于长期的坚持，L 机构从不同层面进行工作宣传及政策倡导，在努力为服务对象获取权益保障的同时也主动将自己融入不同层级政府部门的合作网络及工作协同之中，进一步保障了机构的合法性及主动性。在具体策略上 L 机构一方面通过协同国家、省市各级民政部门、群团组织开展政策调研、课题研究，进而将弱势人群的需求与政策制定连接，协助政府部分完善政策发展；另一方面 L 机构的工作人员通过与各级政府部门及相关基层组织合作，在逐渐被认可的同时也积极参与政协、青年委员、民盟等不同单位，从不同渠道参政议政，进行提案。其中较有成效包括与省妇联合作开展针对城市社区妇女基本生存现状的研究，形成研究报告及政策咨询报告，直接影响到政府制定相关妇女政策的决策过程；通过省政协提案的方式，将流动人口居住保障、流动儿童生存安全、城乡接合部社区基本公共服务体系建构以及社区就业等议题形成提案，引起政府对问题的重视并推动制度的改变等。

五 王家桥包容性社区建设治理创新的经验

包容性社区建设是整合社区服务、社区动员、社区参与、社区教育及社区发展五位一体的工作模式。L机构在王家桥的工作不仅涉及流动人口群体福祉，也涉及社区的整体发展与改变，同时也是联动多方资源的尝试，从实践来看，可以得出以下几方面的经验。

（一）以专业服务改变群体现状

从社区问题及社区需求出发，直面痛点，通过公共服务及生计发展等策略办群众关心的事，解群众面对的困难。L机构作为社会工作机构，遵循社会工作的相关价值，通过专业的方法及直面困难的勇气，在资源有限的情况下依然坚持与弱势同行。虽然社区存在的社会问题不是一家社会组织的能力可以解决的，但是L机构强调为民服务，与民同行，通过有限的服务，以怀柔的方式软化棘手的问题，联动各方力量为底层兜底，起到一定的维稳功能。

（二）以组织工作化解社区冲突

以社会排斥理论为框架，重新梳理流动人口群体面对的各种的社会排斥。建立社区组织和互助文化，在直接服务和搭建运营社区公共服务平台中持续培育和支持社区社会组织，促进不同社区社会组织开展自我服务。L机构通过儿童服务中心、党群服务中心、联合工会等诸多平台开展不同类型的活动，一方面提供了机会让社区居民彼此交流及认识，增进相互了解，丰富社区生活；另一方面通过平台发掘社区能人，培养社区骨干，推动社区组织，使得原本较为松散的社区关系逐渐通过不同的组织激活，增强了社区的弹力。

（三）以社区资本推动社区发展

从资产为本的视角出发，建立了一整套系统的包容性社区重建和发展的实务方法。L机构的社会工作者将社区资本作为社区重建和发展的重要力量，一方面通过日常走访，与社区居民沟通，参与居委会资料整理等方式，了解社区资源，发掘社区资源；另一方面充分利用社区资源，了解社区资源能够做什么，社工如何调动和连接社区的资源。

（四）以社区活动赋权居民参与

盘点和重构社区文化资产，挖掘和书写王家桥社区历史，社区巷道标注和命名，收集记录外来人员生活故事照片集和定期举办社区少数民族节日庆典活动等多场文化资产盘点和动员服务，桥接少数民族流动人口之间和本地居民的生活经历，重构了"社区"的意识，增强了居民社区归属感。L机构通过组织培育及服务提供以及社区建设，从社区文化入手，通过共同记忆的找寻以及外来流动人口文化融入，形成新的文化格局。在包容性社区建设过程中，L机构发动志愿者及实习生配合工作人员收集王家桥历史及故事，结合社区布依族六月六的传统节日组织邻里节，通过平台搭建让居民参与其中，逐渐成为王家桥社区的传统。通过这个机会，一方面丰富了社区居民的生活；另一方面通过邻里节展示少数民族的文化传统，平时因为生活生计方式差异造成的对立及排斥也在过程中得到缓解，本地居民也逐渐欣赏他们的文化。除了文化介入，像工友农田、绿领平台等项目也是基于老乡们本身的优势发展起来的。不仅如此，通过社区组织的培育，一些小组开始关注社区环境，成立社区志愿队，义务定期清理社区排水沟等。很多社区问题通过居民的动员、组织、意识提升等开始逐渐从外部解决变成主动解决。

（五）以专业理论指导专业实践

社会工作的专业理论不仅涉及社区、小组及个人甚至社会政策，也有涉及心理学、社会学等多方面的理论，对于社会工作者在开展专业实践活动方面可以提供不同的理论依据。不同层面的社会工作专业理论，也是L机构在王家桥社区开展工作的专业依据。建设包容性社区，是基于发展型社会工作的理论，结合社区的需求和特点，设计和规划社会工作服务的过程。在开展服务的过程中，对于个案、小组、社区工作技巧的灵活运用，也是必不可少的。L机构在开展针对不同对象的服务时，采取的工作方式和理论方法也是不同的。同时，专业的理论也为社区工作的开展提供了多层次的视角，无论是优势视角、人在情境中的视角还是以资产为本的社区视角、系统视角，都为他们在设计和开展服务的过程中提供了更多的支持。

（六）以创新思路开创社区共荣

社区是所有居住在此的居民共同的社区，社区的发展需要居民共同的参与才能够更有活力。面对曾经并没有"社区"状态的王家桥，L机构通过不同形式培育骨干、组织社区活动、激活社区力量，取得了一定的成效。对于当地居民而言，如何能够与社区共荣共发展也是非常重要的。同时，骨干的培养也需要有社区的平台提供支持。因此，L机构的社工们也在服务的过程中摸索社区团结经济文化，探索社区集体购买、社区公益超市和妇女就业帮扶等社区经济服务。

（七）以多方联动倡导政策转向

推动流动人口参与社区治理，探索了与街道办事处和居委会合作推动为流动人口开展服务和提供渠道让流动人口参与社区治理的办法和模式。主动与政府及相关部门寻求合作，借助政策的"东风"，结合社区的情况落地工作并进行倡导，从宏观层面推动问题的改变。L机构的实践是自下而上推动社区建设及治理创新的实践，充分发挥了社会组织灵活性、专业性的特点，在业务上深入探索，正值国家社会改革时期，大量社会政策出台，由此L机构的经验可供不同部门参考，而社区工作的方法也可以借鉴及推广，L机构抓住机会，主动出击，通过各类参政议政的平台进行倡导，最终实现了不同部门、层级的联动与支持。

六 包容性社区建设的困境与展望

L机构从服务搭建、问题深入包容性社区的建设，于机构与社区而言都是不断摸索及实验的过程，王家桥社区的经验还在开发与逐渐成形的阶段，在不同的层面仍然存在一定困难及不足。

第一，项目资金保障方面，王家桥社区建设的相关费用主要通过L机构在不同的渠道进行筹款，以基金会、众筹为主，政府及社区经费投入非常有限。政府及社区以活动经费为主，社工人力费用基本没有，而社区建设需要长期扎根社区的工作，涉及的工作面较广，工作成效也不容易立马呈现，在筹资上很难得到稳定及较大的经费支持，时常需要机构从不同渠道筹钱，通过多方组合来支持工作开展。但近年经济发展缓慢，国际形势复杂，随着《中华人民共和国慈善法》出台对社会组织筹款进一步规范，政府支持又不完善的情况下，工作会因为经费的情况有一定的影响。

L机构期待建立推动资金保障和政策支持。在社区治理创新方面，设立专项资金，制定相应的标准及评估考核机制，与资金和政策支持挂钩，推动社区发展相关具体政策落实及经费支持。

第二，流动人口社区建设较大的困难在于社群的不稳定性，在工作人员通过很多精力培养出来的骨干往往因为流动而流失，使得工作需要不断重新开始。同时，通过服务建设非正式的保障机制在遇到突发的较为严峻的意外事故时往往较为无力，很难有效协助到流动家庭使之社会功能得以恢复。

L机构希望流动人口社区治理在居民参与方面以社区教育为主，通过各类社区平台吸引居民参与，在参与的过程中核心在于社区教育及文化共建，增强社区认同及归属。而在具体工作中，需要基于现状进行服务分层及人才分层管理，保障工作的可持续发展。

第三，生计小组在发展的过程中社工的价值与主流管理主义之间的张力难以平衡，造成社工与服务对象之间的关系紧张。尤其是服务对象还在成长的过程，面对效益、效率以及赋权的问题，社工的角色不断兼顾使能者、陪伴者、管理者、链接者等，往往其间还要不断转化，挑战较大。

在经济探索方面可以尝试以骨干为主体工作人员协助的机制，以及引入互助创业基金的方式进行，转换社工角色，规避过多功能附加在社工身上。在具体工作上，基于王家桥社区创新经验，包容性社区建设的重点在于各类社区各类自组织的培育，从以机构为主导的工作模式逐渐转变为居民主导，机构协助。而机构重点则转向生计小组的发展及完善以及包容性社区建设的模式倡导。

第四，社区问题相互交杂，难以拆分开来解决。在 L 机构的实践中，我们发现社区流动人口的问题不是单一存在的。通常儿童的问题、妇女的问题都伴随着家庭、经济甚至社会政策的问题。单纯的解决一个方面的问题，并不能有效地帮助流动中的老乡更好地完成城市生活。社会工作者能够在一个阶段支持到他们生活的某一方面，但不能够持续的或全面的给予他们支持。

L 机构希望能够通过老乡会、临时工会等形式，为他们提供一个更为持久和稳固的社会支持网络平台。通过老乡们之间的沟通和相互支持，加之一定的专业方法的分享，让他们能够意识到更多自身群体中的资源和力量，能够在不同的人生阶段、不同的地区积极地面对不同的生活状况。

第五，社会工作者的投入与产出之间难以评估。从社区走访到社区服务的开展，其中社会工作者投入的精力和时间并不是能够明确的以个案记录多少、小组次数多少或者社区活动的多少来计算的。同时，社工由于面对的服务对象和服务内容较多，本就已经力不从心。但对于在流动人口聚居社区的工作经验的梳理又十分重要且耗时，不仅需要社工对自身有更好的反思，也需要有更专业的指导。

我们期望未来我们可以拥有更加专业的督导团队和研究团队。专业的督导团队能够及时为我们在一线的社工提供心理和专业上的支持，让他们更有力量面对社区工作。同时，专业的督导能够为一线的社工提供更加开阔的专业视角，包容性社区的建设提供建设性意见。研究团队作为社区服务的智囊团，一方面能够有效梳理一线团队的工作经验，形成模式传播和分享；另一方面也能够结合实践更好的反思理论，丰富社会工作本土实践的经验。

甘肃省兰州市白银路街道社会工作引领新型社区志愿服务观察报告

2019年1月17日，习近平总书记在天津市和平区朝阳里社区考察时强调"志愿者事业要同'两个一百年'奋斗目标、同建设社会主义现代化国家同行。志愿服务是社会文明进步的重要标志，是广大志愿者奉献爱心的重要渠道。各级党委和政府要为志愿服务搭建更多平台，更好发挥志愿服务在社会治理中的积极作用"。民政部等十六部门联合印发的《城乡社区服务体系建设规划（2016—2020年）》中指出，到2020年我国每个城乡社区至少配备1名社区社会工作者，城市社区和农村社区分别平均拥有不少于10个和5个社区社会组织，社区注册志愿者人数占本地区居民比例达到13%，以确保志愿服务有效衔接的城乡社区服务机制更加成熟完善。这为发展社区志愿服务事业、推进社区志愿服务专业化发展指明了方向。

志愿服务是公民道德培育与和谐社会建构的重要途径，是培育和践行社会主义核心价值观的重要载体，是现代社会文明进步的重要标志。近年来，我国的社区志愿服务事业获得了长足发展，对增进民生福祉、维护社会和谐稳定、推动社会治理创新、推进社会主义精神文明建设起到了重要作用。然而，社区志愿服务在"数量"不断增长的过程中，"质量"却常常是各界所诟病的重要问题。2017年12月，《中华人民共和国志愿服务条例》正式实施，对志愿服务的基本原则、管理体制、权益保障、促进措施等作了全面系统的规定，进一步明确了民政部门应当承担的管理职责，如志愿者注册的规范管理、志愿服务组织的登记管理、志愿服务信息化建设等内容，厘清了多部门管理带来的体制困扰。

但是，与志愿服务可持续发展的内在规律、社区居民日益增长的美好生活需要以及欧美发达国家社区志愿服务发展状况相比，我国社区志愿服务存在政府主导活力不足、协调机制不完善、品牌化建设不足、专业化发展滞后等突出问题。要走出这些困境必须创新社区志愿现有服务机制，以满足社区居民美好生活的需要为目的，以基层党建为引领，推动社会工作引领新型社区志愿服务发展。因此，重新界定社区志愿服务各个主体的角色与功能，重塑社区志愿服务主体的关系模式，将是推进社区志愿服务事业创新发展的必由之路。

本深度观察点白银路街道正宁路社区位于甘肃省兰州市中心城区，辖区面积约0.25平方公里，辖区总人口4264户，12267人，辖区单位众多，"正宁路小吃街"闻名遐迩，是兰州最具人气也是全国著名的美食街之一。正宁路社区曾获得"省级文明社区""市级文明社区""社区建设工作先进单位"和"社会治安防范管理体系建设先进集体"等众多荣誉称号。近年来，在兰州市创建全国文明城市的过程中，社区发动一切力量，积极培育社区志愿者队伍，2017年年底社区注册志愿者人数达到1438人（党员356人，群众1082人），注册志愿者人数达到社区常住人口15%比例的指标要求。不过，与全国社区志愿服务发展面临的挑战有相似之处的是，正宁路社区的志愿者发展到2017年前仍然是行政动员为主，不少社区志愿者实际作用发挥不足。2017年正宁路社区成为全省首批"三社联动"试点社区后，社区与社会工作机构开始探索社区志愿服务实践创新，于2018年创设"共享集市"，并于2019年荣获"甘肃省志愿服务项目大赛"金奖。2020年新冠肺炎疫情期间，社区本身仅有的17名工作人员完全难以应对1∶721的服务压力，面对这样的情况，有100余名社区志愿者主动到社区，在走访宣传、小区消毒、信息送达、卡扣封闭、人员值守、表格报送、信息登记、送菜送货、垃圾清运等社区服务上发挥了效用。研究正宁路社区志愿者转变的个案，特别是提炼三年实践经验中具有推广复制价值的方法，对推动社区志愿服务创新有着重要的启示。

一 社区志愿服务发展面临的现实问题

（一）社区居民主动参与性不足，志愿服务运行行政化

从社区志愿服务组织的自身属性来看，有着公益性、自主性、社会性、非营利性的重要特征。之前，正宁路社区的1438名志愿者主要由512名行政事业单位人员、20名低保户、22名公益性岗位、28名楼门院长和4网格长组成，（其他企业与志愿者队伍69名，辖区居民及党员志愿者783名），当然，这些志愿者大都缺乏参与志愿服务的主动性和专业服务技能；其活动的组织和开展也是政府以行政化手段直接干预进行，如根据城关区"我们的节日"实施方案，开展3月5日学雷锋——擦栏杆、开展"重阳节"活动——由民政办组织慰问"三无老人"，这些活动的行政色彩比较浓厚。而志愿者和志愿服务组织也因此会缺乏主观能动性。特别是作为社区志愿者队伍重要组成部分的在职党员，由于平时忙于自身工作和生活，下社区的时间非常有限，党员能够真正深入社区、了解社区困难，和居民共同参与志愿服务活动的机会很少。

（二）志愿队伍系统化建设不足，志愿服务实施碎片化

社区志愿者本应是以生活空间比邻、熟悉程度较高的居民为主体，志愿者之间既有服务社会的更高追求，又有邻里守望的互助功能。如果仅仅以政府号令建立组织、开展各项活动，而不是因地制宜、优化社区自身资源为主体来开展活动，社区志愿服务难以常态化发展。

以正宁路社区为例，2017年前，尽管各个部门都在社区有志愿服务组织，但大部分都是挂牌的空壳组织，在进行志愿活动时应急性、临时性、零散性问题较为突出，社区志愿服务组织建立缺乏系统化、品牌化、专业化的发展管理方式。正如正宁路社区书记所说的"需要了才找、使用了再管、用完了就跑"的现象，导致社区虽然名义上有

志愿服务队伍，但没有一支能真正持续开展活动的志愿服务组织。

（三）社区内外资源链接不足，志愿服务协调割裂化

目前志愿服务有内外两个体系，内部主要以"块"上的区域内自行组建的志愿服务组织，外部主要以"条"上的各部门如工青妇、文明办、民政部门要求设立的志愿者队伍。在实际活动开展中这两个体系也时常互为交叉，但由于条块间缺乏信息共享和资源整合的机制，产生了有限的志愿资源被浪费和志愿力量供给不足的矛盾。

以2020年新冠疫情暴发时正宁路社区消杀工作为例，一边是社区大量的"三不管"楼院需要大量人力开展日常消杀工作，一边是政府派来的各种应急救援队在部分点位突击开展的消杀行动，无法做到日常需求与专业服务的有效对接，由此可见，社区志愿服务体制仍需要进一步科学统筹。

（四）志愿队伍专业化指导不足，志愿服务类别单一化

随着居民生活水平的普遍提高，居民对社区志愿服务也出现了更高的要求，除了"学雷锋"的剪发、义诊等普通生活需求外，对社区中失独家庭的心理疏导、残疾人的康复陪伴等志愿服务对专业技能和知识水平要求较高，这些迫切需要对志愿者和志愿服务组织进行相应的业务培训，和专业服务活动的策划、实施与督导。

如正宁路社区的失独家庭心理疏导服务，前期，社区只能为辖区12户失独家庭提供必要的节日慰问、生活用品提供等，无法更深层次地为其提供暖心陪伴及生活帮助。

二 "共享集市"的内生、培育与发展

2017年，兰州市城关区白银路街道引入甘肃良助社会工作服务中心，成立了甘肃省首家社区社会工作服务中心——白银路街道社区社会工作服务中心，承担甘肃省民政厅"三社联动"试点项目，社区开始尝试社会工作与志愿服务联动，充分发挥社会工作的专业优势，逐渐形成社工引领志愿者、志愿者协助社工的服务格局。通过三年的实践探索，正宁路社区充分发挥"三社联动"的联动作用，以响应居民

需求为根本，在优势视角下充分挖掘资源，以社区为载体，辐射街道，为社区居民提供"知心、暖心、贴心"的志愿服务，通过不断完善管理制度和服务理念，结合社区实际形成"共享集市"社区志愿服务平台。

(一)"共享集市"的发展历程

1. 社区居民的变身：从"受益者"到"志愿者"。社区居民是志愿服务的根本主体，脱离社区居民的志愿服务只能是无源之水、无根之木。社区志愿服务最为关键的问题无非两个：居民需要什么样的志愿服务？谁来提供志愿服务？

针对第一个问题，社工和居委会在居民中展开了广泛的调查，获得的答案尽管五花八门，但归根结底就两个字——有用，这正是社会工作专业服务的起点——居民需求。千差万别的这些居民需求又从何处入手，社区决定从社区中最弱势的残疾人的探访和服务入手，能体现志愿服务的内涵，服务规模和压力也在社区和社工承受范围之内。有了明确的服务对象，社区志愿者又从何而来？社区原有的公共空间被几个麻将爱好者长期占据，环境脏乱差且冲突不断。正宁路实施"三社联动"试点项目以后，根据居民需求建设，获得了一个新的居民活动空间，空间有限但申请的居民众多，社工和居委会决定从新空间上做文章，那就是凡是申请的居民必须以团队名义申请，以此凝聚居民、培育社区组织，同时，居民团队需要"以服务换空间"，要求在新空间中活动的居民每个月在社区中做一小时的志愿服务，形式和内容充分尊重居民意愿。

与社区以往志愿队伍飘扬的彩旗、统一的服装、壮大的声势相比较，新的社区志愿服务简直像是丑小鸭，街道社区工作人员对此也不乏疑虑，社区文艺团队成员每人每月1小时的志愿服务，加起来一个月也就二三十个小时，和期望中的高大上相去甚远。但是社会工作者坚持这样的志愿服务生根在社区，不造假且有生命力，小但是美，需要坚持下去。7位社区残疾人的服务实施半年以后，社区的文艺团队孵化达到5支、200人时，社区志愿服务的效力也开始发挥出来。这些社区居民虽然每个人、每月只需提供志愿服务1小时，但是大家合起来却为社区创造出了一支成员共计200人、每月服务时长合计达200小时的志愿者队伍。更为重要的是，因为志愿者都是本社区居民，在持续服务邻里的过程中，早已超出1小时的最低线时长，并发展出多种多样的服务项目。

2. 社区志愿服务的变身：从"学雷锋"活动到"共享集市"。2018年3月，正宁路社区开始安排"学雷锋"主题日活动，以往到主题日活动被居民戏称为"雷锋叔叔没户口，今天来了明天走"，今年大家一致认为基于现有的志愿服务队伍，统筹优势资源，形成长效机制——让"雷锋叔叔住下来"，也让更多的社区居民享受志愿服务、参与志愿服务，于是"社区雷锋角"诞生了。

"社区雷锋角"的第一次活动仅和四家单位达成协议产生了四个项目，活动中最受欢迎的是为社区老年人开展的免费义剪活动和辖区兰州银行的"废旧电池换绿植"活动，短短一天时间4位理发师为辖区的40余位居民义剪，兑换出200盆绿植。而这次活动最大的意义在于，一是这是居民志愿者自发组织的项目；二是四家活动单位都是居民自主链接而来；三是社区和这四家单位深入沟通后，建立起了长期的合作机制。从此，社区志愿者队伍中又多了新的组织力量。通过这个案例，社区又举一反三，寻找辖区中的"两新"组织，尝试建立"服务他人+宣传自己"的志愿模式，决定从3月5日学雷锋日起的每个月都选一天，常态化开展社区志愿服务活动。在连续开展了几期志愿服务活动后，参与的辖区单位滚雪球般地日渐增多，"社区雷锋角"的服务内容逐渐丰富、规模逐渐壮大、影响逐渐增强，社区志愿服务的品牌效应日渐显现。

2018年8月，大家通过头脑风暴法集思广益，为了推动社区志愿服务的专业化、品牌化、规范化建设发展，也为了更好更有效地服务社区居民，采用新的理念将"社区雷锋角"升级为2.0版——"共享集市"。"共享"是指参与的居民都可以在这一平台上互利互换自己的时间和才能，参与服务的企业可以通过力所能及的志愿服务实现企业的社会联谊和市场营销;"集市"是指参与服务的人员众多,大家的服务热情就像是赶集一样热闹。

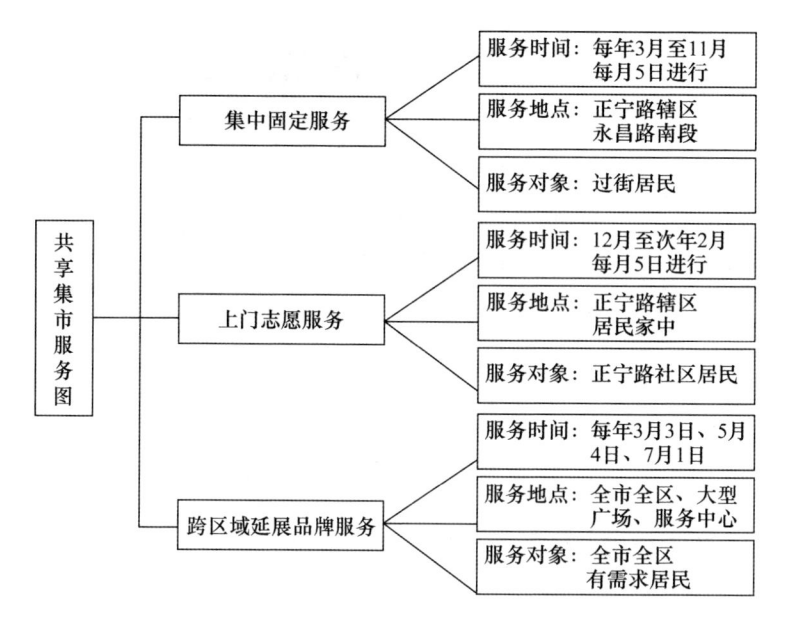

```
共享集市服务图
├── 集中固定服务
│   ├── 服务时间:每年3月至11月每月5日进行
│   ├── 服务地点:正宁路辖区永昌路南段
│   └── 服务对象:过街居民
├── 上门志愿服务
│   ├── 服务时间:12月至次年2月每月5日进行
│   ├── 服务地点:正宁路辖区居民家中
│   └── 服务对象:正宁路社区居民
└── 跨区域延展品牌服务
    ├── 服务时间:每年3月3日、5月4日、7月1日
    ├── 服务地点:全市全区、大型广场、服务中心
    └── 服务对象:全市全区有需求居民
```

图1 共享集市服务图

同时,根据兰州气候的季节特点和正宁路社区的实际情况,"共享集市"分为:(1)集中固定服务(固定时间——3月至11月的每月5日前后、固定地点:永昌路南段);(2)上门志愿服务(12月至来年2月不定期,对本辖区居民的服务);(3)跨区域志愿服务,服务领域明确为便民服务、健康教育、环保倡导、文明城市和公益宣传5大类、30个小类。

3."共享集市"的变身:从志愿服务团队到金奖服务项目。"共享集市"的合作成员单位目前扩展到30多家,每月"共享集市"稳定参加的至少有20家服务单位,其中不仅包括社区党组织、辖区单位和企业、社区社会组织、社区志愿者,还有理发餐饮、金融医药、家政物业等商业机构、社会工作机构等社会组织,当然,最为重要的主体是的社区居民自己。

名称	比例
社区居民	25.00
辖区单位、企业、个体	15.00
社区社会组织	14.00
社区机构	10.00
社区志愿者	10.00
社区党员	10.00
社区党委	8.00
社区居委会	8.00

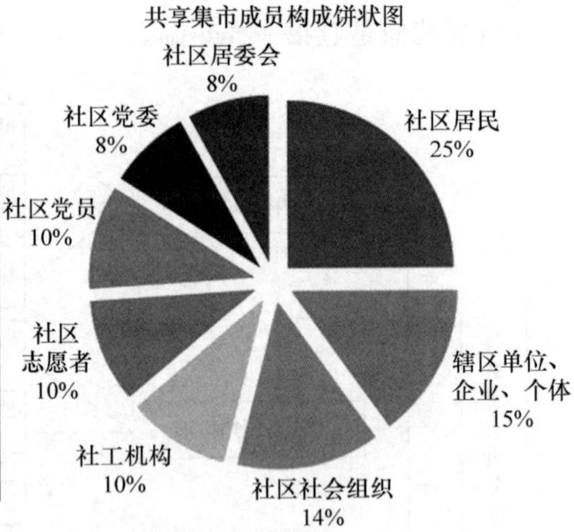

图2　共享集市成员构成饼状图

如何将志愿服务的有效力量和辖区居民的众多需求进一步科学对接？这要求"共享集市"要向精细化方向发展。社工与社区工作人员在"共享集市"的运行中过程中发现，"共享集市"提供的某些志愿服务项目服务不精准，与社区居民的现实需求并不匹配的情况。为了解决这一问题，"共享集市"采用"心愿采集"的方法，把每次活动中新的服务对象、新的居民需求记录下来，然后发布到志愿者群当中，由大家继续挖掘、链接新的服务资源，进而拓展了服务项目、壮大了服务团队，由此逐渐形成了良性互动的内生式发展能力。

如辖区的一家爱心物业公司，一直在观察"共享集市"是走秀活动还是真正服务居民，经过半年观察后，物业公司经理主动提出要参与到"共享集市"中，但物业公司能提供何种服务？社区经过需求评估后，发现社区20户高龄老人家中水、电、暖管线老化现象严重，而物业恰恰最不缺的就是物料和维修人员，就这样把需求和资源精准对接起来。"共享集市"还着眼实际、根据居民意见，创新推出了志愿服务送上门活动——为特殊群体提供专门的志愿服务，使志愿服务的类型更加全面，也使志愿服务活动更具温情，在社区中更有感召力。

经过一年多的发展，"共享集市"得以精彩变身，成为社区连通各方志愿力量的桥梁，真正体现了"人人志愿、志愿人人"的理念。2019年3月，"共享集市"亮相甘肃省"弘扬雷锋精神·助推文明实践"主题实践活动，并受到甘肃省委、省委宣传部、省文明委的高度认可。之后，"共享集市"在第二届甘肃省青年志愿服务项目大赛的286个项目中脱颖而出，并荣获金奖。如今，每月初的"共享集市"成了正宁路社区最靓丽的风景线，在持续开展志愿服务活动的同时，也不断听取服务对象对"共享集市"的新期待和发现社区居民的新需求，使"共享集市"形成了从提供志愿服务到发现居民新需求，再到改进志愿服务的闭环式的工作新路径。

（二）"共享集市"成为综融性社区志愿服务平台

社区志愿服务贴近千家万户的居民，传统的志愿服务中"认认真真走形式、扎扎实实走过场"的运动式志愿服务，在居民日益个体化的情况下已经越来越难奏效。正宁路社区"共享集市"志愿服务三年来内生式、项目化的发展实践，其根本在于以居民需求为导向，以项目化运作为目标，为志愿服务提供了实践、培育、保障三大综融性社区志愿服务平台建设，才使社区志愿服务实现从无到有、从弱小到强大的发展。

1. 实践平台：让志愿精神融入居民心中。"雷锋精神"等志愿服务理念如何融入普通居民的日常生活，这是社区志愿服务的关键所在，"共享集市"从社区日常便民服务入手，从居民听得懂、看得见、摸得着、想得到的具体服务中体现，努力在落细、落小、落实上下功夫。

雷锋精神的宣传与发扬不是喊口号、发传单、挂条幅而取得的，真正效果是居民把志愿服务当成自己的事情。2017年"三社联动"项目实施，社工入驻到社区服务设计新的社区服务中心时，就把这种新的理念带到社区服务中，社区服务中心的设计是居民通过"开放空间"方式来进行，感受到尊重的居民们纷纷建言献策，拿出装修自己家的热情参与其中，街道社区领导、设计师、装修公司都反转成了配角。新社区服务中心落成后，许多居民们带着自己的孙子们来活动的时候，都会很自豪地说中心的那个部位是她参与设计的、那个区域色调是他定的，那个标语是她选的。正宁路社区志愿服务也是通过以居民为本位来进行的，社区在志愿者队伍的培育中，深深体会到"长征是宣言书，长征是宣传队，长征是播种机"的精神完全适用于志愿服务的宣传与发扬，社区需要做的不过是让居民成立自己的志愿长征队伍！开放空间式的社区居民会议，能够有效激发居民踊跃表达自身需求，并集思广益提出建议和对策，在服务形式、内容和时间等方面达成一致。

　　行动是最好的宣传，实践是最好的融入！完成社区志愿服务的动员，开展社区志愿服务时仍然面临知易行难的问题。"共享集市"社区志愿者第一个服务对象是一位高位瘫痪的残疾人，他居住在老旧楼院高楼层，四年前因车祸由单位业务骨干变成残疾人，下楼活动是最痛苦的问题。志愿者第一次上楼把残疾人往下抬时，围观说风凉话的居民不在少数，第二次去的时候居民说看还能来几次，第三次去的时候楼道里面的杂物悄然少了一些方便轮椅抬上抬下，第四次第五次去的时候有的居民主动搭把手帮忙……正宁路"共享集市"汇集的30余个志愿服务团队，320余个志愿者，就是以这种蚂蚁搬家的方式，在过去三年提供超过7000个小时，为39000余人次提供了方方面面的志愿服务。2020年"新冠疫情"突发时，正宁路社区的残疾人家庭成员自发成立了残疾人家庭志愿队伍，协助社区守护卡口、楼院管理，以这种方式回馈社会，对他们而言，正是因为这些年在社区体验到了"雷锋精神"弘扬对他们自身的帮助，他们才愿意将这种精神传递。

　　正宁路社区有着全国著名的四大夜市之一——"正宁路夜市"，而自发形成的"共享集市"在居民心目中逐渐成为另一张值得自豪的名片，"共享集市"逐渐成为居民创造社区美好生活的重要组成部分。

　　2. 培育平台：让志愿活动贴近社区生活。"共享集市"充分动员了志愿服务的热情和资源，但志愿服务怎么做？怎么让服务对象受益？如何使志愿者在服务中获得成长？如何真正让服务的享受者变为服务的提供者？这些问题都需要对所有志愿服务进行统领与分级，并进行专业培育才能得以实现。

正宁路社区志愿服务活动以"共享集市"为"总平台"，它下面又包含了"百姓大舞台""帮帮队""志愿小分队"等"分平台"，"总平台"提供专业支撑，"分平台"开展精准志愿服务，最大程度发挥志愿者兴趣与特长。

平时，共享集市"总平台"进行统一调度、后勤保障和供需对接，使各个团队和志愿者能够无后顾之忧、高效地投入心理咨询预约、志愿者招募、居民旧物兑换、防诈骗知识宣传、免费剪发、过期药品兑换、眼科疾病普查、糖尿病筛查、医疗保险报销政策宣传、癌症疾病防治、文明养犬、绿植兑换、家政等服务当中。各"分平台"则聚焦服务人群和志愿者自身的能力建设，做到专精尖发展。如：（1）文艺志愿服务小分队——由社区老年志愿者组成，专为多年卧床的老弱病残居民服务，和他们谈心拉家常，了解需求等。（2）大手牵小手志愿服务小分队——由经验丰富的退休老教师志愿者组成，专为社区困难家庭、残疾儿童开展，登门或者集体进行课程辅导等。（3）正宁路社区帮帮队——由社区志愿者组成，主要为空巢老人、残疾人等无能力去商场购物的困难居民，帮助购买米面油盐等生活必需品。（4）心连心志愿服务小分队——由具有一技之长的队员组成，专为残疾、特困家庭免费修理电器、拆换纱门窗、打扫卫生、整理杂物、理发等。（5）正宁路社区百姓大舞台——由正宁路社区文化联合会的文艺志愿者们定期组织，在创建文明城市、国庆日这些重要节点，他们会自编自导自演歌唱、舞蹈、快板、诗歌等各种节目，组织社区各类宣传演出；在日常，这些文艺志愿者秒变20余支宣传小分队，把文艺和快乐送到需要的失独家庭、独居老人和残疾人家中，使文艺真正成为志愿服务的有生力量。

3. 保障平台：让志愿服务促进社区工作。社区是社区志愿服务最主要的活动阵地，"共享集市"社区志愿服务常态化发展需要有力的保障平台支持。"共享集市"在志愿服务活动开展过程中坚持立足社区，发挥社工专业引领作用，以制度化保障常态化、常态化推进制度化为着力点，探索形成规范化服务、平台化管理、社会化运作的社区志愿服务工作模式。

  社区建立了三个保障机制，推进社区志愿服务专业化发展，一是针对每月一次200余名志愿者参与的集中活动，社区合理分工做好组织协调工作，让志愿者与团队能够心无旁骛的开展志愿服务；二是通过头脑风暴法和开放空间的形式，与志愿者共同讨论、制定了《共享集市志愿服务章程》《共享集市志愿者招募注册制度》《共享集市志愿者培训管理机制》《共享集市志愿服务记录制度》等多项平台管理制度；三是加强对共享集市的团队凝聚力建设及日常激励工作，通过每季度召开共享集市恳谈会，集思广益，总结工作经验，部署安排下一阶段的工作。每季度，社区会进行"最美志愿者"和"志愿服务优秀团队"表彰工作，许多普通居民志愿服务的照片在主城区单位的超大屏幕上循环播放，大大提升了志愿服务的社会影响力。拿到社区"最美志愿者"的老年人更是将证书装裱了挂在客厅墙上，视为自己莫大的荣誉！社区认真落实注册志愿者星级评定制度，对志愿服务实行星级认证和奖励制度，在劳动保障、就业、入党入团、廉租房经济房申请等方面对星级志愿者优先考虑。对特困居民、困难职工、困难党员等星级志愿者，发放面额不等的"爱心卡"予以鼓励，有效激发了社区群众参与社区志愿者服务的热情。

  城市的精致，最根本的是要体现在人的文明上，人的文明也在一定程度上体现着城市的精致程度。"共享集市"平台的搭建，让居民志愿者和志愿组织成为志愿服务的主角。

三 "共享集市"对社区志愿服务发展的启示

（一）坚持以居民需求为导向，推进社区志愿服务建设

  "共享集市"在创立发展的过程中，始终以满足社区居民多样的需求为开展社区志愿服务的出发点与落脚点，以推动社区志愿服务事

业发展作为弥补社区公共服务不足的有效形式,将解决社区居民的现实需求作为促进社区自治、构建和谐社区的重要着力点。需求是促动社区志愿服务的原动力,社区暂时不能回应的服务需求,先放置在社区社会工作服务中心的"心愿墙"上,逐渐链接资源来解决,而不是简单的拒绝,让居民看到了社区志愿服务的真诚态度,也理解志愿服务的边界。

作为在地方社会治理与创新中成长起来的先进典型,正宁路社区"共享集市"志愿服务实践也曾面临政府相关部门变成展示型项目的挑战,但社区始终坚持不把志愿者当作无谓的群众演员,大型活动必须和居民需求结合的原则开展。"真实有效"成为正宁路社区"共享集市"志愿服务品牌的核心,也为社区志愿服务赢得了更多的社会资源,大大拓展了志愿服务内容,丰富了志愿服务形式,让志愿服务更加贴近社区群众的美好生活需要,增强了社区群众在志愿服务中的获得感。"真实有效"也吸引了媒体的关注,各类媒体参与式的拍摄,将居民志愿者服务的真实场景更进一步的宣传,又大大增强了居民参与志愿服务的自豪感和荣誉感,许多老年居民一生没有上过电视,当志愿服务活动在电视台播出时,最广泛的通过微信等媒体发动朋友圈关注,无形中又放大了志愿服务在居民中的知晓度。

(二)着力培养社区事务领袖,传递志愿服务理念

志愿服务在协同社区居民培育社区自治文化的过程中,扮演着引导者与合作者的角色,志愿服务活动的持续开展有助于引导社区居民认同志愿精神、参与志愿服务,增强居民服务邻里、服务社区的主人翁意识。此外,"共享集市"也着重通过开展志愿服务塑造一种自治自觉的社区文化,把志愿服务作为一种润物细无声公民道德教育的实践形式,培育社区居民的志愿精神和社会美德。努力使广大社区居民从志愿服务的受益者转变为志愿服务的参与者,充分发挥社区居民在社区志愿服务中的主体作用。因此,健全志愿服务人才培养体系,定期开展对社区志愿者能力培训,对志愿服务组织者进行专业培训,不断优化志愿者队伍结构,成为正宁路社区"共享集市"提高志愿服务

专业化水平的有机组成部分。

"共享集市"以志愿者骨干的选拔、培养和使用为核心，重点培养组织型志愿者骨干，以社区居民领袖带动志愿服务队伍建设，尤其是注重发挥"社区五老"（老党员、老干部、老军人、老教师、老模范）的重要作用。"共享集市"在开展志愿服务活动的过程中，重点关注社区居民领袖对社区志愿服务的认知、态度及行为等方面的转变与提升，重视社区居民领袖对社区志愿服务从"感性"转变为"理性"的培育过程。通过发挥他们的专业优势、社会声望与先锋模范作用来引领和带动社区群众积极参与社区志愿服务，培育社区志愿服务团队，帮助社区志愿组织开展工作，为基层社会治理和社区自治提供了有力支撑，使正宁路社区基本形成了人人志愿、志愿人人的志愿服务良好氛围。

（三）完善社区工作协调机制，整合内外各方资源

"共享集市"积极完善社区志愿服务协调机制，建立了高效协同的志愿服务工作体系。在白银路街道"党建共享家"基层党建和社区治理平台的组织引领下，充分发挥"三社联动"的组织优势，协调各方利益关系，结合社区实际打造了"党建引领、社工支持、两新组织参与、社区居民为主体"的综融性社区志愿服务平台，形成了社区志愿服务持续发展的合力。

与此同时，"共享集市"志愿服务平台坚持以社区居民需求为工作中心，把社区居民对美好生活的向往作为开展志愿服务工作的出发点与落脚点，不断健全完善管理制度、服务理念和工作机制来链接各方资源。通过社区资源整合，将社会工作机构、社区两委、街道办事处、社会组织、志愿服务团体、志愿者以及辖区各单位的优势资源整合起来，在社区工作分工的基础上，强调整合资源进行相互协作，合理配置资源，保障资源能够被有效协调和使用，发挥资源的最大效用，达到共同的目标。

（四）注重服务专业项目发展，健全志愿服务机制

"共享集市"注重推进社区志愿服务专业化发展，以"双工联

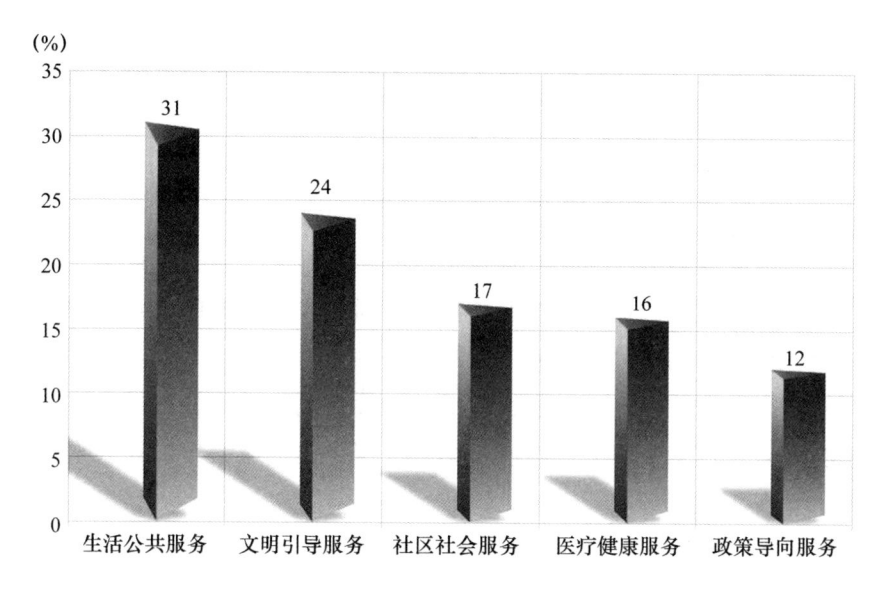

图3 共享集市服务占比柱状图

生活公共服务 31%，文明引导服务 24%，社区社会服务 17%，医疗健康服务 16%，政策导向服务 12%。

动"（社工引领义工、义工动员群众、群众参与义工、义工协助社工）的方式开展社区志愿服务。社工在提供专业性、技巧化服务的同时，更要注重资源的链接，而志愿者服务则更重视推动志愿活动的落实与执行。通过"共享集市"社区志愿服务平台，实现社工机构引导社区志愿组织、社工引领义工，共同搭建社工机构与社区志愿组织合作、社工与志愿者合作的架构。协调社工与志愿者服务项目的运作，增进社工与志愿者互相认同，使社工理念、志愿精神深入人心，引发各方参与志愿服务的循环效应，吸引社区各类组织、各界人士投入具体的社区志愿服务行动中，使社区志愿服务参与的范围与层次不断得到延伸和扩展。

推动志愿服务专业化建设、规范化发展必须要从战略层面建立健全规章制度和服务体系。"共享集市"是社区社会组织与社区两委联合打造的志愿服务品牌活动，在其成长过程中，志愿组织坚持因地制宜、结合志愿服务相关政策法规进行保障平台建设，重点推进建章立制工作，做到志愿服务活动在完善的制度约束下进行，以制度管理志愿组织与志愿者，而不是仅仅依靠管理者个人能力来进行组织管理，努力使志愿服务更加专业化规范化，为社区志愿服务的可持续发展奠定了坚实的制度基础。

四 在新时期推进社区志愿服务发展的对策建议

社区是社会治理创新与共同体建设的基础单元，基于社区可以全体系的激活整合志愿服务的优势资源，通过发挥社工的专业优势，可以使志愿服务的协同功能充分发挥，进一步增进社会工作与志愿服务工作理念、方法的互鉴互通，激活社区发展内生动力，推动社区志愿服务资源、需求、服务供给有机结合，探索出适应新时代社会发展需要的社区志愿服务事业。

（一）加强社区志愿服务体系建设，完善基层社会治理格局

社区是基层社会治理的基本单元，加强社区志愿服务体系建设是创新社区治理体系，完善社会治理格局的重要途径，也是居民切身感受社区关怀与服务温度，进行社区参与的重要途径。党的十九届四中全会明确提出，建设人人有责、人人尽责、人人享有的社会治理共同体，打造共建共治共享的社会治理新格局必须加强和创新社会治理，坚持和完善"党委领导、政府负责、民主协商、社会协同、公众参与、法治保障、科技支撑"的社会治理体系。这一重要论述为新的历史条件下对加强和创新社会治理与社区志愿服务体系建设指明了努力方向。

新时代推进社区志愿服务创新发展必须构建起科学高效的社区志愿服务体系，着力优化社会治理格局，推进社会治理体系和治理能力现代化。一要坚持党建引领，加强基层党组织建设。推进社区志愿服务体系建设创新发展，必须加强基层党组织的领导，以推进基层党组织标准化建设为统领，以社区党群服务中心为阵地，以区域化党建为纽带，发挥基层党组织凝聚群众、引领群众、服务群众的核心作用。二要坚持以人民为中心，为社区居民谋福祉。把社区群众对美好生活的向往作为社区志愿服务的奋斗目标，开展社区志愿服务活动必须以

社区居民的现实需求为出发点和落脚点,通过开展精准有效的志愿服务活动让百姓享受社区治理的美好成果。三是鼓励、支持、引导各类社会组织参与社区志愿服务事业,增强社区服务能力,提升社区服务水平。打造共建共治共享的社会治理新格局,推动社区志愿服务发展的重点是鼓励、支持和引导驻区单位、企业、社会组织、社区居民等各类社会力量积极协同参与社区志愿服务,强化社区服务功能、提升社区的服务水平,实现政府治理和社会调节、居民自治的良性互动。

(二)加强社区志愿组织能力建设,推动志愿服务品牌发展

社区志愿服务组织是社区志愿服务活动组织实施的管理机构,必须建立健全自身的规章制度,完善志愿服务组织内部治理,加强志愿服务组织自身能力建设。政府有关部门要督促、指导志愿服务组织按照组织章程的规定建立健全各项管理制度,完善以章程为核心的法人治理结构和治理机制,把各项事务纳入规范化、制度化管理的轨道。志愿服务组织要健全志愿服务信息公开机制和方式,及时公开相关信息,扩大信息公开范围,建立广泛有效的信息公开渠道,主动接受政府部门与社会各界的监督,不断提高志愿服务组织的社会公信力。

作为志愿服务品牌建设的主体力量,社区志愿服务组织要加强服务设计和项目执行,加强对志愿服务品牌的推广与宣传,促进服务供需双方的精准对接;建立健全组织内部治理体系,增强社区志愿服务组织的自主性和资源链接整合能力,尽量减少对政府部门的路径依赖,提高社区志愿服务的质量和效率,破解社区志愿服务的资源性困境;推进志愿服务品牌建设还要持续加强社区志愿者的招募、注册、管理、培训、考核等工作,向注册志愿者提供社区志愿服务岗位,充分发挥志愿服务组织项目管理者、服务供给者、品牌营销者的角色功能,规避社区志愿服务参与性困境。

(三)加强社区志愿项目专业建设,提升社区服务工作水平

推进社区志愿服务专业化建设是实现社区志愿服务创新可持续发展的重要举措。目前看来,社区志愿服务和社区志愿服务组织存在专业化发展程度较低的问题,严重阻碍了志愿服务事业在社区层面的推

进。尤其是随着我国社会经济的转型发展，社会问题的复杂性、多样性日渐增强，治理难度不断增大，人民群众对社会救助、社会福利、社区服务等专业社会工作的需求越来越多、要求越来越高。然而，目前绝大多数社区没有明确设置社工岗位，社区志愿服务组织缺乏专职社工，兼职人员较多、专业能力不足，大多没有接受过系统的社会工作专业培训或教育，工作方式方法比较落后，难以提供个性化、多样化、系统化的专业志愿服务。

因此，推进志愿服务专业化建设，需要政府部门统筹指导建立社区志愿服务与社会工作联动机制，积极开创"社会工作+志愿服务"新局面。在社区志愿服务实践中，坚持社会工作与志愿服务融合发展，倡导并推进社工引领义工（志愿者）的志愿服务模式，实现政府搭台，社工、志愿者唱戏，共同搭建社工与志愿者合作的架构，协调社工与志愿服务项目的运作。兰州市正宁路社区"共享集市"志愿服务项目的实践经验，也为社会工作参与社区治理提供了有益借鉴。社会工作机构在政府购买服务的"三社联动"项目中究竟应发挥什么样的作用，社工机构没有单纯以服务者的角色进行自我定位，而是在完成服务项目的同时，把很大精力放在为社区培育社区社会组织、培养社区事务领袖、培训社区志愿者上，促进社工与志愿者互相认同，社工在提供专业性技巧化服务的同时，更要发挥专业优势链接各类社会资源，推动志愿服务落地生根。

（四）加强"新时代"文明实践中心建设，弘扬社会主义道德新风尚

新时代文明实践中心建设是党中央加强和改进基层思想政治工作的重大战略部署，是深入贯彻落实党的十九大精神的重要载体，是打通宣传群众、教育群众、关心群众、服务群众"最后一公里"的重要举措。加快推进新时代文明实践中心建设，必须坚持以习近平新时代中国特色社会主义思想为指导，坚持以人民为中心的思想，坚持全心全意为人民服务的宗旨，着眼凝聚群众、引导群众、服务群众，调动各方力量、整合各种资源、创新工作方法，用中国特色社会主义先进

文化和中华传统优秀文化占领基层社会的思想文化阵地，丰富人民的精神世界，提升人民的精神风貌，增强人民的精神力量，更广泛、更有效地激励和动员广大基层群众积极投身社区文化建设和社会主义精神文明建设。新时代文明实践中心建设重在实践、贵在落实，必须要以"实践"为导向开展新时代文明实践中心建设，着重发挥社区志愿服务的载体功能，通过开展具体的志愿服务活动践行社会主义核心价值观，广泛深入地动员社区群众积极参与志愿服务，通过开展志愿服务活动培育社区居民的社区服务意识，引导社区群众参与社区志愿服务，使参与志愿服务成为社会主义道德的新风尚。

白银路街道正宁路社区"共享集市"志愿服务平台以满足社区居民日益增长的多元化志愿服务需求为己任，以创建新型社区志愿服务项目为目标，在创建发展过程中坚持"党建共享家"全面引领"社会工作＋志愿服务"的新模式，注重社会工作在专业志愿服务发展过程中的重要作用，搭建起综融性的社区志愿服务平台。通过创新社区志愿服务发展模式，推动社区志愿服务品牌化、专业化、制度化发展，有效激发了社区内外志愿服务主体参与社区志愿服务的内生动力，各方以"共享集市"为平台，形成了"社区志愿服务共同体"，为文明城市创建和打造基层社会治理新格局做出了重要贡献。